천안함 전쟁 실록

# 스모킹 건

천 안 함 전 쟁 실 록

# SMOKING GUN 스모킹 건

이종헌 지음

맥스media

"정부 발표니까 믿기는 하는데, 정말 진실이 뭐야?
북한이 쏜 거, 진짜 맞아?"

지난 5년간 참으로 이런 질문을 많이 받았다. 정부 인사는 물론이
고 일반인들까지 그리고 보수에서 진보 인사까지 참 많은 사람이 물
었다. 이 책이 그 대답이 될 것이다. 믿기는 하지만 한구석에 남아 있
는 그 석연찮음을 깨끗이 씻을 수 있기를 기대한다. 이 책이 천안함의
범인이 누구인지를 분명히 하고 진실을 지키는 등대이자 보루가 되길
진심으로 바란다.

아울러 여전히 남아 있는 천안함 의혹 주장도 이제 막을 내릴 때이
다. 천안함의 진실이 정치적 이해관계 때문에 굴절되는 정치화 현상
으로 발생했던 사회적 비용은 너무나 컸다. 의혹은 의혹일 뿐, 사실
이 아니다. 진실의 태양이 뜨면 의혹 곰팡이는 사라지게 마련이다. 더
높고 큰 진실의 태양이 대지를 비추어야 한다. 천안함에 대한 더 많은
기록과 증언이 필요한 것도 이 때문이다. 이 책이 나온 가장 큰 이유
이다.

산 정상에 서면 산 아래를 굽어볼 수 있다. 각자 오른 위치에 따라 보이는 풍광은 다를 것이다. 각자의 수준만큼 알게 되는 것이다. 특히 천안함과 같은 군사 안보 사안은 더욱 그러하다. 이 책은 내가 있는 위치에서 천안함의 진실을 보려 한 것이다. 그리고 곁에서 한마디 하는 훈수꾼으로서가 아니라 실제 담당자로서 '가장 길었던 2010년'을 기록한 것이다.

"당신이 국방으로 가야겠어."

천안함 피격 다음 날 오후, 한 통의 전화가 걸려왔다. 가볍게 받았지만, 대화는 길고 무거웠다. "천안함 사태 양상을 보아, 국방 안보 수준을 넘어설 것 같다. 군 상황을 잘 알면서도 정무적 감각이 있는 사람이 가서 대응과 수습에 힘을 보태야 한다." 그는 "당신이 국회에서 국방위원 보좌관으로 일한 경험이 있어서 다행이다."는 말까지 덧붙였다.

2008년 취임 초부터 맡았던 대통령 연설문 작성 업무에서 벗어나 주 전공 분야인 외교안보수석실로 옮기겠다고 뜻을 밝힌 것은 2010년 1월이었다. 그런데 당시 연설기록비서관이 지방선거 출마를 위해 돌연 사표를 내면서 새 비서관이 선임되고 자리를 잡을 때까지 나의 인사는 미루어졌다. 그런데 천안함 피격 직후, 내가 국방비서관실로 갔으면 하는 요청이자 지시가 온 것이다. 천안함과의 길고 긴 인연의 시작이었다.

천안함 사태는 이명박 정부의 또 다른 위기였다. 2008년 광우병 파동, 2009년 경제 위기에 이은 제3파였다. 2008년 촛불 시위는 대선 후유증이 증폭된 정치사회적 위기였다. 2009년 글로벌 위기에 영향을 받은 경제 위기는 또 다른 도전이었다. 2010년 천안함 피격과 그 연장선상에 있는 연평도 도발은 우리 국방 안보의 위기였다. 정치사회, 경제에 이은 국방 안보 위기까지, '위기를 기회로!'라는 구호가 일상화될 정도였다.

일반적으로 한반도의 안보 현안은 남북 간은 물론 남한 내부 그리고 국제적 성격의 3중 구조를 가진다. 그러나 천안함은 그 이상을 넘어 4중 구조였다. 남북은 피해자와 가해자로 맞서야 했고, 남한 내부의 좌우 대립은 6·2지방선거로 증폭되면서 천안함 사안을 두고 첨예한 갈등을 빚었다. 그리고 국제적으로 중·러의 북한 비호에 맞서야 하는, 냉전 종식 이후 유례없는 치열한 대결 외교, 갈등 외교가 재연되기도 했다. 이런 3중의 중층적 갈등 구조는 위기 대응과 수습을 어렵게 했지만, 결정적 증거물(Smoking Gun)인 북한 어뢰 추진체가 인양되어 국제적이고 과학적인 조사 결과가 발표되면서 극복되는 듯 보였다. 그러나 그게 전부가 아니었다. 천안함은 사이버공간에서 의혹 대응과 북한의 대남 선전 선동을 막아야 하는 사이버심리전 성격까지 지니고 있었다. 3중의 중층적 구조를 넘어 사이버 의혹 대응까지 이르는 4중 복합 구조였다.

일부에서는 이른바 '합리적 의심' 등을 앞세워 숱한 의혹을 제기했다. 정부는 이런 의혹 주장에 대해 바로 설명하고 진실을 알리기 위해 노력했다. 그러나 정치적 이해를 앞세운 진영 논리 앞에서는 잘 통하지 않았다. 이런 '천안함의 정치화'는 천안함의 진실을 가리게 한 가장 큰 요인이었다.

또 천안함 사태는 북한이 SNS를 통해 노골적으로 개입한 최초의 사이버심리전 양상을 보였다. 공격 범인인 북한은 알리바이 증명을 위해 사이버공간을 적극 활용했고, 대남 심리전을 통해 군과 정부를 흔들었다. 무엇보다 우리 내부에서 제기된 의혹을 민군합동조사단의 발표를 공격하는 근거와 수단으로 삼았다. 그리고 검열단 파견과 무자비한 보복 주장으로 협박했다. 이런 북한의 대남 공세와 알리바이 재료는 역설적으로 우리 내부에서 만들어진 것이었다. 천안함 의혹은 소박한 궁금증과 합리적 의심의 영역도 있었지만, 상당 부분은 그렇지 않았다. 이념과 진영 논리에 근거하여 정치적 이익을 추구하려 했고 결과적으로 북한을 변호하는 모습을 보였다.

책을 쓰는 중에, 안타깝게도 세월호가 침몰했다. 천안함 피격 현장에서 직선거리로 430km 떨어진 곳이었다. 세월호 침몰은 5년 전 천안함의 데자뷔였다. 이 두 사건은 여러 부분에서 똑같은 면이 너무 많다. 원인부터 수습과 대응 그리고 개선에 이르는 전체 과정이 그러하다. 천안함 국면에서 유족과 정부, 정치권과 국제사회 그리고 국민 여론은 역사의 소용돌이를 지나왔다. 천안함 과정은 세월호 사태의 참고서이자 반면교사가 될 수 있다. 천안함처럼, 세월호 위기를 극복하고 새로운 국가 혁신의 계기를 만들어가는 데도 이 책이 기여할 수 있었으면 한다.

이 책의 1부는 천안함의 피격부터 탐색과 인양까지, 2부는 합조단 조사 발표와 장례 그리고 북한 연어급 잠수정과 CHT-02D 그리고 천안함 외교 등에 대해 군과 정부에 이르기까지 전 과정을 청와대의 활동을 중심으로 정리했다. 3부는 북한이 전개한 사이버심리전의 연원과 양상을, 4부에서는 천안함 사태에 대한 의심과 의혹에 대한 진실을 다루었다. 북한의 대남 사이버전의 실태를 구체적으로 다룬 건 이 책이 처음이다. 그리고 5부에서는 5·24조치 등 천안함 이후의 방향과 과제에 대해 썼다.

천안함은 그들을 기억하고 추모하는 우리 모두에게 영원히 남아 있다. 그것은 천안함의 희생자뿐만 아니라 가해자를 온전히 인식하고 기억하는 것을 전제로 한다. 북한이 저지른 민족적 범죄 목록에 천안함을 추가해 두어야 한다. 또한 천안함을 딛고 미래를 보며 더 큰 가치를 찾아 나가야 한다. 그것은 화해와 협력의 길이다. 천안함 응징을 위한 5·24조치는 가장 철저히 이행되었고 역사적 책무를 다하고 있다. 천안함 희생을 새로운 남북 화해와 협력의 디딤돌로 삼아야 한다. 지난 시기와 달리, 평화를 튼튼히 하는 전제 위에서 말이다.

이 책은 천안함 상황 당시 청와대 외교안보수석실 국방비서관실에서 함께 근무했던 동료들의 도움이 있었기에 가능했다. 어려운 시기를 잘 이끌었던 김병기 국방비서관과 공군대령 정 모 행정관을 비롯, 해군대령으로서 책임을 다했던 김 모 행정관에게 특히 감사드린다. 또 함께했던 해병대 대령 백 모 행정관을 비롯, 여러 국방비서관실 식구들의 도움도 컸다. 천안함 대응이 한창이던 시절, 해군 김 모 행정관과 나는 기회가 되면 진실을 알리는 책을 쓰기로 결의를 했다. 우리는 이 책을 냄으로써 약속을 지켰다. 이들의 자문과 협조 그리고 꼼꼼한 교정이 있었기에 이 책이 나올 수 있었다. 그럼에도 이 책은 공식적인 기록이라기보다는 천안함 일선을 지킨 개인적 차원의 것이다. 혹여 오류와 잘못이 있다면 그 책임도 온전히 나의 몫이다.

　지금도 사이버공간에서 경험과 전문성을 가지고 끊임없이 피어나는 천안함 의혹 대응에 힘쓰고 있는 이름 없는 모든 사이버심리전 전사들에게 진심으로 경의를 표한다. 또 천안함 대응 과정에서 많은 도움을 주었고 지금도 강군 육성과 군 발전을 위해 헌신하는 많은 관계자들, 20여 년간 국회와 행정부에서 만난 많은 현역과 예비역 장성들과 국방 안보 전문가들의 가르침에 깊이 감사한다. 이 책을 내는 데 큰 도움을 주신 천영우 전 외교안보수석비서관과 윤덕용 민군합동조사단장, 천안함재단의 조용근 이사장과 박래범 사무총장, 그리고 천안함 백서 발간에 함께했던 이상철 국방부 군비검증단장, 차기환 변호사를 비롯한 많은 분들께 진심으로 감사의 인사를 드린다. 또 책을 만드느라 애를 많이 쓴 맥스미디어 신난향 대표, 이성주 이사를 비롯한 관계자의 노고에도 감사를 드린다. 그리고 늘 함께해 주는 아내와 큰딸과 작은아들 등 가족에게도 사랑의 말을 보낸다.

2015년 입춘 무렵

# 진실을 전하는 역사적인 증언

천안함 피격의 사실과 의미에 대한 올바른 이해는 아직도 우리 사회의 과제로 남아 있다. 저자는 실제로 이 사건을 다룬 경험을 바탕으로 국방, 정치, 과학, 언론, 여론적 측면의 다양한 내용을 포괄적으로 설명하고 있다. 많은 자료를 종합하여 객관적 사실을 정확히 제시했다. 주관적인 판단도 균형 있고, 확실하고, 자신 있게 제시하는데, 이는 철저한 분석과 더불어 자신의 생각을 되돌아보는 성찰이 있었기 때문이다.

진실을 찾아 전하는 저자의 통찰력과 성실성이 돋보인다. 천안함 피격에 대한 정부의 조사 결과에 대해서 제기된 여러 의혹의 근거와 모순성을 잘 분석해 설명했다. 정부에서 발간한 보고서들과 더불어 이 사건의 진실을 이해하는 데 크게 도움이 될 역사적인 증언이다.

윤덕용
천안함 민군합동조사단장

# 복잡하고 난해하게 얽힌 실타래를 풀어낸 책

천안함피격사건, 북한의 폭침으로 발생한 가장 단순한 사건이 어떻게 그렇게도 복잡하고도 난해하게 얽힌 실타래가 되었는가? 왜 아직도 '천안함' 의혹이 사이버공간에서 떠돌아다니고 있는가?

이 책은 천안함피격사건에 얽힌 실타래를 한 가닥 한 가닥씩 풀어내면서 진실에 접근하고 있다. 이러한 진실 탐구의 여정은 청와대 행정관으로서 많은 정보와 자료를 접할 수 있었고, 수많은 현장을 높은 곳에서 바라볼 수 있었던 저자의 열정과 치밀성의 결과라 할 것이다. 수없이 많은 자료와 씨름하는 동안 오직 저자만이 통감했을 불면의 밤이 있었을 것이다. 소명 의식 없이는 쉽게 걸을 수 없는 길이었을 것이다. 특히 우리 내부에서 발생한 의혹 주장의 근원을 찾아 그 실체가 없음을 밝히고 북한의 대남 사이버심리전 양상과 실태를 깊이 있게 파헤친 노력이 돋보인다. 천안함피격사건의 진실을 알고자 하는 독자들에게 일독하기를 권한다.

이상철
국방부 군비검증단장

# 46용사여! 대한민국은 당신들을 영원히 기억하겠습니다

천안함피격사건처럼, 아무리 중차대한 사건도 시간이 지나면 관심이 줄고 세월이 흐르면 잊히게 된다. 5년이라는 세월이 흐르면서, 이제는 그 뜨겁던 논쟁도 관심도 줄었고 머지않아 잊힐 것이며 역사적 사건으로만 남게 될 것이다.

그러나 극소수이기는 하지만, 아직도 피격 사건의 원인에 대해서 상식 밖의 논리를 펴고, 국가적 위기관리에 억지 주장하는 끈질긴 자도 있다. 소수의 적극적인 궤변이 다수의 소극적인 진리를 밀쳐내고 사회 혼란을 조성해왔다고 생각된다. 진실은 영원하지만 허위나 거짓은 영원할 수 없는 법이다. 진실을 말해도 믿지 않는 우리의 현실과 정서가 안타까울 뿐이다.

천안함피격사건 이후에 여러 기관에서 사건을 조사하고 분석하여 대책을 강구해왔다. 합동조사단의 『조사결과보고서』, 정부의 『천안함피격사건 백서』 발간, 각 부처나 군에서의 『교훈집』 발간 등 다양하다. 그동안 제기된 의혹 해소를 위해 나름대로 최선을 다했다고는 하나, 아직도 의문을 갖고 있는 국민이 있는 것도 사실이다.

이러한 시기에 『스모킹 건』이 저술되고 발간되어 다행스럽게 생각한다. 다양한 분야에 대해 아주 상세하고도 객관적으로 기술하고 있다. 일부에서 제기되었던 의혹에 대해서도 구체적으로 설명하고 있다. 국군통수권자인 대통령을 보좌하는 참모들의 위치에서 조치하고 협조하였던 사항들과 정무적 판단으로 의사 결정하는 과정도 다루고 있다. 그동안 입이 있어도 사사건건 답하지 못했던 내용들도 설득력 있게 설명하고 있다.

따라서 천안함피격사건에 관심 있는 분들에게 『스모킹 건』이 많은 도움이 될 것이다. 근거 없이 의혹을 제기했던 학자나, 중차대한 안보 상황을 정략적으로 이용했던 지식인이나 정치인들도 읽어주길 기대해 본다. 또한 후대에게는 역사 자료로서도 높이 평가받을 것으로 확신한다.

조용근
천안함재단 이사장

# 이제 천안함 의혹 망령에서 벗어나야

국방부를 오랫동안 담당해왔던 기자로선 사건 초기에 군이 사건 발생 시간에 대해 계속 혼선을 빚고 TOD 영상을 찔끔찔끔 공개하면서 의혹을 키운 데 대해 상당한 불만과 아쉬움을 갖고 있었다. 이 책에서 '초기 대응의 미흡함으로 의혹이 번성했고, 그 기세를 꺾지 못한 면이 있다.'고 언급하고 있는 것과 같은 생각이었다.

하지만 결정적인 증거물인 북한의 어뢰 추진체가 기적적으로 수거됐고, 국내외 전문가들이 북한 어뢰 공격으로 천안함이 폭침했음을 인정했는데도 계속 의문이 제기되는 것은 수용하기 힘들었다. 특히 천안함이 미국 또는 이스라엘 잠수함과 충돌해 침몰했다는 주장 등은 황당하기 짝이 없었다.

당시 청와대라는 정책 결정의 최상층부에서 천안함 사건을 지켜봤던 저자가 심혈을 기울여 쓴 『스모킹 건』은 그런 점에서 필자의 4년 전 기억을 생생하게 떠올리게 하고 여러 차례 무릎을 치게 만들었다. 이 행정관의 고생에는 못 미치겠지만 필자도 2개월 가까이 밤늦게 퇴근하며 정상적인 생활을 하지 못했다. 그동안 『천안함피격사건 백서』를 비롯, 천안함 사건과 관련된 몇 권의 책이 나왔다. 하지만 이 책처럼 청와대를 중심으로 한 정부와 군 수뇌부의 움직임을 세밀히 기술하고 모든 천안함 의혹의 기원과 허실을 객관적으로 일목요연하게 정리한 책은 없었다고 생각한다.

　필자의 지적처럼 이제 천안함 사건은 정치화·이념화의 망령에서 벗어나 객관적인 실체가 받아들여져야 한다. 그동안 여러 의혹이 제기됐지만 '북한의 어뢰 공격'이라는 정부 발표를 결정적으로 뒤엎을 증거가 제시된 적은 없었다. 사명감을 갖고 역작을 쓴 이 전 행정관의 노력에 경의를 표하며 아무쪼록 이 책이 소모적인 천안함 사건 원인 논란에 종지부를 찍고 건강한 대한민국을 만드는 데 도움이 될 수 있기를 기대한다.

유용원
조선일보 논설위원 · 군사전문기자

SMOKING GUN

 **통 큰 도발**

천 안 함 전 쟁 실 록

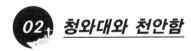 **청와대와 천안함**

천 안 함 전 쟁 실 록

### 03. 대남 사이버심리전

SMOKING GUN

# 04. 의혹의 원점

천 안 함 　 전 쟁 　 실 록

# 천안함 그 후

천안함과 김정은 시대 / 'After 천안함' / 능동적 억제와 합동성 / 북한의 사과와
5 · 24조치의 미래

천 안 함 전 쟁 실 록

# *SMOKING GUN*

# 01
# 통 큰 도발

350 360 10

# 통 큰 도발

## 천안함의 마지막, 네 개의 눈

어두운 밤, 백령도 초병이 찍은 TOD 영상 속의 천안함은 천천히 움직이고 있었다. TOD는 야간의 적 예상 침투로를 집중적으로 감시하는 장비이다. 열화상을 잡아내는 TOD 속의 천안함은 검은 바다 색깔과는 달리 주황색으로 표시되고 있었다. 해병 6여단의 이 모 상병과 조 모 일병은 간간히 천안함 궤적을 따라가며 지켜보고 있었다. 영상 화면은 천안함을 벗어나 백령도 해안가를 죽 훑어 비추기도 했다. 그렇게 천안함은 백령도 서방 사고 해역을 맴돌며 경계 임무를 수행하고 있었다. 그렇게 특이 상황 없이 몇 시간이 지나갔다.

그러다 갑자기 해안가 절벽을 따라가며 비추고 있던 TOD 화면이 순식간에 바다 쪽으로 휙 돌아갔다. 화면은 거의 빛의 속도로 돌아가면서도 상하좌우를 비추며 소리가 난 곳을 찾아 이리저리 급박하게 움직였다. 약 30초가 지난 뒤 TOD는 바다 위의 물체를 스쳐 지나갔지만, 너무 급히 돌리는 바람에 화면은 다른 곳을 헤매고 있었다. 그러다 마침내 흐릿한 물체를 발견했지만, 이번엔 초점이 맞지 않았다. 화면 줌이 커졌다 작아졌다를 반복하다가 드디어 비교적 또렷한 영상이 잡혔다. 2분 30여 초가 지난 시점, 멀리 수면 위로 물체가 보였다. 물체 가운데로 흰 선이 보였는데, 조금 뒤 그 선이 서서히 벌어지더니 물체가 반으로 갈라져 둘이 되었다. 3분 30여 초 뒤 그중 하나는 아예 물속으로 사라졌다. 그리고 다른 하나도 옆으로 기울어지기 시작했다. 인근 다른 해병 6여단 해안 초소에서 경계 근무 중이던 박 모 상병과 김 모 상병은 밤 21시 23분경 두무진 돌출부 부근 바다에서 '쾅' 소리와 함께 하얀 불빛을 보았다. 높이 100m의 흰색 섬광 불빛은 희미하게 퍼지다가 곧 사라졌다. 이들은 '낙뢰'로 판단하고 즉시 이 사실을 보고했다. 몇 분 후 이들은 중대 상황실로부터 침수 중인 초계함에 탐조등을 비추라는 지시를 받았다.

같은 시각 해군 2함대 지휘통제실과 합동참모본부의 지휘통제실, 해군전술지휘통제체계(KNTDS) 화면에 떠 있던 천안함 표시 신호가 한동안 깜빡거렸다. 천안함의 발신 신호에 문제가 발생한 것이다. 40초간 70여 회 깜빡인 후 신호는 21시 25분 3초에 완전히 사라졌다. KNTDS는 신호가 중단되더라도 약 3분간 진행 방향으로 추정 표적을 띄우게 되어 있다. 이는 다시 정상 신호가 들어오면 즉시 해당 신호를 화면에 띄워주도록 설계되어 있기 때문이다. 21시 25분 2함대를 비롯한 해당 근무자들은 함정 신호가 사라진 것을 인지했다. 그러나 표적 신호가 깜빡거리는 등의 이상 신호는 함정이 방향을 바꾸거나 위성 전송 상태가 불량할 경우 발생한다. 이렇게 신호가 중단되는 일이 아주 드물게 발생하기 때문에 이 경우도 그와 같은 현상으로 생각했다. 그러나 시간이 지나도 천안함 신호가 회복되지 않고 있었다. 천안함이 완전히 사라진 것이다. 천안함을 찾아야 했다. 2분 후 해군작전사령부의 상황 근무자는 백령도 레이더 기지에 천안함의 위치를 송신하도록 지시했다. 거의 동시에 소청도 레이더사이트 근무자도 위성 통신망을 이용하여 천안함을 호출했다. 그러나 천안함은 응답이 없었다. 마침내 2함대 지휘통제실은 21시 28분 천안함 포술장으로부터 긴급 구조를 요청하는 전화를 받았다.

동시에 백령도에 있는 한국지질자원연구원의 지진파 기록 장치의 감지 그래프가 급격히 움직였다. 백령도 근처에서 규모 1.5의 지진이 발생한 것으로 추정되었다. 서해상에 이런 규모의 지진은 드물지 않았다. 따라서 긴급 보고나 다른 기관에 알릴 필요도 없는 그냥 그런 흔한 지진파였다. 5시간 후인 27일 2시 15분 청와대 위기상황센터에서 확인 요청이 있었다. 담당자는 예상 밖의 요청에 깜짝 놀라며 '3월 26일 21시 21분 58초에 지진파 감지 기록이 있다.'는 사실을 그제야 보고했다.

TOD, KNTDS, 지진파 감지기 이 세 장비 시스템은 천안함의 마지막을 기록했다. 상황 발생 당시에는 알지 못했지만, 천안함 함체가 부수어지며 그렇게 흔적을 남긴 것이다.

그리고 같은 시각 또 하나의 눈, 천안함을 향한 반대편에 또 다른 시선들이 있었다. 우리 감시자산의 감시를 따돌리기 위해 공해상을 우회하여 백령도 인근 공격 지점에서 대기하던 북한 잠수정은 아무 것도 모르고 항해하는 PCC-772 초계함을 향해 어뢰를 발사했다. 30노트[01] 이상의 어뢰가 목표물을 향하는 그 몇 백 초간, 그들의 눈도 흔들렸다. 목표물에 명중한 것을 확인한 그들은 미소를 지었다. 북한 해군 역사상 처음으로 작전에 투입된 최신형 연어급 잠수정이 완벽하게 임무를 수행한 것이다. 이들은 즉시 전속력으로 질주해 서해 공해상으로 빠져나갔다.

1999년 6월 15일 제1차연평해전 당시 천안함은 북한 어뢰정에 맞서 분전했고 승리를 이끌어냈다. 그러나 10여 년 뒤, 그날은 달랐다. 매복하고 있던 북한 잠수정이 쏜 수중 어뢰 단 한 발을 이번에는 막지 못했다. 2010년 3월 26일 21시 21분 57초의 일이었다.

## 김정은의 후계 세습

일반적으로 북한과 같은 수령 독재 체제에서 새로운 후계자를 정하고 권력을 이양하는 과정은 대단히 위험하다. 내부의 지지를 획득하는 것과 함께 외부의 체제 도전에도 대비해야 하기 때문이다. 특히 김정일의 건강 악화와 나이 어린 김정은의 후계자 확정은 북한 정권으로서는 당면한 가장 큰 위기였다. 어쩌면 북한 정권 수립 과정이나

---

01 배의 속도에 쓰이는 단위로 1시간당 1해리(nautical mile : 1852m)를 달리는 속도를 1노트라 한다. 노트는 해류의 유속에도 쓰이며, 기호는 kts이다.

70년대 초 김정일의 등장 때보다도, 90년대 고난의 행군 시기보다도 훨씬 더 힘들고 어려운 시기를 지나고 있었다.

김정은이 후계자로 지명된 것은 2009년 1월로 알려졌으며, 그해 6월에는 북한 내부에서 공식 선언되기에 이른다. 그러나 김정은의 지도력은 할아버지와 아버지에 비해 너무나 취약했다. 김정일의 건강은 날로 악화되었고, 남은 자연 수명은 그리 길지 않았다. 후계자를 세울 시간도 부족했고 주객관적 정세도 김정일의 편이 아니었다. 북한은 후계 구도의 정착과 내부의 안정을 위해서 외부로 관심을 돌려야 했다. 권력 구조를 개편하는 등 내부를 단속할 시간도 필요했다. 또한 남한과 국제사회가 후계 구도와 차기 지도자에 대해 쏟는 엄청난 관심을 다른 곳으로 돌릴 필요가 있었다. 북한 후계자가 누가 될 것인지, 유력한 인물의 이름이 '김정은'인지 아니면 '김정운'인지, 김정일의 건강 상태는 어떤지 하나하나가 우리의 대북 정보력을 시험받는 그런 엄중한 시기였다. 북한은 후계 체제의 안정적 정착이라는 최상위 국가 목표를 위해 군사적 수단이 가장 효과적이며 다목적인 카드라고 보고 이를 선택한 것이다.

일부 전문가들은 북한의 대남 정책 결정 요인을 남한의 요인에서 찾기도 한다. 북한의 천안함 공격도 남한의 대북 강경 노선 때문에 벌어진 일이라는 식이다. 그러나 근본 원인은 내부에 있으며 그 안에서 찾아야 한다. 천안함 도발은 북한 '최고 존엄 교체'라는 최고조의 체제 위기를 회피하고 내적 모순을 풀어 나가기 위해 군사모험주의를 선택한 북한의 의지에 따른 것이었다.

북한은 지도자의 사망과 후계자의 등장기에는 의례 군사모험주의에 경사되곤 했다. 이 20년 주기설은 이번에도 빗나가지 않았다. 50년 6·25 도발 이후 70년대 초반 김정일의 등장과 90년대 중반 김일성 사망 시기 그리고 2010년대의 김정은 등장기에는 가장 강렬하고 적극적인 대남 도발이 자행되었다. 울진삼척지구 무장 공비 침투, 1·21 사태 등이 대표적이다. 1994년 김일성 사망 전후에는 동해 잠수함 침투가 자행되었고, 1차 북핵 위기로 한반도의 전쟁 가능성은 그 어느 때보다 높았다. 2010년에도 예외는 아니었다. 북한은 다시 군사모험주의의 길을 택했다. NLL 등의 남북 경계에서 긴장을 높이고 미사일 및 핵실험을 통해 국제사회에 대한 대결을 지속한 것이다.

　천안함 피격 직전 남북 관계는 대단히 악화되어 있었다. 이명박 정부는 출범 직후 남북 관계의 선진화, 새로운 남북 관계 정착을 위해 노력했다. 그러나 북한은 이명박 정부 취임 1개월 후부터 대통령 실명을 거론하며 입에 담지 못할 비난을 퍼붓기 시작했으며, '비핵 개방 3000'의 파기를 요구했다. 동시에 6·15와 10·4 선언의 존중 등을 앵무새처럼 되풀이했다. 이런 와중에 2008년 7월 금강산 관광에 참가했던 박왕자 씨가 북한 초병이 쏜 총에 맞아 사망하는 사건이 발생했다. 이로써 상호 간 신뢰는 무너졌고 금강산 관광은 물론 쌀, 비료 등 대북 인도적 지원도 중단되었다. 2009년 북한은 그나마 겨우 가동되고 있는 개성공단에서 시비를 걸어왔다. 임금 인상을 요구하면서 우리 근로자를 136일 동안 강제 억류하는 '인질극'을 벌인 것이다. 그리고 4월 5일 함경북도 무수단리에서 장거리 로켓을 발사했으며, 5월 25일 급기야 제2차 핵실험을 감행했다. 이런 상황에서 이명박 정부는 '원칙 있는 대북 정책'을 일관되게 견지했다. 과거 사례와는 달리 정상

## 천안함 피격 전후 남북 간 주요 사건 일지

| | | |
|---|---|---|
| 2008년 7월 11일 | 금강산 관광객 고 박왕자 씨 피격 사망 | |
| 2009년 3월 | 북한 개성공단 우리 근로자 136일 억류 | |
| 4월 5일 | 북한 장거리미사일 발사 | |
| 5월 25일 | 북한 2차 핵실험 | |
| 8월 23일 | 고 김대중 대통령 북한 조문단 청와대 방문 | |
| 8월 28일 | 김양건 통일전선부장, 통일부장관에 남북정상회담 제안 | |
| 10월 10일 | 중국 원자바오 총리, 김정일 위원장의 남북정상회담 제안 전달 | |
| 10월 17일 | 임태희 노동부장관 싱가포르에서 김양건 접촉 | |
| 11월 7일 | 개성에서 통일부–통일전선부 정상회담 실무 접촉 | |
| 11월 10일 | 대청도 NLL에서 대청해전 발발 | |
| 11월 17일 | 개성에서 통일부–통일전선부 실무 접촉 | |
| 2010년 3월 26일 | 천안함 피격 도발 | |
| 7월 | 국정원 고위 인사 방북, 천안함 도발 사과 요구 | |
| 11월 23일 | 연평도 포격 도발 | |
| 12월 5일 | 북한 보위부 고위 인사 방한 | |
| 2011년 5월 5월 | 중국 북경에서 남북 당국 간 접촉 | |
| 12월 17일 | 김정일 위원장 사망 | |

회담에 조바심을 내지 않았다. 북한이 먼저 제의해 온 정상회담에 대응하면서도 그들이 요구한 무리한 지원 요구를 끝까지 거부했다.

천안함 피격 4개월여 전인 2009년 11월 10일 대청도에서 NLL을 넘어온 북한 경비정을 격파하는 대청해전이 발생했다. 오전 11시경 NLL을 넘어온 북한 상해급 경비정은 우리의 경고사격에도 아랑곳하지 않고 남하했다. 막아서는 우리 참수리급 고속정에 기관포 50여 발을 발사했고 이에 우리 고속정은 40mm포 100여 발로 응사했다. 약 2분간의 전투에서 북한 경비정 한 척이 반파되는 큰 피해를 입고 결국 퇴각했다. 북한은 대낮에 우리의 경고 통신과 경고사격을 무시하고 NLL 침범을 자행했다. 우리의 대응 능력과 의지를 시험하는 한편 자신들의 피해를 부각시켜 추가 도발의 명분과 구실을 만들고자 했다. 또한 지지부진한 '남북정상회담을 이용한 대규모 대북 지원 획득' 사업을 위해 군사적 수단을 동원하여 돌파구를 찾고자 한 것이다. 이는 대남 협박과 도발 위협을 대북 경제적 지원으로 무마했고, 합의→위협→파기→보상의 달콤함에 익숙했던 지난 6·15 시기 남북 관계의 경험에서 나온 것이었다.

## 통 큰 도발

대청해전 패배로 북한은 대남 도발의 직접적 명분을 얻은 셈이었다. 이제 공격의 주객관적 조건은 마련된 것이다. 즉 김정은 후계 승계를 이루고 군부의 지지를 얻기 위해 내부의 관심을 밖으로 돌리고 대청해전의 복수를 다짐한 것이다. 북한은 대청해전 패퇴 후 3일 만에 대남 통지문을 보내 '무자비한 군사적 조치가 취해질 것'이라고 협박했다. 그리고 11월 27일 김정일은 남포에 있는 해군 587부대(서해함대

사령부)를 방문하여 격려했으며, 2010년 1월 16일 역시 남포에서 열린 지해공합동훈련을 참관했다. 이 훈련에는 사상 처음으로 북방한계선을 목표로 한 대규모 포사격 훈련이 포함되어 있었다. 북한은 NLL 수역의 해상 사격 구역 선포, 항행 금지 구역 지정 등을 통해 서서히 서해상에서 군사적 긴장을 높이고 있었다. 특히 북한은 백령도 동방 NLL 인근에 1월 25일부터 3월 29일까지 항행 금지 구역을, 1월 25일부터 29일까지 사격 구역을 설정한다고 공표했다.

　당면한 정치군사적 목표를 이루기 위해서는 이전과는 다른 차원의 획기적인 전과가 있어야 했다. 내환을 이기기 위해서는 전혀 다른 차원의 대담하고 통 큰 이벤트가 필요했다. 과거 1·21 사태나 아웅 산 테러 이상의 대담한 도발이어야 했다. '통 큰 도발' 계획과 이행은 2009년 2월에 확대 개편된 정찰총국이 맡았다. 정찰총국은 조선노동당 작전부와 노동당 35호실 그리고 군 정찰국을 하나로 통합한 조직으로 국방위원회 직속으로 편재되어 있다. 정찰국은 아웅 산 테러나 KAL기 폭파 사건 등을 주도한 '혁혁한 전과'를 가지고 있었다. 정찰총국장 김영철(46년생)은 정찰총국의 모든 역량을 김정은 후계 확립에 집중하고 있었다. 김정일이 주도했지만, 이 공격이 성공하면 그 공을 모두 김정은에게 돌릴 수 있었다. 이를 통해 김정은이 군사를 다룰 능력을 갖추고 있으며 '남한을 제켜버릴 수 있는 통 큰 지도자'라는 위상을 과시할 수 있었다. 결국 천안함을 후계 세습의 제물로 삼으려 했던 김정일의 마지막 도박은 성공했고, 김정은으로의 후계 작업은 속도를 낼 수 있었다. 북한은 가장 취약했던 권력 교체기에 남한과 미국을 비롯한 서방을 천안함 수습과 대응에 묶어놓는 데 성공한 것이다.

김정은은 2010년 9월 27일 '인민군 대장' 칭호를 받았으며, 그다음 날무려 44년 만에 열린 제3차 조선노동당 대표자회에서 당 중앙군사위원회 부위원장과 당 중앙위원회 위원으로 선임되었다. 유일영도를 위한 후계자로서 전면에 등장한 것이다. 후계 세습 체계 구축을 마무리한 김정일은 천안함 공격 1년 9개월 후 눈을 감았다.

## 비대칭 공격

대청해전의 보복을 다짐했지만, 대칭전을 벌여서는 승리할 수 없다는 것을 북한도 잘 알고 있었다. 참수리급이 맞붙은 1·2차 연평해전과 대청해전의 결과에서도 보듯, 남한 해군의 압도적 전력 앞에서 승산이 없었다. 역대 서해 NLL 해전은 대칭전의 전형이었다. 가장 작은 해군 경비정인 참수리급 등이 수상에서 맞붙었으며, 공군 등 합동 전력 지원은 거의 없었다. '애들 싸움이 어른 싸움으로 번져서는 안 된다.'는 암묵적 공감과 확전 방지를 위한 인내가 남북 모두에게 있었기 때문이다.

이제 북한은 다른 방법을 찾아야 했다. 병법에는 상대를 치려 할 때는 아군이나 상대방이 썼던 방법을 반복해서 쓰지 않아야 한다는 말이 있다. 바로 상대와 다른 무기, 다른 방식으로 싸우는 비대칭전(非對稱戰, Asymmetric Warfare)이었다. 한 번도 등장하지 않은 무기를 활용하여 상대의 다른 전력을 기습 공격하는 것이었다. 이렇게 해야 남한 군의 경계와 대비 태세를 뚫을 수 있다고 판단한 것이다.

또한 공격은 은밀해야 하고 증거가 남지 않아야 했다. 2009년 8월부터 남북정상회담을 전제로 남한 측에 식량 비료 등 지원 요구를 해 놓은 상황이었다. 공격 도발의 꼬리가 잡히면 모두 허사가 될 수밖에 없다. 절대로 들키지 말아야 했다. 획기적인 전과를 올릴 수 있고 절대 실패하지 않으며 증거를 남기지 않는 최고의 방안을 찾고 또 찾았다. 그것이 바로 잠수함을 이용한 서해 수상함 타격 작전이었다. 잠수함은 탐지가 극히 어려워 은밀하게 기동할 수 있었다. 그리고 어뢰 공격 특히 비직격 어뢰는 흔적이 별로 남지 않았다. 제2차세계대전 이후 어뢰를 이용한 수상함 공격이나 어뢰 잔해가 회수된 사례는 거의 없다. 공격자 입장에서는 잠수함정의 잠항 거리 등을 고려했을 때 목표는 가까이 있어야 했다. 공작 모선에 반잠수정 등 침투 장비를 싣고 남해안에 상륙하거나 잠수함을 이용하여 간첩을 실어 나른 경우는 있었다. 그러나 이번 경우는 어뢰를 이용한 수상함 공격이었다.

우리 군은 대청해전 이후 북한의 해안포 및 단거리 미사일 도발에 대비하기 위해 백령도 서남방 수역에 특정 구역을 설정했다. 이 구역은 백령도에 가려져 있어 레이더 탐지나 직접 공격을 피할 수 있었다. 2009년 11월 24일부터 이 구역에 초계함 1척을 전진 배치해 놓고 있었다. 또한 대청도, 연평도 등 서해5도 일대 지정된 해역에서 또 다른 초계함과 호위함 그리고 고속정 등 약 10여 척이 경비 임무를 수행했다. 해경도 중국 어선 단속과 어장 보호를 위해 대청도 근해에 500t급(501함)을 배치했다. 또 소청도 서남방에 경비 임무를 위해 1천t급(1002함)이 그리고 덕적도 서방에 250t급이 각각 임무를 수행하고 있었다.

북한의 통 큰 도발의 목표는 바로 NLL 약 12km(7NM) 남쪽, NLL과 가장 가까운 수역에서 임무를 수행하는 초계함에 대한 잠대함 공격이었다. 서쪽 공해 쪽으로 약 24km 떨어진 곳에 해경 501함이 있었지만, 해경 함정은 당초 표적이 아니었다. 비운의 천안함은 3월 16일 평택항을 떠나 이 구역에서 그것도 11일째 좁은 특정 구역을 8자 형의 유사한 패턴으로 돌며 경비 임무를 수행하고 있었다. 붙박이나 다름없는 아주 쉬운 표적이었다.

공격 시점도 오히려 한반도에 가장 많은 전력이 배치된 한미연합훈련 기간으로 정했다. NLL을 지키는 서해 최전방의 일부 전력이 훈련을 위해 훈련 지역인 후방으로 이동하고 한미의 관심이 훈련에 집중되는 점 그리고 주간 훈련이 끝나고 주말이 시작되는 금요일 밤을 노린 것이다. 특히 이날 합참의장과 각 군 총장 등 수뇌부는 대전 육군교육사령부에서 열린 합동성 강화 대토론회에 참석했다. 천안함 피격 순간에는 대전 계룡호텔에서 토론회 참석자들을 위한 만찬이 열리고 있었다. 군령과 군정을 맡은 군 최고 수뇌부는 여기에 있었다. 북한은 이날을 D데이로 '선택'했다. 꼭 60년 전 6·25전쟁 전날 밤, 우리 군 지휘부는 모두 '육군회관 낙성식' 파티에 참석하고 있었다.

북한은 전대미문의 '잠수정을 이용한 수상함 어뢰 공격'을 자행했고 그 도박은 성공하는 듯 보였다. 그러나 우리 쌍끌이 어선이 찾아낸 스모킹 건, 즉 '1번' 글씨가 쓰인 어뢰 추진체가 인양되면서 꼬리를 밟혔고 이 추진체가 자신들이 수출용으로 만들어 해외에 넘겨준 설계도와 정확히 일치하면서 결국 범인으로 밝혀지고 말았다.

# 서해 한미연합훈련

천안함 피격 당시 키리졸브-폴이글(KR/FE) 한미연합훈련이 실시되고 있었다. 이 연습은 매년 정례적으로 실시하는 방어적 성격의 훈련이다. '키 리졸브(Key Resolve, 단호한 결단)' 훈련은 한반도 유사시 미군 증원 전력의 원활한 전개를 통해 북한의 무모한 도발을 억제하겠다는 상징성을 담고 있다. 또한 키리졸브훈련과 연계해 실시하고 있는 비정규전훈련의 명칭 '나귀와 독수리(Foal Eagle)'는 한미가 공동으로 후방 지역 방어 작전과 주요 지휘, 통제 및 통신체계를 평가하기 위한 연례야외기동훈련이다. 또한 미국으로서는 우리가 훈련 비용의 일부를 부담하는 독수리훈련이 자국군의 실전 대비 훈련을 위한 대단히 귀중한 기회인 셈이다. 이를 위해 양국 육해공해병대가 여러 장소에서 다양한 훈련을 실시한다. 북한은 이 훈련을 북침 공격 훈련이라고 주장하면서 훈련 중단을 요구해왔다. 특히 이 기간 중에는 대화나 협력을 거부하고 대남 위협과 긴장을 고조시킨다. 이 기간 동안 남북 간 교류 협력은 상당한 제약을 받는다.

2010년에는 유사시 한국 방어를 위해 신속한 미군 증원군의 전개를 숙달하기 위한 훈련인 한미키리졸브연습이 8일부터 18일까지 남한 전역에서 실시되었다. 그리고 이번 훈련에는 예년보다 적은 수준인 주한 미군 1만여 명과 증원 미군 8천여 명 등 1만 8천여 명의 미군이 참가했다. 또한 같은 기간 한미연합야외기동연습인 독수리훈련도 실시되었으며 한국군은 군단급, 함대사령부급, 비행단급 부대 등 2만여 명 이상이 참가했다. 한반도 유사시를 상정한 작전 계획에서 미군이 얼마나 신속하게 한반도에 전개될 수 있는가의 전시 증원은 사활적 요소이다. 따라서 한미 연습을 통해 미군은 우리 군항에서 군수물자를 수송하거나 하역하기 때문에 입항하는 데 필요한 수중 지형 등을 사전에 파악하고 있다.

곧이어 실시된 후속 '서해한미연합훈련'은 서해상에서 3월 23일부터 28일까지 6일간 실시되었다. 양국 해군은 매년 다양한 상황별 실전적 훈련을 통해 연합 대응력을 키우고 있다.

2010년 독수리훈련 등을 위해 다양한 미 해군 전력이 한반도에 전개되었다. 이들 미군 전함의 한국 방문은 언론에 공개되며, 이들 전함은 우리 국민이나 언론을 대상으로 함정 공개 등 다양한 행사를 펼쳤다. 미국 해군 7함대 기함인 블루릿지(USS Blue Ridge(LCC 19))함이 3월 12일 진해에 도착했으며, 미 잠수함 컬럼비아호(SSN 771)도 18일 진해에 들어왔다. 동해 해군 1함대와 함께 훈련할 이지스 구축함인 9천t급 매케인(J. S. McCain)함도 3월 19일 동해항에 입항했다. 또한 천안함 생존자 구조와 탐색에 혁혁한 공을 세웠던 미 구조함 살보(Salvor, ARS-52)함도 연합 구조 훈련을 위해 진해항에 정박해 있었다.

특히 우리 서해 2함대와의 연합 훈련 때마다 거의 단골로 참석하는 미 이지스함(라센 LASSEN, DDG-82, 커티스윌버 Curtis Wilbur, DDG-54) 등도 3월 19일 평택항에 입항해 2함대 장병 및 군 가족, 시민을 대상으로 함정 공개 행사를 가졌다. 이들은 23일부터 서해상에서 실시된 연합 훈련에 참가했으며, 이 훈련을 마치고 28일 돌아갈 예정이었다. 서해 훈련 참가 전력은 최영함과 윤영하함 등 호위함과 초계함, 고속정, 잠수함 등이, 미 측은 이지스급 구축함과 군수지원함 등이었다.

당시 유일한 이지스함이었던 세종대왕함은 발표와는 달리 서해훈련에는 직접 참가하지 않았다.

서해해상연합훈련은 23일부터 25일까지 전술기동훈련 등이 실시되었다. 피격 당일인 26일에는 군수훈련과 대잠훈련 등을 병행하여 실시했으며, 전체 훈련은 21시에 끝났다. 서해연합훈련 구역은 태안반도와 격렬비열도 서측 수역으로 백령도로부터 170~220km 이상 떨어져 있었다. 그러나 천안함 피격으로 27일과 28일의 훈련과 일정은 모두 취소되었다. 왕건함 등 훈련에 참가했던 우리 함정들은 26일 21시 훈련 종료 후 정해진 야간 경비 구역으로 이동하던 중 천안함 상황이 발생하면서 현장 경계 및 지원 전력으로 긴급 투입되었다.

천안함은 이 훈련에 함께하지 않았으며, NLL 경계 임무에 투입되어 있었다. 3월 16일 13시 평택항을 출항, 백령도 작전 구역에서 임무를 수행하던 중 3월 25일 발표된 서해 풍랑주의보 때문에 25일 14시부터 경계 수역을 이탈해 대청도 동남방으로 피항했다. 기상이 호전되자 26일 6시 기동하여 8시 30분 백령도 작전 해역에 복귀했으며 21시 21분 57초에 피격당했다. 다만 훈련에 열중하던 한미 연합 전력이 천안함 100마일 후방에 있었을 뿐이다.

일부에서는 서해연합훈련 구역이 알려진 것보다 더 북방이며 백령도 인근이었다는 식의 주장을 하고 있다. 그러나 이는 전혀 사실이 아니다. 상식적으로도 도발 억지를 위한 방어 훈련의 성격상 북한의 직접 사정권인 접적 수역 인근에서 훈련을 함으로써 군이 긴장을 조성할 이유가 없는 것이다. 또 서해에서 한미 해군의 이지스급 구축함이 훈련 중이었는데, 어떻게 북한 잠수정이 침투하여 공격할 수 있었겠

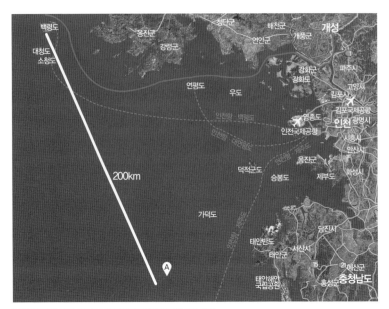

는가 하는 주장을 펴기도 한다. 그러나 공중 경계와 수중 경계는 완
전히 성질이 다르다. 수 백 km 이상 떨어져 훈련 중인 함정이 수중 음
탐 장비로 북한 잠수정을 탐지하는 것은 불가능하다. 또한 그 어떤 첨
단 무기 체계라도 해도 수중에서 170~200km 이상 떨어진 물체를 탐
지할 수는 없다. 공중과 수중의 차이는 대단히 크며, 수중 탐지는 그
만큼 더 어렵다. 정찰위성 등이 모든 함정을 추적할 수 있다는 주장
도 있으나, 이 역시 사실과 다르다. 잠수함정이 부두에 정박하거나 항
해하는 경우에는 확인이 가능하지만 일단 수중으로 잠항을 시작하
면 추적은 거의 불가능하다.

　　수중 전력의 위력은 우리 209급(장보고급) 잠수함의 성과에서도 잘
드러난다. 2004년 장보고함은 태평양에서 실시된 환태평양해군합동

훈련(림팩, RIMPAC)에 참가했다. 장보고함은 막강한 호위 속에 작전하는 10만t급 미 해군의 핵추진 항공모함을 포함하여 일본 구축함 등 수상함 15척에 대해 모두 40여 차례 가상 어뢰 공격을 성공시켰고 모두 전멸시켰다. 이때 장보고함은 단 한 차례도 탐지되지 않았으며 끝까지 생존했다. 이외에도 1998년 이종무함, 2000년 박위함, 2002년 나대용함 등의 활약은 우리 잠수함 전력의 우수성을 확인시켰다. 이는 반대로 잠수함의 탐지가 얼마나 어려운지를 단적으로 보여주는 사례인 셈이다.

김태영 국방부장관은 3월 29일 국회 국방위원회에 출석해 "천안함은 서해 북방한계선(NLL) 수호를 위한 경계 작전 중으로 한미독수리 훈련과 연계된 작전을 수행한 게 아니었다."고 답변했다. 다음은 그날 국방위 속기록의 일부이다.

- 김무성 위원 : 그런데 현재 독수리훈련이 진행되고 있습니까?
- 국방부장관 김태영 : 28일까지 계속 이어지는 훈련이 아니고 각각 분야별 훈련이 여기저기서 이루어지고 있습니다.
- 김무성 위원 : 23일부터 27일까지 미국 이지스함 2척과 한국 이지스함 최영함, 윤영하함 등이 훈련 중이었지요?
- 국방부장관 김태영 : 예.
- 유승민 위원 : 그러면 그 기간 중에 있던 독수리훈련에 미국 이지스함 2척이 그 부근에 있었던 것은 사실입니까?
- 국방부장관 김태영 : 거기보다 훨씬 남쪽, 100마일 남쪽에 있었다는 겁

니다.

- 안규백 위원 : 그러니까 스팟(spot, 천안함 피격 지점)과 얼마나 떨어져 있었
느냐 그런 이야기입니다.

- 합동참모차장 김중련 : 격렬비열도 남방이기 때문에 한 100마일 이상 떨어
져 있습니다.

- 안규백 위원 : 프레시안과 뉴시스 등 언론에서는 미 이지스함 훈련과 천
안함호의 사고를 연계시키는 의혹을 제기하고 있는데 어떻게 생각하십
니까?

- 합동참모차장 김중련 : 그렇지 않습니다. 지금 말씀드리면 사렘훈련이라고
하는데요. 그 구체적인 내용에 대해서는 좀 양해해주십시오. 그 사렘훈련
을 하고 있었기 때문에 전혀 별개의 지역에서 별개의 목적으로 함정이 기
동했던 것입니다.


## 청와대를 살린 전화

청와대에는 경호실을 제외하고도 상당수의 현역 군인이 근무하고
있다. 주로 외교 안보나 위기관리 파트에서 군이나 정보 보안 관련 업
무를 담당하고 있다. 당시 국방비서관실은 국방비서관을 비롯, 행정
관 7~8인으로 구성되어 있었다. 민간인 출신인 나를 포함하여 공군
대령, 해군대령, 해병대대령, 육군중령, 국방부와 방위사업청 서기
관, 국가정보원 소속 1인 등이 행정관으로서 함께 근무했다. 청와대
에 파견되는 행정관은 각 군과 부처, 기관을 대표하는 가장 우수한

인원이 선발된다. 가장 충성심이 강하고 유능한 정예 인재들이다. 군인은 군별 인사 여건에 따라 1~2년 동안 파견된다. 청와대 근무 기간 중 진급 시기를 맞은 인원은 큰 이변이 없는 한 진급을 하게 된다. 따라서 청와대 파견을 위한 경쟁도 치열하다. 이들은 통수권자인 대통령에 가장 가까이 있는 대표 선수이다. 따라서 각 군의 이해를 우선하기보다는 대통령의 국정 철학을 공유하고 정책 의지가 예하에서 관철되도록 팀워크를 발휘하며 일한다.

당시 국방비서관실은 6시 30분에 출근하여, 각 군 및 부대, 기관에서 올라오는 상황 보고를 점검하고, 언론을 모니터링했다. 관련 언론 기사는 진위와 사건의 전말을 파악하여 국방비서관에게 보고한다. 필요할 경우 홍보나 정무 등 타 비서관실과 공유하고 국방부 등에 대응 방향을 협의 및 지시한다. 특히 사안이 중대할 경우, 외교안보수석 비서관 등에게 직접 보고한다. 매일 새벽 모니터링하는 신문에 자신이 맡은 업무와 관련된 기사가 나오거나 소속 군에서 사고가 터지면 해당 장교는 바빠질 수밖에 없다.

2009년 3월 서해 연평도를 직접 방문해서 작전 상황을 살펴보았던 김병기 국방비서관은 꽃게 조업 재개를 앞두고 2010년 3월 22일 국방비서관실 김 모 행정관(해군대령)에게 상황 점검을 지시했다. 3월 23일 천안함 상황 사흘 전, 해군 김 대령은 그날 오전 합동참모본부 해상작전과 해군 중령으로부터 '꽃게작전' 계획에 대해 설명을 들었다. 그는 꽃게작전을 앞둔 시점에서 NLL에서 벌어지는 사소한 사항도 직접 바로 알려 달라고 요청했다. 꽃게작전은 금어기가 풀리는 4~6월의 전반기와 9~11월의 후반기 작전으로 나뉘는데, 어민들의 꽃게잡

이에 맞춘 군의 대응 작전이다. 이때 어민들이 꽃게 조업을 시작하고 여기에 중국 어선과 북한 어선들도 조업에 나서면서 NLL 일대의 긴박감은 매우 높아진다. 서해의 해군 2함대와 인천해역방어사령부, 해병 6여단 및 연평부대 장병들은 항상 이 시기가 되면 긴장을 한시도 늦출 수 없게 된다. 북한 경비정이 중국이나 북한 어선에 숨어 남하하거나 우리 어선의 어장을 이탈하는 경우도 있다. 또 북한 중국 어선의 NLL 월남, 북한 경비정의 NLL 침범 등 다양한 상황이 발생하고 수시로 비상 사이렌이 울리기 때문이다.

김 대령은 4월부터 시작되는 꽃게작전기를 맞아 서해 NLL 상황 발생 가능성을 염두에 두고 합참과의 긴밀한 협조를 유지하려 했다. 이는 숙련된 경험과 정확한 상황 판단 그리고 임무 충실성 등이 합쳐진 모범이었다. 결과적으로 국방비서관실의 사전 조치는 청와대의 상황 인지와 대응을 앞당겼고, 안보 위기 상황에서 군통 수권자의 조기 대응에 크게 기여했다.

3월 26일 21시 48분, 청와대 근처 식당에서 늦은 저녁 식사를 하던 김 대령의 휴대폰이 울렸다. 합참의 그 중령 전화였다.

"선배님, 백령도 근처에서 천안함이 침수되고 있습니다."

김 대령은 긴급 사안임을 직감했다. 그리고 바로 휴대폰으로 김병기 국방비서관에게 보고했다. 퇴근 중이던 김 비서관은 추가 상황 파악을 지시한 후 바로 차를 돌리면서 김성환 외교안보수석에게 상황을 보고했다. 그는 운전병을 다그쳐 비상등을 켜고 평촌에서 20여 분 만에 청와대로 들어왔다. 김 대령과 식사 자리에 함께 있었던 청와대 국가위기상황센터 해군 이 모 대령은 즉시 청와대 상황센터에서 당직을 서고 있던 공군 김 모 중령에게 상황 파악을 지시했다. 이들은 식사를 중단하고 청와대로 즉시 복귀했다.

21시 51분 청와대 위기상황센터 상황 담당이었던 공군 김 중령은 즉시 합참 지휘통제실 담당 장교에게 상황을 문의했다. 그러나 이때까지 해군작전사령부로부터 합참으로 초도 보고가 이루어지지 않고 있었다. 다시 김 중령은 해군작전사령부 지휘통제실 상황장교에게 전화를 걸었고, '천안함이 파공되고 침몰하고 있다.'는 보고를 들었다. 잠시 후 청와대 위기상황센터는 합참 지휘통제실로부터 '21시 45분 서풍1 발령, 천안함 선저 파공으로 침수 중'이라는 2차 보고를 접수했다. 21시 53분 김남수 청와대 위기상황팀장은 김성환 외교안보수석에게 종합적인 상황을 보고했으며, 동시에 정정길 대통령실장에게도 보고했다.

외교안보수석의 보고를 받은 대통령은 22시 5분 '외교안보장관회의' 소집을 지시했다. 이명박 정부는 NSC(국가안전보장회의)를 대신해 외교안보장관회의를 탄력적으로 운영하고 있었다. 실제 NSC가 제대로 기능하기 위해서는 사무처와 별도의 조정 회의 등 다양한 실무 기구의 보좌가 필요했다. 그러나 '작은 정부' 방침에 따라 이들 보좌 기구는 구성되지 않은 상태였다. 따라서 NSC는 1년에 몇 차례씩 국가안보 기조를 점검하는 회의 등으로 활용되었고, 긴급한 안보 위기 대응에는 외교안보장관회의가 활용되었다. 외교안보장관회의는 사안의 성격에 맞게 회의 참석자들을 정할 수 있고, 현장에서 보좌 인력의 지원을 받을 수 있는 장점이 있었다. 실제 속칭 '청와대 벙커'로 알려진 위기관리센터에서 열린 회의에는 정규 참석자뿐만 아니라 청와대와 국방부의 장관급 및 영관급의 육해공해병대 현역 장교, 외교안보수석이나 홍보수석 등 수석비서관, 대외전략비서관 등 비서관급들도 후열에 배석했다. 대통령은 회의석상에서 필요할 경우 바로 이들에게도 질문하고 의견을 들었다. 바로 '열린 회의체의 실용적 운영'의 모습이었다.

22시 10분 대통령이 관저에서 위기상황센터가 있는 벙커로 내려오면서 회의는 시작되었다. 22시 5분에 미리 도착해 있던 정정길 대통령실 실장이 대통령을 맞이했다. 비상 전화와 비상 문자망으로 긴급회의 소식을 접한 참석자들이 속속 센터에 도착했다. 22시 13분 국방비서관이 숨이 턱에 차서 들어서자 대통령이 바로 질문했다.

"뭐예요?"

"여러 가능성이 있습니다만, 얼마 전부터 북한 잠수함 활동이 있어서 추적을 해왔는데, 특이 사항은 없는 것으로 보고를 받았습니다."

곧이어 22시 15분 김성환 외교안보수석비서관이 도착했고 23시 5분 김태영 국방부장관과 원세훈 국가정보원장이 비상등을 켜고 달려 들어왔다. 회의 소집을 늦게 연락받은 현인택 통일부장관과 유명환 외교부장관이 23시 30분 청와대에 도착했다.

대통령은 1차 회의에서 한미정보자산을 활용한 북한군의 동향을 점검하고 현장의 후속 상황을 보고받았다. 23시 속초함이 '미식별 물체에 대한 사격'을 실시하고 있다는 보고가 실시간으로 전달되었다. 23시 19분 해군참모총장은 벙커에 있던 외교안보수석에게 군정 사항인 인명 구조 현황을 보고했다. 이후 0시 35분 속초함은 이 접촉물을 새 떼로 보고했다. 천안함 구조와 대응을 위해 수많은 전력이 북상했지만, 북한은 별다른 반응도 보이지 않고 있었다. 대통령은 군으로부터 인원 구조 현황 및 실종자 구조를 위한 조치 상황을 점검했다. 또 현장에 해경 501함을 보낸 해경은 거의 실시간으로 천안함 생존자 구조 상황을 청와대 위기상황센터로 보고했고 이 내용은 회의 참석자들에게 즉시 전파되었다. 동시에 상황 원인에 대해서도 여러 가능성을 염두에 두고 의견을 나누었다.

청와대는 상황 발생을 합참, 해작사, 해군 2함대사 등 군의 지휘 보고 계통이 아닌 청와대 국방비서관실 행정관이 인지하는 '참모 보고' 경로를 통해 최초로 확인했다. 이때 해작사는 현장 상황의 추가적 확인과 내부 보고 체계를 거치느라 합참에도 보고하기 전이었다. 청와대의 상황 확인 요청을 받고서야 합참이 거꾸로 움직인 꼴이 된 것이다. 이 때문에 일부에서는 군 계통의 상황 보고가 아닌 참모 보고 형식이 적절했는가에 대한 논란이 나오기도 했다.

'국가적 안보 상황이 얼마나 빨리 군 통수권자에게 보고되는가.', 이는 그 실효성을 떠나 정부의 대응 능력을 평가하는 중요 지표가 되고 있다. 만약 군의 통상적 계통을 통해 보고가 올라왔다면 청와대의 상황 인지와 초동 대처도 더욱 늦어졌을 것이다. 청와대는 그 어느 때보다 신속했고 미리 예정된 절차대로 움직였다. 이런 측면에서 국방비서관실 김 대령이 받은 전화는 '청와대와 정부를 구한 전화'였다고 해도 과언이 아니었다.

한편 외교안보수석실 등을 제외한 다른 수석비서관과 비서관, 행정관 등에 대한 상황 전파는 지연되거나 누락되었다. 당시 위기상황팀은 청와대가 지급한 휴대폰에 문자 서비스로 주요 상황을 전파하는 체계를 가지고 있었지만, 내부 보안 등으로 그 서비스 대상은 매우 제한적이었다. 국가 비상 상황 시 복귀해야 하는 청와대 인원의 일부는 TV 자막을 통해 상황을 인지하고 한밤중에 급히 청와대로 들어와야 했다. 외교안보수석실은 국방비서관실을 중심으로 상황 발생 직후부터 밤샘 근무 체제로 전환했다. 이후 국방비서관과 해군 및 해병대 대령은 상당 기간 퇴근을 할 수 없었다. 나머지 육군 공군 등의 인원은 교대로 상황을 지켰다.


## 청와대 위기관리 체계


국가 안보 사안에 대한 대응은 나라와 정권의 명운을 걸어야 할 정도로 중요하다. 무엇보다 국가의 안위와 직결되어 있기 때문이다. 과거의 광우병 위기나 경제 위기 등의 다른 사회경제적 사안 이상으로 촌각을 다투는 신속하고 적확한 대처가 최우선이다. 군 최고통수권자인 대통령이 빠르고 바르게 결심하고 지휘할 수 있는 보좌가 이루어져야 한다. 그리고 여기에 정권의 성패를 다루는 정무적 대응과 판단 역시 결코 소홀할 수 없다.

이명박 정부는 출범 초 정부 조직을 개편하면서 국가 안보와 위기 대응 조직을 대폭 축소했다. 전임 노무현 정부는 청와대의 안보와 위기관리 조직을 크게 확장했으며, 세부 상황별 국가적 위기 대응 매뉴얼 구축에 매진했다. 총 33개 분야에 걸쳐 무려 285개의 상황별 실무 지침이 만들어졌다. 검은 표지의 실무 매뉴얼은 위기상황센터 벽면을 가득 채울 정도로 많았다. 매뉴얼이 제 역할을 다하기 위해서는 해당 상황을 상정한 지속적인 훈련과 보완이 이루어져야 했다. 그리고 모든 상황에 대해 청와대가 직접 관리하는 것이 바람직한 것인지에 대한 평가도 있어야 했다.

또한 수십억 원의 예산을 들여 위기 상황 시 대피소 수준에 불과했던 청와대 벙커를 대대적으로 개선했고 청와대로 대부분의 국가 관리 기간망을 연결했다. 그렇다고 청와대가 모든 기간망을 실시간으로 모니터링할 수 없기 때문에 사전에 위기 상황을 직접적으로 파악할 수 있는 것은 아니었다. 이 때문에 당시 야당은 청와대 관련 예산을 심의하면서 그 효용성 필요성에 대해 이의를 제기했다. 그러나 국가 안보 차원의 최고위 지휘망 구축 필요성이 강조되면서 큰 수정 없이 진행되었다.

이명박 정부는 전임 정부의 국가안전보장회의(NSC)가 지나치게 비대해졌고 특정인과 특정 세력에 의해 좌우되면서 '집단 사고(Group Thinking)'의 함정에 빠졌다고 보았다. 정보의 융합과 소통이 제한되면서 대북 안보 정책의 편향을 가져왔다고 판단했다. 그리고 정부의 출범 당시 효율성을 강조한 작은 정부론, 정부 조직 슬림화가 화두가 되면서 청와대에는 최소한의 조직만 남게 되었다. 외교안보수석 산하에 종합적 장기 대응을 담당하는 대외전략비서관실을 두었고, 국가 위기관리 및 비상 대응 체계는 위기정보상황팀으로 편재했다. 팀장으로 선임행정관 1인 그리고 소수의 행정관이 전부였다.

그러나 2008년 7월 11일 금강산 관광에 나섰던 고 박왕자 씨가 북한군의 총에 맞아 사망하는 사건이 발생했다. 그날 오후 2시부터 대통령의 취임 첫 국회 개원식 연설이 예정되어 있었다. 당시 위기정보 상황팀은 통일부와 군으로부터 오는 상황을 접수하여 단순히 보고하는 데 그쳤다. 정상적인 위기 대응 시스템이었다면, 모든 국가 정보 자산과 네트워크를 동원하여 신뢰성 있는 정보를 수집하고, 수집된 정보를 융합하여 판단하고, 초기 정부의 대응 지침을 마련해야 한다. 이를 통해 최고통수권자인 대통령의 바른 결심을 보좌할 수 있어야 했다. 당시 대응팀은 출범 6개월여가 지났지만, 제 기능을 다하지 못하고 있었다. 이들은 제 역할을 할 수 있는 권한을 가지지 못했고 인적 자산도 너무 미약했다.

'우리 민간인이 북한 통제구역에 들어갔고, 북한 초병의 지시에 따르지 않아 총을 맞아 사망했다.'는 식의 기계적인 보고와 안이한 상황 판단이 위로 올라간 것이다. 여기에 그 관광객이 질병으로 사망했다는 식의 잘못된 보고가 뒤섞이면서 상황 파악이 지연되었다.

그 당시 나는 대통령의 연설 업무를 맡고 있었지만, 친분이 있었던 위기정보상황팀에 바로 전화를 걸었다.

"마치 잘못이 우리 관광객에게 있는 듯이 들립니다. 무슨 말도 안 되는 소리입니까. 이유 불문하고 우리 국민이 총에 맞았어요. 국민들 입장에서 생각해보세요. 어떻게 일방적인 주장만 듣고 그렇게 판단하세요?"

금강산 관광객 사건에 대한 대통령의 발언에 국민적 관심이 집중되었으나, 대통령은 남북의 화해와 협력을 바란다는 내용의 최초 원고를 수정 없이 그대로 낭독했다. 국민 여론은 급격히 악화되었고 언론은 청와대의 위기 대응 능력을 의심하기 시작했다. 청와대 상황 판단과 위기 대응 시스템에 치명적인 문제가 있었음이 확인되었다. 대통령을 포함한 최고 지휘관이 결심하고 대응 지시를 하달하는 데 있어, 최초 보고는 대단히 중요하다. 그러나 당시 상황팀의 보고는 단순히 통일부와 군의 기계적인 상황 보고에 그쳤다. 이후 다른 부처와 기관의 추가적 정보가 융합되고 정무적 판단이 곁들여진 제대로 된 후속조치가 있어야 했다. 최초 상황 단계에서 선제적 관리 개념을 포함시키는 것이 필요했다. 또한 대통령에 대한 정확한 보고도 제때 분명하게 이루어지도록 시스템을 고칠 필요가 있었다.

이를 위해 김성환 외교안보수석비서관과 김태효 대외전략비서관을 중심으로 조직 및 정보 시스템 보강, 정무적 판단 강화, 보고 체계 보완 등 다양한 차원의 검토가 진행되었다. 이후 위기정보상황팀을 국가위기상황센터로 격상하고 외교안보수석이 센터장을 겸직하도록

## 청와대 위기관리 체계 변화

| 개편 시기 | 2008. 2. | 2008. 7. | 2010. 5. | 2010. 12. |
|---|---|---|---|---|
| 계기 | 이명박 정부 출범 | 금강산 관광객 박왕자 씨 피격 | 천안함 피격 | 연평도 포격 |
| 명칭 | 위기정보상황팀 | 위기상황센터 | 국가위기관리센터 | 국가위기관리실 |
| 책임자 | 상황팀장 (2급, 선임행정관) | 센터장 (외교안보수석) – 상황팀장 (비서관급) | 안보특보 신설 (예비역 대장) 센터장 (비서관급, 현역장성) | 실장 (수석비서관급) 신설 – 비서관실(2개)과 상황팀 |

했다. 또 민간 부분으로부터 대통령에 직보가 가능한 시스템을 구축하고 기존 위기관리 대응 매뉴얼을 시나리오별로 세분화, 구체화했다. 이런 개편의 결과는 천안함 대응에서 효과를 나타냈다. 청와대는 천안함 상황 최초 대응에 대해 '상황 접수 9분, 상황 발생 38분 만에 군 최고통수권자가 주재하는 비상 회의가 열렸고, 이후 상황 관리에 대해 체계적이고 정상적으로 대응했다.'고 평가했다.

## 이어지는 외교안보장관회의

고 박왕자 씨 사망 이후 보강된 국가위기상황센터는 최초 단계의 상황 관리를 침착하게 수행했다. 동시에 상황 직후 가장 먼저 복귀한 국방비서관실 행정관들은 상황센터에 상주하며 위기 상황에 대처했다. 상황센터는 27일 2시 15분 한국지질자원연구원에 백령도 지진파 감지 상황을 유선으로 확인했다. 그리고 3시 22분 지진파 탐지 분석 자료를 이메일을 통해 보고받았다.

27일 7시 30분 2차 외교안보장관회의가 열렸다. 인명 구조를 비롯한 현장 상황에 대한 구체적인 보고와 해당 부처 기관의 판단 자료가 보고되었다. 이 자리에는 이상의 합참의장이 상황을 보고했으며, 지방선거 출마를 위해 사임한 이달곤 장관을 대신하여 정창섭 행정안전부제1차관도 참석했다. 대통령은 NLL 인접 해역에서 발생했고 우리 군인들 수십 명이 실종된 상황을 대단히 심각하게 받아들였다.

회의에서는

① 인명 구조에 최선을 다하고, 신속한 원인 파악에 주력할 것

② 각 정당과 부처, 공공 기관 그리고 주요 국가에 상황을 통보할 것
주말이지만, 해당 기관장들은 비상근무 태세를 유지할 것

③ 해난 구조대 투입 상황을 점검하고 추가 상황을 파악할 것

등의 지시 사항이 하달되었다.

이 지시 사항들을 이행하기 위해 청와대 해당 수석실과 정부 부처는 긴박하게 움직였다. 경찰은 지역에 따라 갑호 또는 을호 비상령을 발동했다. 전체 공무원도 비상근무 체제에 돌입했다. 최전방에서의 함정 침몰로 군과 경찰 그리고 공무원의 비상 태세가 발동되었지만, 이는 통상적인 것이었다. 천안함 상황의 원인이 나오지 않았고 북한의 특이 동향이 없었기 때문에 대북 감시 태세인 워치콘(Watch Condition) 격상은 검토되지 않았다. 주한 미군의 대응도 평소와 같았

2010년 3월 27일 청와대 위기관리실에서 열린 천안함 제2차 외교안보장관회의에서 이상의 합참의장이 보고하고 있다.

다.

상황 원인과 관련하여 함체 절단면 확인이 무엇보다 중요하고 시급했다. 절단면을 확인하면 1차적으로 좌초 또는 피로 파괴, 함 내 폭발 등 내부 원인인지, 외부 공격에 의한 폭발인지 대략적인 구분이 가능했다. 즉 피로 파괴나 좌초의 경우 용접 부위 등을 따라 비교적 매끄럽게 갈라지지만, 폭발이 있었을 경우에는 절단면이 고르지 않고 철판이 찢어지게 된다. 내부 폭발 또는 외부 폭발도 절단면이 함 안쪽으로 휘었느냐 바깥쪽으로 휘었느냐에 따라 판단할 수 있었다. 확인 결과에 따라 천안함 관련 최초 판단이 정해지고 이후 대응 방향이 완전히 달라질 수밖에 없었다. 현장으로 급파된 해난 구조대(SSU, Special Salvage & rescue Unit) 선발대의 최초 보고가 매우 중요했다. 청와대 안보장관회의는 대단히 긴박하고 엄중한 상황에서 이들의 최초 보고에 큰 기대를 가지고 간절히 기다렸다.

그러나 현장 보고는 계속 지연되었다. 당시 천안함 함미는 바로 가라앉았고 함수는 강한 조류에 밀려 수면 아래에서 계속 이동 중이었다. 선발대는 27일 아침 평택에서 헬기를 타고 백령도에 도착하자마자 탐색 준비를 시작했다. 오후 1시 30분부터 탐색을 시작했다. 이 해난 구조대의 상황 보고를 듣고 대책을 논의하기 위한 3차 외교안보장관회의가 27일 16시에 소집되었다. 그러나 이때까지 해난 구조대 선발대는 기상 불량과 수중 시야 제한 등으로 절단면 확인에 실패했고, 함체 절단면 상태를 보고하지 못했다. 이들은 기름띠 흔적을 따라 수상 및 수중 생존자를 찾는 데 집중해야 했다. 28일 11시 4차 외교안보장관회의가 열렸다. 사고 원인에 대한 1차적인 판단이 나와야 조치

| 대통령 주재 외교안보장관회의 | | | | |
|---|---|---|---|---|
| 구분 | 일시 | 주재 | 참석 | 회의 내용 |
| 1차 | 3. 26.<br>22시 | | • 대통령실장 · 총리실장<br>• 외교 · 통일 · 국방부장관<br>• 국정원장<br>• 외교안보 · 홍보수석 | • 구체적 상황 파악<br>• 실종자 구조를 위한 조치<br>  등 |
| 2차 | 3. 27.<br>7시 30분 | 대통령 | • 1차 회의 참석자<br>• 합참의장<br>• 행정안전부 제1차관<br>• 정무수석 | • 신속한 원인 파악 주력<br>• 정부 기관 상황 전파 및<br>  비상근무 태세 유지 등 |
| 3차 | 3. 27.<br>16시 | | • 2차 회의 참석자 | • 구조 작업 진행상황<br>• 현지 기상 환경 및 수중 작<br>  업, 환경 관련 필요한 조치 |
| 4차 | 3. 28.<br>11시 | | • 2차 회의 참석자 | • 국방부 등의 조치 사항 확<br>  인 및 점검 |

방향과 대응책을 수립할 수 있을 것으로 판단하여 정조 시간대에 회의가 연이어 소집된 것이다. 이 시각, 증원된 해군 해난 구조대와 특수전여단 수중폭파대(UDT, Underwater Demolition Team) 등이 투입되어 탐색 활동을 계속했지만, 결국 함체 절단면 확인은 이루어지지 못했다. 이 때문에 청와대는 대통령이 주재하는 추가 회의는 소집하지 않고 국방부의 조치 상황을 확인 점검하는 것으로 방향을 바꾸게 되었다.

대통령은 이어진 회의에서 "현 단계에서 가장 중요한 것은 생존자 구조이며, 실종자들이 살아 있다는 믿음을 갖고 마지막까지 희망을 버리지 말고 구조 작업에 최선을 다하라."고 지시했다. 박선규 청와대 대변인은 '천안함 원인은 정말 중요한 문제인 만큼 당국이 철저히 조사해 규명할 때까지 섣부른 예단으로 인한 혼란이 있어서는 안 될 것'이란 입장을 밝혔다.

결국 피격 현장의 절단면 확인 불가, 함체 접근 제한 그리고 북한의 특이 동향 없음 등 상황 판단 근거가 충분하지 않으면서 4차례 열린 긴급 외교안보장관회의는 원칙적인 대응을 내놓는 데 그쳐야 했다. 그리고 사고 원인에 대한 나름의 의견이 있었지만, 상황의 엄중함을 고려할 때 현장에 대한 정확한 정보 없이 그 어떤 예단도 할 수 없었다. 또 대통령이나 청와대가 상황의 원인을 가정하거나 미리 예단을 하고 대응책을 언급할 게재도 아니었다. 만약 함체 절단면 확인이 이루어져 '외부 폭발'로 추정할 수 있었다면, 외교안보장관회의의 결론이나 천안함 대응 방향은 크게 달라질 수 있었을 것이다. 그러나 역사에 가정은 없다.

# 02

# 파공과 어뢰 피격

## 승조원들의 마지막 모습

천안함 피격 순간, 전원은 단절되고 비상 발전기도 작동되지 않았다. KNTDS, C4I 시스템, 위성통신 등 모든 지휘통제체계가 멈췄다. 소통 수단은 오직 군용 휴대용 무전기와 휴대폰뿐이었다. 당시 바람은 남서풍 초속 10m로 강하게 불고 있었고 좌우현 견시를 제외한 모든 승조원은 함 내에 있었다. 피격 직전의 천안함과 승조원의 상태를 알 수 있는 두 가지 자료가 있다.

바로 천안함 내부를 찍은 CCTV와 승조원들의 통화 및 문자 기록이다. 피격 이후 상당한 시간이 지나 확인된 자료들이지만, 공통적인 것은 피격 직전까지 어떠한 위기 징후나 비상 상황도 없었다는 점이다. 이들은 통상적이고 정상적인 상황에서 임무를 수행하거나 휴식 중에 순식간에 당했다. 천안함과 승조원들은 아주 짧은 시간에 그리고 상황을 깨닫지 못한 상황에서 참사를 맞이했다. 상황 직전의 마지막 모습은 순식간에 천안함의 모든 기능을 정지시키고, 함을 두 동강 낸 그 원인이 무엇이었을까 규명하는 데 매우 중요한 단서이다.

피격 34일 만인 5월 3일, 천안함의 마지막 순간을 담은 CCTV 영상이 복원되었다. 천안함에는 11대의 CCTV가 있었다. 500GB 용량의 통제PC는 30일간 전원 차단 직전까지의 영상을 녹화할 수 있다. 이 CCTV는 촬영 구역 내 움직임이 감지되면 자동적으로 촬영되어 1분 후에 저장하도록 되어 있다. 합동조사단은 4월 25일 인양된 함수에서 통제PC를 확보했다. 이를 민간 전문 복원 업체 '명 정보기술'에 맡겼다. 합조단과 민간 업체는 악전고투 끝에 이물질을 제거한 후 6개 장소의 각각 43초에서 15분 분량 영상을 복원하는 데 성공했다[02].

복원된 영상을 보면 승조원들은 비상 상황이 아닌 일상적인 모습으로 체력 단련을 하거나 순찰 임무를 수행하고 있었다. 최원일 함장은 겨울 근무복 바지에 상의는 러닝셔츠 차림으로 근무하다 함장실을 빠져나오면서 겨울 점퍼를 착용했다. 화면 속 모습이나 이후 구출된 생존자의 복장 역시 간편복이나 근무복을 입고 있었다. 피격 순간에 가장 근접했던 14분 43초짜리 영상[03]은 정전(피격) 1분 전 모습

---

02 CCTV 복원의 추진 과정과 방법, 합조단의 노력 등은 당시 국방부 조사본부장이었던 윤종성 장군의 책 『천안함 사건의 진실』 p44~49에 감동적으로 묘사되어 있다. 그는 이런 성과를 민간 업체의 공으로 돌렸다.

03 이 영상의 CCTV의 녹화 시각은 21시 17분 3초로 되어 있으나, 시각이 3분 55초 이상 늦게 설정되어 있어 실제 시각은 21분경임.

을 보여주고 있다. 이 영상에는 안전당직자 고 박성균 하사가 정상적으로 순찰하는 모습이 찍혀 있다. 또 다른 피격 1분전 영상은 고 문영욱 하사의 체력 단련 모습 등 함 내 일상적이거나 정상적인 모습이 확인되었다. CCTV는 정전 직전까지 정상적으로 작동했으며, 그 1분 전까지의 영상을 기록하고 있었다. 피격 직전 그 어떤 비상 상황도 없었고, 순식간에 상황이 발생해 전원이 끊어졌으며, 승조원도 불각시에 충격을 받은 것이다. 이른바 좌초, 충돌, 피로 파괴 등 비폭발설은 설득력이 없음이 여기서도 확인된다.

한편 천안함 내의 분위기는 화기애애했다. 승조원들은 함장을 잘 따랐고 음주 및 군기 사고 등 위해 요소는 없었다. 3월 24일에는 '수병의 날' 행사가 열렸다. 말 그대로 수병을 위한 날로, 수병을 제외한 상급자들이 점심과 저녁을 준비하고 당직까지 맡아주었다. 일부는 노래방 기계로 노래를 부르며 신나게 놀기도 했다. 피격 당일 14시부터 승조원 식당에서 '골든벨 퀴즈 대회'가 열렸다. 각 파트별로 5명씩 선발하여 휴가 포상을 걸고 문제를 풀며 즐거운 시간을 보냈다. 피격 직전 승조원들은 휴대폰으로 가족이나 애인 등과 통화를 하기도 했다. 주로 휴대폰을 가진 부사관이나 위관급 장교들이었다. 이들의 통화 기록과 통화 내용은 천안함 직전의 상황을 짐작하는 데 도움이 된다. 정상적인 상황에서 이루어진 일상적인 통화였다. 합조단은 사건 발생 시각과 비상 상황 여부를 규명하기 위해 전체 승조원 명의의 휴대폰, 유선전화. 인터넷 전화의 송수신 내역을 조사했다. 통신비밀보호법에 따라 국방부 보통군사법원은 통신사실확인자료제공요청허가서를 발부했다. 피격 전 마지막 통화는 고 김선명 상병과 그의 남동생 사

## 피격 시간대 통신 현황

| 발신자 | | 시각 | | 수신자 | |
|---|---|---|---|---|---|
| 하사 차OO | 010-4166- | 21시 13분 28초 | 문자 | 김OO<br>(오OO) | 010-3694- |
| 중사 정OO<br>(상병 김OO) | 010-5087- | 21시 13분 49초 | 21시 12분 3초<br>(1분 46초) | 김OO | 010-9160- |
| 허OO | 010-3943- | 21시 14분 31초 | 문자 | 하사 서OO | 010-8760- |
| 김OO(오OO) | 010-3694- | 21시 16분 4초 | 문자 | 하사 차OO | 010-4166- |
| 하사 차OO | 010-4166- | 21시 16분 42초 | 문자 | 김은혜<br>(오OO) | 010-3694- |
| 중사 정OO<br>(상병 김OO) | 010-5087- | 21시 17분 2초 | 21시 16분<br>47초(15초) | 김OO | 010-9160- |
| 김OO<br>(김OO) | 054-932- | 21시 18분 35초 | 21시 17분<br>19초(1분 16초) | 중사 정OO<br>(상병 김OO) | 010-5087- |
| 황OO | 011-9079- | 21시 18분 52초 | 21시 14분<br>11초(4분 41초) | 상사 허OO | 010-5085- |
| 2함대 상<br>병김OO | VH-16 | 21시 20분 5초 | 21시 19분<br>30초(35초) | 중사 이OO | VH-16 |
| 김OO<br>(김OO) | 054-932- | 21시 20분 14초 | 21시 19분<br>52초(22초) | 중사 정OO<br>(상병 김OO) | 010-5087- |
| 허OO | 010-3943- | 21시 21분 25초 | 문자 | 하사 서OO | 010-8760- |
| 김OO<br>(김OO) | 054-932- | 21시 21분 47초 | 21시 21분<br>8초(39초) | 중사 정OO<br>(상병 김OO) | 010-5087- |
| 발생 시각 | | 21시 22분(21시 21분 58초) | | • 지진파(리터 규모 1.5)<br>• KNTDS(해군전술지휘체계) | |
| 대위(진)<br>김OO | 010-5084- | 21시 26분 55초 | 21시 26분<br>7초(48초) | 2함대 | 010-1515- |
| 대위(진)<br>김OO | 010-5084- | 21시 28분 5초 | 21시 27분<br>13초(52초) | 2함대 | 010-1515- |
| 중위 정OO | 010-<br>5082- | 21시 28분 48초 | 21시 27분<br>31초(1분 17초) | 2함대 | 010-1515- |
| 대위(진)<br>김OO | 010-<br>5084- | 21시 29분 53초 | 21시 28분<br>45초(분 8초) | 대위(진)<br>박건우 | 010-5089- |
| 중위 정OO | 010-<br>5082- | 21시 30분 9초 | 21시 29분<br>41초(28초) | 2함대 | 010-1515- |

이에 이루어졌다. 고 김 상병은 고 정종율 중사의 휴대폰(010-5087-****)을 빌려 가지고 있다가, 21시 21분 8초 친동생이 자신의 집에서 건 KT 유선전화(054-932-****)를 받았다. 이들은 일상적인 내용으로 통화했으며 21시 21분 47초까지 39초간 통화했다. 약 10여초 후 천안함은 피격되었다. 피격 이후 이루어진 통화는 함수 생존자들이 2함대로 보내는 긴급 구조와 상황 보고 전화였다.

한편 천안함은 피격 전까지 2함대 등과 정상적으로 교신을 했다. 모든 통신망은 정상이었고 정해진 시간에 따라 필요한 보고가 이루어졌다. 피격 당일 오전에만 상황 대응을 위해 12차례 교신을 실시했다. 국제상선공통망은 21시 18분에 마지막 통신 감도를 체크했다. 30분마다 실시하는 위치 보고와 기상 보고는 20시 56분이 마지막이었다. 다음 보고는 30분 후인 21시 30분이었지만, 작전관 박 대위는 문자 정보망 자판의 엔터키를 끝내 누르지 못했다.


## 피격 현장에 남겨둔 구명정 한 척

천안함 함미는 4개의 수밀 구역으로 나뉘어 있었으나 함미 크기의 40%를 차지하는 디젤기관실이 피격과 동시에 침수되었다. 이 때문에 함미는 단 5분 만에 완전히 가라앉았다[04]. 반면 함수는 7개 수밀 구역으로 나뉘어 함미에 비해 침수가 지연되면서 부력을 유지하고 있었

---

04 한국선급이 수행한 복원성 시뮬레이션 결과를 보면, 선체 절단 90초 후 함미는 80도 이상 경사가 발생하며 200~250초 후 완전 침몰되는 것으로 분석되었다.

다. 생존자 구조를 위한 군과 해경, 관공서 함정이 거의 동시에 현장으로 내달렸다. 고속정과 해경정 출동 등 구조와 관련된 초동 조치는 해군작전사령부와 2함대 중심으로 자동적으로 조치되었다. 합참은 합동작전본부장 주도하에 필요한 작전 지원 사항을 보고받고 확인했다. 대청도의 참수리급 고속정 5척이 상황 발생 36분 만인 21시 58분 현장에 도착했다. 해경 501함도 22시 15분 구조 작업에 착수하여 구명정(RIB)으로 함수 생존자를 구했다. 어업지도선 인천-227호도 구조에 참가하여 2명을 구조했다. 구조함이 현장에 도착했을 때 함미는 이미 바닷속으로 사라져버렸고, 함수도 오른쪽으로 90도 이상 기울어진 상태였다.

생존자들은 암흑 속에서 서로를 부르며 부상당한 동료들을 챙겼다. 함장의 지시에 따라 이함이 시작되었다. 우선 고속정 편대와 천안함을 묶었다. 작전관 박 모 대위가 천안함에서 고속정으로 건너뛰다가 배가 흔들리는 바람에 바다에 추락했다. 바다에 빠졌던 박 대위는 다른 고속정에 의해 겨우 구조되었다. 22시 28분 첫 구조였다. 그러나 고속정은 너울 때문에 천안함 접근이 쉽지 않았고, 선체도 높아 생존자들이 건너오기 힘들었다. 무엇보다 천안함과 고속정을 묶는 것도, 언제 함수가 가라앉을지 모르는 상황에서 너무나 위험했다. 함장은 천안함에 바로 붙이기 어려운 고속정 대신에 해경 RIB을 이용하기로 결심했다. 고속정에 묶인 홋줄을 풀었으며, 생존자들은 해경 501함의 RIB으로 옮겨 탔다. 동시에 어업 지도선도 생존자 구조에 적극 나섰다. 23시 35분 생존자 58명의 이함이 완료되었다. 천안함 장병들은 혹시라도 함에서 튕겨져 나가 바닷속에서 구조를 기다리고 있을 동료를 위해 구명정과 구명볼을 현장에 남겼다. 그러나 다음 날 날이 밝을 때까지 구명정에는 아무도 올라오지 않았다.

함수가 인양된 4월 24일 14시 15분 선체 내부 작전부 침실 아래 지하 2층 자이로실에서 고 박성균 하사의 시신이 발견되었다. 그는 피격 순간 의식을 잃으면서 동료들의 벽 두드림과 외침에 반응하지 못한 것으로 보인다. 박 하사는 사망자 중 가장 늦게 시신이 수습되었다.

이후 증언이나 각종 보고를 보면, 최원일 함장은 가장 어려운 상황에서도 지휘관으로서 책임 있게 임무를 수행했다. 함장은 피격 당시 함장실에서 KNTDS를 확인하고 있었으며, 출입문이 잠겨 함장실에 갇혔다가 통신장 등 4명에 의해 구조되었다. 그리고 그는 곧 상황을 장악하고 비상이함훈련(非常移艦訓練) 절차에 따라 생존자 확인 및 구조 조치를 취하고 상급 부서에 지원을 요청하는 등 필요한 조치를 취했다. 함장은 환자와 사병들의 이함이 끝난 후 부장 및 통신장과 함께 맨 마지막으로 함을 떠나 해경 501함에 올랐다.

그는 해경함에서 23시 50분 박정화 해군작전사령관에게 그리고 23시 59분 김성찬 해군참모총장에게 지휘 보고를 했다. 그리고 다음 날 새벽 6시까지 인근 해역에서 수색 작업에 참가했다. 경상자는 해경 501함에서 응급조치를 받았으며, 중상자는 헬기 편으로 수도통합병원에 후송되었다. 헬기로 이송된 13명을 제외한 나머지 승조원들은 27일 14시 성남함을 타고 평택 2함대 모항에 도착했다. 2010년 3월 16일 13시 평택항을 떠나 백령도 서방에서 작전을 했던 천안함의 생존 승조원들은 모함과 동료를 잃은 채 11일 만에 귀환했다.

# '일개 수병의 진술이라고 무시하지 마라'

기적적으로 구조된 생존자 58명 중 50명은 3월 28일 2함대에서 진술서를 작성했다. 피격 현장에서 임무를 수행하던 5명과 중환자실 입원자 3명은 제외되었다. 상황 직후 작성된 50명의 진술(장교 4, 부사관 32, 병 14)은 피격 당시 상황을 살아서 증언한 소중한 사료다. 이들은 임무 직책, 출항 이후 함 내 행사, 개인별 당일 임무와 행적, 피격 당시 상황, 상황 직후 함의 상태, 작전 상황, 함 내 분위기 등 17개 항목에 대해 자세히 진술했다. 좌현 견시 임무를 맡은 황보 일병은 '일개 수병이 적었다고 자신의 진술서를 무시하지 않았으면 한다.'고 썼다.

휴식을 취하던 승조원보다는 임무를 수행하던 승조원의 진술을 중심으로 중요한 대목을 추려보면 다음과 같다.

  – 최원일 중령(함장) : 함장실 근무 중 폭발음이 함미 방향에서 들리면서 몸이 40cm 정도 뜬 후 머리를 부딪히며 쓰러짐. 충격으로 함장실 문이 잠겼고 위에서 문을 따고 내려준 소화 호스에 허리를 묶고 외부 갑판으로 올라감. 21시 30분경 연돌과 함미가 보이지 않았고, 함수는 직각 방향으로 우현으로 90도 정도 기운 상태였음. 화염은 보이지 않았고 화약 냄새도 없었으며, 연한 기름 냄새가 남. 함장 부임 후 현장에는 16회 임수를 수행했으며, 현장은 상시 작전을 수행하던 구역으로 암초나 해도상 장애물은 반드시 알고 있음. 사고 발생 구역에는 암초가 없음.

  – 박OO 대위(작전관) : 당시 기상 상태는 파고 2~2.5m 시계 2nm(1nm=1852m)였으

며, 특이한 적정은 없었음. 함정에서는 매 30분마다 기상 보고를 하는데, 보통 5분 전에 보고 사항을 준비해 놓음. 문자 정보망 화면을 보고 현창을 통해 외부 기상을 확인하던 중 '쿵' 하는 굉음과 함께 함이 우현으로 기움. 함교 대원들이 위로 떠받쳐 줘 외부 도어를 열고 나옴. 인원 파악 실시. 해군 고속정이 함체에 접근을 시도했으나, 마스트가 우현으로 완전히 누워 있고 EOT[05] 등 돌출 구조물 때문에 접근할 수 없었음. 입항 후 군복으로 갈아입고 통신장, 병기장 등과 함께 실종자 가족들을 만나 상황 설명을 했으나, 실종자 가족들은 듣기를 거부함.

- 김OO 대위진(포술장) : 휴대폰으로 2함대 지휘통제실에 침몰 상황을 전파함. 이후 이동용 군 무전기로 함대와 교신함.

- 박OO 중위(통신관) : 상황실 당직사관으로 문자 정보망 컴퓨터를 Guard하고 있었음. '쿵' 소리가 났으며 몸이 떠올랐음. 곤두박질쳐 허리와 목을 다침. 화염, 화약 냄새는 없었음. 작전 상황 중 특이 동향과 적정은 없었음. 당직 근무 중 의아선박, 반잠수정 등 특이 접촉물 보고와 음탐 당직자로부터 어떤 신호음이 들어왔다는 보고는 받지 못함.

- 오OO 상사(병기장) : 폭발은 외부 요인에 의한 것으로 판단되며, 내부 요인이라면 화재가 발생하거나 화염 또는 화약 냄새가 나야 하는데, 그런 것이 없었음. 함이 순식간에 두 동강 난 것은 무언가 외부에서 일어난 강력한 폭

---

05  전자광학추적장치(Electro–Optical Targeting System), 천안함 마스트 위에 달려 있던 둥근 장치를 말한다.

발이 아니고는 일어날 수 없다고 생각함.

– 손00 중사(병기선임하사) : 함이 95% 이상 침수될 때쯤 함장님이 가장 마지막으로 잔여 대원과 함께 구명정에 옮겨 탐. 만약 함 뒷부분이 보이고 서서히 가라앉는 상황이었다면, 아마 총원이 구조될 수 있었다고 생각함. 화약이나 탄약 냄새는 없었고 전체적으로 기름 냄새만 나고 있었음.

– 김00 하사(음탐사) : 음탐사 정 위치에서 음탐기로 들어오는 신호음을 청취하고 있었으나, 어뢰 소음이나 잠수함으로 의심되는 신호음은 없었음. 따라서 처음 사고 시 생각난 것은 상선과의 충돌로 생각했음.

– 육00 하사(전탐사) : 2년 2개월 동안 전탐사로서 백령도뿐만 아니라 서해 많은 곳을 출동, 항해했음. 백령 지역에는 미확인 암초가 없었고 주변 지역에 대한 숙지가 완벽하였으므로 암초에 의한 것은 아니라고 판단함. 화약 냄새나 화염이 없었던 것으로 보아 내부 폭발도 아니라고 판단되지만, 정확한 원인은 잘 모르겠음.

– 정00 하사(음탐사) : 함 분위기는 최고임. 동기애와 서로 챙겨주는 마음은 항상 느낌. 함장님은 동생 자식처럼 생각해주시는 것을 느낌. 전 대원들은 함장님, 천안함에 고맙고 화기애애한 분위기였음. 내부 소행이나 폭발은 아님.

– 전00 병장(갑판병) : 천안함은 화목하고 가족 같은 분위기였음. 정신적 심

리 치료를 받고 싶고, 기자들이 알지도 못하면서 추측 기사를 쓰고 있어 너무 화가 남. 대원과 가족 말고는 다른 사람과 대화하기 싫음.

– 황보OO 일병(좌현 윙브릿지 견시) : 쾅 하는 소리가 한 번 나고 화약 냄새는 나지 않음. 물기둥이나 물줄기는 보지 못했으나, 좌측 윙브릿지에 물방울이 튐. 충격으로 약 1m 공중으로 떴다가 떨어지며 오른쪽 무릎을 난간에 부딪힘. 1분 정도 누워 있다가 정신을 차리고 사람들 있는 곳으로 이동함. 상황 직전 아무런 이상 상태를 느끼거나 보지도 냄새 맡지도 못함. 일개 수병이 적었다고 이 진술서에 살을 붙이거나 무시하지 않았으면 하는 바람임.


## '파공에 의한 침수'와 '어뢰 피격'

26일 천안함 피격 전 북한의 해상 및 공중의 특이 상황은 없었다. 그날 오후 2함대는 NLL에 나타난 중국 어선들을 나포하기 위해 움직였으나, NLL을 넘지 않았고 풍랑이 높아 퇴거시키는 것으로 그쳤다. 17시경에 NLL 건너편 백령도를 마주보는 북한 해안포 몇 문이 개방되기도 했으나, 이는 북한군 훈련 등 통상적인 것이었고 곧 상황은 종료되었다. 서해 해역에서 교전이나 교전에 준하는 상황이나 북한군의 특이 동향은 없었다. 합참에 전해진 현장의 최초 보고는 '파공으로 인한 좌초'였다.

21시 28분 피격 직후 외부 갑판으로 올라온 포술장 김 모 대위(진)

는 가지고 있던 휴대폰으로 해군 2함대 상황장교 박 모 대위(진)에게 최초 구조 요청을 했다.

> – 포술장 : 천안인데, 침몰되었다. 좌초다.
>
> – 상황장교 : 좌초되었나?
>
> – 포술장 : 배가 우측으로 넘어갔고 구조가 필요하다.

　포술장은 이후 진술에서 상황이 급해 구조를 빨리 받고 싶어서 경황이 없는 중에 '좌초'라고 했다고 말했다. 21시 30분 전투정보관 정 중위도 2함대 당직사관 김 대위에게 휴대폰으로 '천안함이 백령도 근해에서 조난당했으니, 대청도 235편대를 긴급 출항시켜 달라.'고 요청했다. 2함대 당직사관은 '조난'을 '좌초'로 잘못 알아듣고 '좌초'로 보고했고 또 전파했다.

　이런 천안함 포술장과 2함대 당직사관의 '좌초' 판단 보고는 해작사를 거쳐 합참까지 보고되었다(21시 45분). 합참이 상황을 보고받았을 때는 이미 옹진군청의 어업지도선도 현장으로 이동하고 있었다. 전투 상황으로 판단했다면, 민간에 대한 지원 요청은 있을 수 없는 일이었다. 합참은 교전 등 북과의 전투 상황이 없고 외부 공격에 의한 것이 아니라 다른 요인에 의한 '사고'로 본 것이다. 공군도 비상 상황이 발생하게 되면 공대공 또는 공대지 상황을 판단하고 그에 맞는 적절한 대비 태세를 취하게 된다. 공군은 '서풍-1'을 합참으로부터 통보받았지만, 북한의 항공기 상황을 보여주는 시스템에는 아무런 움직임이 없었다. 이 때문에 공대공 및 공대지 무장 비상 대기 태세를 갖추었지만, 적 경계 및 추적을 위한 전투기 출격 등의 조치를 취하지 않았다.

합참은 최초 보고에 근거하여 자체 회의를 통해 한미가 동시에 대응해야 하는 '연합 위기'는 아닌 것으로 판단하고, 우리 군 단독으로 위기관리에 나서기로 했다. 이즈음 청와대로 전해진 참모 보고 역시 '천안함 파공 침수'였으며, 청와대의 위기 대응 역시 이런 판단에 따라 조치되고 있었다(21시 51분). 이런 판단으로 '서풍-1' 발령 20분이 지난 22시 5분에야 한미연합사에 상황이 통보되었다. 이런 우리 군의 최초 분석과 판단은 청와대는 물론 주한 미군의 초기 대응에 그대로 반영되었다.

그러나 피격 현장 생존자들의 추가 판단은 달랐다. 최초 보고는 경황이 없어 좌초 등으로 보고했지만, 어뢰 등 외부 폭발에 의한 것임은 분명히 판단하고 있었다.

함장실에 갇혔던 함장이 구조된 후 간부들이 의견을 모은 결과는 전혀 달랐다. 좌현 함수에서 함장, 부장, 작전관 등은 다음과 같은 대화를 나누었다.

- 작전관(박 모 대위) : 함장님. 어뢰 같은데요.

- 함장 : 나도 그렇게 느꼈어. 봐라, 함미가 아예 안 보이잖아.

- 부장(김 모 소령) : 어뢰가 맞는 것 같은데요.

21시 51분 통신장 허 모 상사는 군용 휴대용 비상 무전기(PRC-999K)를 통해 대청도 기지의 이 모 상병과 '어뢰 피격 판단, 구조 요청'

내용을 교신했다. 이후 생존자들의 구조가 진행 중이던 22시 32분 함
장은 직속상관인 22전대장 이 모 대령에게 지휘 보고를 했다.

- 함장 : 뭐에 맞은 것 같습니다.

- 전대장 : 뭔 거 같아?

- 함장 : 어뢰 같은데요. 함미가 아예 안 보입니다.

- 전대장 : 함미? 함미 어디부터.

- 함장 : 연돌이 안 보여요. 고속정이나 RIB 빨리 좀 조치해 주십시오.

- 전대장 : 생존자는?

- 함장 : 58명이고 다수가 피를 흘리고, 못 일어서는 중상자가 2명입니다.


합참은 21시 45분 2함대사로부터 '파공으로 인한 침수'라는 보고에
따라 외부의 공격보다는 다른 요인에 의한 침몰로 판단하고 대응 조
치를 취하고 있었다. 5월 3일부터 실시된 감사원 감사는 "2함대사령
부는 천안함으로부터 '어뢰 피격으로 판단된다.'는 추가 보고를 받고
도 합참 등 상부에 제대로 보고하지 않아 초기 대처에 혼선을 초래했
다."고 지적했다. 김황식 감사원장은 6월 11일 국회 '천안함침몰사건
진상조사특별위원회'에 출석하여 "천안함으로부터의 어뢰 피격 판단
보고를 묵살한 것은 2함대사령관의 지시에 따른 것."이라고 답변했
다.
  결국 천안함 피격 직후 생존자들이 보내온 최초의 '파공으로 침수
중, 구조 요청'으로 천안함 초기 대응의 성격이 정해졌다. 정신을 수습
한 함장 등이 추후에 '어뢰 피격 가능성'을 판단하고 보고했지만, 매

우 늦었으며 해군 내부의 지휘 계통에서 머물렀다. 더구나 이런 판단은 합참 등 상부로 제대로 보고되지 않았다. 여기에 NLL 이북의 수상과 공중 및 육상에서 북한군의 특이 사항이 나타나지 않음에 따라 군과 정부는 '파공 침수'에 어울리는 대응 조치를 취하고 있었다. 그리고 NLL에 인접한 접적 수역임을 감안하여 자동적으로 '서풍-1' 등의 경계 태세가 취해진 것이다.

만약 최초 보고에서 '적 어뢰에 의한 피격'이었다면, 그리고 이런 판단이 제때에 제대로 합참으로 보고되었다면 그래서 이 보고의 평가 결과 신뢰성이 높은 것으로 나왔다면, 군의 대응은 완전히 달라졌을 가능성이 높다. 한미 연합으로 위기관리가 이루어지면서 더욱 강력한 가용 전력이 동원되었을 것이다. 더 많은 대잠 전력이 북상하고, 도망치는 적이 빠져나가지 못하도록 그물망 같은 대잠 포위망이 펼쳐졌을 것이다.


## 속초함의 흑두루미 포격

비록 '파공 침수'라는 최초 판단이 있었지만, 천안함은 최전방 수역에서 두 동강 나며 침몰했다. 따라서 적 잠수함에 의한 피격 등의 가능성도 완전히 배제할 수는 없었다. 21시 45분 위기 대응 절차에 의거, 서북 해역 우발 상황에 대비하기 위한 지침에 따라 자동적으로 '서풍-1'이 발령되었다. '서풍-1'은 해군 작전 예규상 명시돼 있는 가장 높은 단계의 대비 태세이다. 또 21시 57분 적 잠수함의 차단 및 탐색을 위해 '대잠경계태세 A'가 발령되었다. 속초함이 북상했고 대북 경계와 대잠 추적을 위한 전력이 배치되기 시작했다. 왕건함과 청주함 그리고 잠수함 1척이 북상하여 경계와 수색에 나섰다. 상황 발생 2시간 후 왕건함의 링스헬기가, 2시간 반 후에야 P3-C 해상초계기가 현장에 도착했다.

공군은 HH-60과 HH-47 탐색 구조 헬기와 조명기를 출동시켰다. 그리고 이를 엄호하기 위해 22시 43분 KF-16 2대가 출격했다. 구조 헬기는 비상 출동 규정 시간 내에 이륙했지만, 내륙 기지에서 백령도까지 거리가 너무 멀었다. 결국 상황 2시간여가 지난 23시 40분 생존자 구조가 끝난 후 현장에 도착했다. 이들 구조 헬기는 중상자와 경상자 13명을 백령도에서 성남 국군수도병원과 2함대사로 이송했다.

한편 북한은 우리 헬기와 전투기가 NLL 부근으로 북상하자, 27일 00시 15분 NLL 북방 남포 상공에서 MIG-29 2대를 이륙시켰다. 이에 대한 대응으로 공군은 즉각 F-15K 2대를 출격시켰다. 해군 2함대는 00시 31분 전 예하에 대공 경계 강화를 지시했다. 그러나 합참 등은 북한 미그기 이륙이 우리의 함정 북상과 대북 경계 강화 조치에 대한 피아간 대응으로 보았으며, 천안함 피격 상황과는 직접 관련이 없는 것으로 판단했다.

한편 속초함은 전속력으로 북상하여 22시 40분 천안함 경계 구역 서쪽 외곽에 도착했다. 때마침 북으로 도주하는 미상 물체를 적 신형 반잠수정으로 판단하고 76밀리 함포 135발을 발사했다. NLL 이북으로의 함포와 유도탄 발사는 해군 2함대 사령관의 승인 사항이었다.

이때 표적과의 거리는 9km로 사거리 12km인 76mm로 대응했다. 사령관의 명령이 내려진 23시부터 속초함은 5분여 동안 경고사격 2발 격파 사격 133발 등 쏠 수 있는 포탄은 모두 쏘았다. 이 미상 물체는 48노트 이상의 속도로 흩어지지 않고 매우 빠르게 북상했다. 그러나 당시 파고 2.5m인 상황에서 반잠수정은 그렇게 빨리 이동할 수 없었고, 고속 항해 때 나오는 물결 흔적이 보이지 않았다. 또한 속초함이 쏘는 포탄은 백령도의 감시 레이더나 TOD에 잡혔지만, 미상 물체는 나오지 않았다. 무엇보다 정보 판단상 북한 신형 잠수정은 모기지를 떠나지 않았다.

결국 레이더 표적이 흩어졌다 합쳐지고, 북한 장산곶에 상륙하면서 소실된 점, 사격 후 광학추적장비(EOTS)로 확인한 결과 표적이 수면 1km 상공으로 나타남 점을 고려할 때 철새일 가능성이 높았다. 조류 전문가 등의 판단을 빌면, 4월 야간에 북으로 이동하는 철새 중 속도와 고도를 고려할 때 '흑두루미나 기러기'일 가능성이 높았다. 실제 포와 새 떼는 9km 이상 떨어져 있어 새들은 포성을 들을 수가 없었고, 적 함정에 대한 격파 방식(대함 모드) 사격으로 포탄은 새들이 날고 있는 고도에 미치지 못해 텅 빈 바다로 빠졌다.

속초함이 NLL 방향으로 함포 백여 발 이상을 쏘았지만, 북한은 별다른 대응도 하지 않았다. 북한 해안포는 물론 지대함 미사일 사이트 등 모두 침묵을 지켰다. 이 시간 북한은 이미 백령도에서 일어난 상황을 알고 있었을 것이다. 우리의 대북 감청을 고려하여 북한 각 부대는 철저한 침묵을 명령받고 있었던 것으로 보인다.

결국 '서풍-1'이 발령되었지만, 적의 징후는 없었다. 따라서 현장과

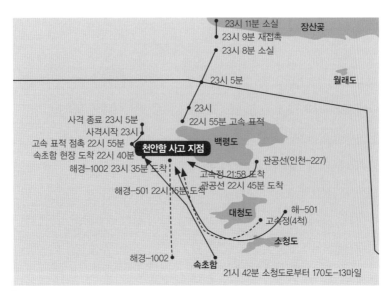

23시 11분 소실 / 장산곶
23시 9분 재접촉
23시 8분 소실
23시 5분 / 월래도
23시
22시 55분 고속 표적
사격 종료 23시 5분
사격시작 23시
고속 표적 점촉 22시 55분
속초함 현장 도착 22시 40분 / 천안함 사고 지점 / 백령도
해경-1002 23시 35분 도착 / 관공선(인천-227)
고속정 21:58 도착
해경-501 22시 15분 도착 / 관공선 22시 45분 도착
대청도 / 해-501
고속정(4척)
소청도
해경-1002 / 속초함
21시 42분 소청도로부터 170도-13마일

| 속초함 사격 상황도

그 이북으로 북상했던 전력은 북한 잠수정을 잡기 위한 것이 아니라 경계 강화와 경계 지원 등이 주 목적이었다. 피격 1시간 20분 후 도착하여 미상 물체에 포격을 가한 속초함, 2시간 후에 현장에 도착한 링스헬기와 해상초계기(P3-C) 각각 1대, 그리고 링스헬기와 초계기를 엄호하기 위해 출격한 KF-16 2대, F-15K 2대 그리고 209급 잠수함 1척이 실제 전력의 전부였다. 이들이 현장에 도착했을 때는 천안함을 쏜 북한 잠수정은 이미 빠져나간 한참 뒤였다.

# 북한 잠수정 정보와 그 실상

2009년 11월 대청해전 이후 북한의 보복 도발은 예견된 것이었다. 그때부터 군은 경계 강화 조치를 취했다. 경계 태세가 상향 조정되면서 장병들의 근무 강도는 대단히 높아졌다. 긴장이 지속되면 효과는 감소한다. 군은 2010년 2월 18일 경계 강화 조치를 해제했다. 장병들의 외출 외박이 정상화되고 휴식도 보장되었다.

북한군의 동향은 한미 연합 자산을 통해 항상 철저히 감시되고 있다. 북한의 남포~함흥선의 영상 정보를 수집할 수 있는 유인정찰기 '금강'과 'RF-16' 그리고 음성 등 북한 전역의 신호 정보를 수집하는 유인정찰기 '백두' 등이 우리의 대표적인 감시 자산이다. 여기에 우리 영공에서 북한 내 20km 지점까지 촬영할 수 있는 무인정찰기 '송골매'와 우리가 쏘아 올린 일부 위성도 가세한다. 백령도에서 가장 가까운 북의 비파곶과 해주, 고암포와 남포 해군 기지와 잠수함정 동향은 그 중요도가 매우 높은 사안이다. 천안함 피격 전에 군은 잠수함정에 의한 어뢰 공격 가능성도 검토했으며, 몇 차례의 전술 토의도 진행했다. 군 정보 파트는 북한이 잠수함을 활용하여 함정 공격을 연습하고 있다는 첩보를 보고하기도 했다.

합참은 2010년 1월 북의 잠수함 공격에 대비하여 함정의 방향을 자주 바꾸는 등 상황별 대응 조치를 지키고 숙달하도록 지시했다. 또 해군도 2월 22일부터 구축함과 초계함, 잠수함 등 각종 대잠전력이 참가한 가운데 북한 잠수함의 함정 공격 상황을 가정한 훈련을 실시하기도 했다.

겨우내 얼었던 북한 서해안의 결빙이 풀리고 있었다. 3월에 접어들면서 북한 잠수함정들의 움직임이 활발해졌다. 2010년 3월 23일부터 잠수함정이 중심이 된 '통 큰 작전'이 시작되었다. 서해 기지의 반잠수정은 동계 결빙에 대비하여 실내로 옮겨진 후 계속 그대로 있었다. 대신 남포와 비파곶 그리고 해주 기지에서 북한의 상어급 잠수함, 연어급 잠수정, 예비 모선 등이 거의 동시에 움직였다. 이때 북한 해군기지에 구름이 끼는 바람에 추적과 감시에 제한이 있었고 이들의 기지 이탈과 은닉 순간을 추적하지 못했다. 북한 상어급 2척은 3월 23일부터 28일까지, 연어급 잠수정은 3월 24일부터 31일까지 미식별되었다. 동시에 예비 모선 여러 척도 확인되지 않고 있었다. 그리고 피격 당일 해군 2함대에는 '또 다른 공작 예비 모선과 연어급 잠수정 1척이 기지를 이탈하여 미식별'되고 있다는 정보 보고가 전파되었다. 이때 미식별된 연어급 1척과 공작 모선은 26일 밤 천안함을 공격하고 공해상으로 도주했다. 피격 이후 한미는 자산을 총동원하여 북한 잠수함 기지와 잠수함정을 감시했다. 이들은 3월 31일에야 한미 감시자산에 포착되었다.

한미 정보 파트는 북한 소형잠수함정과 모선이 식별되지 않는 것에 대해 결빙으로 장기간 사용하지 않았던 장비 시험, 승조원의 항해 숙달 훈련 등으로 판단했다. 무엇보다 천안함을 공격한 연어급 잠수정이 사라졌지만, 시운전 상태이고 아직 전력화가 안 돼 공격 가능성이 낮다고 판단했다. 이에 따라 작전 파트는 이런 다양한 미식별 첩보와 잠수함정 도발 가능성 판단에 대해 실질적이거나 핵심적인 것으로 보지 않았다. 1996년 강릉 잠수함 침투 사건처럼 무장 세력을 침투시키거나, 반잠수함정이 밀입북 수단으로 활용된 경우는 많았다. 그러나 북한 잠수함정의 천안함과 같은 수상함에 대한 공격은 가능성으로만 존재하는 것으로 보았던 것이다.

북한 잠수함정의 미식별 사례는 매우 잦다. 다른 종류의 여러 잠수함정이 사라졌다 나타났다 하기 때문에 '대단히 자주'라고 해도 과언이 아니다. 또 수일 또는 수십일 동안 행적을 찾지 못하는 경우도 있다. 2011년 6월, 북한 잠수함 1척의 행방불명이 예상 외로 길어졌다. 특정한 잠수함의 '실종 상태'가 길어지면 긴장은 점점 높아져 간다. 다른 수상함이나 전투기, 탱크와는 달리 어디서 무엇을 하는지, 어디서 어떻게 튀어나올지 알 길이 없고 또 해안 침투 등 특이하고 다양한 도발 가능성이 높아지기 때문이다. 함정 수리 등을 위해 건물 내부로 들어가 있거나 훈련 중인 것으로 믿으며 애써 긴장을 달래기도 한다. 그래서 '그놈'이 다시 나타났다는 보고가 오면, 한편으로는 그렇게 반가울 수가 없다.

잠수함정은 기지에 정박해 있을 때 가장 정확하게 식별할 수 있다. 한번 행적을 놓치면 다시 우리 감시자산에 다시 잡힐 때까지 어디서 뭘 하는지 알기란 쉽지 않다. 최첨단 군사 위성이나 한미 연합 영상 장비의 어떤 광학 렌즈도 수중을 탐지하는 것은 쉽지 않다. 수상이 아닌 수중을 찍을 렌즈는 없기 때문이다. 전파도 수중에서는 얼마 나가지 못해 사정은 거의 같다.

매복과 기습을 노리는 수중의 적을 막기란 매우 힘들다. 북한 잠수정은 초계함이나 대잠 항공기가 올라갈 수 없는 NLL 이북의 특정 지점에서 잠항을 시작해서 공해로 나가고 공해상에서 대기하다 침투하는 방식을 썼다. 천안함을 공격한 북한 잠수정도 같은 경로를 따랐다. 군은 북의 잠수정 예상 침투 경로를 집중적으로 감시하고 대잠 시설을 설치했지만 충분하지 않았고, 결국 숨어드는 적을 탐지하는 것은 제한될 수밖에 없다.

대청해전 이후 서해 NLL의 백령도 남서방 경계 작전은 이미 수개월째 같은 경계 패턴을 유지해왔다. 따라서 경계 수역과 대응 체계는 이미 북에 노출되었을 가능성이 높았다. 북한 잠수정은 천안함 작전 수역 바깥에서 대기하다가 미리 들어와 숨어 있었다. 숨고 쫓는 실전 상황이 벌어진 것이다. 적이 숨어 있으리라고는 생각도 못 한 천안함은 규정대로 잠수함 공격에 대비해 방향을 급격하게 바꾸며 계속 움직였다.

23년 전인 1987년에 건조된 천안함은 처음부터 대잠용 함정이 아니었다. 수상함정 간 전투를 목적으로 하는 초계함(PCC)으로 만들어져 대잠용 고성능 소나를 장착하지 않았다. 함이 작아 탐지 거리가 더 길고 성능이 좋은 음탐 장비를 설치할 공간이 부족했다. 또한 천안함 음탐기(소나)는 구형으로 상당한 제약이 많았다. 최신형인 북한 연어급 잠수정의 대함 탐지 거리에 매우 크게 미치지 못하는 수준이었으며, 소나 주파수 대역폭도 제한이 있었다. 특히 천안함 소나의 어뢰 탐지 주파수대는 북한의 구형 직주 어뢰에만 맞춰져 있어 다른 주파수를 쓰는 신형 연어급 잠수정의 유도 어뢰를 탐지하는 데 엄청난 한계가 있었다[06].

---

06  국방부 원태제 대변인 인터뷰(2010. 5. 21.). "어뢰에 발생하는 주파수대하고 천안함 소나에 처음 탐지 주파수대가 일치하지 않는 것으로 이번에 발견되었다. 천안함은 80년대에 만

지금도 천안함과 같은 20여 척의 포항급 자매함들이 여전히 작전 중이다. 따라서 군은 천안함 피격 이후부터 천안함급 초계함(PCC) 단독으로는 NLL 근처에 올려 보내지 않고 있다. 충분한 대잠 대응 능력을 갖춘 3,000t급 구축함(KDX급)과 짝을 이루어 함께 움직이도록 했다. 또 소나 운용 방법 개선 등의 잠수함 대응 능력을 위해 필요한 조치를 취했으며, 함정 운항 속도를 더욱 높이고 더욱 자주 불규칙하게 항로를 바꾸도록 조치했다.

결국 북한 신형 잠수정은, 고삐가 묶인 소처럼 좁은 수역 안에서 이리저리 움직이는 천안함을 향해 먼저 보고 먼저 쏘는 매복 기습 공격, 음탐 장비 등 월등히 우수한 성능, 수중 우위의 비대칭적 우세 등으로 처음부터 이길 수 있는 전투를 한 것이다. 반대로 우리 초계함은 패할 수밖에 없었다. 그것이 다만 천안함 PCC−772함의 불운이었을 뿐이다.

피격 이후 국방부정보본부 등 정보 파트는 '우리는 제대로 했는데, 작전 파트의 대응 조치가 미흡해서 당했다.'는 식의 주장을 폈다. 감사원도 이런 입장을 거들었다. 김황식 감사원장은 천안함 감사 결과와 관련된 국회 법사위원회 답변에서 "4월 1일에는 북한의 잠수정들이 다 제자리로 돌아간 것이 확인된 상태였다. 다만 3월 26일 사고 하루 이틀 전에 일부 잠수함이 없어진 그런 상황을 정보 라인에서는 해

---

든 것이라, 주로 직주 어뢰를 상대로 하고 있다. 천안함은 9∼13KHz로 청음을 하게 되어 있는데, 지금 현재 북한이 쓰거나 아니면 최신 유도어뢰들은 어뢰주파수가 3∼8KHz이다. 따라서 우리 PCC급 미만들은 이런 장비가 제대로 안 되어 있어 이번에 전반적인 것을 다 검토를 할 것이다."

줬고, 그걸 작전에서 받아 가지고 그런 경우에는 어떤 조치를 취하도록 예규가 되어 있다. 그러나 그런 방어 조치가 안 행해지고 또 그걸 보완하는 조치가 안 행해졌다 하는 것을 저희들이 지적을 했다."라고 말했다. 그러나 이런 지적이 더 설득력을 얻으려면 천안함 피격 직전의 잠수함정 미식별 첩보가 좀 더 구체적이고 실질적이어야 했다. 이전의 통상적인 첩보와는 무엇이 다른지를 알려주는 '제대로 된' 정보가 필요한 것이며, 또한 실제 대비에 반영될 수 있게 하는 것도 정보의 책무라는 반박도 일리가 있다.

결국 정보나 작전 파트 모두 한다고는 했지만, 방심했고 제대로 하지 못해 당했다. 상대의 성능과 전술 그리고 무모함이 우리를 압도한 것이다. '통 큰 도발' 기획과 실행의 승리였다. 군은 이 엄연한 현실을 인정해야만 했다.

## 03

# 청와대가 보고는 제대로 받고 있나?

## 최초 보고, 용어의 차이

21시 28분 천안함 피격 6분이 지난 시각, 함수에서 살아남았던 포술장 김 모 대위(진)는 휴대폰으로 2함대 지휘통제실 상황장교에게 구조 요청 전화를 했다. '우측으로 넘어갔고 구조가 필요하다.'는 내용이었다. 2함대 KNTDS 상황장교 박 모 대위(진)는 천안함 신호가 사라진 것을 확인하고 천안함의 행방을 찾고 있던 순간이었다. 상황장교 박 대위는 21시 30분 대청도의 고속정 편대에 긴급 출항을 지시했다.

21시 32분 천안함 전투정보관 정 모 중위는 휴대폰으로 2함대 지통실로 전화를 걸었다. '천안함이 백령도 근해에서 좌초되어 침몰하고 있으니 빨리 지원 병력을 보내달라.'는 내용이었다. 거의 동시에 지휘통제실장 김 모 중령은 인천 해경에 핫라인으로 전화하여 "현재 백령도 서방에서 우리 함정이 '좌초되었다'는 연락이 왔는데, 일단 급한 상황이니 인근에 있는 해경 501함과 1002함을 현장으로 빨리 보내 달라.'고 긴급 요청을 했다. 인천 해경은 즉시 대청도 남방해역에 있던 501함과 소청도 남방해역에 있던 1002함정에게 출동을 지시했다.

21분 32분 2함대 연락장교 한 모 대위는 자신의 휴대폰으로 옹진군청 어업지도선 214호 선장에게 전화하여 '해군 천안함이 백령도 서방에서 침몰 중이니 구조하는 데 지원을 해달라.'고 요청했다. 선장은 옹진군청 담당 공무원에게 사건 접수를 마치고 21시 50분 현장으로 출항했다.

21시 45분 합참의 지휘통제반장은 2함대사령부로부터 '원인 미상 선저 파공으로 침수 중'이라는 상황 보고를 접수했다. 이들은 더욱 정확한 보고를 위해 상황을 확인하느라 합참의장에게는 22시 11분, 국방부장관에게는 22시 14분에 각각 휴대폰 보고를 실시했다. 이런 지연 보고는 이후 감사원의 감사 과정에서도 지적되었다.

21시 50분 청와대 국방비서관실 김 대령은 합참 해상 작전과 NLL 담당으로부터 '침수' 보고를 듣고 상부로 즉시 보고했다. 거의 동시에 청와대 위기상황센터는 해작사 지휘통제실 상황장교로부터 '천안함이 파공되고 침몰하고 있다.'는 보고를 받았다. 군 최고 지휘부에 대한 최초 보고는 합참의장과 국방장관에게는 '파공으로 침몰'로, 대통령에게는 1차 '서해에서 초계함이 침수', 2분 뒤 2차 보고에는 '천안함, 파공으로 침몰 중'이란 내용으로 각각 보고되었다.

21시 53분 공군작전사령부는 해군 연락장교를 통해 '해군함정이 백령도 부근에서 파공으로 좌초되었으며, 승조원 구조를 지원해 달라.'는 요청을 받고 즉시 탐색구조헬기 2대(HH-47, HH-60)와 조명기 출동을 지시했다.

22시 24분 YTN이 긴급 뉴스로 '백령도 서해상에서 초계함 침몰 중'이라는 자막을 내보내면서 처음으로 국민들에게 알려졌다.

이처럼 최초 보고 당시의 용어는 좌초, 침몰, 파공, 침수, 어뢰 피격 등 다양했다. 추후 조사에서 각각의 보고자들이 사용했던 용어들은 사건 원인에 대한 정확한 의미를 담은 것이기보다는 급박한 상황과 설명하는 과정에 나온 단순한 차이에 불과했다. 그러나 이런 '사고성' 최초 보고 용어는 당시 북한의 움직임이 포착되지 않았던 상황과 맞물려 군의 초동 대응 수위에 영향을 끼쳤다. 시간별 내용의 보고 및 전파 과정 등을 정리하면 다음과 같다.

| 천안함 승조원의 최초 판단과 보고 경로 | | | |
|---|---|---|---|
| 판단 시각 | 보고 용어 | 보고 및 전파 경로 | 계통 |
| 21시 28분 ~21시 30분 | 좌초, 파공, 침수, 침몰 중 | 천안함 포술장→2함대사→합참→주한미군 →청와대 | 군령 계통 |
| | | →해경 →옹진군청 관공선 | |
| 21시 51분 ~22시 30분 | 어뢰 피격 | 천안함 통신장→대청도 레이더 기지 통신병 함장→전대장 →해군참모총장→외교안보수석 (구조 대책) | 군정 계통 |

피격 직후 10분여까지는 좌초, 파공, 침수 등 사고성 보고가 이어

졌고 이는 즉각 군령 보고 계통을 따라 상부로 올라갔다. 이어 해경 등 유관 기관으로도 전파되었다. 이런 사고성 보고는 합참을 거쳐 대통령에게도 보고되었으며, 위기 상황 판단과 군의 작전 지휘 대응에도 일정한 영향을 끼쳤다.

피격 20여 분 후부터 천안함 생존자들은 원인에 대해 다른 판단을 하기 시작했다. 함의 상태와 자체 토의를 통해 '어뢰 피격'으로 판단했고 그때부터 이를 보고했다. 그러나 이 보고는 해군 내에서 머물렀고, 군령 계통은 물론 상부로 제대로 올라오지 않았다.

이런 초기 상황 전파와 보고 과정의 혼선은 이후 천안함 의혹 세력이 악용하면서 의혹 주장의 근거가 되었다. 일부는 이들 최초 현장 보고자들이 정확한 원인 규명이 안 된 상황에서 언급한 '좌초' 등 용어에 집착해 '해군이 좌초라고 보고하지 않았느냐'며 천안함 좌초 주장을 펴기도 했다.


## 사건 시각의 열쇠

피격 시간은 사태 파악의 기초 중 기초였다. 그러나 상황 발생 시각에 대한 군의 발표는 혼란과 혼선을 거듭했고, 군의 대언론 대국민 신뢰에 심각한 악영향을 끼쳤다.

합참은 3월 27일 새벽 언론 브리핑에서 상황 발생 시각을 해군작전사령부로부터 유선으로 접수받은 시간인 21시 45분으로 발표했다. 그러나 몇 시간 후, 같은 날 국회 국방위에는 2함대사가 해작사로 서면으로 보고한 시간인 21시 30분으로 보고했다. 그러나 3월 29일 김태영 국방부장관은 국회 보고에서 9시 25분으로 보고했으나, 즉시 국방부는 21시 30분으로 수정했다. 나아가 군은 3월 29일 오후 다시 사고 시각을 2함대의 정정 요청에 따라 21시 15분으로 수정 발표했다. 21시 15분은 해병6여단이 21시 45분에 2함대로 보고한 '백령도 6여단 방공 진지의 소음 청취'를 기준으로 한 것이었다. 이전에 보고한 21시 30분은 '당시 폭발음에 의한 천안함의 침몰 상황으로, 함장이 경황이 없는 상황 하에서 정확한 시간을 측정하기가 곤란하여 발생한 것'으로, 추정 시각에 불과했다는 것이었다.

실제 해작사는 22시 26분 합참지휘통제시스템(KJCCS)에 '백령도 서방 천안함 침수 상황(최초), 2010년 3월 26일(금) 21시 15분경 백령도 서방 1.2NM에서 천안함이 원인 미상(폭발음 청취)으로 침수되어 조치 중인 상황'으로 보고를 올렸다. 이런 해작사의 21시 15분 수정 보고는 합참과 육군, 한미 연합사 및 해경 등에도 전파되었다. 그러나 해병 6여단은 상황 확인 절차에 따라 방공 진지 근무자에게 재차 확인했다. 또 21시 19분경 부대 방송망을 이용하여 다른 장병들에게 폭발음이나 포성 청취 여부를 확인한 결과 특이 사항이 없어 종결 조치했다. 합조단이 4월 2일 다시 조사한 결과 이들은 "통상적인 포성이 아닌 일반적인 소음을 들었다."고 진술했다. 결국 합참까지 보고된 해병 6여단 방공 진지 폭발음은 천안함과는 무관한 일반적인 소음에 불과했던 것이다. 그러나 그 파장은 일파만파로 퍼져 나갔다. 해병 6여단은 자체 조사 결과 특이 사항이 없어 내부 종결 조치를 했지만, 한 번 올라간 보고는 2함대를 거쳐 해작사로 다시 KJCCS를 타고 합참을 비롯한 각 곳으로 전파되었다. 이후 3월 29일 해작사는 KJCCS에 올라간 폭발음 청취 보고를 근거로 사건 시각 정정(9시 30분→9시 15분)을 요청했고, 군은 이를 근거로 수정 발표를 한 것이다.

그러나 해경은 28일 보도 자료에서 26일 해작사가 합참에 최초 보고한 시각을 인용해서 9시 15분으로 명시해 버렸다. 이렇게 되자 군과 해경 등의 상황 발생 시각이 다르고, 일부 언론은 문자메시지 전송 시각 등을 기준으로 9시 16분을 보도하기도 했다. 군의 시각 발표가 여러 차례 수정되고, 군경의 시각이 뒤엉켰으며, 언론 등이 추정한 다른 시각이 나오면서 혼란은 극에 달했다. 군은 예하에서 보고한 시간을 기준으로 사건 시각을 발표했으나 여러 차례 정정되면서 국민과 언론 그리고 주한 미군 등에 불신만 심화시켰다. 이런 국민적 신뢰 상실과 위기 대응 능력에 대한 의심은 점점 청와대의 국가 위기관리 능력에 대한 의심으로 옮아오고 있었다.

3월 28일 국방비서관실에 처음 들어서자, 김병기 비서관을 비롯 구성원 모두 '어려울 때 잘 왔다. 많은 도움을 부탁한다.'며 환영해 주었다. 아직 인사 파트에서 나에 대한 정식 인사 명령도 내리지 않은 상태였다. 그만큼 상황이 워낙 급박했다. 실제 이때만 해도 청와대 내부에서도 사건 발생 시각은 잠정 21시 30분으로 쓰고 있었다. 3월 29일 국방비서관실의 선임이었던 정 모 공군대령이 보고서 하나를 보여주었다. 한국지질자원연구원 지진연구센터의 상황 당시 지진파·공중음파 자료였다. 보는 순간 눈이 번쩍 뜨였다. 거기에는 지진파 시각이 정확하게 찍혀 있었다. 보고 시각은 보고자에 따라 다를 수 있지만, 과학적 계측 장비는 오차가 있을 수 없었다. 사건 발생 시각을 확증할 수 있는 가장 과학적이고 객관적인 근거로 판단했다.

'사고 발생 시각 혼란과 확인 지연으로 '은폐' 의혹으로 확산될 경우 군과 청와대의 부담 심화. 4.1 지진파 기록과 TOD 영상 완전 공개 필요' 라는 내용의 보고서를 만들어 보고했다. 이것이 국방비서관실로 옮긴 후 첫 보고였다.

3월 31일 청와대는 국방부에 4월 1일 자로 지진파 기록과 부분 공개로 의혹이 커지고 있는 TOD 영상을 전체 공개할 것을 지시했다. 피격 직후인 3월 27일 6시 30분 청와대는 지진파 감지 자료를 합참에 보냈으나, 군은 이 정보를 소홀히 취급했던 것이다. 김태영 국방부장관은 3월 31일 17시 30분 국방부 기자실에서 기자들과 대담 시간을 가졌다. 기자들이 "사고 시각이 혼선을 빚고 있는데, 왜 국회에서 9시 25분으로 보고했는가?"라는 질문에 "예하 부대의 보고 시간을 위주로 하다 보니 그렇게 되었다. 모두 정리해서 종합적으로 밝히겠다."고 대답했다. 실제로 군은 특유의 집단성으로 자체적 내부 보고를 더 신뢰했다. 무엇보다 군사적 사안에 대해 민간 등 외부의 도움을 받는 일을 생태적으로 꺼려하는 DNA를 가지고 있다. 외부의 도움을 자신의 능력이 모자라 남에게 의지하는 것처럼 생각하고 또 비춰진다고 여기는 것이다.

마침내 4월 1일 김성환 외교안보수석의 지시를 받은 합참은 지진파 기록을, 합동조사단은 TOD 화면 전체 분량을 공개했다. 21시 21분 57초, 통상 21시 22분으로 사건 발생 시간이 확정되었다. 기준이 잡히자 혼선이 사라졌다. 이런 청와대의 판단과 개입으로 사건 발생 6일 만에 과학적 기술 자료와 디지털 기록들이 빛을 보면서 발생 시각 논란은 해소될 수 있었다.

민군합동조사단은 4월 7일 10시 30분 이런 내용을 중심으로 공식 조사 결과를 발표했다.

한편 피격 지점도 과학기술 장비의 디지털 자료를 바탕으로 확정되었다. KNTDS상의 위치와 지진파 및 공중음파 분석 위치 등 3가지 원점 좌표를 근거로 했다. 이 세 좌표는 모두 90m 이내로 공중음파의 오차 범위 1초(340m) 내에 있었다. 따라서 피격 지점은 KNTDS상의 폭발 지점으로 판단했다(37-55-45N, 124-36-02E / 백령도 서남방 2.5km 지점).

## 천안함 피격 시각 추정 근거

- 지진연구센터 백령도 지진파 감지 시각  21시21분58초
- 지진연구센터 공중음파 감지 시각 21시22분13초~17초 [07]
- 해군 전술지휘통제체계(KNTDS)상의 천안함 발신 신호 중단 시각  21시21분57초
- 천안함 승조원의 마지막 휴대폰 통화 시각  21시21분47초
- 천안함의 국제상선망 최종 교신 시각  21시20분03초
- 해안 초소 TOD 녹화 시각 21시23분

---

07 지진파는 백령도 지역 5개소 감지소 중 4개소에서 감지되었다. 그 시간은 21시 21분 57.98초~21시 21분 58.10초였다. 공중음파는 11개소에서 감지되었으며 21시 22분 12.55초~22분 16.73초로 나타났다. 지진파와 공중음파의 감지 시간 차는 약 15~19초로 나타났다. 지진파가 공중음파보다 15~23배 빠른 점을 고려하면 공중음파와 지진파의 실제 차이는 약 1초 정도였다. 따라서 공중음파를 통해 환산된 시각은 21시 21분 59초 내외였다.

# 누가 공보 마이크를 잡나 ?

천안함 상황 직후인 3월 36일 22시 24분 YTN에 '백령도 서해상에서 초계함 침몰 중'이란 자막이 나갔다. YTN의 특종으로 천안함 상황이 처음으로 알려진 것이다. 합참은 곧바로 보도 자료를 냈고, 각 방송은 속보 자막을 내보내며 긴급 특별 방송을 진행하기도 했다. 청와대의 제1차 안보관계장관회의 이후인 00시 23분 국방부는 기자실에서 천안함 침몰과 구조 상황에 대해 최초로 브리핑을 실시했다. 합동참모본부 정보작전처장 해군 이기식 준장은 "26일 21시 45분 백령도 서남방 해상에서 임무 수행 중이던 아(我) 함정의 선저가 원인 미상의 파공으로 침몰 중에 있어 인명을 구조하고 있다."고 밝혔다. 밤새 인터넷 언론과 SNS 등에서는 상황 속보와 상황 원인에 대한 다양한 분석 기사가 올라왔다. 방송은 청와대발로 '북한 연계성 확실하지 않아, 생존자 구조에 최선을 다해야.'는 보도와 자막을 계속 내보냈다. 토요일(27일) 발행된 신문의 대부분은 당연히 천안함 관련 기사였다. 〈조선일보〉, 〈동아일보〉, 〈중앙일보〉 등은 북한 소행 가능성을 대단히 비중 있게 다루었다. 다른 진보 언론은 북한 소행 보다는 내부 폭발 쪽으로 무게를 실었다. 이후 언론은 보수와 진보 입장으로 갈렸고, 언론의 프레임을 통해 상황을 이해해야 하는 국민들의 관점도 역시 갈라졌다. 특히 6·2지방선거가 임박한 상황에 발생한 초유의 군사 안보 갈등 사안이었다. 언론들은 사설 등을 통해 정부의 '선 원인 조사 후 대응 조치' 방침에 대해 비판과 지지를 동시에 보냈다. 상황은 역시 우려하던 대로 보수와 진보의 갈등으로 흘러갔다.

'천안함 국면'이 전개되면서 언론 공보의 역할은 더욱 막중해졌다. 천안함 상황을 국민들에게 바로 알리는 한편 정부가 상황을 제대로 관리하고 있다는 신뢰를 얻는 것이 무엇보다 중요했다. 이를 위해 청와대는 홍보수석실과 외교안보수석실이 긴밀히 협조하면서 대응했다.

매일 아침 신문을 펼치는 것이 두려울 정도로 엄청난 기사가 실렸다. 며칠이 지나면서부터 상당수의 기사가 오해와 왜곡, 미확인 정보를 바탕으로 쓰여지고 있었다. 일반적으로 국가급 재난 사고나 안보 상황이 발생하면 초기 며칠간의 보도는 공식 발표에 상당히 의존한다(1단계). 그러나 그 시기가 지나면 언론들은 다른 취재원이나 전문가들의 반론을 보도하면서 자체적인 시각을 형성해간다(2단계). 나아가 이런 단계를 지나게 되면 언론사들은 각각의 프레임에 따라 여론을 이끌어가려는 경향을 보인다(3단계). 이때 자신의 시각과 프레임을 강화하기 위한 의도가 앞서면서 오해와 왜곡, 일방적 주장에 빠지는 경우가 발생한다. 이 지점이 바로 오보가 양산되는 시점이다.

팩트를 가장 많이 알고 있고, 국방부와 합참 그리고 각 군의 채널을 가지고 있는 곳은 국방비서관실이었다. 특히 각 군에서 파견 나온 행정관들은 모두가 힘을 모았다. 상황 발생 초기에는 언론 대응에 워낙 많은 부하가 걸려 오전 시간 전부를 잡아먹는 경우도 흔했다. 정상적인 근무로는 대응이 어려웠다. 국방비서관실은 2인 1조로 당직팀을 정해 아예 밤샘 근무를 시작했다. 나머지는 새벽 6시 반에 출근하여 전일 보도에 대응하고, 낮 시간 동안 현장 상황을 점검했으며, 저녁 9시 뉴스를 모니터한 후에 퇴근했다. 당직팀은 위기상황센터와 밤

새 상황을 공유하면서 현장 상황에 대비했다. 또한 매일 새벽 홍보수석실은 국방부 합참의 대변인, 공보실과 함께 공보 전략을 세우고 대응 방향을 협의했다. 대부분의 사안은 국방부 등이 담당했지만, 청와대가 직접 나서야 할 사안은 청와대가 나섰다. 사실 관계가 맞지 않은 심각한 것은 별도의 브리핑을 하거나 자료를 통해 사실을 설명했다. 동시에 대응할 가치가 없는 것은 무시했다.

국방부나 합참의 공보 파트도 사상 초유의 상황을 맞아 혼신을 다했다. 그러나 개개인의 열정과 헌신성만으로 문제가 극복될 수 없었다. 피격 직후 공보 대응은 대단히 큰 실망과 불신을 낳았다. 근본적인 문제는 공보 시스템에 있었다. 언론은 부정확한 첩보를 근거로 취재를 하게 되는데, 이를 확인해줄 일선의 공보 담당들이 사실을 모르고 있거나 기밀 등의 이유로 책임 있게 답변하지 못한 경우가 많았다. 초계함이 침몰한 국가 안보 위기 상황에서 처음에는 국방부 대변인이 나섰으나, 곧 현장성과 전문성에서 한계를 보였다. 일반적으로 실무자보다는 책임자급이 직접 마이크를 잡아야 하고, 공보 역량이 풍부해야 책임 있는 공보 대응이 가능하다. 그러나 군사작전과 현장 대응을 알리는 합참 브리핑을 해군 준장이 담당해야 했다. 합참에 바다와 해군을 잘 알고 언론을 상대할 만한 더 높은 직위의 적합한 인물이 없었기 때문이다. 이는 합참이 개선해 나가야 할 과제 중의 하나이다.

또한 군사 기밀 보호가 너무 앞서 있었다. 사상 초유의 사태에 대한 국민들과 국내외 관심이 집중되는 것은 너무나 당연하다. 공개 정보와 비공개 정보의 구분을 분명히 하고 공개할 것은 과감히 공개해야 한다. 그래야 지켜야 할 것을 지킬 수 있다. 그럼에도 끌려가듯 '소극적 공개' 위주로 대응하는 모습을 보였다. TOD 영상의 부분 공개 등이 대표적이다. 이런 모습은 곧바로 은폐와 책임 회피 등의 모습으로 비춰졌다. 천안함의 작전 능력이나 피격 직후의 항적과 교신 내용 등의 공개 주장도 나왔다. 그러나 천안함과 같은 급의 다른 초계함들의 작전 능력, NLL 경계와 군의 통신 체계 등이 노출될 우려가 있었다. 그럼에도 공개되지 않았어야 할 내용이 알려진 사례도 있었다.

전체적으로 초기 공보 대응에서는 차단과 제한이 더 우위에 있었다. 과도한 군사 보안 때문에 정작 알려야 할 정보가 제한되는 경우도 있었다. 이 때문에 미확인된 부정확한 기사가 오히려 늘었고 기밀 사항까지 여과 없이 전달되기도 했다. 천안함 초기에 군사 보안 등을 이유로 공개하지 않았던 많은 사실들이 군 스스로 또는 국회를 통해 결국은 공개될 수밖에 없었다. 결국 상황 초기에 정무적 감각과 홍보와 공보 역량을 갖춘 고위급 장성이 상황을 장악하고 직접 브리핑을 하면서, 국민적 알 권리와 의문 해소를 위해 가능한 범위까지 책임지고 공개했어야 했다.

감사원도 천안함 감사 결과에서 '군사 기밀 관리 부적정'을 지적하기도 했다. 공개 과정에서 문제가 있었고 오히려 공개되지 말아야 할 정보까지 공개되는 일이 발생했다는 것이다. 또 민주당 신학용 의원이 10월 4일 국방위 국정 감사에서 해군2함대 문자 정보망 교신록 일부를 공개하여 문제가 되기도 했다. 국방 안보 관련 정보 네트워크에는 특성이 다른 여러 참가자들이 참여하게 된다. 군 관련 사고나 유사시에는 상상을 초월할 정도의 다양한 참여자들이 모여든다. 정부와 군도 있지만, 전혀 성격과 목표를 달리하는 국회(여당과 야당)와 언론, NGO들도 있다. 국방 안보 관련 정보는 정부(군)→국회→언론의 방향으로 흐른다. 아무리 군사 보안 사항이라도 국회에 보고되면 언론으로 새어 나가는 경우도 자주 있었다. 이는 군사 기밀에 대한 국회와 군의 시각과 판단이 서로 다르기 때문이다. 국익과 안보 사안이라 할지라도 보도 협조가 용이하지 않는 우리의 언론 공보 환경을 고려할 때 체계적이고 선제적인 대응이 절실했다.

## 500명의 기자들

또 다른 문제는 용산의 공보 라인과 백령도의 구조 및 인양 현장과의 긴밀한 정보 공유가 미흡했다는 점이다. 공보는 사실에 근거한 단일한 목소리가 생명이다. 백령도 현장 기자들이 눈으로 보고 있는 상황을 평택(해군2함대)과 용산(국방부 합참)에서는 사실을 모르거나 서로 말이 다른 경우까지 있었다. 나아가 변화된 인터넷 미디어 환경 속에서 정보 매체 특성에 맞는 다양한 대응이 마련되어야 했다. 이 당시 대응은 신문과 방송 등에 집중되었으며, 인터넷 언론과 SNS에 대한 대응은 매우 취약했다. 신문 방송에 대응하기도 벅찬 실정이었다. 천안함 국면의 최초 언론 대응은 공보 틀을 잡지 못하고 '쫓기고 해명하는 수동적 공보'의 모습을 보였다. 전문성을 가지고 현장 정보를 충분히 공유하면서, 언론과 협력하여 '상황을 주도하는 능동적 공보'가 절실했다.

천안함 취재를 위해 최대 500명 이상의 기자들이 몰려들었다. 국방부 기자실을 물론 2함대 사령부, 백령도 현장 등에서 치열한 취재 활동을 벌였다. 해군과 국방부는 이들의 지원을 위해 따로 인원을 편성했다. 중앙일간지, 인터넷 케이블, 공중파 방송은 특보 체제로 전환해 실시간 보도를 하면서 국민들의 알 권리를 위해 노력했다. 피격 직후부터 공중파는 하루 80여 건 이상의 기사를 내보냈고, 종합일간지역시 1~5면은 기본이고 다른 많은 면을 할애하여 보도했다.

피격 현장인 백령도에는 10여 개의 방송사가 장비를 설치하고 임시 방송 센터를 운영했으며 300여 명의 기자 및 스텝이 취재 및 중계 작업을 진행하고 있었다. KT에 따르면, 사고 발생일인 3월 26일부터 4월 14일까지 총 20일간의 통화량이 그 이전 20일인 3월 9일부터 3월 25일까지의 통화량에 비해 2배 이상(통화 시도 건수 17만에서 36만으로)

▌용트림전망대를 차지한 취재진

증가한 것으로 나타났다.

　해군은 취재 지원을 위해 안내 장교를 배치하고 기자들의 현장 방문을 지원했으며, 백령도 현장의 상황을 알리는 문자 서비스 체계를 갖추기도 했다. 그러나 특종과 속보 경쟁에 따른 '아니면 말고' 식의 설익은 추측성 기사도 증가했다. 미확인 관계자를 인용한 부정확한 보도, 기본적 사실 관계조차 맞지 않는 허위 보도까지 계속 이어졌다. 매일 정례 브리핑에서는 전날 기사에 대해 사실 관계를 확인하거나 정부의 입장을 설명하는 시간이 포함되었다. 다음은 4월 2일 현재 500여 명이 넘는 취재진 현황이다.

| 구분 | 취재진 | 취재 안내 |
|---|---|---|
| 국방부 기자실 | 35매체 70여 명 | 해본 공보과장 등 3명 |
| 2함대<br>(현장보도본부) | 56매체 150여 명 | 공보장교(중령 등) 11명 |
| 백령도<br>(구조 작전 현장) | 40매체 210여 명 | 해본 문화홍보과장 등 6명 |
| 국군수도병원<br>(장례식장) | 25매체 100여 명 | 공보장교 4명 |
| 계 | 530여 명 | 24명 |

　일부 언론은 정부와 군의 해명에도 불구하고 사실과 다른 보도를 내기도 했다. 3월 31일 밤 OBS(경인방송)는 속보를 내고 '천안함 함미

에서 시신 4구를 발견했다.' 고 보도했다. 모두가 비상이 걸렸다. 국방비서관실은 즉시 확인을 지시했고, 정부의 모든 공보 체계가 대응해야 했다. 일부 유족들은 그 충격으로 실신했으며

급히 병원으로 옮겨지기도 했다. 곧 '사실 무근이며 시신 발견 사실 없음'이라는 언론 대응 자료가 전파되었다. 실제 3월 31일 현장에서는 기상 악화로 함체 내부 수색이 이루어지지 않았으며, 사망자는 4월 3일에야 처음으로 수습되었다.

가장 심각한 오보는 KBS의 이른바 '제3부표' 보도였다. 이들은 4월 7일 9시 뉴스에서 '고 한주호 준위는 함수도 함미도 아닌 제3의 부표에서 잠수하다가 사망한 것으로 보인다.'고 주장했다. 이 보도는 영상 짜깁기와 증언 왜곡을 통해 만들어진 의도성이 있는 것으로 추후 확인되면서 공영방송 KBS의 위상과 명예에 심각한 손상을 가져왔다. 군은 즉시 사실이 아님을 밝혔으나, 천안함 의혹 세력은 이 보도 등을 근거로 엄청난 의혹 주장을 여전히 펴고 있다.

이런 공정성 왜곡 보도와는 별도로 경쟁이 과열되면서 일부 기자들은 비정상적 방법으로 취재를 시도했다. 3월 27일 모 일간지 기자는 유족으로 위장해 유족의 백령도 현장 방문에 잠입 승선하여 승인 없이 취재 보도하기도 했다. 3월 30일 새벽 어느 인터넷 신문 기자는 실종자 가족으로 위장하여, 숙소로 쓰고 있는 2함대 예비군교육장에

들어가 인터뷰를 시도하다 유족과 해군 정훈 공보 대응반에 의해 쫓겨나기도 했다. 국방부는 취재 윤리에 어긋난다고 보고 해당 기자와 언론사에 엄중 항의했다. 3월 31일 실종자 가족들은 공개 기자회견을 통해 '추측, 미확인 보도와 유족의 오열하는 모습 등 비인도적 취재를 자제해 줄 것'을 요청하기도 했다.

　천안함 사태는 국가 안보적 사안에 발생했을 때 언론의 책임과 역할이 어떠해야 하는지를 돌아보는 계기였다. '국가 안보 차원의 보도 협조'와 이에 맞서는 '국민의 알 권리 충족과 언론의 자유'라는 두 명제 사이의 간극이 너무나 컸음이 확인되었다. 천안함 사태 당시에는 언론 취재를 일정하게 제한할 수 있는 통합 방위 태세가 선포되지 않았다. 실제 천안함 사고 원인 등을 둘러싼 의혹과 유언비어, 부적절한 보도 등이 계속되자 통합 방위 태세를 선포해야 한다는 주장이 나오기도 했다. 국회 국방위원회 김영우 의원은 '이를 통해 국가 안보와 국민 통합을 위해 정보공개의 신중한 접근과 민관군의 긴밀한 협력이 가능하도록 해야 한다.'고 말하기도 했다. 한편 연평도 포격도발 때에는 연평도에 통합 방위 을종사태가 선포되면서 기자들의 연평도 출입이 제한되기도 했다. 이때에도 상당수 언론이 이 지침을 거부하며 시간을 끄는 바람에 작전 수행에 지장을 받기도 했다. SNS와 인터넷 언론의 등장, 매체의 폭증으로 언론 환경이 급변하면서 기자단, 엠바고 등 전통적인 자율취재협력 시스템도 대단히 약화되고 있다. 실제 2011년 1월 청해부대의 인질 구출 작전인 '아덴만 여명' 작전 과정에서도 일부 언론사는 고의적으로 엠바고를 깨고 작전 상황을 보도하기도 했다. 이에 청와대는 이들 4개 언론사에 대해 취재 거부 등의 제제를 취하기도 했다. 천안함 사태는 군과 언론의 관계와 공보 시스템에 큰 숙제를 남겼다. 앞으로 유사시의 협력적 공보 체계를 강화하고 변화된 환경에 맞도록 발전시켜 나가는 것은 더욱 중요한 과제이다.

## 2008년 광우병, 2009년 경제, 2010년 천안함 위기

천안함 피격 직후의 최초 대응은 청와대 위기상황센터가 맡았다. 그러나 최초의 비상 대처 상황이 끝나고 통상적 상황 관리 상태로 전환되면서 모든 임무는 외교안보수석실 국방비서관실을 중심으로 이루어졌다. 과거 노무현 정부 시절이었다면, 당연히 상설 기구였던 NSC사무처가 맡았을 것이다. 그 당시 NSC사무처에는 국방 안보는 물론 재난 재해 관련 대응을 위해 각 부처와 군 그리고 기관에서 파견된 수십 명의 정예 인력들이 나와 있었다. 그러나 천안함 상황을 관리해야 할 외교안보수석실 산하 국방비서관실은 그 인력의 1/5 수준에 불과했다. 최소한 몇 개 비서관실의 수십 명의 인원이 맡아야 할 중차대한 국가 안보적 사안을 국방비서관실의 몇몇 인원만으로 대응해 나가야 했다. 모두들 몇 배의 각오와 역량 발휘가 절실했다.

천안함 피격 현장에서 구조대는 생존자 구조를 위해 사력을 다했다. 군은 물론 해경과 어업지도선 등 관공선까지 나서서 힘을 보태면서 다행스럽게도 다른 추가적 희생이 없이 구출가능한 생존자는 모두 구조했다. '인명 구조 등 초기 대처는 잘된 것'이라는 대통령의 평가는 이런 인식을 바탕으로 한 것이었다.

군통수권자인 대통령을 보좌하는 청와대는 행정관 라인을 통한 참조 보고 형태를 통해 사건 발생 상황을 파악했고, 오히려 합참에 상황 보고를 지시하기까지 했다. 대통령은 보고를 받자 바로 외교안보장관회의 소집을 지시했으며, 가장 먼저 청와대 벙커에 내려와 상황 보고를 받았다. 대통령은 3월 26일 22시 첫 회의 이후 38시간 동안 4차례나 비상 회의를 소집하고 각종 보고를 받고 필요한 조치를 취하는 등 발 빠른 대응을 했다.

이러한 백령도 피격 현장의 헌신적 노력과 청와대의 신속한 대응에도 불구하고 군의 위기 대응 체계와 공보와 보고 시스템은 대단히 미흡했다. 가장 합리적이고 체계적이어야 할 군이 오히려 위기 상황에서 제 기능을 다하지 못하는 이상한 일이 벌어진 것이다. 우선 사실 확인 및 보고 체계 등 기본 중의 기본이 말썽을 일으켰다. 사건 보고의 기초인 육하원칙 중 사건 직후 바로 확인할 수 있는 상황 시각과 장소조차 특정하지 못하고 논란만 부르고 있었다. '누가' '어떻게' '왜'는 원인 조사가 필요하다고 해도, '언제' '어디서'는 바로 나와야 했다. 나아가 TOD 영상의 '찔끔 공개'에서 보듯, 과도한 군 기밀 및 보안 우선으로 국민적 불신을 자초했다. 여론에 밀려 같은 영상을 네 차례나 나누어 공개하면서 불필요한 은폐 의혹과 오해를 낳은 것이다. 군은 자체 판단으로 천안함 최초 상황과 관련이 있는 꼭 필요한 부분만 공개하면 될 것으로 보았다. 그러나 군의 자의적 재단이 아니라 '편집 없이 전체를 내 눈으로 직접 확인하고 싶어 하는' 언론과 정치권 그리고 국민들의 기대를 읽지 못한 것이다. 이 때문에 상황 순간을 찍은 TOD 영상을 군이 숨기고 있다는 식의 의혹이 나왔으며, 또한 다른

| TOD 영상 공개 현황 | | |
|---|---|---|
| 구분 | 일자 | 내용 |
| 1차 언론 공개 | 3. 30. | 주요 화면 편집(1분 21초) |
| 2차 언론 공개 | 4. 1. | 전체 영상(43분 37초) |
| 3차 언론 공개 | 4. 7. | 전체 영상 추가<br>– 천안함 정상 기동 장면(3초)<br>　21시 4분 6초 ~ 21시 4분 9초<br>– 함수 · 함미 분리된 장면(1분 1초)<br>　21시 24분 18초 ~ 21시 25분 19초<br>– 함미 침몰 및 함수 표류 장면(43분 43초)<br>　21시 25분 20초 ~ 22시 8분 3초 |
| 4차 공개<br>(천안함 특위 위원) | 5. 27. | 전체 연속 영상<br>– 19시 58분 ~ 22시 18분 (끊김이나 편집이 없는 연속 영상) |

\* 실제 시간 기준이며, 실제 시각은 천안함 TOD 영상 화면 시각에 1분 40초를 더해야 함.

종류의 영상이 있는 것처럼 오해를 초래했다. 상황 발생 이후 두 달여
가 지난 5월 27일 편집하지 않은 전체 연속 영상을 공개한 이후에야
TOD 의혹은 가라앉았다.

　또한 기밀을 다루는 군 기관의 책임 있는 담당자들이 대국민 설명
에 더 적극적으로 나서야 했으나, 기계적 대응으로 군 기밀 뒤에 숨는
모습도 자주 보였다. 여기에 매일매일 쏟아지는 의혹 보도와 미흡한
공보 대응은 불에 기름을 부은 것처럼 상황을 악화시켰다. 일부는 국
군 전체의 문제가 아니라 '해군의 사고'이며 해군이 잘 대처하면 그만
이라는 안이한 인식을 가지고 있었고, 통일적이고 체계적인 대응을
이끌어내지 못했다. 무엇보다 이런 미증유의 사안은 군사 대응은 물

론이고 민사 대응과 정무적 판단이 중요했다. 그럼에도 이를 위한 기반과 준비는 거의 없었으며 국민적 기대에 미치지 못했다. 사건도 사건이지만, 수습과 대응 과정이 더 문제였다. 이런 군 지휘부의 무능과 불신이 곧 정부에 대한 불신으로 이어지게 되고 결국 그 화살은 군을 통수하는 대통령에게로 향할 것은 불을 보듯 뻔했다.

2008년 광우병 촛불 사태에 이어 2009년 경제 위기가 발생했고, 각각의 위기 극복을 위해 사력을 다해야 했다. 이제 이런 위기를 넘어서서 한숨을 돌리려는 순간, 다시 안보 부분에서 미증유의 사건이 발생한 것이다. 3월 27일 이후부터 청와대에는 말할 수 없는 불안함과 긴장감이 엄습했다. 분위기가 급변했다. 북한의 공격에 당했든, 자체 사고로 침몰했든, 우리 군이 설치한 기뢰에 의한 것이든, 그 어떤 경우라도 후폭풍은 너무나 심각했다.

## 보고는 제대로 받고 있나?

연설비서관실은 청와대의 감초 파트다. 부속실, 의전비서관실, 연설비서관실은 지근에서 대통령을 보좌해야 한다. 다른 50여 개 비서관실과 긴밀하게 협력할 수밖에 없다. 내가 정부 출범 초기부터 3년여를 지켰던 연설비서관실을 떠나 국방비서관실로 옮겼다는 사실이 알려지사 나른 비서관실부터 전안함 관련 문의 전화가 이어졌다.

"국방 잘 좀 해라. 정말 진실이 뭐야?"

"국방부 합참으로부터 보고는 제대로 받고는 있는 거야? 군이 청와대에 보고를 제대로 안 한다는 소리가 있어."

청와대 일부에서조차 군의 발표나 대응을 못미더워했다. 초기 대응의 혼선은 군 스스로의 신뢰를 갉아먹을 뿐만 아니라 정부 내부 그리고 청와대와 군 사이에도 의심의 싹을 틔우고 있었다.

정국의 무쇠솥은 점점 끓어올라 폭발 직전이었지만, 질책과 의심의 불은 꺼지지 않고 있었다. 임계점을 넘어오고 있었다. 3월 30일 대통령이 백령도 현장을 전격 방문했다. 대통령이 청와대로 복귀하자 방문 보도가 나가기 시작했다. 그리고 그날 오후 고 한주호 준위가 순직했다. 수중 작업과 생존자 구조의 어려움이 생생히 전해졌다. 대통령의 현장 방문과 한주호 준위의 살신성인 덕분에 위기의 순간을 넘길 수 있었다. 끓어오르던 무쇠솥의 온도가 다소 내려갔다. 3월 31일 기준으로 고 한주호 준위 희생에 대한 사이버상의 댓글은 처음으로 30만 건을 넘어섰다. 한 준위를 애도하면서 목숨을 건 군의 구조 노력을 이해하고 군과 정부에 대한 비난을 자제하자는 응원 여론이 급증하면서 비난 일변도의 사이버 여론이 반전되기 시작했다. 안보 위기에 힘을 모아야 한다는 인식이 확산되면서 대통령의 국정 수행 평가와 지지율도 48%대로 상승했다.

청와대가 더 적극적으로 나서야 했다. 급한 고비는 넘겼으나 고비는 계속 돌아올 것이었다. 그리고 이미 천안함은 국방부 차원이 아니라 범정부적 현안이며, 정권의 명운을 걸어야 할 안보 위기 사안이었다. 통상적 사안은 국무총리실이 부처 간 협력 사안을 조율하고 범정부적 대응을 이끌었지만, 이번엔 상황이 달랐다. 청와대가 전면에 나설 수밖에 없었다. 전략적 사고와 정무적 판단 강화, 선제적 대응을 위한 청와대와 국방부 간의 긴밀한 협력이 시급했다. 국방비서관실은 국방부, 합참과 더욱 긴밀하게 협력하고, 중요 대책 마련과 정책 판단은 사전에 협의를 하도록 했다. 또한 즉시 보고를 원칙으로 현장의 상황에 대한 다양한 보고 채널을 점검했다. 군의 정보, 기무, 사이버 등 다른 각 부대와 단위의 활동도 독려했다. 국방비서관실은 항상 비상이었다. 군과 청와대를 연결하는 접점이었기에 모든 정보와 보고가 집중되었다. 모두들 서로를 격려하며 힘든 순간을 지나가야 했다. 대통령은 2008년 말 경제 위기를 지나면서 나라가 어려울 때 목숨을 던지는 자세로 일하라는 의미의 견위수명(見危授命)을 말했다. 그리고 나라가 힘들 때 청와대에서 일하는 게 더 보람이 있을 것이라는 말도 했다. 그런 말을 다시 해야 했다. 며칠째 사무실에서 쪽잠을 자며 상황을 챙겼던 해군 김 대령이 말했다.

"가장 힘든 시기에 이 자리에서 우리가 한 팀으로 일하는 것을 오히려 보람으로 생각합시다."

"그럼요, 나중에 오늘을 이야기할 때가 오겠지요."


## 정무와 손잡다

3월 29일 청와대에는 정인철 기획관리비서관이 주재하고 각 수석실 선임비서관이 참가하는 '천안함 T/F'가 만들어졌다. 그러나 이 TF는 단 한 차례 회의를 연 것이 전부였고 실질적인 후속 대응은 없었다. 국가 안보와 위기관리의 최고 지휘부로서 종합적인 대응 전략을 수립하고 유기적 대응 체계를 구축하고 추진해야 했지만 거기서 끝이었다. 시간은 흘러가는데 상황은 계속 악화되고 있었다. 대통령이 주재하는 수석비서관회의에서 천안함 관련 보고는 외교안보수석 이외에 다른 수석은 별로 언급하지 않았다. 대통령실장이 주재하는 수석비서관회의도 상황은 비슷했다. 그때까지도 다른 수석실이 함께 나서서 챙겨야 할 업무가 아니었던 것이다.

하루하루가 급했다. 4월 1일 '청와대가 총괄 컨트롤타워로서 전면에 나서야 하며 수석급을 중심으로 하는 상위 대응 기구가 필요하다.'는 보고를 올렸지만, 구성은 지연되었다. 외교안보수석실은 외교, 국방, 통일 비서관실과 이를 총괄하고 중장기 안보 전략을 담당하는 대외전략비서관실로 구성되어 있었다. 이때까지도 외교안보수석실은 평시 대응 체계를 유지하고 있었다. 그렇다고 손을 놓고 있을 수는 없었다. 우선 4월 5일 국방비서관실을 중심으로 민정비서관실, 정무비서관실, 홍보비서관실의 행정관이 참여하는 '천안함 실무 회의'를 구성하고 내가 실무TF 책임자로서 첫 회의를 열었다. 합조단 구성, 공보 대응 협력, 국회 대응 등 다양한 논의를 하고 각자의 파트에서 대응하기로 했다. 이후 김병기 국방비서관이 주재하는 '천안함 실무회의'는 매주 그리고 수시로 열렸다. 이들 행정관들은 천안함 수습을 위해 자신의 업무를 찾아 대응하기 시작했다. 이런 천안함 지원 및 대응 사항을 파악하여 조치하고 또 그 내용을 소속 비서관에게 보고했다.

시간이 지나면서 언론은 물론이고 야당 그리고 진보 단체들까지 정부 대응에 대한 비판의 대열에 가세했다. 상황을 어떻게 이끌어 가느냐는 최초 대응이 무엇보다 중요하다. 한 번 만들어진 인식은 쉽게 변하지 않기 때문이다. 이때까지 청와대는 홍보, 정무, 외교 안보 등 유관 수석실별로 정부 부처나 언론 등과 개별적으로 대응하고 있었다. 각개 약진이 아닌 청와대 차원의 체계적인 대응이 필요했다. 천안함 국면은 이미 외교안보수석실이나 국방부 차원을 넘어서고 있었다.

이대로 적확한 대응을 못 하고 허둥대다가는 2년 전의 '광우병 사태'가 다시 올 수도 있었다. 당시 청와대 직원들은 청계천의 광우병 시위 현장에 나가 상황을 파악하고 대응 방안을 모색했다. 하물며 청와대뿐이었겠는가? 수많은 정부 부처와 기관, 조직에서 그렇게 했을 것이다. 나 역시 당시 대통령 연설과 기록 업무를 담당하고 있었지만, 자주 쇠고기 집회 현장에 나가 이들의 주장을 듣고 나름의 의견을 건의했다. 그러나 행동은 미약했고, 다들 발만 동동 구르는 형국이었다. 체계적인 대응을 하지 못한 채 실기(失機)함으로써 호미로 막을 것을 가래로도 못 막는 사태가 벌어지고 말았다. 시위대는 청와대로 향했고, 청와대는 경찰 보호망 속에 갇혀야 했다. 과거 국회에서 일할 때 수입 개방 반대 시위로 여의도 국회가 봉쇄되었던 기억이 생생했다. 시위가 극에 달했던 며칠간, 봉쇄된 청와대로의 출퇴근을 위해 경찰들에게 신분증을 여러 차례 내보여야만 했다. 작은 힘이나마 국정의 한 축을 거들고 있으면서 제대로 대처하지 못해 국정을 혼란에 빠뜨린 데 대해 너무나 부끄러웠고 고개를 들 수 없었다. 20여 년 전, 민주화 시위에 참여하며 거리를 누볐으나, 꼭 20년 만에 반대편에서 시위대와 맞서야 하는 나 자신이 참으로 한심했다.

2008년 광우병 사태는 정부가 새로 출범한 직후 국정 운영과 체계가 제대로 정비되기 전에 합리적 이성과 진실이 실종되면서 '정권 교체 히스테리'가 한꺼번에 표출된 것이다. 당시 청와대는 조직 슬림화가 화두되면서 위기 대응과 국정 홍보 파트는 대부분 축소되어 있었다. 청와대 내부는 물론 전체 정부 역량을 유기적으로 결합하고 통일적인 대응을 묶어내지 못하고 있었다. 청와대 각 비서관실이 수동적으로 제자리만 지키면서 '누가 나서주겠지, 내 소관 일이 아니다.' 하며 정말 관료적으로 대응했던 것이다. 2년여 만에 천안함 국면은 쇠고기 촛불 국면과 유사하게 흘러가고 있었다.

두 번 실패는 없어야 했다. 나는 외교안보수석실이 손잡아야 할 파트는 정무 라인이라고 판단했다. 홍보 파트는 언론을 상대해야 하기 때문에 전면에 나서기보다 지원하는 것이 나았다. 4월 7일 바로 정무수석실의 한오섭 국장을 찾았다.

"한 국장, 천안함 대응에 정무 쪽이 더욱 전면에 나서줘야겠어. 위를 설득해줘."

"우리도 정말 심각하게 느끼고 있습니다. 힘을 모아보시죠."

한 국장은 유능했고, 박형준 정무수석비서관은 상황 판단이 빨랐다. 박 수석은 2008년 광우병 촛불 사태 직후 신설된 홍보수석실을 맡아 김두우 정무기획비서관과 함께 위기를 수습하는 데 크게 기여했다. 천안함 사태로 안보 위기가 발생하고 국가 위기 대응 능력을 의심받는 상황이었다. 박 수석은 천안함 수습을 위해 기꺼이 나섰다. 청와대에 외교 안보와 정무의 전혀 어울리지 않는, 두 수석을 헤드로 하는 임시 기구가 생긴 것이다. 사상 초유의 그리고 앞으로도 설치될 가능성이 거의 없는 '이상한' 체제였다. 청와대가 컨트롤타워로서 전면에 나서서 천안함 국면을 이끌었던 '천안함 관련 대책회의'가 만들어진 것이다. 이 회의에 각 수석실의 선임비서관과 국정 기획, 메시지, 언론, 홍보, 대변인, 뉴미디어(인터넷 및 SNS) 등 실질적 업무를 담당하는 비서관들이 참여했다. 해당 비서관들은 상황 인식을 공유하고 회의 결정 사항을 신속하게 집행 처리했다. 그리고 해당 수석비서관에게 보고했다. 비로소 청와대의 총력 대응 체계가 갖추어져 움직이기 시작한 것이다. 그 첫 회의가 4월 13일에 열렸다.

# 04

## 빛나는 한미연합작전

### 생존자를 찾아라!

천안함 피격 직후 3시간여 만에 선수에 있던 승조원 58명의 구조가 완료되었다. 남은 생존자 구조가 무엇보다 급했다. 군 장비는 물론이고 민간의 자산도 총동원해야 했다. 분초를 다투는 상황이었다. 해군의 모든 구난 인력이 동원되었다. 누구도 아닌 전우들의 생명을 구조하는 일이었다. 잠시의 머뭇거림도 없었다. 함미가 침몰한 상황에서 바다 수색이 필수였다. 구조 구난은 해군참모총장 소관이었다. 상황 발생 40분 만에 해군 본부는 진해에 있는 해난구조대(SSU)와 해군특수전요원(UDT)에 백령도로 출동하라는 지시를 내렸다. 또 어뢰 기뢰 등 외부 폭발 가능성 대응과 함 내 탄약 통제를 위해 폭발물처리반(EOD)에게도 긴급 출동 명령이 떨어졌다. 해난 구조대 선발대는 26일 21시 55분 비상 소집되어 3시간의 준비를 마치고 새벽 1시 버스 2대에 나눠 타고 평택을 향해 출발했다. 날이 밝아 헬기 운항이 가능해지자 선발대를 실은 헬기가 바로 백령도로 향했다. 해난 구조대와 폭발물처리반 선발대 68명은 헬기를 타고 3월 27일 오전 10시경 현장에 도착했다. 천안함 침몰 12시간이 지난 시점이었다.

동시에 구난 구조함을 비롯한 동원 가능한 모든 함에 긴급 출동 명령이 떨어졌다. 26일 22시 광양함은 진해를 떠나 총 864km 거리를 최대 속도인 12노트로 운항하여 3월 28일 오후 현장에 도착했고 즉시 구조 작업에 투입되었다. 때마침 정비 중이던 평택함도 정비 일정을 하루 앞당겨 조기 출항했고 3월 31일 임무 구역에 도착했다. 소해함(기뢰제거함)인 옹진함, 양양함도 진해항을 서둘러 출항했고 각각 최대 속도로 운항하여 3월 28일 밤늦게 현장에 도착했다. 독도함은 헬기 운용 요원과 관련 장비를 탑재하고, 항공유 수급 등 출동 준비를 완료한 후 3월 28일 16시에 출항했다. 독도함은 다음 날 17시에 현장에 도착, 구조 구난 지휘 모함의 임무를 수행했다. 구난 지원 함정들은 신속하게 출항하고 전속 항진을 했지만, 이동 거리가 길고 지원함정 특성상 전투함보다 속도가 느려 현장 도착까지는 40시간 이상 소요되었다. 해군은 이들 구조 구난 자산을 교육 훈련, 군수 지원, 정비 용이성 등을 이유로 진해에 집결시켜 운용했다. 특히 기뢰 제거 등을 주 임무로 하는 소해함의 경우 부산, 울산, 진해, 광양 등 전시 핵심 지역에 대한 우선 대비를 위한 이유도 있었다. 그러나 상황이 발생하자, 국회나 언론 일부에서는 이들 지원 전력을 동해와 서해 등지에 왜

분산 배치하지 않았느냐는 지적을 하기도 했다.

27일 토요일 오전에 도착해 백령도에 임시 막사 설치를 마친 선발대는 13시 30분부터 곧바로 수색을 시작했다. 그러나 수색대원들이 뛰어들어야 할 백령도 바닷속 환경은 너무나 엄혹했다. 함미는 피격후 단 5분 만에 47m 바닷속으로 그대로 침몰해 버렸다. 피격 지점 근처의 유속은 초강력 태풍이 불 때 우리 몸이 받는 압력과 비슷한 최대 5노트(1노트=1,852km/h)에 이르렀다. 인도 줄을 놓는 순간 순식간에 수십 미터를 떠내려갈 정도였다. 엄청난 유속 때문에 바닷속은 30cm 앞이 보이지 않을 정도로 혼탁했고, 바다 수온은 3도 정도로 매우 차가웠다.

이때까지도 함수는 뒤집어진 채 선수 끝부분이 물 위에 뜬 채 계속 움직이고 있었다. 26일 밤 23시 13분 함수에서 생존자 58명의 구조가 마무리되었지만, 이들이 생존자의 전부인지는 누구도 알 수 없었다. 함수에 있던 승조원이 탈출해서 밤새 바다에서 표류할 가능성도 있었다. 이들의 구조도 시급했다. 비상 출동 장비만 가지고 있었던 선

| 생존자 구조 작업 중인 성인봉함(2010. 3. 29.)

발대는 백령도 남쪽 수역부터 피격 후 함수에서 흘러나온 윤활유 등의 희미한 기름띠[08] 흔적을 따라 수상 및 수중 탐색을 하면서 생존자들을 찾았다. 27일 선발대는 함수 구역에서 19시까지 3차례 잠수를 통해 함수 절단면 확인과 생존자 탐색을 시도했다. 그러나 별다른 성과는 없었다. 그리고 다른 함정들도 유속을 고려하여 수색 반경을 정하고 함미 침몰 수역과 함수 외곽 수역을 돌면서 생존자와 부유물 탐색에 집중했다. 백령도 6여단과 연평도의 연평부대 해병들도 해안선 수색을 시작했으나, 결과는 신통하지 않았다.

3월 28일 해난구조대(SSU)와 해군특수전요원(UDT) 본대와 군의관 등이 도착하면서 구조 인력은 150여 명으로 늘었다. 28일 14시 30분에 광양함이 현장에 도착했고, 성인봉함, 옹진함, 해경 311함 등이 투입되면서 사고 해역에는 해군 함정 9척, 해경 함정 7척으로 늘어났다. 수색대 본대와 구난함이 도착하면서 수중 함체의 본격적인 수색이 비로소 가능해졌다. 전날 실시한 함수와 함미 수역의 수색과 해상 정찰 결과는 구명부이와 비상식량 등 부유물 몇 점 건진 것이 전부였다. 실제 생존자들이 바다로 탈출했다 하더라도 유속의 방향과 속도를 고려할 때 이미 NLL 이북으로 쓸려갔을 가능성이 높았다. 28일 군은 실종자들이 함수 함미 선체 내부에 있을 것으로 판단했다. 실제 어뢰 피격으로 폭발 압력을 그대로 받아 흔적도 없이 사라진 6인의 산화자를 제외하면, 희생자는 함수와 함미, 연돌의 내부 또는 함 절단면에

---

08 천안함은 약 15만 ℓ의 유류를 적재하고 있었다. 다행히 선미에 있었던 3개의 기름 탱크는 모두 온전했으며, 함미 인양 전후에 기름을 모두 회수하여 해양 오염은 발생하지 않았다.

있었다[09].

## 함체는 어디에?

이제 원점에서부터 시작해야 했다. 침몰된 함체 수색이 급선무였다. 탐색구조대는 28일 8시부터 피격 지점과 함수가 최종적으로 발견된 지점에 부표를 설치하고 잠수를 시작했다. 유속이 느려지는 정조 시간에 약 10분씩 5차례 수중 탐색을 실시했으며, 19시 57분 함수 구역에서 선체로 추정되는 수중 물체를 포착하고 위치 부표를 설치했다. 이 과정에서 19시 10분에 바다에 뛰어들었던 민간 잠수사 1명이 잠수병으로 광양함에서 감압 치료를 받기도 했다.

그러나 이들의 탐색은 눈에 띄는 성과가 없었다. 실제 함미는 피격 지점에서 180m 떨어진 지점에서 발견되었고 또 함수의 최종 위치도 특정되지 못했기 때문이다. 26일 밤 함수 승조원 구조 직후, 해군 고속정이 직접 부표를 설치하려 했으나 높은 파도로 인해 접근할 수 없었다. 해군은 앵커와 부표를 해경 501함 RIB에 인계했다. 해경 501함은 떠 있는 함수에 위치 부표를 설치하려고 시도했다. 그러나 함수

---

09 산화자 6인은 준위 이창기(전탐장), 원사 최한권(전기장), 상사 박경수(보수부사관), 중사 장진선(내기부사관), 상병 강태민(가스터빈병), 일병 정태준(전기병) 등으로, 어뢰 폭발로 발생한 버블 충격파가 이들이 있던 함미 식당 및 가스터빈실 등을 그대로 치고 나가면서 희생되었다. 그리고 고 남기훈 상사(함미 절단면, 4. 3.), 고 김태석 상사(함미 기관조정실, 4. 7.), 함미 내부 36인(4. 15.), 고 박보람 하사(연돌, 4. 22.), 고 박성균 하사(함수 자이로실, 4. 24.) 등 총 46인이다.

가 뒤집혀 있는 바람에 부표를 묶을 곳을 찾지 못해 함체에 고정시키지 못했다. 함수 위치에 별도의 부표를 설치할 수밖에 없었다(37-54-18N, 124-40-59E). 그러나 이 부유 부표도 빠른 유속 때문에 제 구실을 못하고 유실되었다. 28일 아무것도 보이지 않는 바다에서 구조대가 가진 휴대용 음탐기(핸드소나), 측심기 등 간단한 장비로는 탐색에 상당한 한계가 있었다. 또한 다른 초계함이 이미 해역에 위치해 있었지만, 이들의 음탐기는 잠수함 탐지가 용이하게 하기 위해 탐지 빔이 옆으로 퍼지도록 되어 있어서 해저 목표물 탐지에 제한이 있었다.

이에 해군은 수직 방향으로 빔을 쏠 수 있는 어군 탐지기를 가진 백령도 어민들에게 도움을 요청했다. 이때까지도 해저, 수중, 표면 탐색이 모두 가능한 음탐기를 가진 양양함이나 옹진함은 현장에 도착하지 못하고 있었다. 해군은 백령도 어선통제소에 어군 탐지기를 보유한 어선 지원을 요청했고 3척을 지원받아 사고 해역에 투입했다. 어민들은 기꺼이 군의 요청에 응했고 자신의 일처럼 나섰다. 해군은 어선들에게 각각의 수색 지역 좌표를 나눠주고 참수리 고속정을 한 척씩 붙여 침몰 지점 근처로 안내하도록 했다. 28일 15시 37분 민간 어

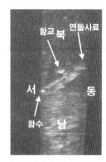
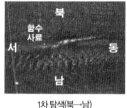
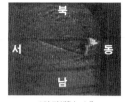

1차 탐색(북→남)          2차 탐색(북→남)

| 천안함 함수 부분(양양함 음탐기 탐색 결과)

선 해덕호(6t, 선장 장세광)의 어군 탐지기가 8m 크기의 수중 물체를 접촉했다. 이 수중 물체 발견 소식이 참수리를 거쳐 상부로 보고되었고, 이 과정에서 언론에도 노출되었다. '함미를 해군이 찾지 못하고 민간 어선이 발견했다.'는 오해의 시작이었다.

진해에서 출발해 먼저 도착한 소해함 옹진함이 20시 30분 해덕호가 신고한 좌표에 무인 기뢰 처리기를 수중에 집어넣어 탐색을 시작했다. 그러나 이 물체는 천안함 함미가 아니라 오래전에 침몰하여 조개껍질 등이 부착되어 있는 미확인 침선의 일부로 확인되었다. 탐색을 계속하던 옹진함은 22시 31분 해덕호가 알려준 지점에서 남동쪽으로 120m 떨어진 지점, 수심 45미터 해저에서 폭 10m 길이 32미터의 수중 접촉물(함수)을 찾았고, 이 위치에 정확한 부표를 설치했다(37-55-40N, 124-36-06E). 29일 00시 19분 옹진함은 추가적인 조사를 위해 무인 처리기를 수중에 넣어 함체를 육안으로 확인하려 했으나 물이 너무 혼탁해 기대에 미치지 못했다. 함미 발견은 옹진함이 투입된 지 2시간만의 결과였으며, 민군이 협력한 합동 작전의 모범적인 성과였다.

함수는 19시 57분 탐색구조단이 함수 추정 물체에 위치 부표를 설치한 이후, 양양함이 침몰 현장에 도착해 탐색을 시작한 지 50여 분이 지난 00시 45분 최종 확인되었다(37-54-20N, 124-40-59E). 구조대는 수중 탐색을 통해 해저에서 의미 있는 반응이 있을 때마다 위치 부표를 설치했다. 이들 해저 식별 물체는 주로 선체 잔해물, 침선, 암반, 인공 어초, 폐어망, 게잡이 통발 등이었다. 구조대가 설치했던 마지막 부표 지점에서 양양함은 해저 탐지기(사이드 스캔 소나, SIDE SCAN

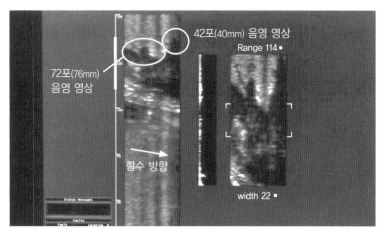

42포(40mm) 음영 영상
Range 114 ■

72포(76mm)
음영 영상

함수 방향

width 22 ■

| 천안함 함미 부분(옹진함 음탐기 탐색 결과)

SONAR)로 탐지 물체의 형상을 확인했다. 그렇게도 찾았던 천안함의
함수였다.


## 모범적 민군합동작전

26일 밤 함수 생존자를 구조 이후, 27일 오후 해난 구조대 선발대
는 고무보트를 이용하여 피격 지점과 함수의 기름띠 흔적을 훑어가
며 생존자 탐색에 집중했다. 27일 오전 9시 우리 초계함과 호위함 등
5척이 현장에 도착했다. 서해 한미연합훈련이 취소되면서 남하하던
미 해군 구축함도 서해에서 대북 경계 태세에 돌입했다. 그러나 현장
에 도착한 전투함들은 생존자 구조와 함체 탐색에는 상당한 제한이
있었다. 27일 오후 백령도 수역에는 해난 구조대 선발대 일부와 전투

함들이 전부였다. 탐색과 구조를 위해서 이들이 할 수 있는 일은 많지 않았다. 수중 환경은 해상이나 육상과 달랐다. 함미는 피격 지점 근처에서 피격 5분여 만에 바로 침몰하면서 위치 파악이 상대적으로 용이했다. 그러나 함수는 자체 부력을 가지고 지속적으로 이동하고 있었다. 따라서 해군은 해경과 함께 함수 이동 경로를 따라 계속해서 부표를 설치했다. 13시 37분 그나마 떠 있던 함수가 완전히 침몰하면서 해상에는 아무런 흔적도 남아 있지 않았다. 물속에 잠긴 이후부터는 추적이 쉽지 않았다.

28일 구조대 본대와 각종 구난 함정이 속속 도착하면서 함수와 함미의 생존자들의 구조를 시도할 수 있게 되었다. 28일 오후 구조대는 함수 함미를 찾아 잠수를 시작했다. 27일부터 28일 오후까지 탐색구조대, 해경, 민간 어선 등은 여러 해저 반응 신호를 잡아냈지만, 결국 28일 밤 해저 탐지 장비를 가진 옹진함과 양양함이 도착하고서야 함수와 함미를 최종적으로 확인할 수 있었다. 한편 26일 밤 함수가 완전히 뒤집어지기 전에 해경 501함이 제대로 된 부표를 설치했다면 구조 작업 속도는 그나마 더 빨랐을 수도 있다. 그러나 28일 오후까지도 전면적이고 본격적인 구조 작업은 제한될 수밖에 없었다. 잠수사가 도착했다고 곧바로 심해 잠수가 가능한 건 아니었다. 지원 장비와 시설 없이 물에 뛰어들었다가는 잠수 인력의 안전을 보장할 수 없기 때문이다. 잠수사의 사전 준비 작업이 마무리되고 각종 지원 함정이 도착하여 함체를 식별한 이후인 29일 새벽부터 비로소 본격적인 함체 탐색이 가능했다.

# 백령도로! 백령도로!

"대한민국 내 모든 구조 자산을 수배하라."

"행정 부처와 자치 단체에도 협조를 요청하라."

국방비서관실도 바삐 움직였다. 일일 상황 점검은 물론 구조 구난 대책 마련도 시급했다. 청와대의 관련 비서관실과 총리실에도 협조를 요청했다. 최전방에서 우리 함정이 침몰되었다. 생존자 구조는 더욱 급박했다. 군은 모든 구조 인력과 자산을 총동원했다. 군 구조대와 구조 함정에 대한 긴급 출동 명령이 내려졌다. 한국구조연합회 민간인 잠수사 28명도 3월 29일부터 군 잠수사들과 합동 작전을 펼쳤다. 육군 특전사 특수 임무 대대 30여 명도 3월 29일 오전부터 힘을 보탰다. 같은 날 중앙119구조대 심해 잠수 대원 10여 명도 잠수를 시작했다. 29일 독도함이 현장에 도착하면서 경비함은 해군 10척, 해경 6척으로 늘어났고, 구조 인력은 잠수사 108명 UDT 47명을 포함하여 208명에 이르렀다.

함체 인양은 군 장비로는 불가능했다. 같은 무게라도 수압 등으로 육상보다 수중이 훨씬 무겁다. 대형 인양 크레인과 바지선 등 민간 장비도 주로 조선소가 있는 남해안에 몰려 있었다. 민간 장비 업체와의 계약 등 행정적 절차는 나중 문제였다. 우선 가능한 구조 장비부터 이동시켜야 했다. 29일 거제에 있는 삼아-2002호(인양 능력 2000t)가 예인선 4척에 끌려 이동을 시작했다. 장장 5일이 걸리는 대이동이었다. 바지선 현대오션킹 15001호(3000t)는 마침 가까운 평택에 있었다. 30일 출발해 3월 31일 6시 백령도 근처에 도착했다. 함체를 들어 올리기 위해 수중에서 쇠줄을 묶는 임무를 맡을 민간 구난 업체 두 곳도 바삐 움직였다. 해군은 이들을 위해 군의관과 앰뷸런스 그리고 헬기 1대를 지원했다.

한편 국토부의 지시를 받은 국립해양조사원은 원활한 구조 탐색 작전 지원을 위해 백령도 근해에 해·조류 관측 부표를 설치했다. 유속과 물때는 해양 작전의 기본적 자료였다. 공군 기상 전대도 백령도 수역의 기상 정보를 전파했다. 3월 30일 6시 50분 백령도 근해에 도착한 황해로호(77t)는 함미 구역(289도, 2300yd)과 함수 구역(288도, 1940yd)에 각각 부표를 설치했다. 이들 부표에 설치된 탐지기가 보내오는 조류와 수온 파고 기온 등 관련 정보는 3월 31일부터 작전에 참가한 모든 관계자에게 매시간마다 휴대폰 문자로 제공되었다. 또 한국해양연구원 소속 해양 조사선 이어도호(400t)는 4월 4일부터 8일까지 피격 현장에서 침몰 선체의 3차원 음향 영상 구축 작업을 실시하고 폭발 충격 흔적을 분석했다.

## 빛나는 한미연합작전

천안함 작전에는 미군도 지원을 아끼지 않았다. '함께 갑시다(We Go Together)' 한미 양국군의 60년 한미 동맹은 위기 상황에서 더욱 빛났다. 우리 국방부 장관과 합참의장은 각각 미국 측에 경계와 인양 작전을 위한 지원과 협조를 요청했다. 구조 인양 작전은 바다 위에서 이루어진다. 우리는 전투함보다 상대적으로 우선 순위가 낮은 구조 지원 자산은 충분치 못했다. 심해 잠수를 위한 감압챔버는 절대적으로 부족했다. 챔버를 가진 우리 다도해함은 3월 31일 진해를 출항했으나 기상 악화로 배를 돌려야 할 정도였다. 심해 구조함인 청해진함도 수리 중이라 당장은 작전 투입이 불가능했다.

실제 초기 작전 기간 동안 우리 잠수사들은 미군이 제공한 챔버를 이용해야 했다. 독도함과 KDX급을 착륙함으로 쓸 수 있었으나, 장비와 인력을 수송할 의료 해상 헬기도 절대 부족했다. 대형 갑판을 가진 함정이 절실했다. 미군 측으로서도 천안함 작전은 한미 동맹 차원의 협력뿐만 아니라 전투함의 침몰 원인 규명과 구조 및 인양 작전의 경험 축적에 도움이 되는 실전적 훈련이었다. 3월 30일 이상의 합참의장은 마이클 멀린(Michael Mullen) 미 합참의장에게 미 측 구조함 지원에 감사의 뜻을 전하고 의무 후송 헬기 지원을 추가로 요청했다. 미국은 우리의 지원 요청에 즉각 화답했고 동원 가능한 전력을 파견했다. 4월 1일 이명박 대통령은 오바마 미 대통령과의 전화 통화에서 미군의 지원에 대해 감사의 뜻을 전했고, 오바마 대통령은 "미국 해군함이 한국 함정과 함께하는 것을 뜻깊게 생각한다."고 대답했다.

4월 5일 월터 샤프(Walter Sharp) 연합사사령관은 국방부 합참지휘부 회의실에서 천안함 사건 대책 한미 수뇌부 협조 회의를 열었다. 이 회의에서 인양 작전에 참여하는 미 전력에 대한 지휘 관계에 대해서는 한국이 주도(supported)하고 미국이 지원(supporting)하는 주도-지원의 지휘 관계를 설정하기로 합의하였다. 샤프 사령관은 "그동안 한미 동맹에 입각한 긴밀한 협조를 통해 승조원 구조에 전력을 다해 왔으며, 미국은 기술과 장비 인력을 지원해 인양 작전이 성공하도록 보장할 것이며 긴밀히 협조할 것."이라고 말했다. 그는 6일 "한미가 침몰함의 사고 원인을 밝혀낼 것으로 확신하며, 미국은 침몰함 조사를 위해 최고의 전문가팀을 파견할 것."이라고 언급했다.

미국으로서는 자국의 함정과 군인이 서해 최북단 접적 지역인 백령도 수역에 진입하여 상당기간 머물며 작전을 하는 것은 매우 이례적인 것이었다. 비록 한국 해군의 구난 지원이 목적이라고 하더라도 이 지역은 북한 장사정포와 단거리 미사일의 직접 사정권이었다. 어뢰 피격으로 의심되는 상황에서 북한의 또 다른 잠수함 공격과 고속정을 활용한 수상 공격, 미사일 로켓 등의 공중 공격 등 다양한 대비가 필요했다. 미국은 구조 구난 지원함뿐만 아니라 이들을 보호할 수상함 그리고 해상 전력을 동시에 파견해야 했다. 이들 미군 전력은 최영함 등 한국 구축함과 연합하여 공중은 물론, 수상 그리고 수중 위협에 실질적으로 대응하는 한편, 북한의 추가 도발 의지를 억제하는 데 기여했다.

NLL 근처 백령도 수역에 이지스함, KDX-2함을 비롯한 한미 해군 전력이 엄청나게 집중되었다. 그러나 북한은 탐색 구조 기간 동안 별다른 시비를 걸지 않았다. 일체의 반응을 보이지 않았다. 실제 가까운 북한 황해남도 온천 비행장이나 태탄 비행장에서 전투기가 발진하거나 다련장 로켓이나 미사일 발사 움직임이 포착되었다면, 아니 그보다 더 작은 군사적 움직임이라도 있었다면, 백령도 일대의 긴장은 극도로 높아졌을 것이다. 북한은 자신들의 무반응에 대해 '유감스러운 불상사'에 대한 인도적 배려인 듯 주장했다. 한미 연합 전력의 도발 억지 효과는 분명했다. 일반적으로 침묵의 명분과 억지력이 갖춰질

| 천안함 구조작전에 참가한 미 살보함(2010. 4. 2.)

때 그 효과는 몇 배 커진다. 그 핵심은 물론 억지력이며, 이때만이 실질적인 억지가 가능한 것이다.

실전 이상의 훈련은 없다. 한국에 주둔하고 있는 미 공군 전투기들이 동해 또는 서해에 추락하는 경우도 있다. 연례적 훈련에 참가한 미 함정이 위험에 빠질 수도 있었다. 이들의 구조와 인양을 위해서도 미 구조 전력은 한반도 수역에 익숙해질 필요가 있다. 실제 2006년 3월 14일 서해 군산 앞바다에 추락한 미군 F-16C 전투기의 인양을 위해 살보(SALVOR)함급 1번 함인 세이프가드(Safeguard ARS-50)가 출동하여 작전하기도 했다.

한미독수리연습에 참가했던 구조함인 미 해군 살보(SALVOR)함(3020t)은 28일 진해항을 출항하여 29일 격렬비열도 서방에 대기했다. 미군 상부의 지시에 따라 30일 9시 10분 함미 구역에 투묘를 완료하고 구조 작전에 돌입했다. 살보함에는 16명으로 이루어진 5개의 잠수구조팀과 6명의 수중폭발물처리팀(EOD) 그리고 군의관, 치료사 그리고 감압챔버 2대, HH-60헬기 등이 있었다. 이들 의무 후송 전용 헬기(HH-60)는 즉시 우리 독도함에 전개되어 구조자 인양과 수송에 대비했다.

29일 한미 간 연합작전을 위한 첫 회의가 성인봉함에서 열렸다. 30일 오후 우리 구조대 모함인 광양함에서 한미 양측 구조대가 서로 인사를 나누고 연합구조작전의 협력 방안과 상호 장비 물자 지원 방안 등에 대해 협의했다.

서해 북위 36도 부근에서 실시된 서해 한미연합훈련에 참가했다가 일본 등으로 귀환 중이었거나 귀환했던 미군 전력들이 대북 경계와 천안함 구조 작전 지원을 위해 백령도 수역으로 다시 전개되었다. 30일 수중과 공중의 위협 방어가 가능한 첨단 이지스 구축함인 커티스월버함(Curtis Wilbur, DDG-54, 8400t)이 살보함과 함께 작전 해역에 자리를 잡았다.

또한 미국은 살보함과 더불어 구조와 인양을 위한 증원 전력을 지원했다. 미 상륙함 하퍼스페리(Harpers Ferry, LSD-49, 17,000t)가 3월 31일 15시 일본 사세보항을 떠나 4월 2일에 백령도 근해에 도착했다. 이 상륙함에는 감압챔버와 헬기 등 장비가 실려 있었다. 거의 동시에 4월 4일에는 미국 이지스급 구축함 라센(Lassen, DDG-82, 9000t)이 현장에 추가로 배치되었다. 커티스월버와 라센 등 구축함은 경계 임무는 물론 투묘지 근처 해상 탐색도 병행했다[10]. 이들 미 이지스함 전력

---

10  국방부 대변인실은 3월 29일 오전 정례 브리핑을 통해 '미군 함정은 잠수사 15명이 탑승하고 있는 3,200t급 구조함 1척(살보)이 오늘 8시경 현장에 도착하여 구조 활동에 동참하고

| 천안함 탐색 구조 작업 중인 하퍼스페리함(2010. 4. 3.)

은 일본에 모항을 가진 미 7함대 소속으로 한미연합훈련의 단골 함정들이다. 한편 천안함 피격 직후 북상했던 순양함 샤일로함(Sholoh, CG-67, 9,750t)은 이들 전력과 임무를 교대하고 일본으로 돌아갔다. 4월 10일에는 미군 함정의 보급 등을 위해 군수 지원함 알렌쉐퍼드(Alan Shepard, T-AKE 3, 4만t)호가 다녀갔다.

4월 7일 캐서린 스티븐스(Kathleen Stephens) 주한 미 대사와 월터샤프 연합사령관이 황의돈 한미연합사 부사령관과 함께 백령도 독도함을 방문하여 구조 작전 중인 한미 잠수사들을 격려했다. 이 자리에서 월터 샤프 사령관은 "모두 전심전력을 다하고 있고, 개인의 전문성이

있으며, 구축함 2척(9,000t급 커티스윌버, 9,200t급 라센)과 순양함 1척(9,600t급 샤일로)도 탐색 활동을 지원하고 있음.'을 밝혔다.

| 천안함 현장에서 작전 중인 커티스윌버(2010. 4. 3.)

뛰어나기 때문에 임무 성공을 확신한다."며 "미 정부도 오바마 대통령 수준에서 전폭적인 지원을 하고 있다는 것을 잊지 말고 임무를 잘 수행해 달라."고 당부했다. 또 스티븐스 대사도 "미국은 대한민국의 우방이고 동맹국이자, 친구로서 안타까운 마음과 위로의 말을 전한다."며 "사고 원인 규명과 승조원 구조, 선체 인양 작전을 성공적으로 지원할 것."을 약속했다.

탐색구조 및 인양 기간 내내 미 살보함은 우리 광양함 등과 짝을 이루었으며, 15명의 미 해군 잠수사들은 우리 해군 SSU와 UDT 등과 연합하여 실종자 구조와 함체 탐색에 일심동체로 움직였다. 미군 잠수사들은 해미래가 수거할 수 없는 잔해물 인양을 위한 작전에도 투입되었다. 살보함은 함미와 함수 인양이 끝난 후에도 마지막까지 남아 우리 탐색함인 청해진함, 고령함, 김포함, 평택함, 장목호 그리고

| 미군 전력의 탐색 구조 참가 현황 | | | |
|---|---|---|---|
| 함정 | 구조함 | 살보함 | 3. 30. ~ 5. 1.(일본 복귀) |
| | 구축함 | 커티스윌버 | 3. 30. ~ 4. 18.(타국 이동) |
| | 상륙함 | 하퍼스페리 | 4. 2 ~ 4. 19.(일본 복귀) |
| | 구축함 | 라센 | 4. 4 ~ 4. 6.(일본 복귀) |
| 인력 | 잠수부 | 16명(팀장 1인 포함) | 3. 30 ~ 5. 1. |

형망어선 5척과 함께 수중 잔해물 탐색과 인양에 집중했다. 정밀탐색 작전에서 살보함은 사이드 스캔 소나(SIDE SCAN SONAR)와 EOD 등 장비를 활용, 함수 구역의 옹진함 인근 동쪽 구역을 맡아 임무를 수행했다. 4월 23일에는 평택함에 해저 탐색물 인양을 위한 잠수 인력이 부족하자, 살보함은 미군 잠수사 2명을 평택함에 보내 지원하기도 했다.

한미 양국군은 독수리연습 등 정례적인 연합 훈련을 통해 상호 우의를 증진하고 협력 관계를 강화한다. 실제 한반도 국지전이나 전면전이 발발했을 경우, 양국은 긴밀한 연합 작전을 통해 함께 싸우도록 되어 있다. 함께 훈련하고 함께 싸우는 동맹으로서 어려움에 처한 한국군을 지원하는 것은 지극히 당연한 일이었다. 반대로 우리 군이 미군을 지원하기도 했다. 지난 2003년과 2006년 군산 앞바다에 추락한 美 F-16전투기의 조난 조종사를 우리 공군 6전대 구조 헬기가 출동하여 이들을 무사히 구조하기도 했다. 천안함 구조 과정에서 보여준 미 해군의 헌신과 열정은 우리 해군에게 강한 인상을 남겼다. 특히 북한의 추가적 도발에 대한 경계를 늦출 수 없는 상황에서도 양국 해군은 함께 작전을 수행했다. 한반도 안보 위기 상황에서 미군의 대북 도발 억지 효과는 상상하는 것 이상이었다.

"우리가 심각한 어려움에 빠졌을 때, 다른 누구도 아닌 미 해군이 함께해 주었다. 그들의 협력에 진심으로 감사한다. 한미 동맹의 진짜 의미를 절감했다." 천안함 구조 작전을 지휘했던 어느 해군 제독의 솔직한 술회다.


## 69시간 생존설

3월 29일 함체 탐색과 생존자 구조 총력전이 시작되었다. 가용할 모든 잠수 인력들은 함수와 함미에 투입되었다. 함미에는 함수 생존자를 제외한 나머지 승조원들이 갇혀 있는 것으로 추정되었다. 해역 수온은 3~4도, 유속은 3노트 정도였다. 3노트 유속은 일반 잠수사의 이동 속도 0.8노트의 4배나 되는 빠르기로 육상에서는 태풍급의 풍속과 비슷했다. 이날 함정 16척(해군 10척, 해경 6척)과 다수의 고속정 LIB 고무보트 등이 동원되었다. 잠수 인력은 208명으로 증원되었다.

함미 구역(1구역)은 8시 22분부터 잠수가 시작되었다. 해군 잠수사 20명과 민간 잠수사 4명이 맡았다. 이들은 21시 25분까지 각각 10분에서 20여 분씩 10차례 잠수를 실시했다. 이들은 함미 선체에 인도줄을 설치하고 망치로 함미를 두드렸으나 내부에서는 아무런 반응이 없었다. 잠수사들은 생존해 있을 승조원들을 위해 함체 구멍으로 공기를 불어 넣기도 했다. 8회 차 잠수에서는 연돌의 찢어진 틈으로 실린더를 이용하여 공기를 불어 넣기도 했다. 공급된 산소량은 산소통 1개 분량인 3000ℓ로 한 사람이 5시간 정도 호흡할 수 있는 양이었다.

함수 구역(2구역)에서도 7시 38분부터 21시 29분까지 역시 10차례 잠수를 실시했다. 잠수사들은 수중 렌턴을 켜도 30cm 정도밖에 볼 수 없는 캄캄한 바닷속을 손으로 더듬어가며 악전고투를 벌였다. 이 날 함체 절단면과 가스터빈 송풍기를 식별하고 외부 도어에서 함장실로 들어가는 통로에 로프를 설치하는 데 성공했다. 28일 민간 잠수사에 이어 29일에도 함미를 탐색하던 군 잠수사가 잠수병 증상을 보였으며 챔버 치료 후 회복되었다. 한국구조연합회 민간 잠수사들은 오전, 오후에 각 한 차례 잠수를 했으나, 극단적 작업 여건 때문에 포기하고 철수했다. 그러나 군 잠수사들은 동료를 구출해야 한다는 의욕과 사명감으로 그리고 시간이 얼마 남지 않았다는 절박감으로 갖은 악조건에서도 혼신의 노력을 다했다. 새벽부터 칠흑 같은 밤까지 오직 인도 줄 하나에 의지한 채 빠른 유속과 싸우고 두 손을 더듬어가며 구조 작업에 몰두했다.

29일 밤이 바로 '69시간 생존 가능 시한'의 마지막 순간이었다. 이때 언론은 '초계함 격실 내 산소 상태를 고려한 생존 마지노선은 69시간'이라는 실낱같은 희망을 보도하고 있었다. 격실이 완벽하게 차단되었다는 전제 하에서 남은 산소량과 농도 등을 고려할 때 이론적으로 그럴 수 있다는 이야기였다. '69시간'은 데드라인(deadline)에서 골든타임(golden time)으로 바뀌었다. 이 시간 안에만 구출하면 된다는 기대가 확산되었다. 바람이 간절하면 믿음으로 승화된다. 천안함 유족과 국민들의 눈도 여기에 집중되었다. 모두가 극적인 구조 장면을 바라며 마음을 모으고 있었다. 그러나 군 관계자나 잠수사들은 함체가 격실 구조로 되어 있다고 해도, 함체가 두 동강 난 상황에서 환기구 등을 통해 물이 들어갔을 것이고 이 경우 생존 확률이 거의 없다는 것을 본능적으로 알고 있었다. 함체 절단면을 확인하는 그 순간 이미 기대는 사라졌다. 그러나 누가 69시간을 이야기했든 그 누구도 미리 생존 희망과 믿음을 꺾을 수는 없었다. 정부나 군 당국자들은 특히 그러했다. 그 누구도 냉정하게 분석하면서 생존 가능성이 없음을 말할 수는 없었다. 구조 작업 브리핑을 담당했던 이기식 합참 정보작전처장은 이때까지도 "실종자들이 생존해 있다는 판단 하에 모든 작업을 진행하고 있다."고 브리핑을 해야만 했다.

# 05

# 아름다운 결단

## 아! 한주호

마의 69시간이 지나고 30일 날이 밝았다. 미 살보함은 30일 9시 10분 백령도 선미(1구역) 근처에 닻을 내리고 작전에 돌입했다. 우리 경비함은 17척으로 늘었다. 29일 저녁 현장에 도착한 독도함이 구조 작전 지휘와 전투 근무 지원을 시작했다. 특전사 특임대 30명도 투입되면서 잠수 인력은 223명으로 증원되었다.

시간이 갈수록 생존 가능성은 크게 낮아졌다. 시간에 쫓겼지만, 작업 환경 역시 여전히 어려웠다. 함체에 도달해 살아 있는 생존자를 탈출시켜야 했다. 생존 장병들은 구조대를 기다리며 막힌 격실에서 가쁜 숨을 몰아쉬고 있을지도 모를 일이었다. 피격 직후 함수의 장병들은 탈출했지만, 함미는 그대로 가라앉았다. 함미에 더 집중해야 했다. 29일 10차례 잠수를 통해 설치해 놓은 인도 줄을 따라 30일 새벽 2시 24분부터 1회 차 잠수가 시작되었다. 민간인 잠수사 2명을 포함 총 16인의 잠수사들이 2명씩 조를 이루어 물속으로 뛰어들었다. 4회 차 잠수에서는 잠수 시간이 경과하여 부상을 당했고, 6회 차 잠수에서는 강한 유속에 잠수사들이 떠내려가다가 후방 지원 조에 의해 겨우 구조되기도 했다.

함수에서는 민간 잠수사 2명을 포함한 잠수사 12명이 9시부터 함체 탐색을 실시했다. 오전 10시쯤 한주호 준위를 비롯한 민군 잠수사들은 강한 조류와 싸우면서 함장실 도어 입구에서 수면까지 위치 부표를 설치하는 데 성공했다. 함장실로 들어가는 통로가 식별된 것이다.

그러나 14시 34분부터 15시 5분의 제6회 차 잠수를 실시했던 해군 UDT 2명 중 1명이 쓰러졌다. 함수 부분의 실내 진입을 위해 인도 줄을 연결해 나가던 한주호 준위였다. 그는 즉시 미군 헬기에 의해 미 살보함으로 긴급 후송되었다. 미 해군 군의관들의 헌신적인 치료 속에 1시간 30분가량 '감압챔버'에서 심폐 소생술을 받았지만 호전되지 않고 오후 5시께 결국 숨을 거두었다. 숙련된 잠수사라도 하루 한 번 잠수도 힘든 일이었다. 그러나 한 준위는 경험이 적은 후배들이 잠수 중에 위험에 빠질 것을 걱정했다. 경험이 많은 선배들이 더 잠수를 해야 한다고 생각했다. 그는 스스로 나서서 사고 전 이틀 동안 무려 4차례나 잠수했다. 당일 오전 현장을 찾은 이명박 대통령은 수색 작전 중이던 한주호 준위를 만나 "무리하지 말라, 물이 차고 깊으니 조심해라."

| 미 살보함 감압챔버

하고 말했다. 그러자 그는 "괜찮습니다. 지금 제 후배들이 물속에 있다고 생각하면 아무리 추워도 들어가야 합니다."라고 우렁차게 대답했다. 한 준위는 교관으로서 훈련병의 상처에 생긴 고름을 입으로 빨아낼 정도로 자상하면서도 엄격한 참 군인이었다. 57년 9월생인 그는 준사관 41기로 1975년 입대하여 35년간 잠수 요원으로 활약한 최고의 베테랑이었다. 그는 전역 2년을 앞두고 현장에서 숨졌다. '매 잠수 시마다 강한 조류, 시계 불량에 따른 잠수 시간 경과로 선체 접근 및 수중 작업 극히 제한' 바로 이것이 그날 수중 여건이었다.

UDT의 전설인 고 한주호 준위의 사망으로 모두들 정신이 번쩍 들었다. 그의 희생으로 구조 작전이 얼마나 위험한 것인지, 그리고 산 사람의 목숨을 담보로 이루어지고 있다는 것을 그제야 자각한 것이다. 바로 '너무 군을 몰아치다가 결국 산 사람을 잡았다.'는 각성이었다.

 '69시간 생존설'은 군을 더욱 압박했다. 동료를 구해야 한다는 절박감이 위험을 잊게 했다. 백령도에 도착하여 심해 잠수를 시작한 28일 이후부터 구조대는 목숨을 건 사투를 벌여왔다. 심해 잠수의 위험성보다는 생존자 구조가 급했다. 유족과 국민의 태산 같은 기대, 정치권과 언론의 추상 같은 질타는 구조대를 벼랑 끝으로 몰았던 것이다. 그 결과는 또 다른 죽음이었다.

 이날 대통령은 일부 수석의 반대를 물리치고 실종자 구조 현장을 방문했다. 기상 등을 고려했을 때 이날이 최적이었다. 다음 날부터는 서해상에 풍랑주의보가 예상되는 등 기상 악화로 헬기가 뜰 수 없었다. 대통령은 오전 10시 반쯤 전용 헬기를 타고 청와대를 출발해 낮 12시쯤 독도함에 내렸다. 독도함에서 현황을 보고받은 뒤 15분 정도 LIB을 타고 2.3km 떨어진 광양함으로 이동했다. 모든 것은 완벽한 보안 속에 추진되었다. 백령도 현장은 경호 측면에서 대단히 취약한 곳이다. 거리나 기상 때문에 헬기 이동이 제한될 뿐만 아니라 군 통수권자가 적의 위협에 직접 노출되는 것은 문제가 있었다. 그럼에도 현장의 구조대원과 특히 실종자 가족을 격려하고 위로하겠다는 대통령의 의지는 강했다. 대통령은 광양함에서 잠수사들의 구조 상황을 직접 점검하고 이들을 격려했다. 또 28일 성남함을 타고

| 광양함으로 이동하는 대통령 일행

미리 현장에 와 있던 실종자 가족 대표들을 만나 위로했다. 박선규 청와대 대변인은 브리핑에서 "대통령 방문이 깜짝 방문으로 해석되지 않기를 바란다."면서 "대통령의 백령도 방문은 이번 사고를 보는 대통령 인식의 위중함과 여전히 실종 상태에 있는 젊은 병사를 향한 안타까운 마음을 드러낸 것."이라고 말했다. 현장 방문을 마친 전용 헬기는 수면에 스칠 듯 낮은 고도로 서해상을 날아 청와대로 복귀했다. 백령도 이동과 체류 중 전투기 편대가 공중에서 경호를 했고 다른 함정에도 비상이 걸렸으며 휴대폰 등 현장의 통신은 차단되었다.

## 첫 희생자 수습

3월 31일부터 4월 1일까지 현장 기상이 대단히 악화되었다. 선체 내부 실종자 탐색과 침몰 함정 주변 수중 잔해물 탐색도 취소되었다. 4월 2일 평택함이 챔버 수리를 위해 현장을 이탈했다. 대신 다도해함이 챔버 치료 지원을 위해 현장에 투입되었다. 또 천안함체 탐색 인양 작전을 위해 미 상륙함 하퍼스페리(LSD-49, Harpers Ferry)가 이날 일본 사세보항에서 올라와 자리를 잡았다.

4월 3일 잠수사들이 천안함 함체에 접근하면서 처음으로 내부 진입을 시도했다. 이날 18시 7분 함미 식당 절단면에 걸려 있는 시신 1구를 수습했다. 확인 결과 고 남기훈 상사였다. 남기훈 상사의 영현은 4월 4일 독도함에서 헬기로 이송되어 2함대 검안소에 안치되었다. 이날 첫 사망자가 확인된 것이다. 다음은 4월 4일 16시 현재 천안함

| 구분 | 인원 | 세부 내용 |
|------|------|----------|
| 총원 | 104명 | • 장교 7명, 부사관 67명, 병 30명 |
| 생존 | 58명 | • 환자 : 55명(수도병원)<br>• 구조 지원 : 3명(독도함 / 작전관, 통신장, 병기중사) |
| 실종 | 45명 | |
| 사망 | 1명 | 상사 남기훈(4. 3. (토) 18시 7분 발견) |

총원 현황 자료다.

남기훈 상사의 사망 확인으로, 천안함 희생자들의 공식 사망 시각은 4월 3일 18시 7분으로 정해졌다. 이후 시신 수습 일자와 관계없이 이날을 기준으로 실종자들은 전사자로 바뀌었으며, 전원 1계급 추서 진급이 이루어졌다. 시신조차 찾지 못한 6인의 산화자 역시 이 시각을 기준으로 전사 처리되었다.

## 제98금양호의 침몰

4월 2일 천안함 실종자 가족의 요청을 받은 민간 저인망어선 제 98금양호(99t급)가 생존자 탐색에 나섰다. 이들은 2일 오후부터 어망을 내려 바다를 훑는 방식으로 탐색을 실시했다. 그러나 해저 바닥에 긁혀 그물이 훼손되자 곧바로 철수했다. 이 때문에 이들이 탐색 지원보다는 어로 활동이 주 목적이 있었다는 주장이 나오기도 했다. 특히 백령도 어민들은 이들이 해저를 훑는 작업을 할 경우 양식 어장을 망칠 수 있다며 작업을 반대하기도 했다. 해저 바닥은 바위와 자갈이 널려 있어 일반 어망으로는 해저 수색이 불가능했다. 5월 15일 1번어뢰 추진체를 끌어 올렸던 대평호는 특수 제작한 무게 5t의 강철 그물을 사용했다. 반대로 별다른 준비 없이 급히 현장에 달려왔던 98금양호는 성과 없이 2시간여 만에 현장에서 이탈했다. 그리고 저인망어장으로 복귀하다가 대청도 서방 29마일 지점에서 캄보디아 상선과 충돌해 침몰했다.

21시 58분 어선의 조난 상황이 접수되었다. 군은 즉시 해경과 함께 생존자 구조와 선박 구난 작전에 돌입했다. 22시 32분 여수함 그리고 최영함의 링스헬기를 긴급 출동시켰다. 4월 3일 00시 25분부터 5시 56분까지 공군 헬기 2대가 야간 조명을 비추며 탐색을 지원했다. 또 같은 시각 공군 수송기 CN-235 2대도 동시에 출동하여 조명탄 160여 발을 쏘는 등 생존자 탐색과 선박 구조에 총력을 기울였다. 4월 3일 11시 소해함인 옹진함이 침몰 함체의 위치를 파악하고 해경에 통보했으며, 해경은 위치 표시 부표를 설치했다. 금양호 침몰 지점 수심은 천안함의 1.7배에 이르는 78m에 이르렀다. 이 때문에 잠수사들의 수중 탐사는 극히 제한적이었고, 인양 시 총 무게는 135t에 달해 광양함 등 군 장비로도 인양이 쉽지 않았다. 군은 천안함 구난 중임에도 금양호 실종자 수색에도 함정과 장비 그리고 인력을 보내야만 했다. 그리고 어선 인양은, 민간 구난 업체를 정해서 민군 합동으로 인양할 수밖에 없다고 판단하고 우선 급한 천안함 인양 이후로 순서를 잡을 수밖에 없었다. 민간 선박의 구조 구난을 책임진 해경은 민간 구난 업체 '언딘 마린 인더스트리(Undine Marine industries)'와 구난 계약을 맺었다. 그러나 민간 인양 업체는 4월 23일 새벽 금양호가 심해에 가라앉아 잠수사의 안전이 우려되고 선체 입구에 냉장고, 어망, 밧줄 등이 쌓여 내부 진입이 어렵다며 수중 수색을 중단하기도 했다. 결국 희생자 수습과 선체 인양을 포기했고 유족들은 시신 없이 장례를 치러야 했다.

한편 국방부 법무감실은 4월 5일 보고에서 '이들은 군이 아닌 실종자 가족의 요청으로 구조 작업에 참가했으므로 계약상 책임이 없다.'고 보았다. 또 '이들의 사고에 국가의 불법 행위가 없어 국가의 책임은 아니다.'라고 보고했다. 실제 해군도 이들이 구조 지원보다는 어로 작업에 더 관심이 많았으며, 구조에 실질적인 도움은 되지 않았다고 판단했다. 그러나 군의 판단과 금양호 유족들의 인식은 큰 차이가 있었다. 금양호 유족들은 사망자를 의사자로 지정해줄 것을 요구했다. 그러나 '의사상자 등 예우 및 지원에 관한 법률'상 요건인 '급박한 위해'와 '적극적·직접적인 구조 활동'이 있었다고 보기 어려워 의사자로 인정되지 않았다. 이후 2012년 관련 법률이 개정된 이후에야 마침내 의사자 지정이 이루어졌다.[11]

---

11  보건복지부는 2012년 3월 29일 제2차 의사상자심사위원회를 열고 금양호 사망 선원 9명을 의사자(義死者)로 인정했다. 2011년 해당 법률이 개정돼 '국가 또는 지방자치단체가 요청해 수색한 경우 대통령령으로 정하는 통상적인 경로와 방법으로 이동하다가 사고가 발생하는 경우'도 의사상자로 인정할 수 있게 되면서 가능해진 것이다.

# 군인가족의 아름다운 결단

고 한주호 준위가 사망하고 첫 시신이 수습되면서 희생자 가족들은 '아름다운 결단'을 하게 된다. 실종자 가족 대표들은 4월 2일 광양함을 타고 구조 현장을 둘러보면서, 현장의 위험성과 구조대의 사투 모습을 직접 확인했다. 4월 3일 21시 45분 실종자가족협의회는 기자회견을 통해 "위험한 선체 내부 진입 및 수색 등 선체 내부 구조 작전을 중단하고 선체 인양 방식 등은 해군에 위임한다."는 입장을 밝혔다. 더 이상의 추가적 희생을 막기 위해 공식적으로 생존자 구조 작전의 중단을 요구한 것이다. 유족들은 생존에 대한 희망의 끈을 놓기가 어려웠을 것이다. 그러나 군인가족들은 개인적 슬픔을 뒤로 하고 더 큰 희생을 막기 위해 피눈물을 삼키며 위대한 선택을 한 것이다. 이로써 실종자들의 생존 가능성을 염두에 두고 시간을 다투어야 하는 인명 구조 작전이 중단되고 함체 인양 작전으로 전환될 수 있었다.

사고 수습에 있어 군이나 정부는 그 어떤 경우에도 미리 생존자 구조를 포기할 수 없다. 또 그런 모습조차 보여서도 안 된다. 가용할 모든 자산과 장비를 동원하고 창의적 방법을 찾아야만 한다. '69시간 생존설'의 경우도 그렇지만, 절대 미리 부정적 상황을 미리 언급하거나 그런 상황을 전제로 대책을 세워서는 안 된다. 비록 사후에 생존이 불가능했던 상황이었음이 밝혀져 비판이나 비난을 받을지라도 말이다. 실제 일부는 군이 이들의 사망을 미리 알았음에도 왜 그런 사실을 감추었느냐, '희망 고문'이 아니었냐는 등의 비난을 하기도 했다. 그러나 그 비난에 대해 어떤 변명을 하기보다는 그렇게 그냥 묵묵히 감내해야만 할 몫이었다.

피격 이후 동료를 구조하기 위해 백령도를 밝혔던 장장 9일간의 생존자 구조 작업은 유족들의 위대한 포기 결단이 있고서야 마침내 종결될 수 있었다. 매일같이 수중 탐색으로 사투를 벌였던 잠수사들도 그제야 다소간의 휴식을 취할 수 있었다.

## 동시 인양으로 전환

함체 인양은 더디고 느렸다. 잠수사들이 함체 밑을 파서 인양용 체인을 밀어 넣고 함체를 바로 세운 후 체인을 결박해서 들어 올려야 했다. 각각 함체에 물이 가득 찼을 것으로 상정한 무게에 갯벌에서 끌어내야 하는 힘을 합한 무게에서 부력을 빼면 각각의 인양력(引揚力)이

| 구분 | 단계 | 내용 |
|---|---|---|
| **함체 인양 단계** | | |
| 1단계 | 인양 준비(4. 5./월~) | 인양 크레인 · 탑재 바지 등 현장 배치 및 인양 준비 |
| 2단계 | 인양색 결색 | 선저 굴착 및 체인 밀어 넣기, 인양색 결색 |
| 3단계 | 인양 · 배수 | 인양 후 탑재 전 배수 |
| 4단계 | 바지 탑재 · 수색 | 선체를 바지에 탑재, 실종자 수색 및 시신 수습 |
| 5단계 | 예인 | 평택항 예인 |

## 인양을 위한 투입 전력 현황

| 구분 | 투입 전력 | | 인양 작업 |
| --- | --- | --- | --- |
| | 민간 선박 | 지원 전력 | |
| 함미<br>선체 | • 인양 크레인<br>(삼아2200 / 2,200t)<br>• 탑재 바지<br>(현대프린스 / 3,000t)<br>• 작업 크레인 · 바지 각 1척 | • 광양함<br>• 살보함 | • 업체 : 88수중개발,<br>잠수부 16명 |
| 함수<br>선체 | • 인양 크레인<br>(대우3600 / 3,000t)<br>• 탑재 바지<br>(현대오션킹15001 / 3,000t)<br>• 작업 크레인 · 바지 각 1척 | • 평택함 | • 업체 : 해양개발공사,<br>잠수부 12명 |

산출된다. 각각의 인양력은 1천t 내외로 엄청난 무게였다. 따라서 해군의 구조함으로는 이를 인양할 수 없었다.

결국 민간의 장비 지원이 필요했다. 대형 조선소와 해상 구조물 이송 업체 등이 쓰는 초대형 크레인과 함체를 올려놓고 이송할 바지선을 구해야 했다. 또 함체를 묶고 인양할 전문 인양 업체도 선정했다. 크레인과 바지선, 전문 인양 업체가 하나의 세트로 모두 갖추어져야 했다. 최초 판단은 함수와 함미를 순차적으로 인양하기로 하고 한 세트만 갖추는 것으로 추진했다. 그러나 이는 옳은 판단이 아니었다. 함수 함미의 인양 여건이 다른 상황에서 순차적인 인양은 너무나 많은 시간이 소요되었다. 이는 유족의 입장이나 천안함 국면의 바른 수습을 고려할 때 적절하지 않았다. 함수 함미 동시 작업 방침이 정해졌다. 어차피 현지 작업여건에 따라 인양 시점은 차이가 날 수 밖에 없

| 천안함 구조 작업에 투입된 광양함(2010. 3. 29.)

었다. 상대적으로 함미 인양을 서둘렀다. 실종자 대부분이 함미 내부에 있을 것을 판단했기 때문이다.

한국해양연구원 소속 '이어도호'는 4월 4일 아침 8시부터 초음파로 천안함 선체의 입체 영상 촬영을 마쳤다. 이 영상을 분석하면 쇠줄을 걸 위치 및 무게 등을 확인할 수 있다. 미국 해군 구조 전문가 2명도 천안함 함미를 분석해 인양력 계산 등을 도왔다.

이들 민간업체들의 작업과는 별도로 군의 인양 탐색 작전은 계속되었다. 인양 작전 기간 동안 우리 독도함, 광양함, 평택함 등 3척, 미군의 살보함과 하버스페리함 등 총 5척이, 그리고 잠수사 158명(미해군 잠수사 15명)을 포함한 총 인원 200여 명 이상이 투입되었다.

# '해미래'의 등장

인양 작업과 동시에 백령도 피격 지점을 기준으로 수상의 부유물과 해저의 잔해물을 찾는 탐색 작전도 계속 이어졌다. 해군은 모든 가용 전력을 최대한 현장을 보내 탐색 작업을 실시했다. 해상에는 해군 함정 12척(경비함, 소해함, 고속정)과 미 해군 구축함 커티스월버가 맡았다. 해안은 6여단 소속 RIP과 관공선이 담당했다. 여기에 미군헬기 2대와 육해공 헬기 4대가 별도로 투입되어 수송 업무를 맡았다.

동시에 해군은 금양호 실종자 탐색에도 전력을 보내야 했다. 금양호 현장에는 4월 15일 청주함과 광명함 등 2척과, 해경함 9척, 관공선 6척, 그리고 해상초계기 1대가 각각 투입되었다. 4월 중순에는 KDX-II 4500t급 문무대왕함까지 금양호 탐색에 투입하기도 했다. 이처럼 평시 경계 임무는 당연하고 천안함과 금양호 탐색 임무까지, 해군은 움직일 수 있는 모든 함정을 끌어내 와야만 했다. 함정의 정기적 수리 정비도 미뤄졌고 비상 체제는 불가피하게 계속 이어졌다.

해상 실종자 탐색과 부유물 수거 작업은 해상의 정해진 구역을 이동하며 이루어졌다. 해병대 병력과 관공선은 백령도와 연평도 해안선을 따라 매일 5차례씩 정해진 구역을 순찰했다. 이들에겐 철책 경계 임무 이외에 부유물 수색 임무가 더해졌다.

해저 잔해물 탐색은 더욱 어려웠다. 수중 탐색 장비 사이드 스캔 소나를 가진 광양함과 옹진함(소해함), 김포함과 고령함(기뢰탐색함)이 해저 탐색을 실시했다. 이상 반응이 나타나면 미 살보함에 탄 한미 잠수사들이 잠수하여 일일이 손으로 더듬어 찾고 이를 끌어올려 확인해야 했다. 하나씩 손으로 작업을 해야 했기에 해삼이나 멍게를 줍는 해녀와 크게 다르지 않았다. 4월 16일부터는 수리를 마치고 뒤늦게 합류한 청해진함이, 한국해양연구원 소유 수중무인탐사정 '해미래'를 이용하여 함수 구역의 피격 원점을 중심으로 집중 탐사했다. 과학적 증거를 찾기 위해 투입된 해미래 장치는 수중 로봇이 해저를 이동하면서 50cm 크기의 금속 물체도 탐색할 수 있다. 따라서 다른 함정의 해저 탐사 장비보다 훨씬 정밀하여 더 작은 물체를 식별하고, 로봇 팔을 이용해 수집 인양할 수 있다. 해미래가 투입되면서 잠수사들의 수고는 다소 덜 수가 있었다. 해미래가 집어 올리지 못하는 물체만 잠수사들이 들어가면 되었기 때문이다.

해상과 해변 그리고 수중 해저 탐색은 참으로 지루하고 힘들고 어려운 작업이었다. 해저의 잔해물은 원인을 규명하고 그 범인을 찾는 매우 중요한 과학적 단서였다. 그러나 결정적 단서는 나오지 않고 있었다. 4월 12일 6여단이 백령도 형제바위 부근에서 형광등을, 4월 13일 광명함이 구명볼 하나를 발견했다. 이런 식으로 엄청난 인력과 장비가 투입되었지만, 성과는 크지 않았다. 참고로 4월 16일 현재 부유물, 수중 인양물 현황이다.

**부유 · 수중 인양물(누계) : 총 76종 179점**

정수기 필터 1, 격벽내장재 1, 41포 포대문 1, 대공쌍안경 1, 구명의 71, 구명정 4, 안전모 16개, 해군 일지 2, 사통레이더 안테나 1, 조수기 필터 1, 형광등 1, 구명볼 1, 공병우의 1, 시트커버 1, 승조원 이불 1 등

4월 17일부터 21일까지 피격 원점 근처 해저 지형 탐색을 위해 해양연구원 소속 장목호(41t)가 동원되었다. 장목호는 해저면의 지형을 3차원으로 파악할 수 있는 다중 음향 측심기를 비롯한 고가 첨단 장비를 대거 탑재하고 있다. 탐색 결과 피격 지점 해저에 반경 20~40m, 깊이 1.8m 정도의 큰 분지 지형이 있는 것으로 나타났다. 군은 천안함 피격과 관련성을 조사했다. 한 달 이상 퇴적 현상의 변화를 살피고 지형과 수중 생물의 인공적 영향 흔적 등에 대해 정밀 조사한 결과, 인위적으로 형성되지 않았고 천안함과는 무관한 것으로 결론을 내렸다. 장목호의 조사 결과 백령도 근처 해저에는 천안함을 좌초시킬 만한 인공이나 자연 구조물은 전혀 없었다. 백령도 어민이 주장한 '홍합여'는 피격 지점에서 10km 이상 떨어진 대청도 근처

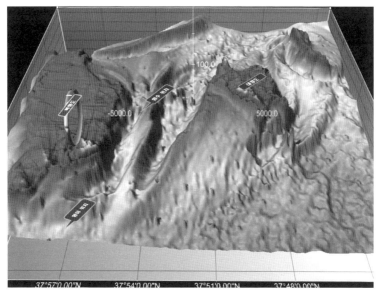

| 피격 해역 해저 입체 영상

에 있었다. 3월 27일 밤 옹진함이 처음으로 발견한 침몰선 역시 천안함 기동에 전혀 장애가 되지 않았다.

## 독도함의 기적 소리

4월 13일 서해 전 해상에 풍랑주의보가 발령되었다. 서해 5도에는 강풍주의보도 동시에 발령되었다. 파고는 3.5m, 북서풍으로 풍속은 무려 30노트였다. 파도는 높고 바람은 거셌다. 천안함을 결색 체인줄로 감아놓았는데 바람과 파도로 줄이 끊어질 가능성이 있었다. 12일 탐색 인양 작전에 참가하고 있는 1,200t 이하의 소형 함정들이 대피를 결정했다. 옹진함 고령함 김포함은 평택으로, 양양함은 대청도 근처로 각각 피항했다. 탑재 바지선은 백령도 용기포항과 대청도 인근으로 각각 움직였다. 광명함은 대청도 근처에 닻을 내리고 풍랑에 대비했다. 고속정은 기지에서 대기했다. 평택함, 광양함, 독도함 그리고 살보함과 하퍼스페리함, 커티스윌버함 등 대형 함정은 피항하지 않았지만, 부유물 인양과 탐색 작전에 지장을 받았다. 거센 풍랑과 조류에 함수를 묶은 쇠줄이 끊어질 수 있어 크레인과 바지선을 안전한 곳으로 옮겨야 했다. 12일 15시 10분부터 크레인에 묶여 조금 들어 올려진 함미는 시속 2노트의 속도로 물속에 잠긴 채 2.6마일을 이동했고, 20시 45분 백령도 연안의 25미터 해저에 다시 내려놓여졌다. 광양함과 미 살보함이 이동을 지원했으며, 절단면 유실 방지 상태를 확인했으나 이상은 없었다. 12일 밤부터 독도함과 평택함이 당번으로

| 천안함 탐색 구조 작업 중인 독도함(2010. 4. 8.)

정해져 매시간마다 기상 악화에 따른 피해가 없는지 점검했다. 그러나 이 이동 과정에서 보고 누락과 혼선이 빚어지고 언론에도 미리 알리지 못했다. 4월 12일 15시 국방부 대변인의 브리핑이 실시되었으나, 이 자리에서 함미 이동 내용은 전달되지 않았다. 그런데 15시 40분 YTN 속보로 함미 이동 사실이 공개되면서 '절단면 은폐' 등의 불필요한 오해와 비판이 나오기도 했다. 기상 악화로 사정이 다급해지자 현장에서는 유족과 협의를 마친 후 함미 이동을 결정했다. 그렇지만 정작 국방부 등에는 늦게 보고한 것이다. 백령도 현장과 용산, 작전과 공보의 엇박자였다. 불필요한 오해와 의혹의 빌미가 또 발생한 것이다.

한편 함미를 물 위로 들어 올릴 때 물이 빠지면서 함 내에 있는 희생자 사체나 물품이 휩쓸려 나갈 우려가 있었다. 이를 막기 위해 그물눈이 6cm×6cm로 조밀한 대형 그물망을 따로 설치해서 절단면을 덮고 여기에 그물눈 크기가 2cm×2cm인 대형 까나리 그물망을 추가로 덮었다. 그래도 있을 수 있는 유실 가능성에 대비하여 인양 시작 직전 고무보트와 RIB 12척 그리고 잠수사 12명이 현장 근처에 배치되었다. 일부에서는 '특수 그물 설치를 두고 절단면을 감추기 위한 것 아닌가, 의혹 해소를 위해 공개해야 하는 것 아닌가.' 하는 지적도 나왔다. 실제 민군합동조사단의 조사가 진행 중인데, 절단면이 그대로 일반에게 공개될 경우 침몰 원인에 대한 구구한 억측과 논란이 다시 나올 우려가 있었다. 국회나 언론 등에서 공개 지적이 있었지만, 내부적으로 합조단 조사 발표 후에 공개한다는 원칙을 세우고 그때까지 공개하지 않기로 했다.

이런 논란은 인양 현장과는 무관한 것이었다. 오직 희생자의 안전한 수습을 위해 오래전부터 대책회의를 열고 특수 그물을 제작하는 등 방안을 마련해왔다. 이것이 구조와 탐색 인양을 위한 일선 현장의 군인들이 보여준 임무 충실성과 헌신성의 모습이었다.

15일 8시 50분 함미 현장에서 실종자 가족 대표 10명과 인양 작전 참가 전 장병이 함께하는 위령제가 엄수되었다. 가족과 참가 장병 전원이 묵념을 하는 가운데, 독도함은 15초간 기적을 울리며 원혼들을 위로했다. 이 시간에 맞춰 대한민국의 해군과 해병대원 전원도 동료들의 추모하는 묵념을 실시했다. 그리고 가족 대표들은 바다에 꽃을 바치는 해상헌화를 했다.

함미는 15일 12시 배수를 마치고 13시 15분 바지선에 탑재되었다. 16시 함 내 통로 개척과 안전 검사 그리고 조사 요원들의 채증 작업도 마무리되었다. 곧바로 실종자 수색을 통해 시신을 수습하기 시작했다. 이날 함미에서는 38구의 시신이 수습되었다. 그러나 시신 수습 도중 철제빔을 용접해서 만들었던 바지선의 거치대가 부서지면서 함미가 내려앉는 사고가 발생했다. 이 때문에 후미의 스크루 끝 일부가 파손되고 함체 바닥과 옆쪽으로 흠집이 생겼다. 15일 밤 23시 바지선 거치대에 철제빔을 보강하는 작업을 해야 했다. 16일 유류 탱크 안의 기름 제거 작업을 마친 후 함미는 바지선 현대프린스에 실린 채 4월 17일 19시 평택항에 도착했다. 함미 호송 작전은 7노트의 속도로 24시간에 걸쳐 245km를 이동해야 했다. 2200마력과 3500마력 예인정 두 척이 바지선 앞에서 끌고, 초계함 1척이 후미에서 그리고 좌우와 선두에 고속정 각 1척씩이 경비를 맡았다. 함미를 육상에 내려줄 인양 크레인도 뒤를 따랐다.

한편 4월 15일 함미가 인양된 직후 대잠 훈련과 순찰 임무를 수행

| 백령도 연안으로 이동하는 함미

하던 링스 헬기가 진도 남방에서 추락했다. 이 사고로 4명이 숨지고 기체도 수장되었다. 해군 3함대를 중심으로 실종자 수색 작업이 펼쳐지는 가운데 링스 헬기 탐색과 인양을 위해 장목호와 옹진함이 15일 진도 해상으로 내려갔다. 17일 밤에는 서해 소청도 해상에서 왕건함의 링스 헬기가 해상에 불시착하는 사고도 발생했다. 불시착한 기체는 18일 청해진함이 즉시 구조했다. 이어지는 헬기 사고는 대잠 경계 태세와 천안함 탐색 작업 등으로 해군의 피로도가 높아진 것도 큰 이유였다. 계속되는 사고로 국민들의 우려는 더욱 커져갔지만, 그렇다고 구조를 늦추거나 경계를 소홀히 할 수는 없었다.

한편 천안함 함미 인양이 마무리되고 탐색 구조 임무가 일정 기간을 지나면서 구축함 커티스윌버는 18일, 미군 상륙함 하페스페리는 19일 각각 백령도 현장을 이탈해 나란히 일본 모항으로 돌아갔다. 이들은 20여 일 동안 천안함 피격 현장에서 우리 해군 함정과 함께 작전하며 부유물 및 해저 탐색, 위협 경계 등의 임무를 수행했다. 이들은 휴전 이후 서해에서 가장 높이 북상한 미군 함정들로 기록되었다.


## 함수 인양

함미가 인양되면서 관심은 함수로 쏠렸다. 김포함, 고령함, 청해진함 그리고 미 살보함은 정해진 구역의 해저 탐색에 집중했다. 4월 21일 양양함이 연돌 부분을 찾아내 위치 부표를 설치했고, 민간 업체 (88수중개발) 소속 잠수사들이 잠수하여 연돌 식별을 완료했다. 동시에 제98금양호 실종자 탐색도 이어졌다. 해군은 문무대왕함, 서울함, 여수함을, 해경은 3008함 등 8척, 관공선 7척을 동원했다. 민간 인양 업체 잠수사들이 함체 수색에 나섰다.

한편 4월 24일 마침내 천안함 함수가 올라왔다. 10시 30분 선수 내부의 바닷물 배출이 완료되었고 12시 30분부터 선체 수색이 시작되었다. 인양된 함수는 24일 19시 30분 전날 인양된 연돌, 어뢰 2발과 함께 바지선에 실려 평택으로 이송되었다. 14시 15분 함수 자이로실에서 고 박성균 하사의 시신이 발견되어 2함대사로 후송되었다. 천안함 사망자 중 마지막 시신이 수습된 것이다. 다음은 4월 25일 오전 보고된 천안함 승조원 현황 자료다.

| 구분 | 인원 | 세부 내용 |
|------|------|-----------|
| 총 원 | 104명 | • 장교 7명, 부사관 67명, 병 30명 |
| 생 존 | 58명 | • 수도병원(입원) : 7명<br>• 2함대 생활관(대기) : 51명 |
| 실 종 | 46명 | • 시신 발견 : 40명<br>　하사 박성균 발견(4. 24.(토)) / 자이로실<br>• 미발견 : 6명<br>　원사 이창기, 상사 최한권, 중사 박경수,<br>　하사 장진선, 일병 강태민, 이병 정태준 |

시신조차 찾지 못한 6인은 결국 '산화자'로 남았다. 실종자 가족들은 함수 선체 내부를 일일이 확인하며 마지막 기대를 걸었다. 생환은 고사하고 시신이라도 찾기를 간절히 빌었으나 결국 이루어지지 못했다. 유족들은 4월 25일 밤 기자회견을 열고 4월 29일 합동 장례식을

치르겠다고 발표했다. 한편 함수가 평택에 도착한 직후부터 함 내에 남아 있던 유류 배출 작업이 시작되었다. 25일 22시 20분부터 다음 날 12시까지 해양환경관리공단에서 파견된 전문 유류 처리 선박인 '환경5호'를 동원하여 총 93,600ℓ를 빼냈다. 이 과정에서 함 피격 충격 때문에 연료 공급 탱크의 맨홀 뚜껑이 뒤틀려 열리지 않으면서 배출 시간이 많이 지체되기도 했다. 환경5호는 4월 16일 함미에 있는 3개의 연료 탱크에 적재된 연료유 45t을 인양 현장에서 넘겨받아 처리했다. 천안함의 연료유 유출은 없었으며 해양 오염은 발생하지 않았다. 4월 28일 함미와 함수는 육상 거치를 마무리하고 평택 해군 2함대 부지위에 자리를 잡았다. 29일에는 선체 절단부 내부와 전면부를 막는 가림막 그리고 연돌 어뢰 발사대의 가림막이 각각 설치되었다. 이날 인양 작업에 참가했던 민간 크레인과 바지선도 현장을 떠났다.

## 수습된 사체

4월 15일 함미가 인양되면서 수습된 36구의 영현은 독도함에서 태극기로 덮인 채, 헬기를 이용 평택으로 이송되었다. 함미의 희생자들은 주로 부사관과 수병들로 이들의 침실은 함미 쪽 함 아래 바닥 부분의 격실에 있었다. 함미는 피격 직후 손쓸 틈도 없이 바로 수면 아래로 가라앉았고, 함미 부분의 승조원은 전원 사망했다. 입관 절차가 진행되기 전, 수습된 시신은 육안 검안과 X선 촬영이 실시되었다. 부패 시간을 추정한 결과 동일 시간대에 사망한 것으로 판단되었다.

시신들의 상태는 모두 온전했으며, 착용하고 있던 복장 등으로 비교적 쉽게 신원이 확인되었다. 4월 3일 처음으로 함미 절단면에서 수습된 고 남기훈 상사, 4월 6일 함미 기관조종실에서 발견된 고 김태석 상사, 4월 22일 연돌 인양 작업 중 발견된 고 박보람 하사 그리고 4월 24일 마지막으로 함수에서 수습된 고 박성균 하사의 경우도 마찬가지였다.

총 40구의 시신에서는 파편이나 화상 흔적이 발견되지 않았으며, 주로 좌상 열창(찢김) 등이 있었다. 또한 충격으로 인한 골절 등이 관찰되었고 익사한 것으로 추정되었다. 이런 결과는 버블제트의 일반적 효과와 일치했다. 생존자 58명 중 중상자 8명은 요추, 늑골, 우쇄골, 경추, 대퇴부, 발목 등에 골절상을 입었고 기타 인원들은 경미한 타박상이 발견되었다.

수중 폭발이었기에 육상의 근접 폭발에서 나타나는 고막 파열 등은 전혀 없었다. 천안함은 직접 타격이 아닌 어뢰의 수중 폭발로 발생하는 '워터제트' 효과로 절단되었다. 초고압으로 뿜어져 나오는 물줄기가 물체를 뚫고 지나가는 것과 유사하다. 수중 폭발로 충격파와 가스버블이 발생하는데, 인체에 피해를 주는 것은 총 폭발 에너지의 54%에 달하는 충격파이다. 그런데 충격파는 압력은 높지만 순식간에 소멸되기 때문에 선체 격실 내에 있었던 승조원들에게 거의 영향을 주지 않았다. 그러나 가스버블로 함체가 절단되면서 이 절단 구역에 있던 승조원 6인은 시신조차 수습할 수 없었다. 물기둥을 100m나 치솟게 하는 폭발 압력에 산산조각 났으며, 빠른 유속에 휩쓸려가 버렸다. 피격 이후 얼마 지나지 않아 조류 방향은 창조류로 바뀌어 남에서 북으로 0.48~2.9노트[12]로 흘렀다. 사체라도 온전히 수습할 수 있기를 간절히 바랐던 실종자 가족들의 실망은 이루 말할 수가 없었다. 이들은 평택항에 함미가 도착하는 즉시 함 내를 돌아볼 수 있기를 요구했다. 4월 19일 오전 7시 실종자 미발견 가족 10여 명은 함미 선체 내부를 둘러보았다. 이들은 사랑하는 자식이 근무했던 함 내를 샅샅이 다시 찾아보았지만, 어디에도 흔적은 없었다. 일부 유족은 함 내부 틈새 등에 살점이나 뼈 조각이 남아 있을 수 있으니 정밀 수색을 해달라고 요청하기도 했다. 산화자의 가족은 나중에라도 유해 등이 발견되기를 바라며 신원 확인을 위한 DNA 검사용 시료 채취에 응했다. 그리고 이들은 실종자들이 출항 전에 남긴 모발을 군이 잘 보관하고 있는지 확인을 요구했고, 군은 잘 관리하고 있다고 대답했다.

---

12 백령도 근해 조류는 매 6시간 간격으로 창조류인 밀물과 낙조류인 썰물이 교차된다.

천 안 함  전 쟁  실 록
# *SMOKING GUN*

# 02
# 청와대와 천안함

350　　360　　10
▲

01

# 청와대
# 천안함 대책회의

## 요인별 시나리오

긴박했던 함 내 생존자 구조 작업이 무위로 돌아가면서 관심은 사고 원인과 함체 인양으로 전환되었다. 천안함은 특히 정치권에서는 메가톤급 이슈였다. 6월 2일 지방선거를 2개월여 앞둔 미묘한 시점이었기 때문이다. 여야는 물론 보수 진보 세력도 사태의 추이에 깊은 관심을 보이며 관망했다. 정치권도 한목소리로 생존자 구출에 최선을 다할 것을 주문했다. 3월 29일 보수 단체는 '실종 장병 무사 귀환' 기자회견을 했으며, 진보 단체들도 3월 31일 역시 '실종자 무사 귀환 촛불 문화제'를 열었다. 이때까지 정치권이나 시민단체는 모두 한 목소리였고 이른바 남남 갈등도 나타나지 않았다.

그러나 사고 원인 조사 결과에 따라 그 후폭풍의 강도가 어떠하리라는 것은 모두 느끼고 있었다. 첫째, 군함의 파공, 피로 파괴, 내부 폭발 등 군 내부의 잘못으로 밝혀질 경우 군과 정부는 심각한 위기에 빠질 수밖에 없었다. 이 경우 대통령의 사과 그리고 전면 개각을 포함한 고강도 쇄신이 뒤따를 것이 분명했다. 또 과거 우리 군이 설치했던 기뢰에 당했을 경우에도 그 결과는 같았다. 둘째, 북한의 기뢰 또는 어뢰의 공격으로 밝혀질 경우 거의 준전시 상태에 돌입하는 등 한반도의 긴장은 격화될 것이다. 그리고 군과 정부는 경계 소홀 책임과 향후 응징 보복의 문제가 뒤따르게 된다. 아울러 UN안보리 제소 등 국제적 제제도 이어질 수밖에 없다. 셋째, 원인 조사가 지나치게 장기화되거나 진상 규명에 실패할 경우도 배제할 수 없었다. 특히 공격 무기는 찾았지만, 그 범인을 분명하게 밝히지 못할 경우 상황은 더욱 심각했다. 이 경우 좌우의 대립은 격화되고 정국 혼란은 길어질 가능성이 높았다. 어떤 시나리오든 문제는 결코 간단하지 않았다.

### 천안함 시나리오와 원인 판단

| 원인 | 북한 | 남한 |
|---|---|---|
| 내부 원인<br>(파공, 좌초, 내부 폭발 등) | × | ○ |
| 어뢰 | ◎ | × |
| 기뢰 | × | ◎ |

*원인 규명 실패 – 조사 장기화 '미궁' 가능성

우선 국방비서관실은 사건 원인을 추정하기 위해 천안함급 초계함의 강도와 건조 방식, 유사 사례, 정비 등 운용 현황 등 다양한 자료를 검토했다. 천안함 급은 같은 시기에 같은 방식으로 건조된 '자매함'들이 많아 내부적 원인 검증은 비교적 쉬웠다. 내부 원인 가능성에 대한 조사도 진행되었다. 함의 정비 및 부식 상태 조사, 해저 지형과 운항 경로 점검 결과가 연일 검토되었다. 기무사는 승조원들의 특이 동향이나 내부 불만 사항까지 조사했으나 이상한 점은 발견되지 않았다.

비록 현장의 최초 보고가 '파공에 의한 침수'였다고 해도, 군함이 두 동강 나고 곧바로 침몰한 이상, 외부 폭발이 그 원인일 가능성이 가장 높았다. 초기 판단이지만, 남북의 긴장이 최고조였고 NLL 인근에서 당했다는 점을 고려한다면 북한의 어뢰 공격 가능성이 가장 높았다. 북한이 기뢰를 흘려보냈을 개연성도 있었으나, 기뢰 운용 방식이나 조류 흐름 등을 고려했을 때 그럴 가능성은 낮았다. 불특정한 목표를 위해 부유식 더미(dummy) 기뢰를 쓰는 것은 전시 무차별 공격 때나 가능했다. 특히 NLL 인근에는 중국 어선들이 몰려 있어 기뢰운용은 불가능했다. 그런데 곧바로 우리 군이 백령도 인근에 설치했던 육상조종기뢰(MK-6 개량형)에 의한 충돌 가능성 보고가 올라오면서 상황은 다시 급변했다. 원인에 대한 판단은 더더욱 신중할 수밖에 없었다. 군이 설치한 기뢰 충돌 가능성은 합동조사단의 원인 조사 결과가 나오기 전까지 모든 대응의 발목을 잡았다. 누가 봐도 북의 공격 가능성이 높았지만, 예단을 하고 움직일 수 없었다. 청와대는 모든 가능성을 열어두었다. 원인과 관련해서 미리 언급하지 말라는 엄명이 내려졌다.

## 예단하지 말고 모든 가능성을 열어라

대한민국은 G20의 멤버가 되었고 국격은 크게 높아졌다. 개인에게 인격이 있듯, 나라에도 국격이 있다. 국격 제고는 선진 일류 국가 건설이라는 국정 목표의 핵심이었다. 나라의 품격을 높인다는 것은 선진국답게 행동한다는 의미였다. 더구나 11월 제5차 서울G20정상회의가 예정된 상황이었다. 우리는 국제사회의 책임 있는 일원이자 증거를 가지고 말하는 법치국가답게 행동해야 했다. 더구나 우리의 대응 여하에 따라 어렵게 극복한 경제 위기나 국격 제고 효과도 한순간에 날아갈 수 있었다. 우리 경제의 고질병 중의 하나인 '코리아 디스카운트'가 다시 높아질 가능성도 높았다. 미국과 중국 등 주변국은 물론이고, UN 등 국제사회에 대해 한국 정부의 책임 있고 성숙한 대응이 무엇보다 중요했다. 심증만으로 행동할 수는 없었다. 누가 봐도 납득할 만한 과학적인 증거와 원인 조사가 있어야 우리의 후속 대응에 정당성을 부여하고 국제사회의 지지와 동의를 얻어낼 수 있기 때문이었다.

과거 1980년대 이전의 남북한 대결 시대였다면, 이런 사건이 발생하면 바로 북한 소행으로 단정하고 대북 규탄 궐기 대회부터 열렸을 것이다. 실제로 피격 직후 보수 단체를 중심으로 대북 규탄 행동에 돌입하려는 움직임이 포착되었다. 그러나 그것은 성급한 것이었으며 정부의 입장과 차이가 있었다. 방치할 경우 원인에 대한 조사를 착수하기도 전에 남남 갈등으로 번질 것이 분명했다. 나아가 '군이나 정부가 책임을 피하기 위해 북한에 혐의를 뒤집어씌운다.'는 비판이 나올 수밖에 없었다. 즉시 보수 단체를 상대로 정부의 입장을 설명하고 설득한 결과 '생존자 무사 귀환 염원' 수준으로 내용이 조정되기도 했다.

2000년 러시아 핵잠수함 쿠르스크호 침몰 사건도 중요한 참고 사례였다. 푸틴 대통령은 사건 초기 미국 잠수함 공격으로 인한 침몰이라며 사고 원인을 예단하고 정치적 대응에 치중하다가 생존자 구조 시기를 놓쳐버렸다. 또한 미, 영 등의 사고 원인 공동 조사 제의도 거부했다가 결국 내부 폭발로 밝혀지면서 궁지에 몰리기도 했다. 정치적 의도를 앞세운 사고 원인 예단이 어떤 결과를 가져오는지 잘 보여주었다. 결코 우리에게는 이와 같은 잘못된 최고 정책 결정이 있어서는 안 될 일이었다.

4월이 되면서 언론들도 이른바 전문가의 말을 빌거나 다른 수상함 침몰 사례를 근거로 다양한 가능성에 대해 보도하기 시작했다. 좌초, 피로 파괴, 내부 폭발부터 기뢰 충돌, 어뢰 피격에 이르기까지 상상 가능한 모든 가능성과 추론이 나왔다. 그러나 정부는 어떤 상황에서도 상황 원인에 대해 예단하지 않았고 공식적으로 확인하지 않았다. 정부가 공식적으로 확인하지 않으면 그것은 개인이나 언론의 주장일 뿐이었다. 사실 확인을 피할 수 없는 것은 NCND(시인도 부인도 하지 않음.)로 나가기도 했다.

천안함 국면의 선제적 안정적 관리는 청와대의 최대 관심사였다. PI(대통령이미지통합관리 President Identity)측면에서도 대통령은 군통수권자로서 안보 위기를 냉철하고도 의연하게 수습하고 국민과 아픔을 함께하는 따뜻한 아버지여야 했다. 그리고 국제적 관점에서 보고 단순한 상황 관리를 넘어 한반도의 미래와 선진 안보 체제 구축에 대한 비전을 만들어가는 미래 지향적인 모습을 보여주어야 했다.

대통령은 3월 30일 백령도 현장을 방문하여 군을 격려하고 유족을 위로했다. 4월 1일 대통령은 청와대 벙커에서 열린 비상경제대책회의에서 "천안함은 아주 민감하고 중요한 문제인 만큼 철저하고 과학적인 조사를 통해 원인을 밝혀내야 한다."며 "6자 회담의 당사국으로서, G20정상회의 의장국으로서 책임 있는 행동이 필요한 때."라고 말했다. 또 한나라당 의원들과 만난 자리에서는 "북한과 국제사회가 보기 때문에 이런 일을 계기로 차분히 원인을 조사하고 국가 역량을 높이는 계기가 돼야 한다. 북한이 관련된 문제도 있을 수 있겠으나 만약 우리가 북한 쪽이라고 한다면 증거를 내놓아야 하는데 자칫 국제적 문제가 될 수 있다. 모든 가능성을 열어놓고 분석하고 있으며 아직까지 어느 한쪽으로 단정할 수 있는, 무게를 실을 만한 게 없다."고 말했다. 또한 4월 5일 제38차 라디오 인터넷 연설을 통해 "섣부른 예단과 막연한 예측이 아니라 과학적이고 종합적으로 엄정한 사실과 확실한 증거에 의해 원인이 밝혀지도록 할 것이다. 이러한 큰 사고에 대한 원인 규명은 속도보다는 정확성이 더 중요하다. 고통스럽지만, 인내심을 갖고 결과를 기다려야 한다."고 말했다. 4월 6일 대통령은 국무 회의에서 "국제사회의 인정을 받을 수 있도록 국제적인 전문가와 공동 조사하여 공동 보고서를 작성하고 민군합동조사단 책임자를 민간 전문 인사가 맡도록 국방부가 검토할 것."을 지시했다. 이날 국무회의 발언 내용이다.

"천안함 침몰 원인을 규명하는 것은 우리만의 문제가 아니다. G20 회원국과 6자 회담 회원국 등 국제사회가 주목하는 초미의 관심사다. 그래서 무엇보다 신뢰가 중요하다. 철저하고 과학적인 조사를 통해서 국제사회의 인정을 받아야 한다. 그래서 국제 전문가들의 도움도 청한 것이다. 국제적인 전문가들이 단순히 보조 역할에 머물지 않도록 해야 한다. 명실상부한 공동 조사를 해야 하고, 그 조사를 통하여 공동 보고서를 내야 한다. 또 현재 군이 맡고 있는 민군합동조사단의 책임자도 누구나 신뢰할 수 있는 민간 전문 인사가 맡도록 하여야 한다. 국방부는 적극적으로 검토하도록 하라. 그래야 신뢰를 얻을 수 있다. 그리고 그렇게 결론이 나야 그 결론을 근거로 우리 정부도 단호한 입장을 취할 수 있다."

대통령은 특히 과학적인 조사가 이루어지지 않은 상황에서 그 원인이 한쪽으로 쏠리는 것을 경계했다. 여론몰이나 선입견에 의한 예단을 원하지 않았다. 외부 인사를 만나서는 피로 파괴, 좌초, 폭발, 피격 등 여러 가능성에 대해 직접 언급하면서 그런 가능성도 배제하지 않는다는 일관된 입장을 견지했다. 이런 대통령의 입장은 정부 내부는 물론이고 다른 주변국들에게도 여러 경로를 거쳐 전달되었다.

4월 1일 오바마 미국 대통령과 통화에서도 "아직 원인은 밝혀지지 않았다."며 "고도의 기술이 필요해 확실한 결론을 내기까지 시간이 더 걸릴 것으로 보인다."고 말했다. 그러자 오바마 대통령은 "(원인 분석 등) 필요할 때 꼭 도움이 되고 싶다."며 "언제든지 준비가 돼 있다. 말씀해주라."며 전문가 지원을 포함한 적극적인 협력 의사를 표명했다.

이명박 대통령은 원인 조사와 관련하여 4월 6일까지 다음 4가지를 지시했다. 청와대 내부 회의나 외부 인사 면담 등 기회가 있을 때마다 언급한 사항이다.

① 사고 원인과 관련하여 모든 가능성을 열어놓고 과학적이고 증거 위주로 하라.

② 국제적 전문가를 참여시키고 공동 보고서를 내도록 하라.

③ 합동조사단 단장을 민간 전문 인사가 맡도록 하라.

④ 사실대로 말하고, 나오는 대로 공개하라.


## 모든 기록을 남겨라

대통령은 천안함 상황과 관련하여 '사실대로 말하고 나오는 대로 공개하라.'는 지침을 내렸다. 그 어떤 것도 감추거나 숨기지 말라는 의미였다. 국방부는 천안함 상황과 정부 조치 등을 매일 2회씩 정례적으로 브리핑했으며, 다양한 공보 지원 활동을 펼쳤다. 합동조사단에도 따로 대변인을 두어 조사 활동을 알리도록 했다. 그러나 이것이 군사 기밀이나 보안 사항을 자격이 없는 대상에 무차별적으로 공개하라는 것은 당연히 아니다. 천안함 관련 사항은 군 작전 및 대비 태세와 관련되어 있어 기밀 사항이 매우 많았다. 군사 기밀과 국민적 의혹 해소 알 권리 충족 사이의 갈등은 심각했다. 일반적으로 행정부와 국회의 기밀 사항에 대한 인식은 차이가 있다. 행정부는 최대한 공개하지 않으려 하고 반대로 국회는 국민의 편에서 최대한 알리려 한다. 이런 갈등이 국방 안보 사안일 경우 상황은 더욱 심각해진다.

국방부와 각 군은 기밀 열람 권한을 가진 국회의원 등에 대해서는 자료 제출을 충실하게 하되, 기밀 보호를 위해 노력했다. 그러나 일부 국회의원은 대외비나 기밀 자료 등을 보고받아 이를 언론에 공개하거나 외부로 유출하기도 했다. 무엇보다 군사 2급 기밀인 천안함 항적 정보와 교신 일지 등의 공개 요구가 거셌다. 필요한 자료들은 기밀 취급 인가를 가진 여야 국방위 국회의원과 보좌관 등 권한을 가진 사람에게 제한적으로 열람되었다.

역사는 기록이다. '이순신이 원균보다 위대한 것은 그 업적이나 공훈은 물론이지만, 무엇보다 사실 기록을 충실히 남긴 덕분.'이라는 말도 있다. 기록이 곧 역사이다. 이런 점에서 별도로 관련 자료를 투명성 있게 공개하고 무엇보다 후대와 역사의 평가를 위해 제대로 된 기록으로 남겨놓는 것이 중요했다. 과거 중요한 국가적 재난이나 사건에 대한 관련 기록이 제대로 수습되지 않거나 고의적으로 훼손 멸실하는 일이 되풀이되어서는 안 된다고 본 것이다. 청와대는 국방부 조사본부나 합조단 등에 기회가 있을 때마다 이런 점을 강조했다.

천안함 원인 조사는 엄청난 증거물과 자료 그리고 증언과 데이터가 수반된다. 국방부나 합조단은 자체적으로 행정 자료 처리와 공공 기록물 법령의 정해진 절차에 따라 자료의 기록화 계획을 세우고 있었다. 대통령의 지침은 천안함의 전 과정과 모든 종류의 자료와 데이터를 더욱 충실하게 체계적으로 관리하라는 것이었다. 법령이 정하는 사항은 종이 문서를 남기는 것으로 충분했지만, 가능하면 사진이나 동영상을 찍어 내용을 더욱 충실히 하도록 했다. 더 많은 시간과 인력이 들어가야 했지만, 증거물의 증거 능력을 충실히 하고, 원인 조사 과정의 객관성을 높이며 국민적 동의를 얻기 위해서는 마땅히 감당해야 할 일로 여겼다.

이런 방침에 따라 합동조사단에 영상과 사진 기록 전담 인력이 공식 배치되었다. 천안함 함체 인양 직후 수습 요원들이 처음으로 함 내에 진입할 당시 모든 과정을 영상으로 기록하도록 했다. 국방홍보원의 카메라와 방송 ENG가 참여했다. 합조단의 모든 과정도 필요한 사항은 자료나 사진 그리고 영상 기록을 남겨두도록 했다.

국가기록원은 고 김대중, 고 노무현 대통령 국장(國葬) 당시에 방명록, 만장 등 관련 자료를 국가 기록물로 지정하여 보존했다. 또 국장 현장을 영상으로 기록하고 관련 행정 박물을 모아 영구 기록물로 지정했다. 이런 전례에 따라 국가기록원은 고 한주호 준위와 고 천안함 46용사의 국민적 추모와 장례식 관련 기록물도 체계적으로 정리했다. 그리고 '천안함피격사건 백서' 작업에도 국가기록원이 힘을 보태도록 조치했다. 군과 국가기록원은 조의록 등의 사본을 DVD로 만들어 유족들에게 전달했다. 합조단은 각 분과별로 모든 보고서, 연구자료, CD 자료, 협조 문서 등을 정리했으며, 수십만 페이지의 자료를 남겼다. 천안함 잔해를 인양하여 수거한 기록물은 약 2.5t 분량으로 바닷물, 기름, 개흙 등에 심각하게 훼손된 상태였다. 국가기록원은 인양 기록물 중 해군의 요청에 따라 국기와 천안함기, 장병들의 복무 카드, 편지, 서류 등 총 92점을 복원하여 천안함 사료로 보존하는 데 기여했다. 이렇게 제대로 된 기록과 행정 박물들은 역사를 증언하는 자료들이다. 향후 어떤 정치적 상황과 국민적 판단에 따라 추가적 조사나 검증이 진행될 경우에도 충실히 보존된 기록물은 진실을 생생하게 증언할 수 있을 것이다. 한편 대통령은 2010년 5월 '천안함 사태의 정부 대응 과정을 기록으로 정확하게 남겨 국론 결집과 안보 역량 강화에 기여하고 그 교훈을 분석하여 안보 태세 완비에 도움이 되도록 하라.'는 지시를 했다. 2011년 3월 사상 처음으로 국가 안보 관련 사안에 대한 정부 차원의 백서가 발간되었다. 이는 청와대 국방비서관실이 주도하여 만든 국가 공식 기록이다.

## 국방비서관의 메모

천안함 원인 규명에 대한 대통령의 방침과 의지는 분명했으며, 초지일관했다. 당연한 말이지만, 대통령을 보좌하는 청와대의 모든 관계자, 수석비서관에서 비서관 그리고 행정관까지 대통령이 밝힌 원칙과 입장을 따랐다. 대통령은 '합조단이 과학적인 조사를 하고, 그 결과가 나올 때까지는 누구도 섣불리 예단하지 말라. 조사 결과가 나오고 범인이 밝혀지면 그에 상응하는 후속 대응을 하겠다.'는 것이었다. 또 대통령은 천안함 피격 당시 북한의 특이 동향은 없는 것으로 보고를 받았으며, 함수의 생존자 구조 등 군의 초기 조치는 잘된 것으로 인식했다. 또한 천안함 사태를 안보 위기 상황으로 보고, 정치와 정파를 넘어 국민적 단합을 위해 모두 힘을 모을 것을 강조했다.

청와대 각 수석실은 이런 방침과 원칙에 따라 '천안함 국면'을 관리해나가야 했다. 설령 개인적으로 북한의 소행이라 확신했더라도, 공식 입장과 다른 개인적 견해를 언론 등에 밝힐 수 없었다. 정황은 분명했지만, 조사 결과를 기다려야만 했다. 이런 안보적 사안에 대해 내부 보안 사고나 기밀 유출이 발생하면 청와대 내부 감찰 파트의 강도 높은 조사를 받아야 했다. 특히 군사 기밀과 보안 사항이 많은 외교안보수석실은 더욱 유의해야 할 사안이었다.

피격 직후부터 상상 가능한 모든 원인이 제기되었지만, 사망자가 나오고 인양 단계로 접어들면서 모든 관심은 그 원인으로 쏠렸다. '언제, 어디서' 단계를 지나 '누가, 어떻게, 왜' 단계로 들어간 것이다. 언론은 전문가들의 견해를 인용해 북한 공격 가능성을 제기하기 시작했다. 반대로 천안함 피로 파괴, 좌초 등 내부 원인에 대한 보도도 이어졌다. 여기에 정당, 사회단체들의 입장이 나오고, 보수와 진보의 입장도 확연히 갈라지기 시작했다.

4월 5일 모든 신문은 김병기 국방비서관의 메모 사건을 보도했다. 4월 2일 국회 긴급현안질의에서 김태영 국방부장관의 답변 도중 'VIP 쪽지'가 전달되었고, 이 내용이 일부 언론사 사진기자 카메라에 잡힌 것이다. 해당 사진은 당일이 아닌 하루가 지나 인터넷에 올랐고 또 그다음 날 조간신문에 실렸다. 살얼음판 같은 천안함 국면에 대통령의 천안함 대응 기조와 관련된 민감한 내용이 국회 본회의장을 지키는 카메라에 잡힌 것은 전례가 없는 일이었다.

당시 김 장관은 외부 폭발일 경우 기뢰와 어뢰의 가능성을 묻는 질문에 "두 가지 가능성이 다 있지만 어뢰의 가능성이 실질적인 것이 아닌가 생각한다."고 말했다. 북한 잠수정의 특이 동향과 관련해서는 "지난 24~27일 잠수정 2척이 보이지 않은 바가 있었다."고 답했다. 다음은 국회 속기록의 일문일답 내용이다.

- 국방부장관 김태영 : 북한 잠수정에 대해서는 24시간 내내 감시는 불가능하고 저희 군에서 하는 것은 지역 전체 항공사진 촬영을 대략 한두 번 내지 세 번 정도 하고 있습니다. 그래서 그 지역에서 새로운 움직임이 있는지를 늘 확인하고 있습니다. 지금 해주, 비파곶, 남포 등에 그러한 잠수함들이 배치가 되어 있습니다. 제가 말씀드린 세 곳의 군항 중 한 곳에서 잠수함 2척이 보이지 않은 바가 있었습니다.
- 김동성 의원 : 그 잠수정들이 천안호 침몰과 관련이 있다고도 볼 수 있는 것 아닌가요?
- 국방부장관 김태영 : 있다고도 볼 수 있습니다. 그래서 저희가 그런 가능성을 다 열어놓고 지금 조사 중에 있습니다.
- 김동성 의원 : 자, 그럼 지진파 분석에 따르면 분명히 폭발이고, 아까 말씀하신 대로 내부 폭발이나 폭뢰에 의한 것이 아니면 지금 이제 기뢰나 어뢰의 가능성이 남는 건데 어느 쪽 가능성이 더 높다고 보십니까?
- 국방부장관 김태영 : 두 가지 가능성은 다 있습니다마는 어뢰에 의한 가능성이 아마 조금은 더 실제적이 아닌가 생각을 합니다. 그러나 현재로서는 어떤 가능성도 우리가 다 열어놓고 봐야만 합니다.

4월 2일 김태영 국방부장관은 현장 상황과 사고 원인을 묻는 여야 의원들의 질의에 대해 4시간여 동안 쉬지 않고 답변해야 했다. 특히 현장의 생존자 구조 여건이 얼마나 힘든지를 일일이 설명하면서 구조 지연 원인을 해명했다. 우리의 북한 잠수함 탐지 능력 및 잠수함 기지 현황 등 민감한 사항에 대해서도 공개적인 자리였지만, 답변하지 않을 수 없었다.

이날 오후 김병기 국방비서관은 청와대 국방비서관실에서 김태영 장관의 천안함 답변을 TV로 지켜보다가 답변 뉘앙스에 오해가 있을 수 있으며 대통령 뜻과는 다른 방향으로 흐르는 것 같다고 판단했다. 또 홍보수석실은 언론들이 장관의 답변 중 일부만 인용해 천안함 원인에 대해 '북한 어뢰 가능성이 실제적'이란 제목을 뽑아 기사를 쓰려한다는 긴박한 연락을 해왔다. 김 비서관은 '장관이 한 번 더 분명한 입장을 표명하는 것이 급하다.'고 보고 메시지 요지를 직접 써서 A4용지에 출력했다. 그리고 국회 본회의장에 나가 있는 국방부 기획조정실장에게 팩스로 보냈다. 기조실장은 이 팩스를 보고 급히 손으로 내용을 크게 써서 답변 중이던 국방부장관에게 전했다. 메모 내용은 다음과 같다.

장관님! VIP께서 외교안보수석(국방비서관)을 통해 답변이 '어뢰' 쪽으로 기우는 것 같은 감을 느꼈다고 하면서(기자들도 그런 식으로 기사 쓰고 있다고 합니다.) 이를 여당 의원 질문 형식으로든 아니면 직접 말씀하시든 간에 '안 보이는 것 2척'과 '이번 사태'와의 연관성 문제에 대해

① 지금까지의 기존 입장인 침몰 초계함을 건져봐야 알 수 있으며 지금으로서는 다양한 가능성을 조사하고 있고 어느 쪽으로도 치우치지 않는다고 말씀해주시고,

② 또한, 보이지 않은 2척은 식별이 안 되었다는 뜻이고 현재 조사 중에 있으며 그 연관 관계는 아직 밝혀지지 않았으며 직접적 증거나 단서가 나와야 분명히 밝힐 수 있음을 강조해 달라고 하십니다.

메모는 장관이 '비록 모든 가능성을 열어놓고 조사하고 있지만, 어뢰 쪽 가능성이 실제적'이란 표현 대신에 '다양한 가능성을 조사하고 있고 현재로서는 어느 한쪽으로도 치우쳐 예단하지 않는다.'는 VIP의 방침을 분명히 이야기해 달라는 것이다. 또 북한 잠수함 2척에 대해서도 '보이지 않는 바'라고 답변하기 보다는 '우리 감시 자산으로 북한 잠수함을 식별하지 못했'으며, 그 연관 관계는 조사해봐야 하며 직접적 증거나 단서가 나와야 함을 강조해 달라는 것이었다. 그러나 이 메모가 공개되면서 장관이나 청와대는 매우 곤혹스러워졌다. 청와대가 장관의 국회 답변을 모니터하고 대답 방향까지 일일이 지시한다는 오해가 나올 수 있었다. 그러나 일이 벌어진 이상, 달리 뾰족한 방안은 없었다. 오히려 이 보도 해프닝을 계기로 모든 가능성을 열어놓는다는 청와대의 분명한 입장을 알리는 기회가 되었다.

언론은 국방비서관의 메모를 두고 청와대가 천안함 원인에 대해 얼마나 민감한지를 보여주는 하나의 사례라고 평가했다. 현장에서 함체가 인양되고 합조단의 원인 조사가 진행되면서, 상황 원인과 그 범인의 실체가 점점 명료해졌다. 그러나 합조단의 공식 조사 결과 발표 전까지 국방부나 청와대, 나아가 정부 부처의 당국자들 그 누구도 최초 방침에 어긋나게 행동하지 않았다. 그러나 일부 의혹 세력은 국방부 기조실장이 메모지에서 급히 쓰다 지운 '잠수함'이란 글자를 두고,

북한 잠수함을 의미하는 것이 아니라 '제3국 잠수함'이라는 식의 터무니없는 주장을 펴기도 했다.

## 국방과 정무의 조합, 청와대 천안함 대책회의

4월 중순으로 접어들면서 함미 인양 작업이 막바지에 이르렀다. 희생자들이 함미와 함께 수습되면 예우와 장례, 국민적 애도 국면으로 진입한다. 이 경우 군사 작전적 시각과 대응만으로는 한계가 있었다. 민심을 살피고 여론과 인식에 더욱 예민해져야 했다. 청와대가 나서서 군과 정부 부처의 통일적인 대응을 이끌어내야 했다. 정무수석실이 더 나서야 함을 계속해서 강조했다.

또한 '위기를 기회로'라는 원칙 아래 현재의 안보 위기 상황에만 매몰될 것이 아니라 이를 새로운 진전의 기회로 만들겠다는 적극적인 인식이 필요함을 주장했다. '위기를 기회로' 구호는 2008년 글로벌 경제 위기를 맞아 이를 새로운 도약의 기회로 삼자는 정부의 핵심 구호였다. 꼭 2년 만에 경제가 아닌 안보 분야에서 다시 이 구호를 쓸 수밖에 없었다. '천안함 위기를 국방개혁을 통해 선진 강군으로 거듭나는 계기로 삼자.'는 것이었다. 대통령은 4월 19일 천안함 희생 장병 추모 라디오 인터넷 연설에서 다음과 같이 강조했다. "지금 우리는 우리 스스로를 되돌아봐야 합니다. 우리에게 무엇이 부족한지, 무엇이 문제인지, 철저히 찾아내 바로잡아야 할 때입니다."

4월 13일 오후 정무수석실에서 박형준 정무수석비서관이 주재하는 천안함 대책회의가 개최되었다. 회의 장소는 외교안보수석실이 아니라 바로 정무수석실이었다. 천안함 국면을 외교안보와 더불어 정무적 사항을 충분히 반영하여 풀어나간다는 의미였다. 그러나 회의 준비는 국방비서관실이 담당했다. 참석해야 할 비서관을 정하고 일일이 연락했다. 김병기 국방, 김해수 정무, 박흥신 언론, 이동우 메시지기획비서관과 류제승 국방부 정책기획관, 김용기 인사복지실장, 원태제 대변인, 문병옥 합조단대변인 등이 참여했다. 회의는 길었고 심각했지만, 결론은 자명했다. '상황에 끌려다니지 말고 주도적이고 선제적으로 대응하라.'는 것이었다.

천안함 관련 공보 사항 등 파트별로 2주간의 대응을 평가하고 구체적인 대응 방침이 보고되었다. 대북 대응, 탐색 인양 등 군사 작전 측면을 포함하여 장례와 예우 등 보훈 사항 그리고 언론 메시지 및 정무적 사항들이 체계적이고 종합적으로 검토되었다. 모든 상황에 맞춰 시나리오별, 일자별 대응 전략을 점검했다. 또 함미 인양에 따른 희생자 수습과 장례 등에 대한 대통령의 방침과 이를 위한 구체적 지침이 검토되었다. 국방부장관과 합참의장 등 군 지휘부가 너무 자주 국회에 불려 나가고 또 오랫동안 매어 있어 개선이 필요하다는 건의도 있었다. 이는 정무수석이 직접 나서서 국회와 협의하기로 했다. 아울러 매일 8시 30분 국방부 회의실에서 열리는 국방부 회의에 청와대 행정관들이 참석하여 상황을 파악하는 것으로 결정되었다. 4월 15일 국방비서관과 나 그리고 다른 청와대 행정관 2인이 국방부 회의에 참석했다. 전 군 지휘관과 국방부 간부들이 직접 또는 화상으로 참석했다. 군 대비 태세와 천안함 탐색 인양 작업 보고, 공보 및 인사 복지 관련 현안 토의 사항을 점검했다. 그러나 이후 청와대가 군 회의에 직접 참석하는 것은 여러 가지로 적절하지 않았기 때문에 곧 중단되었다.

4월 24일 토요일 늦은 오후, 함수 인양을 앞두고 2차 대책회의가 역시 정무수석실에서 열렸다. 김성환 외교안보수석과 박형준 정무수석, 그리고 김태효 대외전략, 정인철 기획관리, 김해수 정무, 박흥신 언론, 이동우 메시지기획, 백운현 행정자치, 김창범 의전 비서관이 참

## 대통령실 천안함 관련 대책회의

| 구분 | 주관 | 참석 | 회의 내용 |
|---|---|---|---|
| 회의 기조 | | 천안함 사태 주요 계기 대비 선제적 대응 방침 수립 | |
| 1차 회의 (4. 13.) | 외교안보 수석비서관 정무 수석 비서관 | • 청와대 : 국방 · 정무 · 언론 · 메시지기획 비서관, 행정관(국방 · 언론 · 정무) <br> • 국방부 : 정책기획관 · 인사복지실장 · 대변인 · 합조단대변인 | • 함미 인양에 따른 희생자 수습 등 현안 집중 논의 |
| 2차 회의 (1. 24.) | | • 청와대 : 국방 · 대외전략 · 기획관리 · 정무 · 언론 · 메시지기획 · 행정자치 · 의전 비서관, 행정관(국방 · 언론 · 정무) <br> • 국방부 : 국방정책실장 · 인사복지실장 · 정책기획관 · 대변인 · 합조단대변인 | • 함수 인양 대비 사건 원인 추측 등의 대응 논의 |
| 3차 회의 (5. 19.) | | • 청와대 : 국방 · 대외전략 · 기획관리 · 정무 · 언론 · 메시지기획 · 행정자치 · 국정홍보 · 뉴미디어비서관 · 행정관(국방 · 정무) <br> • 국방부 : 국방정책실장 · 국제정책차장 · 대변인 · 합조단대변인 <br> • 외교통상부 : 평화외교기획단장 · 대변인 | • 협조단 조사 결과 발표에 따른 공보 · 대응 방향 논의 |

석했다. 국방부는 장광일 국방정책실장, 류제승 정책기획관, 김용기 인사복지실장, 원태제 대변인, 문병옥 합조단대변인 등이었다. 국민적 추도 및 공보 지원 방안, 합조단 활동에 대한 점검 등이 주로 논의되었다.

3차 대책회의는 합동 조사단의 천안함 조사 결과 발표 하루 전인 5월 19일 오전 정무수석실에서 열렸다. 김성환 외교안보수석과 박형준 정무수석 그리고 국방, 대외전략, 정무, 언론, 메시지기획, 김은혜 외신 대변인, 이성복 국정홍보, 김철균 뉴미디어비서관이 참석했다. 국방부는 정책실장, 정책기획관, 합조단 대변인, 정연봉 국제정책차장이 외교통상부는 김홍균 평화외교기획단장과 김영선 대변인이 각각 참여했다. 이날 회의에서는 합조단 조사 결과 발표를 점검하고 조사 결과 발표 이후의 국제 공조 및 언론과 온라인의 대응 방향을 점검했다.

주요 국면마다 열린 천안함 대책회의를 통해 천안함 국면의 정무와 공보 기제를 보강함으로써 청와대와 정부 부처 간 선제적이고 통일적인 대응을 이루어낼 수 있었다. 또한 천안함 국면의 대통령의 지시와 방침을 이행하고 군과 정부의 신뢰를 회복하는 데 크게 기여했다. 동시에 우리 군의 현실과 한계를 진단하여 '천안함 이후' 선진 강군을 위한 국방개혁을 추진하는 밑받침이 되었다.

# 애국심의 나라

천안함 상황이 알려지면서 국민들은 한마음으로 승조원들의 생환을 기도했다. 이들의 구조를 위해 잠수하던 한주호 준위가 3월 30일 사망했다. 4월 3일 함미에서 고 남기훈 원사의 시신이 처음으로 발견되었다. 군은 천안함 희생자 전원이 남기훈 상사의 시신 발견 시각인 4월 3일 18시 7분에 공식적으로 전사한 것으로 발표했다. 생존을 염원했던 마음은 애도와 추모의 물결로 이어져 온 나라를 뒤덮었다.

3월 30일 대통령은 백령도 현장에 있던 광양함에서 실종자 가족들을 만났다. "NLL에서 나라를 지키다 희생된 것 아닌가. 이보다 더 큰 애국이 있나. 희생된 분들에게는 나라가 최고의 예우를 하려 한다." 라고 위로했다. 즉 최전방 전투 지역에서 나라를 위해 싸우다 전사한 분들과 같이 예우를 격상시켜 모시겠다는 의미였다.

천안함 희생자에 대해 '최고의 예우를 갖추라.'는 대통령의 지시가 떨어졌다. 이에 따라 고 한주호 준위 장례식은 해군작전사령관장에서 해군장으로 격상되었다. 또한 국방비서관실은 '천안함 46용사'의 장례식을 국군장으로 할 것을 검토했다. 동시에 서울 잠실학생체육관 등 대규모의 인원이 들어갈 수 있는 시설을 급히 수배했다. 아울러 장의위원장과 장례의 격에 대해 전례를 조사했다. 천안함 용사들의 장례에 대해 최초 군의 의견은 해군장이었지만, 청와대는 천안함이 해군만의 일이 아니며 국군 전체의 사안으로 본 것이다. 그러나 천안함 유족들은 '해군 가족'으로서의 명예와 자긍심을 위해 해군장을 선호했다. 해군을 통해 몇 번이나 서울에서 국군장으로 모실 것을 설득했지만, 유족들의 뜻은 확고했다. 결국 유족의 뜻에 따라 해군장으로 정해졌다. 희생자의 마지막을 모시는 제1의 원칙은 유족의 의견을 최대한 존중하는 것이다.

4월 25일부터 4월 29일까지 국가 애도 기간이 선포되었고 평택 2함대 체육관에 대표 분향소가 차려졌다. 청와대는 범국민 추모 기간이 단순한 애도의 수준을 넘어서는 희생을 기리고 국민 모두가 각자의 위치에서 나라의 의미와 분단 현실을 확인하는 애국의 시간이 되어야 한다고 보았다. 특히 북한에 대한 패배주의와 군 기피 분위기로 흐르거나, 북한을 달래서 평화를 지키자는 식의 '반전 평화론'이 확산되는 것을 경계했다.

온 나라에 조기가 걸렸다. 국민들은 한마음으로 분향소를 찾아 넋을 기렸고 음주 가무를 삼갔다. 전국이 애도의 물결로 넘쳤다. 각국 대사관 등 재외공관들도 함께했다. 대통령은 3월 31일 고 한주호 준위의 빈소를 찾았다. 또 4월 26일 서울광장에 마련된 천안함 46용사 서울 시민 분향소를 찾아 조문했다. 대통령은 수석비서관회의를 마친 뒤 정정길 대통령실장을 비롯 수석비서관, 비서관, 행정관 등 80여 명과 함께 합동 분향소를 방문하고 조문했다. 대통령은 출구에 마련된 조문록에 "대한민국은 당신들의 고귀한 희생을 결코 잊지 않을 것입니다."라는 글을 남겼다. 또한 대통령은 46용사 장례식에 참석하여 추도사를 하는 방안을 검토할 것을 지시했다. 그러나 장례의 격식과 경호상의 이유로 추도사를 하지 않는 것으로 정해졌다. 국방비서관실은 두 차례에 걸쳐 조문을 희망하는 대통령실 직원들을 안내하여 평택 2함대 분향소를 찾아 조문했다. 평택 분향소에는 전국에서 올라온 민군 조문객들로 발 디딜 틈이 없었다.

정세균 민주당 대표를 포함한 지도부는 25일 서울광장 분향소를 찾아 헌화했다. 당시 박근혜 전 한나라당 대표는 27일 평택 분향소를 찾아 방명록에 '깊이 애도하며 장병 여러분의 명복을 빕니다.'라는 글을 남긴 뒤 헌화·분향했다. 월터 샤프 주한 미군 사령관도 같은 날 분향소를 방문, 헌화한 뒤 고 이창기 준위의 아들 이산 군을 격려했다. 그는 "아버지는 대한민국을 위해 명예롭게 순직했다. 자랑스러워해야 한다."고 다독였다. 주한 미 국방무관단은 대전현충원에서 열린 안장식에도 참석해, 슬픔도 함께하는 한미 동맹의 의미를 빛나게 했다. 전국 광역시도 16곳에 분향소가 설치되어 시민들의 조문을 받았다. 군인 조문 등을 위해 국립현충원, 계룡대, 동해, 백령도 등 8곳에 지역 분향소가 설치되었다. 국민적 추모 분위기 속에 전국적으로 총 340개의 분향소에 70만 명 이상이 조문했다. 인터넷 및 군 인트라넷에는 25만 건 이상의 추모 글이 게재되었다. 안치행(빛이 되어, 그리움은 저 하늘에), 이광필(서해 영웅), 디아(이젠 안녕), 한명호(하늘이여! 천안함) 씨 등은 천안함 추모곡을 만들어 발표했다. 무명 가수, 아마추어 작곡가들도 자작곡을 무료 배포하거나 영상으로 제작한 UCC를 통해 애도의 뜻을 표현했다. 수많은 네티즌도 자신의 블로그에 이들의 추모곡을 다운받거나 추모 댓글을 남기는 등 동참하고 나섰다. 김덕규 동아대 의대 교수가 해군 홈페이지에 올린 '772함 수병은 귀환하라.'는 시는 국민들의 심금을 울렸다. 수많은 조시가 발표되었다. 국민들은 자발적으로 성금 모금을 벌여 무려 395억 원을 모았다. 이런 모금액은 제2연평해전의 꼭 10배 규모였으며, 유가족 지원과 추모 사업을 위해 쓰였다. 청와대는 국가 애도 기간 중에 직원 및 민원인 출입문인 연풍문에 대형 추모 걸개막을 설치하여 추모 대열에 함께했다. 검정 바탕에 하얀 국화가 드리워진 현수막에는 '천안함 46용사의 애국과 희생을 깊이 새기겠습니다.'는 문구와 함께 희생 장병 46인의 이름이 쓰였다.

4월 29일 10시 2함대사령부안보공원에서 김성찬 해군참모총장을 장의위원장으로 하여 천안함 46용사 영결식이 엄수되었다. 천안함 갑판 부사관으로 생존한 김현래 중사가 조사를 했다. "처절하게 두 동강 났지만 천안함은 사라지지 않았다. 천안함은 온 국민의 가슴속에 역사로 새겨졌으며 여러분의 숭고한 희생은 애국심으로 되살아나고 있다."고 했다. 조사가 낭독되는 동안 영결식에 참석한 이명박 대통령은 지그시 눈을 감고 눈물을 삼켰다. 김성찬 총장이 낭독한 추도사는 청와대 검토 과정에서 다음과 같은 구절이 더해졌다.

"우리에게 큰 고통을 준 세력들이 그 누구든지 우리는 결코 좌시하지 않고, 끝까지 찾아내어 그 대가를 반드시 치르게 할 것이다."

안보공원을 나와 군항 부두로 이동한 영현과 영정은 정박한 함정에서 울리는 5초간의 기적 소리와 함께 함정 갑판에 정복 차림으로 도열한 해군 장병들의 대함 경례를 받았다. 이때 해군 정모와 정복을 상징하는 흰색과 검은색 풍선 3천 개가 하늘로 날아올랐다. 영결식이 치러진 평택 2함대사령부에서 대전현충원까지 유족 등을 태운 군 버스 90여 대와 영현 운구 리무진 2대 등 모두 100여 대의 차량이 동원됐다. 도로 위 장의 행렬은 10㎞에 달했다. 국민들은 눈물 속에 그들을 떠나보냈다.

5월 13일에는 천안함 희생자 49제가 있었다. 스물아홉 가족 166명 등 총 370여 명이 참석했으며, 조계종 군종특별교구가 주재했다. 또 5월 17일 진해 교육사령부 내 보국사 법당에서는 고 한주호 준위의 49제가 열렸다. 2002년 제2연평해전 때 3일장으로 치르고, 대통령을 비롯한 국방부 장관과 합참의장 등 정부와 군 고위인사들이 불참했던 것과는 극명한 대비를 이루었다.

## 영현낭 위에 태극기를!

함미가 인양되면서 영현 이송과 시신 안치 등도 각별히 신경을 써야 했다. 함미에서 수습된 시신은 15척의 고무보트를 통해 독도함으로 옮겨졌다. 이름표와 군번줄, 소지품 등으로 신원을 확인하고 알코올 세척을 비롯한 세부 수습을 거쳤다. 그리고 시신을 담는 검은 비닐 주머니인 영현낭에 모셔져 헬기로 이송되었다. 영현은 유족들의 오열 속에 장례식까지 2함대사령부 의무대 영안실에 안치되었다.

시신 수습 절차와 관련하여 청와대는 독도함에서 헬기로 이송할 때, 영현낭 위에 태극기를 덮어 예우할 것을 요청했다. 이송 장면이 생중계되면서 희생자들이 처음으로 TV에 노출되고 국민들의 이목이 쏠려 있는 상황이었다. 유족의 심정이나 국민들의 마음을 헤아릴 때, 나라의 상징인 태극기로 전사한 장병들을 감싸 모시는 것은 당연하다고 본 것이다. 그러나 이 조치 실행은 간단하지 않았다. 관례와 규정 때문이었다. 국방부는 "입관 이후 영구 위에 태극기를 덮을 수 있으며, 사체 위에 직접 덮는 것은 전례가 없다."며 반대했다[01]. 그러나 "전례가 없으면 지금부터 새로운 전례를 만들어라.", "국기법에도 안 된다는 명시적 규정은 없다.", "사체 위에 직접 덮는 것이 아니라 영현 낭 위에 덮는 것이니 문제가 없다." 이런 논리로 설득을 했으나 요지 부동이었다. 4월 13일 청와대에서 열린 제1차 천안함 대책회의에서 도 이 문제를 제기했으나, 군은 받아들이지 않았다. 국방부 대변인이 4월 13일 오전에 시신 운구 시 태극기를 덮지 않은 이유에 대해 별도 로 브리핑을 하는 것으로 정리되었다.

그러나 이대로 물러설 수가 없었다. 국방부를 다시 설득해야 했다. 장관의 최종 결심이 필요했다. 15일 아침 나는 김태영 국방부장관이 주재한 국방부 회의에 참석해 이 문제를 제기했다.

"장관님, 희생자를 헬기로 이송할 때 영현낭 위에 태극기를 덮어 모 시는 게 좋겠습니다."

"검토하겠습니다."

김 장관은 '그 정도의 사안을 왜 그리 중요하게 생각하는지 의아한 듯했다. 이미 결정된 사항인데 왜 다시 제기하는가 하는 표정을 지었 다. 장관은 검토하겠다는 말로 대신했다. 그러나 시간이 없었다. 이 시각은 천안함 함미가 인양되어 시신 수습이 진행되고 있는 상황이었 다. 마지막 순간이었다. 천안함 용사들이 검은 비닐 주머니에 담겨 흰 천에 덮인 채 국민들 앞에 그대로 노출되는 것은 대단히 적절하지 못

---

01  국기법 10조 4항은 다음과 같다 '국기를 영구(靈柩)에 덮을 때에는 국기가 땅에 닿지 않도 록 하고 영구와 함께 매장하여서는 아니 된다. 이 경우 국기를 영구에 덮는 방법 등에 관 하여 필요한 사항은 대통령령으로 정한다.'

했다. 회의를 마치고 국방부 김용기 인사복지실장을 따로 만났다. "청와대의 뜻이니, 실장님이 다시 말씀드려 확답을 받아 달라." 김 실장은 바로 전화기를 들고 장관과 한참을 통화했다. 그러고는 한마디했다.

"그리 하시잡니다."

한편 해군은 무너진 해군의 명예를 회복하고 부정적 이미지를 씻어낼 방안을 궁리했다. 특히 4월 7일 성남 국군수도병원에서 생존 장병들이 현장 증언을 위해 환자복을 입고 기자회견에 나섰다. 그러나 이 장면은 기대와 달리 국민들에게 '나약함과 패잔병 이미지'를 심어주었다고 오히려 여론은 악화되었다. 4월 17일 함미에 이어 4월 25일 함수가 2함대사령부에 들어오자, 해군은 4월 26일 천안함 귀환 신고식을 준비했다. 일반적으로 출항했던 함정과 승조원은 모항에 돌아오면 반드시 귀환 보고를 하도록 되어 있다. 함미와 함수를 뒤에 세우고 함

**▎** 태극기로 덮여 운구되는 천안함 희생자

장 이하 생존 장병 전원이 해군 정복을 입고 보고를 함으로써 기품과 절도 있는 모습을 국민들에게 보여주고자 했다. 그러나 이 행사는 승인을 받지 못했다. 오히려 부정적 측면이 더 크다는 것이 이유였다.

## '안 된다, 못 한다' 하지 말고 규정을 바꾸어라

고 한주호 준위와 천안함 46인의 희생자는 '46+1용사'로 불려졌다. 이들에게는 1계급씩 추서 진급이 이루어졌고, 무공훈장들이 수여되었다. 한주호 준위에는 충무무공훈장이, 46용사에는 화랑무공훈장이 각각 수여되었다. 그러나 46+1용사에 대한 최고의 예우는 쉽지 않았다. 국방부는 전례와 근거, 형평성 등을 지적하며 소극적인 태도로 일관했다. 국방부의 검토 보고 결과는 46용사는 '순직'으로 봐야 한다는 것이었다. 전투 중 사망한 '전사자'로 볼 수 없으며, 무공훈장 대상도 아니라는 것이었다. 과거 DMZ 등 전방 경계나 해안 방어 임수 수행 중 희생된 육군 사망자들과의 형평성을 이유로 들었다.

"국방부는 대단히 부정적인데요."

천안함의 인사 보훈 파트를 맡았던 국방비서관실 해병대 백 모 대령의 보고였다.

"규정만 따져서는 할 수 있는 게 뭐가 있습니까? 규정이 문제면 규정부터 바꿔야죠."

법률을 개정해야 할 사항이 아니라면, 행정부 규정은 즉각적인 조치가 가능하다고 보았다. 필요하면 장관 훈령 정도는 물론이고 대통령령이라도 개정하겠다는 각오로 나섰다.

'이번에 그렇게 하면 이게 전례가 되어 나중에 문제가 된다.'는 식의 반대 논리도 있었다. 있을 수 있는 모든 반대 논리가 동원되었다. 그러나 '앞으로는 예우를 달리 해라. 군에 대한 예우 문제에 대해 현 정부는 과거 정부들과 다르다.'고 강하게 주장했다. 청와대는 해당 규정에 얽매여 기계적으로 판단할 것이 아니라 '최고의 예우를 다하라.'는 대통령의 지침과 국민 정서 등을 고려하여 유연하게 접근할 것을 설득했다.

국방부는 당초 고 한주호 준위에게 보국훈장 광복장을 수여하기로 했다. 그러나 이는 정해진 복무 기한이 되면 누구나 받을 수 있다는 사실이 알려지면서 여론의 호된 질타를 받았다. "무공훈장을 수여하라. 걸맞는 훈격을 검토하여 보고하라."는 지시가 있고 나서야, '충무무공훈장' 수여가 결정되었다. 국방부는 4월 16일 열린 '현안 점검 관계 장관 회의'에서 천안함 사망 실종자 보상 및 예우 방안에 대해 보고하고 정부의 의견을 모았다. NLL 인근에서 경계 작전 중 희생당한 점을 고려, 전사에 준하여 보상하고, 모자라는 재원은 군내 성금, 자발적인 공무원 모금과 국민 모금을 통해 충당하기로 결정했다. 일반

| 주요 사건 희생자들에 대한 훈격 비교 | | | |
|---|---|---|---|
| 당포함 침몰<br>(1967. 1. 19., 전사 39명) | 제2연평해전<br>(2002. 6. 29., 전사 6명) | 故 한주호 준위<br>(2010. 3. 30.) | 천안함 46용사<br>(2010. 4. 25.) |
| 충무 : 2명(대위)<br>화랑 : 37명(준·부사관, 병) | 충무 : 2명(소령, 상병)<br>화랑 : 4명(중사) | 충무 | 화랑 |

적으로 훈장의 등급은 계급에 관계없이 공적을 고려하여 훈격이 결정된다. 무공훈장은 태극, 을지, 충무, 화랑, 인헌 등 5등급이 있다. 국방부는 다른 전사자들과의 공적을 비교하여 희생자 전원에게 화랑 무공훈장을 추서하는 방안을 보고했다.

4월 24일 청와대에서 열린 천안함 대책회의에서는 서훈과 보상에 대한 논의가 집중되었다. 박형준 정무수석은 천안함 용사에 대한 최고의 예우를 강조하며, 군이 더 적극적으로 나서줄 것을 요구했다. 회의에서 '전사자에 준하는 예우를 하며, 화랑무공훈장을 추서한다.'는 결정이 내려졌다. 4월 25일 정운찬 국무총리는 담화문을 발표하고 예우 등에 대해 공식 발표했다.

시대에 뒤떨어진 낡은 보훈 관련 규정이 결코 영구불변한 금과옥조는 아니다. 이번 기회에 국민적 인식과 시대의 변화에 맞게 군인의 서훈과 예우 관련 규정을 전면적으로 검토할 것을 건의했다. 실제 국방 임무 중 사망한 군인에 대한 보상금은 공무원이나 민간에 비해 부끄러울 정도로 적었다. 4월 30일 '현안 점검 관계 장관 회의'에서 희생자 예우 및 보상 관련 법령 개정과 천안함 인양 및 장의 행사 비용의 예비비 처리 등이 논의되었다[02]. 이후 국무총리실 주관으로 서훈제도 개선과 희생자 보상 현실화 작업이 시작되었다. 상훈법을 개정하여 '작전 및 작전 지원 임무 수행 중 뚜렷한 공을 세운 자'도 무공훈장을

---

02 천안함 관련 일반 예비비 지출안이 2010년 5월 25일 제22회 국무회의에서 의결되었다. 경상 운영비 212억 원을 포함. 총 352억 원으로 함정 인양 장비 임차료 및 민간 잠수·구조 요원 경비 등 95억 원 영결식(해군장) 비용 및 민군합동조사단 운영비 21억 원 탐색·구조 장비 등 긴요 장비·물자 보강 236억 원 등이었다.

받을 수 있도록 했다. 즉 무공훈장 서훈 요건인 '전투 참가' 외에 '접적 지역에서 전투에 준하는 직무 수행'을 추가함으로써 무공훈장 수여 범위를 확대한 것이다. 무공훈장 수여 기준은 6·25전쟁 중인 1950년 10월 18일 무공훈장령이 제정된 이래 무려 60년 만에 개정되었다. 아울러 정부 포상 지침을 바꿔 특별한 공적이 있으면 공적에 따라 훈격 조정이 가능하도록 했다. 그리고 공무상 사망한 사병의 보상금을 1억 원 이상으로 현실화하고, 공무원과 같이 위험 직무 순직 군인에게도 사망 보상금을 줄 수 있도록 했다. 이처럼 천안함 용사들의 희생을 계기로 군 희생자의 서훈과 보상은 한층 개선되었다.

## 유족들의 감사 편지

천안함 유족들의 마음을 어루만지고 소통하는 것도 중요했다. 나라에 자식을 보냈다가 싸늘한 주검으로 돌려받은 유족들의 심정이 어떠했을까. 나라가 곧 죄인이었다. 5월 5일 어린이날을 맞아 10가족 16명에게 지구본과 학용품 등 청와대 선물이 전달되었다. 5월 7일 영부인 김윤옥 여사는 고 한주호 준위의 부인과 딸을 청와대로 초청하여 위로했다. 김 여사는 고 한주호 준위의 자택이 있는 진해를 직접 방문하려고 했다. 그러나 유가족들이 서울에 올라와야 할 일이 생겨 청와대에서 만난 것이다. 9월에는 고 한주호 준위의 아들 한상기 씨가 바라는 대로, 고향인 경남지역에서 초등학교 교사로 임용될 수 있도록 조치했다. 한편 천안함전사자협의회 나재봉(고 나현민 상병 부친),

이정국(고 최정환 상사의 매형) 대표는 5월 7일 정정길 대통령실장을 만나 대통령에 대한 감사 편지를 전달했다. 이들은 편지에서 '일부 불순한 세력의 유혹이 있었으나, 단호히 거절하고 해군 가족의 명예와 함께 정부에 대한 믿음으로 뜻을 모았다.'고 썼다. 유족 대표들은 다른 자리에서 '자신들과 함께 정부를 상대로 투쟁하면 더 많은 보상금을 받을 수 있다.', '정부 조사 결과에 반대하는 양심선언을 하라.'는 식의 검은 손길이 있었다고 밝혔다.

다음은 편지의 일부이다.


존경하는 대통령님!

이제 모든 아픔을 가슴속에 묻은 채 어쩔 수 없이 현실로 돌아가야 하는 저희 유가족들이 일상으로 돌아가기에 앞서 몇 가지 간곡한 부탁을 드리고자 합니다.

먼저 천안함에서 희생된 46용사와 아들, 남편, 형제를 잃은 아픔을 평생토록 품고 살아가야 하는 유가족들을 결코 잊지 말아 주십시오. (중략)

그런 와중에도 저희를 이용하려는 ******(공개하지 않음) 접근과 유혹도 적지 않았으나 이 역시 희생된 장병들의 명예와 가족들의 진의가 왜곡되지 않도록 하기 위해 단호히 거절하였습니다. 이런 결단의 순간마다 저희 가족들은 해군 가족으로서의 명예와 함께 해군과 정부에 대한 굳은 믿음으로 입술을 깨물며 의연하게 뜻을 모았습니다. (중략)

이에 대통령님께서도 저희 가족들의 간절한 희망을 이해하시어 해양 국가 건설에 초석이 될 막강 해군으로 거듭날 수 있도록 기회를 주시고 격려해주시고 힘을 실어주시기를 머리 숙여 간곡히 부탁드립니다. (하략)

청와대 홍보수석실은 5월 10일 천안함 편지 내용을 공개하면서 천안함 유족을 이용하려 했던 특정 단체와 인사의 이름은 공개하지 않았다. 대통령은 유족의 편지를 받고 희생자 가족 전원에게 편지를 보낼 것을 지시했다. 국방비서관실은 대통령의 편지를 군 담당자가 자택을 방문하여 전달하여 위로하고 어려운 점이 없는지를 살펴보도록 하는 것이 좋겠다고 판단했다. 해군과 해병의 고참 주임원사 그리고 희생자와 같은 계급의 동료 등 2인 1조로 편성했다.

다음은 5월 10일 천안함 내기사였던 고 김종헌 상사의 부인 최OO 님에게 보낸 대통령의 편지의 일부이다.

(전략) 무슨 말씀을 드린들 그 아픔을 위로할 수 있겠습니까? 대통령으로서 김종헌 상사를 지켜주지 못한 데 대해 정말 드릴 말씀이 없습니다. 저와 우리 국민들은 유가족들과 마음을 함께하면서 하루빨리 희망을 되찾기를 바라고 있다는 말씀을 드립니다. (중략)

사태의 원인을 철저히 조사하고 여러분들의 바람대로 더욱 강한 해군으로 거듭나는 기회로 삼겠다는 약속을 드립니다. 저를 비롯한 대한민국 국민들은 김종헌 상사를 영원히 기억할 것입니다. (중략)

이제 대한민국은 굳건한 안보 태세 위에 선 더욱 강한 대한민국이 될 것입니다. 저와 국민 모두는 김종헌 상사의 고귀한 희생을 가슴속 깊이 새기고 자유와 평화의 밑거름으로 삼겠습니다. (하략)

나는 희생자 전원의 짧은 행장과 대통령의 각오가 담긴 연설비서

관실의 편지 초안을 교정하
면서 많은 눈물을 흘렸다.
2008년 8월 창밖의 장맛비
소리를 들으며 금강산 관광
중에 숨진 고 박왕자 씨의
아들에게 보내는 대통령의
위로 편지를 쓴 적이 있었

2010년 4월 19일 천안함 희생 장병 추모 라디오 인터넷 특별
연설

다. 약 2년여 만에 다시 눈물의 편지를 써야 했다.

대통령은 천안함 특별 연설을 통해 유족과 국민의 마음을 위로하
고 국민적 단합을 호소했다. 2008년 6월 광우병 시위 사태 이후 국민
과의 소통을 늘리고자 신설된 라디오 인터넷 연설을 활용했다. 이 연
설은 KBS1라디오 등을 통해 매회 10분 분량으로 격주로 방송되었다.
4월 5일 제38차 라디오 인터넷 연설에서 천안함 실종자들과 고 한주
호 준위, 그리고 금양98호의 유족들의 마음을 어루만졌다. 4월 19일
에는 '천안함 희생 장병 추모 라디오 인터넷 특별 연설'이 전파를 탔
다. 대통령은 이 연설에서 천안함 희생 장병 전원의 이름을 일일이 부
르는 롤콜(Roll Call)을 통해 희생자를 추모하고 유족을 위로했다. "이
큰 충격, 이 큰 슬픔을 딛고 우리 모두가 한마음 한뜻으로 힘을 모아
이 어려움을 이겨냅시다."라고 호소했다. 청와대 직원들은 구내 방송
을 통해 흘러나오는 희생 장병들의 이름을 들으며 목이 메었다. 마침
구내식당에서 아침 식사를 하던 직원들은 방송이 흘러나오자 수저를
내려놓았다. 다른 직원들은 아예 아침을 걸러 식당은 다른 날보다 훨
씬 한산했다.

존경하는 윤청자 여사님께
안녕하세요?
저희들은 경기도에서 조그만 중소기업 회사에
근무하는 직원들입니다.
상상조차 할 수 없었던 일이 발생한지도 벌써
석달이 흘렀습니다.
저희 모두도 울었고, 우리국민 모두도 울었습니다.
하루하루가 지옥같다는 여사님의 말씀처럼 자식을
가슴에 묻은 애끓는 모정앞에 어떤 글이나
말이 위로가 되겠습니까?
하늘이 무너지는 슬픔을 이겨내시고 있는
여사님을 생각하면 저희들도 마음이 아려옵니다.
얼마전 TV를 통해 여사님께서 1억원이라는
거액을 나라를 위해 써 달라고 하셨다는
소식을 접했습니다.
자식을 잃은 슬픔을 위로하기 위해 드린
돈을 우리영토를, 청년들을 응징하는데
써 달라는 여사님의 말씀에 마음속 깊이 감동을
받았습니다.
천안군노함 북한의 만행에 대해 미국이나
유럽국가들이 앞장서서 규탄하고 있음에도
불구하고 우리국민는 사건발생 95일이 지나서도

**경기도 소재 중소기업 대표가 윤청자 여사에게 보낸 편지**

국민적 추모 분위기가 고양되면서 천안함 유족을 위한 성원이 청와대 민원실로 전달되어 왔다. 고 민평기 상사의 모친인 윤청자 씨는 6월 14일 청와대에서 열린 '국가유공자 및 천안함 유족 초청 오찬'에서 1억 원을 청와대에 맡겼다. 윤 씨는 또 7월 5일 해군 2함대사령부를 방문, 7월 3일 익명의 경기도 소재 중소기업 대표가 맡긴 898만 8천 원을 전달받아 방위성금으로 기부했다. 아울러 이 돈을 영해와 영토를 침범하는 자를 응징하기 위한 무기 구입에 사용해 달라는 뜻을 밝혔다. 해군은 이후 이 예산으로 함정용 K-6 기관총 일명 '3·26기관총' 18정을 구입하여 영주함 등 천안함급 초계함 9척에 나누어 배치했다.

경기도 김포의 어느 유치원은 반 전원이 천안함 용사들의 생환을 비는 그림을 그려 청와대로 보내왔다. 국방비서관실은 행정관 2명을 유치원에 보내 청와대 시계와 케이크 등 선물을 전달하고 감사의 뜻을 전했다. 또한 대구의 가정주부는 방위성금으로 써 달라며 우체국 소액환을 보내왔다. 대구 현지 동사무소와 경찰에 협조를 구한 끝에 겨우 신원과 전화번호를 알아내 감사의 뜻을 전할 수 있었다.

이후 천안함 유족들은 국민 각계각층과 함께하는 청와대 행사와 국경일 등 정부 행사에 초대를 받았다. 대통령은 계기 때마다 편지를 보내는 등 각별하게 유족들을 챙겼다. 2013년 2월 19일 퇴임 기자회견에서 가장 가슴 아픈 일로 천안함 폭침과 한주호 준위 희생을 꼽았다. 퇴임 연설에서 "가슴 깊이 안고 가야 할 아픔도 있습니다. 바로 천안함 46용사들입니다. 이들을 떠나보내며 한 사람 한 사람 모두의 이름을 부를 때 목이 메고 가슴이 저렸습니다. 언젠가 통일이 되는 바로 그날, 저는 이들의 이름을 다시 한 번 한 사람 한 사람 부르고자 합니다."라고 말했다.

## 미역국 한 그릇

해군은 상황 발생 직후부터 유족들에게 불편함이 없도록 지극 정성으로 대했다. 나라에 바친 자식들이 실종된 상황에서 이유 여하를 막론하고 죄인일 수밖에 없었다. 상황 직후 실종자 가족들은 격앙되어 있었고 때로 군의 조치에 대해 만족하지 못했다. 해군은 2함대에 모인 가족들을 위해 숙소와 대기 장소를 제공했다. 3월 31일에는 그 숫자는 무려 336명에 이르렀다. 유가족들은 실종자가족협의회를 구성하고 기자회견 등을 통해 유족의 입장을 밝히기도 했다. 해군은 자체적으로 58명 규모의 유가족 지원반을 설치했다. 한 가족당 부사관 1명을 전담 배치해서 24시간 일대일 맞춤형 지원 체계를 구축했다. 전담안내요원은 친분 관계가 있거나 학연 지연 등 남다른 연고가 있는 부사관으로 선발했다. 고참 부사관은 군과 유가족 사이의 신뢰 형성과 원활한 의사소통에 크게 기여했다.

군은 현장 방문 요청, 생존자 구조 상황 전달 등 유가족의 요구 사항을 이행하려 노력했다. 또한 보상금 등 희생자 예우 협의 과정에 개입하여 물을 흐리는 브로커나 군과 유족 사이를 이간질하는 외부 불순 세력을 차단하기 위해 각별한 신경을 썼다. 유족들에게 '가족 확인증' 등이 발급되고 유족 근접 지원 체계가 잡히면서 더 세심한 배려가 이루어질 수 있었다. 4월 8일 2함대 장교 식당에서 생존 장병 39명이 실종자 가족들과 만났다. 생존 장병들은 "우리들만 살아 와서 정말 죄송하다."며 고개를 숙였다. 이에 실종자 가족들은 "죄책감을 갖지 말고, 살아서 돌아온 것만으로도 고맙다."고 말했다. 생존 장병들은 참석하지 못한 희생자의 가족들에게 전하는 편지를 쓰기도 했다.

4월 12일은 고 나현민 일병의 생일이었다. 유가족들의 아침 식사 시간에 미역국이 나왔다. 가족에게는 케이크가 전달되었다. 미역국의 의미를 알게 된 유족들은 해군의 배려에 큰 감동을 받았다. 이후 해군은 전체 실종자의 생일을 기념할 수 있도록 이를 확대했다. 인양과 장례 기간 동안 해군은 시신 수습과 장례 절차 등에 대해 온 정성을 다했다. 희생자 영정은 그래픽을 활용하여 해군 정복을 입은 모습으로 새로 만들기도 했다. 희생자 염습에는 을지대학교의 협조가 있었으며, 연기, 홍성, 수원 등 충청과 경기 남부 일대 화장장들도 적극 나서주었다. 평택에서 유가족 지원 임무를 총괄하다 이후 청와대 위기관리센터장으로 일했던 김진형 해군제독은 "죄인 된 심정으로 유족들의 신뢰를 얻기 위해 노력했다. 우리의 진심이 전달되자 유족들도 마음을 열고 받아주었다."고 술회했다.

국무총리실은 상황 직후 '천안함 관련 관계 부처 회의'를 열고 각 부처별로 유가족 지원 방안을 마련했다. 경기도는 이동의료지원팀을 만들었으며, 여성가족부는 아이돌봄서비스와 거주지돌보미서비스 프로그램을 제공했다. 금융감독원 등의 금융 법률 상담도 이루어졌다. 또한 국토해양부와 국가보훈처는 유족들이 원할 경우 국민주택 특별 분양과 임대 신청 시 우선적으로 공급하기로 했다. 규정상 군인이 전역하거나 사망할 경우 사용하던 관사는 6개월 안에 비우도록 되어 있지만, 해군은 천안함 유족이 원할 때까지 머물 수 있도록 특별히 배려했다.

천안함 유가족에 대한 각계의 성원도 뒤이었다. 아산사회복지재단은 천안함 유가족에게 건강검진을 제공했으며, 해비치 사회공헌문화재단은 유자녀 전원에게 초등학교부터 대학까지 학자금을 지원하기로 했다. 한화그룹은 유자녀 취업을 약속했다. 국민들은 사회복지공동모금회를 통해 395억 원의 성금을 모았으며, 유가족 1인당 5억 원씩 지급했다. 나머지는 천안함 재단을 만들어 추모 사업에 쓰도록 했다.

생존자 58명에 대한 지원 프로그램도 가동되었다. 외상 후 장애 치료와 안정화 프로그램이 실시되었다. 희망 근무지를 배려하여 재배치했으며, 전역 후에도 6개월까지 군병원 진료를 받을 수 있도록 했다. 아울러 부상당한 생존자들은 국가유공자로 지정하여 보훈병원 등을 무료로 이용할 수 있도록 조치했다. 생존자들은 연락 임무를 맡은 부사관 2명을 제외하고는 휴식과 치료에 열중했다. 4월 13일 현재 생존자들의 활동 현황이다.

| 구분 | 수도병원 | 2함대 | 독도함 |
|------|---------|-------|--------|
| 인원 | 12명<br>(장교 2, 부사관 9, 병 1) | 44명<br>(장교 5, 부사관 26, 병 13) | 2명<br>(부사관 2) |
| 활동 | 정신과(6명), 외과(6명) 치료 | 휴식 및 심신 안정화 과업 | 연락 업무 |

# 국군 치욕의 날

## 다국적 민군합동조사단을 구성하라

조사단 구성은 과학적이고 객관적인 정밀 조사를 위한 시작이다. 상황 발생 원인을 명확히 규명하기 위한 제대로 된 조사단 구성이 시급했다. 군은 당초 군 인력을 중심으로 조사단을 꾸리고 여기에 민간인 일부를 참여시키는 방안을 구상했다. 그러나 이 경우 '군의 상황을 군 스스로 조사하는 것이 적절한가?'라는 공신력과 신뢰성의 문제가 제기될 수 있었다. 조사단 구성부터 '누가 봐도 납득할 수 있도록, 신뢰를 얻을 수 있도록' 해야 했다. 또 조사 결과의 국제적 동의를 위해서는 한국만이 아니라 다양한 외국 전문가들을 참가시킬 필요가 있었다.

우선 조사의 투명성을 강화하고 대국민 신뢰를 높이기 위해 국방부 합참 대변인과는 별도로 합동 조사단에 대변인을 따로 두고 정례적으로 조사 진행 상황을 발표하도록 했다. 민간인이 단장을 맡도록 하라는 대통령의 지시에 따라 윤덕용 포항공대 자문위원장을 비롯한 5인의 원로가 후보에 올랐다. 과학기술 분야의 전문성이 있되 강직하고 명망이 있어야 했다. 각 곳에서 다양한 인사안이 올라왔다. 민간에서는 윤덕용 단장이, 군에서는 박정이 육군중장이 각각 선임되었다. 총 위원 73명 중 민간 27명, 군 22명, 외국 24명(미국 15명, 스웨덴 4명, 호주 3명, 영국 2명) 등으로 구성되었다. 아울러 지원 요원 98명을 별도로 편성했다.

군 조사 위원은 물론 민간 위원도 다양한 검증 과정을 거쳐 해당 분야 일인자인 최고 전문가들이 선정되었다. 이른바 '드림팀'이 구성된 것이다. 이들은 과학 수사와 함정 구조/관리, 폭발 유형 분석, 정보 분석 등 4개 팀 모두에 각각의 전문성에 따라 배치되었다. 민간 위원 중 함정 구조/관리 분과장은 조상래 울산대 교수가, 폭발 유형 분과장은 이재명 국방과학연구소 책임연구원이 각각 선임되었다. 여기에 국방과학연구소 및 국립과학수사연구소, 학계(카이스트, 울산대, 충남대), 한국기계연구원 등 연구 기관, 한국 선급, 삼성중공업, 현대중공업 등의 민간 기업 등 10개 자문기관이 참여했다. 이들 기관들은 주로 실제 천안함 건조에 참여했거나 해군 무기 체계 및 해양과 관련된 연구 기관들이었다.

국방비서관실은 '민간 조사단이 제 역할을 할 수 있도록 실질적인 참여를 보장하고, 보안 등에 특별히 유의해야 한다.'는 방침을 세웠다.

실질적인 민군합동조사단이 구성된 것이다. 민간 위원 중에는 유족들의 요청에 따라 조사 과정에 유족 대표 4명이 참여하는 방안도 검토되었다. 이후 이들은 유족 1인과 이들이 추천하는 전문가 3인으로 하는 등의 의견을 냈으나, 결국 4월 18일 유족들은 참여하지 않겠다는 입장을 발표했다.

또한 국방 안보 사안에는 여야가 없다는 인식에 따라 국회의 추천을 받은 전문가를 참여시키기로 했다. 마침 국정 조사를 주장하던 민주당도 국회의 합조단 참여를 요구했다. 군은 이에 대해 조사 과정의 보안 유지가 곤란해지고 군사 기밀의 유출 가능성이 있다는 이유로 소극적이었다. 내부적으로 보안 관리를 강화하는 조치를 취하되, 기본적으로 정당 추천 인사의 양식과 의식을 믿어야 한다며 군을 설득했다. 그리고 조사의 객관성을 높이고 정무적 소통에도 도움이 된다는 판단에 따라 3인(한나라당 2인, 민주당 1인)을 포함시켰다.

"정당 추천 인사를 꼭 넣어야겠나?"

"그게 정무적으로나 여러 면에서 좋을 것 같습니다."

"문제없겠어?"

"여야가 책임을 지고 공식적으로 추천하는 것이니 믿어야죠."

〈서울신문〉도 4월 8일 자 사설에서 '합조단에 야당도 참여시켜라.'라며 촉구했다. 그 일부를 인용한다.

천안함 참사로 야기된 위기 가운데 가장 심각한 것은 불신의 위기다. 불신의 블랙홀을 걷어내는 게 시급하다. 민·군(民軍)의 전문가들로 구성된 합동조사단이 그 기능을 맡아야 한다. 합조단은 전문성을 기본으로 공정성, 객관성, 투명성이 어우러지도록 몇 가지 보강을 했다. 전문성을 높이기 위해 세계 수준의 미국 전문가들 외에 UN의 전문가도 참여토록 했다. 민간이 조사단장을 맡고, 유족 대표들도 참여하는 것은 공정성을 위해서다. 야당은 이마저 부족하다고 한다. 민주당 정세균 대표는 국회도 참여할 것을 요구했다. 하나 더 보강하는 걸 주저할 필요가 없다. 야당도 참여시키든, 참관시키든 무방할 것이다.

정부는 이념과 정파를 떠나 전문성을 바탕으로 객관적 원인 조사에 도움이 되는 인사를 요청했다. 민주당이 추천한 인사는 인터넷 신문 〈데일리서프라이즈〉의 신상철 이사였다. 민주당은 신 씨가 한국해양대에서 항해학을 전공하고 해군과 조선회사에서 근무한 경력을 고려하여 추천한 것으로 알려졌다.

그러나 신 씨는 군과 정부의 기대에 완전히 어긋나는 행동을 계속했다. 그는 4월 20일 국회 추천을 받은 다른 조사 위원 2명(한나라당 추천)과 함께 민군합동조사단에 합류했다. 선체구조분과에 소속되었던 그는 4월 30일 단 한 차례 선체구조분과 합동 토의에만 참석했다. 이 당시는 합조단 활동은 초기 중의 초기 단계라서 조사 분석 역시 시작에 불과했다. 검증과 조사를 위한 다양한 방안과 조사 방법이 논의되는 그런 시작 단계였다. 이런 수준에서 회의에 단 한 번 참여한 것이 조사 활동의 전부였다. 안보 관련 사항은 조사에 참여할 경우 군사 기밀 유지와 보안 준수는 당연한 의무이다. 그럼에도 신 씨는 과학적 조사가 진행 중인 상황이고 결론에 이르지도 않았음에도 주관적 판단을 앞세운 의혹 주장을 거듭했다. 마침내 국방부는 5월 국회에 민주당이 추천한 인사의 교체를 요구하는 공문을 보냈다[03]. 또 해군 2함대 장교들은 5월 19일 신상철 씨를 전기통신기본법(명예훼손) 위반 혐의로 고소하기도 했다. 이 사태 이후 특별히 법령이 정하는 경우를 제외하고는 정부 위원회 위원 선정에서 정당 추천 방식이 자취를 감추다시피 했다.

조사 결과에 대한 객관성을 높이고 국제적 공신력을 확보하기 위한 외국 조사팀의 합조단 참여도 중요했다. 다양한 경로를 통해 주요국에 과학적 원인 분석을 위한 관련 전문가의 참여를 요청했다. 한국은 우방국, 군사정전위원회 중립국 등에 조사단 참여를 요청했다. 미국, 영국, 호주 등은 공동 조사를 먼저 의뢰해왔다. 이에 정부는 이 협조 요청을 승인했다. 4월 12일 미국을 시작으로 13일 호주, 25일 영국 조사단이 각각 합류했다. 나아가 정부는 선박 건조와 해양 구난 경험이 많은 스웨덴에 공동 조사를 요청했고 이들도 25일 합류했다. 스웨덴은 UN사 중립국감독위원회(NNSC) 참가국의 일원이었다. 스웨덴이 참여하고 국제적 조사단이 만들어지면서 다국적 민군 조사단의 객관성과 공신력은 더욱 높아졌다. 합조단은 이들 외국 조사단이 조사를

---

03 국방부는 김형오 국회의장에게 보낸 공문을 통해 "(신 씨는) 민군합동조사단 내 토의를 통한 공식 결론에 반(反)하는 개인적 의견을 조사 위원 자격을 내세워 언론 매체 등에 게재하고 주장함으로써 대외 불신 여론을 조성하고 국회와 민군합동조사단의 명예를 실추시키고 있다."고 교체 요청 사유를 밝혔다. 이어 국방부는 "(신 씨가) 국제적인 전문가 그룹과 토의할 때 전문성이 부족함으로써 국제적인 공신력을 실추시키고 있는 것으로 판단된다."고 덧붙였다(동아일보 2010. 5. 13.). 이에 대해 민주당 전현희 원 내 대변인은 "조사단 활동이 일주일 정도밖에 남지 않았기 때문에 현실적으로 교체는 어렵다고 본다."면서도 "그러나 문제가 된 신 위원의 독단적인 외부 활동과 관련해서는 앞으로 공명정대하게 할 수 있도록 당에서 감독하겠다."고 말했다(서울신문 2010. 5. 14.).

시작하기 전, 보안 조치와 자료 공유 등에 대해 사전 협의를 실시했다. 즉 한국의 동의 없이 조사 내용과 결과를 일방적으로 공개할 수 없도록 했다. 동시에 합조단은 통역 인원, 필요 시설 등 필수 사항을 지원했다.

4월 1일 한미 정상 간 전화 통화 이후, 게리 러프헤드(Gary Roughead) 미 해군참모총장은 김성찬 해군참모총장에게 보낸 서한에서 원인 규명을 위한 적극적인 지원 의사를 밝혔다. 이상의 합참의장은 4월 5일 군 고위급 협조 회의에서 월터 샤프 주한 미군 사령관에게 신속한 침몰 원인 조사를 위해 미국의 해난 사고 원인 분석 전문팀 지원을 요청했다. 샤프 사령관은 최고 전문가팀을 지원할 것을 약속했다. 이에 따라 미 해군 수상전 분석 센터의 해상 무기·해난 사고 분석 요원, 육군 물자체계 연구소의 폭약 전문 요원 등으로 구성된 미 전문가팀은 시뮬레이션과 파편 분석 작업 등을 함께하기로 했다. 아울러 합조단은 외부 충격에 의한 함정 손상 자료 등 미국이 보유한 자료 등도 요청했다.

합조단 참여 대상국이 미국과 호주, 영국 등으로 정해지자 우리에게 우호적인 나라들로만 구성된 게 아닌가 하는 비판이 제기되었다. 그러나 군사 안보 사안에 대해 '적성국'과 직접 협력하는 경우는 그 어디에도 없다. 구난과 조함 기술이 풍부하고 군사정전위 중립국인 스웨덴이 참여하면서 그런 논란은 사라졌다.

또 한반도 관련국 중 중국, 일본, 러시아의 참여가 있어야 한다는 주장이 정치권을 중심으로 제기되었다. 한나라당 남경필 의원은 4월 21일 당 최고중진연석회의에서 객관성 제고를 위해 이들 국가의 전문가를 참여시키자고 주장했다. 그러나 중국 등이 천안함 사건 진상 조사에 참여할 경우 서해상의 우리 무기와 감시 체계에 대한 민감한 정보가 노출될 위험이 있었다. 또 이들의 수중 무기 체계나 구난 시스템 경험에 비추어 우리 측에 실질적인 도움은 제한적이었다. 상대국의 요청도 없는데 우리가 먼저 조사단에 참여해 달라고 하는 것도 모양새가 좋지 않았다. 조사에 도움은 안 되고 정보만 내줄 우려도 있었다. 결국 조사단의 직접 참여는 어렵지만, 조사 내용과 결과에 대해 상세히 설명하는 등 국제 협력을 강화하는 것으로 정리되었다.


## 122일의 대장정

다국적 민군합동조사단은 3월 31부터 7월 30일까지 4개월여 122일간 활동했다. 합조단은 3월 31일 민간 23명, 군 59명 등 82명으로 출발했다. 이후 4월 12일 민군합동조사단으로 개편되면서 163명(민 41, 군 122)으로 확대되었다. 4월 14일 조사와 운영 지원을 분리하여 조사 위원(47명)과 지원 요원(98명)으로 각각 편성했다. 그리고 4월 25일까지 4개국 외국 조사단이 합류하면서 다국적 조사단으로 확대되었다. 5월 20일 천안함피격사건 조사 발표 이후에는 민간 위원은 비상근 체제로 전환되었다. 7월 30일 합조단 임무는 종결되었고 이후 천안함 대응은 국방부 조사본부가 담당했다.

합조단은 국가적 비극의 진실을 규명해야 한다는 사명감으로 열과 성을 다했다. 유족에 대해서는 이들을 누가 어떻게 죽였는가에 대한 진상을 밝히는 과정이었으며, 국가적으로는 안보 위기 사안에 대한 진상 규명을 통해 그 후속 대응을 이끌어내는 것이었다. 특히 민간 조사 단원들은 각자의 생업이 있었지만 이를 포기하고 군과 나라의 성스러운 부름에 기꺼이 응했다. 이들에게는 별도의 보수가 지급되지 않았다. 합조단은 활동비, 여비, 업무 추진비 등으로 약 6억 5천만 원의 예산이 편성되었다. 조사 단원들은 기밀 유지를 서약하고, 조사 결과 발표 때까지 언론 접촉을 삼가는 등 철저하게 보안을 지켰다. 또한 현장 조사를 위해 서해의 거친 조류와 싸웠으며 화약 흔적을 조사하기 위해 인양된 함체를 일일이 손으로 닦아내기도 했다. 또한 조사 결과를 발표하고 국내외를 걸쳐 사실을 설명했으며, 여러 의혹과 허위 사실에 대응하기 위해 혼신을 다했다. 이들은 과학적인 조사를 통해 사건의 원인을 규명했다. '1번어뢰 추진체'라는 결정적 증거를 인양하여 천안함 범인이 누구인지를 밝혀내는 사상 유례가 없는 최고의 성과를 이루어냈다. 합조단 임무 종결 후 정부는 합조단의 공훈을 기려 포상했다. 윤덕용 단장 등 2명이 보국포장을 받았으며, 공적에 걸맞게 대통령과 국방부 장관 표창이 각각 이루어졌다.

합조단은 4월 7일 사건 시각 등에 대한 조사 결과를 발표했으며, 4월 16일 함미 인양과 4월 25일 함수 인양 직후 현장 조사 결과를 각각 발표했다. 그리고 사건 발생 55일 만인 5월 20일 합동 조사 결과를 발표했으며, 5월 23일 유가족들에게 조사 결과를 설명했다. 유가족들은 합조단의 조사 결과 보고를 받고"과학적인 방법과 객관적인 증거에 의한 결론으로 전적으로 동의하며, 대한민국 영해 내에서 대한민국의 군함에 대해 불법적이고 천인공노할 만행을 저지른 야만적인 북한을 강력히 규탄한다."는 성명을 발표했다. 그리고 이 자리에서 '천안함 침몰 원인과 46명 천안함 장병들의 전사와 관련해 진실을 왜곡, 전사자와 가족의 명예를 훼손하는 행위를 규탄하며 이를 정치적으로 이용하는 어떠한 행위도 더 이상 용납할 수 없다.'는 점을 분명히 밝혔다.

합조단은 국제 무대에서도 천안함의 진실을 알리기 위해 노력했다. 6월 14일에는 15개 UN안보리이사국을 대상으로 조사 결과를 발표하는 설명회를 개최했다. 또 천안함 진실을 알리기 위해 7월 28일까지 공개 설명회 16차례 967명, 공공 기관/군부대 방문 설명 16회 6,234명, 천안함 현장 견학 안내 34회 3,030명 등의 교육 지원과 안내를 했다. 그리고 합조단의 의혹 해명과 조사 결과 등의 자료는 '천안함 strory(www.cheonan46.go.kr)'에 올려놓아 누구든 볼 수 있다.

## 합동조사단 주요 활동 상황

- 선체 인양 전 조사 활동, 발표 : 3. 31. ~ 4. 13.
  - 사건 발생 상황 등 의혹 제기 사항 조사 결과 발표: 4. 7.(수)
- 선체 인양 후 조사 활동, 발표 : 4. 14. ~ 5. 20.
  - 현장 조사 및 분석 결과 발표(2회): 4. 16.(금), 4. 25.(일)
- 해저 정밀 탐색 활동 : 5. 10. ~ 5. 20., 쌍끌이 어선 활용
  - 어뢰 추진 동력 장치 수거(5. 15.)
- 합동 조사 결과 발표 : 5. 20.(금)
- 조사 결과 설명 및 천안함 현장 안내 : 5. 21. ~ 7. 30.
  - UN 안보리 및 우방국 대상 설명회(6. 14. ~ 6. 15.)
- 합동조사결과보고서 작성(한글, 영문) : 5. 20. ~ 7. 28.
  - 보고서 발간(9. 13.)

# 배제되는 가설들

합조단 조사는 침몰 요인별로 가능한 모든 가설을 세우고 이를 검증하는 방식으로 진행되었다. 조사 과정에서 가설을 부정하는 증거나 시뮬레이션 조사 결과가 나올 때마다 이를 배제해 나갔다. 침몰 요인은 비폭발과 폭발로 구분했고, 비폭발 요인에는 좌초 충돌 피로 파괴 등이 경우를 상정했다. 또 폭발에는 미사일 등에 의한 수상 폭발, 기뢰 어뢰 등 수중 폭발 그리고 급조 폭발물 등으로 구분했다. 즉 폭발·비폭발→외부·내부폭발→접촉성·비접촉성 어뢰 순으로 가능성을 좁혀 나갔다. 아울러 '불만 세력에 의한 고의 사고' 등의 가능성도 다른 차원에서 검토했다.

합조단은 함체 인양 전까지 피격 사건 시각을 확증할 과학적 조사에 집중했다. 군의 보고 계통에 의한 보고 시각은 서로 상이했다. 과학적 디지털 증거 분석이 시급했다. TOD 영상, 천안함 내부 CCTV 분석, 승조원 휴대폰 통화 시각 등이었다. 또한 폭발 요인별로 다른 사례 등과 비교 분석하고 현장에서 수집 인양되는 물품을 조사했다.

4월 15일 함미 인양을 앞두고 조사는 급물살을 타기 시작했다. 4월

## 천안함 침몰 요인 분석

| 비폭발 | | 내부 폭발 | 외부 폭발 | |
|---|---|---|---|---|
| 내부 불만 분자의 고의 사고 | 좌초 충돌 피로 파괴, 파공 | 탄약고, 연료 탱크, 엔진 폭발, 미사일 등 공중 피격 폭발 | 어뢰 기뢰 수상/ 수중 접촉 폭발 급조 폭발물 | 어뢰 기뢰 수중 비접촉 폭발 |

14일 윤덕용, 박정이 단장이 이끄는 합조단원 57명이 백령도 현장으로 전개되었다. 독도함에 있던 조사 요원까지 합하면 134명(민 36명, 군 98명)의 대규모 인원이 투입되었다. 이들은 인양된 함미 내부와 절단면 등을 샅샅이 조사했다. 원인과 범인을 밝혀줄 과학적인 증거를 찾아야 했다. 각 분과는 분과장의 지휘 아래 증거 수집에 집중했다. 절단면의 조사, 흡착물 수집과 폭약 성분 분석, 사체 검안, 인양된 증거물 분석, 함체의 구조와 강도, 폭발 요인별 양상 등의 분석에 집중했다. 함미가 평택에 도착한 이후부터 합조단 조사관들은 선체 함미에 살다시피 하면서 채증과 분석에 매달렸다.

윤덕용 민·군합동조사단장은 4월 16일 용산 국방부에서 기자회견을 열고 "천안함 함미 선체 절단면과 선체 내·외부에 대한 육안 검사 결과, 내부 폭발보다는 외부 충격의 가능성이 높다."면서 "하지만 최종적인 원인 규명을 위해서는 함수를 인양하고 잔해물을 수거한 뒤에 모든 가능성을 열어두고 세부적으로 분석할 필요가 있다."고 말했다.

천안함 함미 선체 부분을 38명의 조사관이 조사한 결과 ▲함미탄약고, 연료탱크, 디젤엔진실에는 손상이 없었고 ▲가스터빈실의 화재 흔적은 없었으며 전선 피복 상태가 양호하고 선체의 손상 형태로 볼 때 내부 폭발에 의한 선체 절단 가능성은 매우 낮은 것으로 판단했다.

즉 함미가 인양되면서 함체 절단면 등을 조사한 결과 외부 폭발에 의한 함체의 절단과 침몰 가능성이 높은 것으로 판명되었다. 좌초, 충돌, 피로 파괴, 고의적 파공 등 비폭발성 요인은 가장 먼저 배제되었다.

함수 인양이 임박하면서 4월 23일 현장조사팀이 다시 백령도에 파견되었다. 인양된 함수 조사를 마친 후 25일 윤덕용 조사단장은 함체 조사 결과를 발표했다. 이번에는 외부 비접촉 폭발 가능성이 높은 것으로 판단했다. 함미 인양 후 결과 발표는 '외부 폭발'에 주목했지만, 함수 결과 발표는 여기서 한발 더 나가 '외부 폭발 중 외부 비접촉 폭발' 가능성을 높게 본 것이다. 공중이나 수상 또는 수중에서 날아와 함체에 직접 타격을 가하는 접촉 폭발보다는 수중에서 함체에 직접 부딪치지 않고 충격을 가하는 비직격 폭발로 진전된 것이다. 조사 결과 발표문의 일부이다.

- 천안함의 함수 선체 부분을 조사한 결과

▲ 탄약고, 연료탱크에 손상이 없었고

▲ 전선의 피복 상태가 양호하며, 내장재가 불에 탄 흔적이 없는 점으로 보아 내부 폭발의 가능성은 없는 것으로 판단함.

▲ 선저에 긁힌 흔적이 없고 소나 돔 상태가 양호하여 좌초의 가능성은 없는 것으로 확인되었으며,

▲ 선체 손상 형태로 볼 때 절단면이 복잡하게 변형되어 있어 피로 파괴 가능성도 없는 것으로 판단함.

- 특히, 절단면의 찢어진 상태나 안으로 심하게 휘어진 상태를 볼 때 수중 폭발 가능성이 높으며, 선체 내·외부에 폭발에 의한 그을음과 열에 의해 녹은 흔적이 전혀 없고, 파공된 부분도 없으므로 비접촉 폭발로 판단.

- 결론적으로 선체 절단면 및 내·외부 육안 검사 결과, 내부 폭발이 아닌 외

부 폭발로 판단되며, 선체의 변형 형태로 볼 때 접촉 폭발보다 비접촉 폭발 가능성이 크며, 폭발의 위치와 위력은 정밀 조사 및 시뮬레이션을 통하여 분석이 가능할 것으로 판단.

5월에 접어들면서 각 분과의 정밀 조사와 시뮬레이션 등 분석 작업은 속도를 더했다. 다국적 민군합동조사단의 과학수사분과 증거물채증팀은 쌍끌이 어선의 특수그물을 활용하여 해저의 증거물 수집과 인양에 집중했다. 분석팀은 인양된 금속 증거물과 함미 함수에 묻은 화약 흡착물을 일일이 손으로 닦아내 그 성분을 분석했다. 주요국 군이 사용하는 폭약과 어뢰 기뢰에 사용되는 금속의 성분은 차이가 있다. 여기에 착안하여 합조단 함체의 화약 성분을 일일이 대조해 나갔다. 폭발유형분과는 미사일 피격, 어뢰 기뢰 폭발 등 폭발 유형별 시뮬레이션을 통해 폭약량, 폭발 위치, 선체 파괴 형성 등을 분석했다. 합정구조·관리분과는 선체 강도, 함 안정성 그리고 수중 폭발이 함체에 미치는 충격 등에 대해 시뮬레이션을 진행했다. 정보분석분과는 당시 북한군의 동향과 첩보 분석, 북한 등 특정 국가의 어뢰 관련 분석 등을 진행했다. 특히 피격 원점을 중심으로 나타나 있는 대형 화구 지형과 침선에 대한 연구와 조사를 계속했다.

## 쌍끌이의 위력 - '스모킹 건' 발견

함미 함수가 인양된 이후, 민간 인양 업체가 철수했으며, 미 살보함도 임무를 종결했다. 우선 순위에서 밀려 있던 함체 잔해물도 인양해야 했다. 유도탄, 마스트, 발전기, 가스터빈 등이 차례로 인양되었다. 북한 어뢰는 천안함 가스터빈 바로 아래에서 폭발했다. 그 결과 가스터빈 총 668cm 중 흡입관(57cm), 파워터빈 및 폐기관(349cm)은 유실되었으며, 연소실·압축기 일부(262cm)만 남아 있는 상태로 파손이 가장 심했다. 가스터빈 인양을 위해 해군은 5월 9일 자체 크레인 장비로 인양을 시도했으나, 기상 악화와 인양 로프 절단, 인양 능력 초과 등으로 성공하지 못했다. 함수와 함미 등과 마찬가지로 민간 인양 업체에 외주를 주어 인양하기로 결정했고 5월 17일 민간 업체 '유성개발'이 작업을 시작해 19일 6시 30분 가스터빈 선체를 인양했다. 이 때문에 가스터빈은 조사 결과 발표 직전에야 인양되었다. 일부에서는 가스터빈이 인양되지 않았는데, 어떻게 조사 결과를 발표할 수 있느냐는 식의 지적을 하기도 했다. 그러나 인양된 가스터빈은 오히려 어뢰 폭발이 얼마나 강력했는지를 보여주었을 뿐, 달리 해석될 증거는 없었다. 이 대형 잔해물은 천안함 함체와 함께 천안함 전시관에 전시되고 있다.

침몰한 함체에서 떠오른 부유물과 해저에 가라앉아 있는 수중 물체는 천안함 진상 규명의 핵심 요소였다. 현장에서는 함체의 인양과 탐색 작업 두 축으로 진행되었다. 수중 탐사 장비를 가진 소해함이나 기뢰 탐색함 등은 해저 수중 물체 탐색과 인양에 주력했다. 백령도 연평도 해병대원들과 일반 함정은 수상 부유물 탐색에 열중했다.

시간이 갈수록 수중 물체 탐사 및 인양 방식은 진화했다. 최초에는 수중 음탐기로 탐색을 하고 우리 잠수사들이 잠수하여 손으로 더듬어 들어 올리는 방식이었다. 여기서 4월 16일 청해진함의 수중 탐사 장비 해미래호를 투입하여 탐지된 물체를 인양했다. 건져 올리는 방식이 잠수사에서 해미래로, 즉 사람에서 기계로 바꾼 것이다. 하지만 일일이 하나씩 건져 올려야 했다. 해미래가 투입되면서 50cm의 물체까지 탐지할 수 있었지만, 운용 대수가 한 대뿐이어서 투입에 비해 산출은 그리 높지 않아 효율적이지 못했다. 함체 인양 이후 수중 음탐을 할 수 있는 모든 함정과 민간의 탐사선을 투입하고 있었지만, 잔해물 수색 구역은 너무나 넓었다. 이런 속도라면 언제 끝낼지도 모를 일이었다. 함수가 10여 km를 수중 이동하면서 이 구간에서 잔해물을 흘렸을 가능성도 조사해야 했다.

인양 효율을 높이고 더 미세한 잔해까지 수거하기 위해 4월 26일부터 외끌이 형망 어선 5척을 투입하기로 했다. 어선 마다 뒤에 갈퀴가 부착된 어망을 달아 해저에 내려 끌어 잔해물이 그물 안에 유입되도록 하는 것이다. 이들 어선들은 함수 선체가 표류한 이동로를 따라 움직이면서 5월 9일까지 14일간 알루미늄 조각 등 10kg 정도를 인양했다. 그러나 역시 성과는 크지 않았다. 뭔가 획기적이고 창의적인 발상의 전환이 필요했다.

해답은 바로 공군이 제안한 쌍끌이 방식이었다. 쌍끌이는 두 어선 끝에 그물을 달아 바다 속을 훑어나가는 것이다. 기존 외끌이에 비해 더 넓은 구역을 더 빨리 할 수 있었다. 2006년 6월 7일 F-15K전투기가 포항 북동쪽 29마일 지점, 수심 372m에 추락했다. 조종사 2명이 산화하고 최신예 주력 전투기인 F-15K 4번기를 잃었다. 이때 처음으로 특수 그물을 이용한 쌍끌이 어선이 약 2달여 동안 46차례에 걸려 해저를 훑었다. 비록 블랙박스는 찾지 못했지만, 무려 130박스 분량의 기체 잔해를 수거했다. 이후 2007년 7월 20일 서해 어청도 부근 수심 45m에 추락한 F-16 전투기 잔해 인양에도 특수 그물을 이용한 쌍끌이 저인망 어선이 투입된 적이 있다.

쌍끌이 작업은 5월 10일부터 20일까지 김포함, 고령함, 해양조사선 장목호 그리고 대평수산 소속 135t급 대평11호와 대평12호가 참가했다. 김포함의 유도와 통제 아래 대평호 두 척은 그물 양 끝을 묶어 한 팀으로 작업했다. 대평11호와 12호에는 합조단 과학수사분과 증거물 채증팀 조사 요원 4명(통제관 3, 수사관 1)이 선원들과 함께 탔다. 부산 선적 대평수산의 어선들은 앞의 공군 전투기 인양에도 참가했던 '쌍끌이 베테랑'이었다. 제주도에서 조업 중이던 김남식 선장은 부산에 있는 어망 제조 업체를 찾아 그물코 5mm, 가로 25m, 세로 15m, 길이 60m에 무게가 5t인 7300만 원짜리 특수 그물을 주문했다. 그리고 그물에 매다는 무게의 추도 500kg에서 3t으로 늘렸다. 이 특수 그물은 1mm 이상의 물체나 심지어 모래와 개흙도 수거할 수 있었다.

이들이 수색해야 할 지점은 가로세로 500yd(457m) 넓이였다. 피격 원점 10~20m 옆에 천안함에서 떨어져 나온 가스터빈이 가라앉아 있고, 또 그 바로 옆에는 오래전에 침몰한 선박이 한 척 있어 작업에 어려움을 겪었다. 가스터빈과 침선(沈船)에 그물이 걸리면 그물을 분실할 수도 있기 때문에 이것들을 피해서 투망(投網)을 해야만 했다. 그물을 연결하는 밧줄 굵기가 52mm인데 이 줄이 작업 중에 침선에 걸려서 두 번이나 끊어지기도 했다. 때로 작업 중에 바윗덩어리가 그물에 걸려 올라오곤 했다.

쌍끌이의 성과는 대단했다. 특히 폭발 원점 근처를 격자형으로 훑었고 그물코를 아주 촘촘하게 만들어 아주 작은 조각까지 끌어올릴 수 있었다. 5월 13일 철망, 철 조각 뭉치, 알루미늄 파이프, 케이블 조각, 알루미늄 플레이트, 기관계기판, 형광등 케이스 등이, 5월 14일에는 알루미늄 조각, 가이드라인 철재 파이프, 소형 앵커, 소형 비트, 동 파이프, 가스 밸브, 노즐, 플라스틱 조각, 상수 파이프, 마대 15자루 등이 올라왔다.

마침내 5월 15일 8시 30분 30번째 수거 작업을 시작했고, 9시 23분 그물 끌기를 마쳤다. 9시 25분 그물이 올라오는 중에 어뢰 추진체 잔해가 발견되었다. 발견 장소는 폭발 원점 주변(N37-55-45, E 124-36-02)이며, 무게는 153kg이었다. 수거 당시 추진 모터와 조종 장치는 분리된 상태였으며, 조종 장치는 샤프트, 추진후부, 프로펠러가 결합된 상태였다. 그토록 기다리던 '스모킹 건'이 드디어 나온 것이다. 어뢰 잔해는 어선에 함께 승선하고 있던 인양단과 합조단 수사관이 확인했고, 백령도에서 헬기를 이용, 합조단 본부로 이송되었다. 그리고 이 사실은 군 계통을 거쳐 즉시 청와대로 보고되었다.

쌍끌이 작전은 5월 10일부터 5월 20일까지 11일간으로 계획했으나, 기상 악화와 가스터빈 인양에 따른 작업 제한 등으로 실제로는 8일간 실시되었다. 총 43차례 운용으로 PC, 전자레인지 등 113점의 잔해물을 수거했으며, 이중 어뢰추진동력장치 등 23점이 증거물로 채택되었다.

해저 탐색과 잔해물 인양은 잠수사 수작업→해미래 투입→외끌이 형망 어선→쌍끌이 저인망 어선 등 4단계로 진화하면서 효율성과 정확성을 높였다. 결국 천안함 공격의 결정적 증거를 찾아내는 데 성공했다. 전 세계적으로 함정을 공격한 어뢰의 잔해나 증거물이 발견된 경우는 거의 없었다. 가장 단시간에 공격 범인이 누구인지를 특정할 수 있는 '반박할 수 없는(irrefutable) 증거물'을 찾아낸 것이다. 이는 천행(天幸)이자 나라의 복이라고밖에 달리 말할 수 없다.

스스로를 전남 고흥 출신의 민주당 지지자라고 밝혔던 김남식 대평호 선장은 2010년 5월 20일 국방부에서 열린 민군합동조사단 기자회견장에서 인양 당시 상황을 증언했다. "어뢰 추진체를 찾은 것은 천운이었다고 생각한다. 전문 지식이 없어도 프로펠러 2개가 있는 걸 볼 때 맞다는 생각이 들었다. 함미(침몰) 부분에서 수십 차례 조업을 벌였다. 하루에도 3~4번 조업하는 여건에서 4번, 아니 8번까지도 열심히

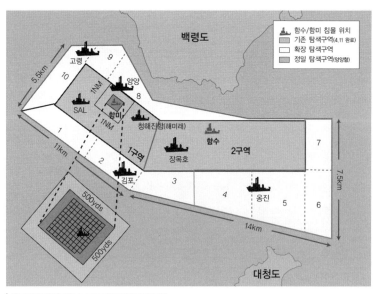

| 함미 침몰 해역과 함수 표류 구간 정밀 탐색 구역

했다. 증거물을 끌어 올릴 때 파견 나온 감독도 있었고 민군합조단에서 나온 팀원과 선원 등 12명이 다 같이 봤다. 스크루는 제가 직접 수거했고 얼마 후 촬영팀도 와서 생생하게 촬영했다."


## 위기를 기회로!
## 국방개혁을 통해 안보 위기를 선진 강군 기회로!


모든 가능성을 열어놓은 합조단의 조사가 진행되고 있었지만, 함체 인양 결과는 외부 피격에 당했음을 보여주고 있었다. 북한 소행이 점점 굳어져가는 상황이었다. 천안함 희생자 추도와 장례에는 여야권을 비롯 전 국민이 한마음이 되었다. 추도 국면이 지나면서 야당과 언론 그리고 여론은 경계 실패 등 천안함 피격에 대한 책임 추궁을 강력하게 요구하고 있었다. 그러나 진상 조사가 우선이었다. 합조단 조사 발표 이후 강력한 후속 조치가 필요했다. 천안함 국면을 선제적으로 주도하는 것이 무엇보다 중요했다. 위기를 기회로 만들어야 했다. 실패에서 교훈을 얻고 두 번 다시 같은 실패를 되풀이하지 않으려면 철저한 개혁이 있어야 했다.

대통령은 2009년 경제 위기 상황을 맞아, '전대미문의 위기를 경제 도약의 기회로 만들어 가자.'고 주창했다. 2009년 1월 연설비서관실은 대통령 말씀과 연설의 핵심 구절을 모아 연설 다이제스트를 펴냈다. 그 책의 제목이 바로 '위기를 기회로!'였다. 이제 안보 위기 상황을 맞아 군과 국민들에게 전할 새로운 대통령의 비전이 필요했다.

2008~2009년 경제 위기 당시처럼 굳은 각오와 결의를 다져 새로운 기회로 만들어야 했다. 역시 '위기를 기회로!'였다. 현 천안함 국면을 안보 위기로 규정하고 철저한 국방개혁을 통해 선진 강군 건설의 기회로 삼아 나가자는 것이다.

천안함 피격 이후, 대통령 공약이었던 전시작전권 전환 연기 문제가 본격적으로 수면 위로 떠올랐다. 전작권 전환 문제는 노무현 대통령 시절인 2007년 2월 한미 안보협의회의(SCM)에서 처음 제기된 이래 5년 만인 2012년 4월 전환 방침이 확정되었다. 그러나 이 결정은 너무 성급한 것이었다. 이 합의에 대해 노무현 정부는 '한국 주권의 회복'이라는 잘못된 관점을 갖고 있었고 미국(부시) 측은 '전략적 유연성'의 기회로 받아들인 '잘못된 결혼(bad marriage)'이라는 평가가 나오고 있었다. 전작권 전환을 위한 우리의 준비와 대비는 미흡한데 그 시간은 다가오고 있었다. 무엇보다 북한의 대남 위협과 한반도의 긴장은 완화되지 않고 오히려 증대되고 있었다. 전작권 전환은 북한의 핵 위협이 제거된 상태에서 이루어지는 것이 가장 바람직하며 이상적이라 할 수 있다. 천안함 사태는 한반도의 긴장과 위협의 실체를 극명하게 보여주었다. 전작권 전환 연기라는 큰 숙제는 천안함 사태를 계기로 비교적 쉽게 한미 간 합의와 우리 내부의 국민적 합의를 이룰 수 있었다. 2010년 6월 한미 정상은 2015년 12월까지 전작권 전환을 연기하기로 합의하는 데 성공했다[04].

---

04 2014년 10월 24일 한국과 미국은 워싱턴에서 열린 제46차 안보협의회(SCM)에서 '2015년 12월 1일'로 예정됐던 전시작전통제권 전환 시점을 재연기하기로 최종 합의했으며, 구체적인 전환 시기를 확정해 명시하지 않았다.

전작권 전환 문제와는 달리, 당시 국방개혁은 방향도 못 잡고 시간만 축내고 있었다. 국방개혁을 통해 효율성과 합동성을 높여 선진 강군을 만들자는 구호는 높았지만, 개혁의 동력과 비전 그리고 이를 이행한 방책을 가지고 있지는 못했다. 노무현 정부가 만들었던 '국방개혁2020'의 수정 보완은 이명박 정부의 국정 과제였다. 그러나 '국방개혁2020'은 2009년 일부 수정되었으나 천안함 이전 2년여 동안 실질적 진전은 없었다. 특히 육해공 3군 간의 갈등과 조직 이기주의를 넘어서지 못하고 있었다. 국방개혁을 위한 위원회가 있었지만, 국방부 장관 소속 자문 기구로 편제되어 있었다. 프랑스 등 다른 나라나 우리 역대 대통령은 위원회를 대통령 직속으로 두고 집권 초기에 개혁을 강력하게 밀어붙여 나름 성과를 낸 것과는 비교가 되었다.

특히 북한의 안보 위협이 축소될 것으로 상정하고 만들어진 국방개혁2020은 그 대전제부터 어긋났다. 또한 경제 위기 여파로 이를 위한 소요 재원 621조 원의 확보는 불가능하게 되었다. 모두 새로 바꾸어야 했다. 무엇보다 당사자인 군의 뼈를 깎는 개혁이 있어야 했다. 천안함 원인이 어떻게 밝혀지든 군은 변하고 달라져야만 했다. 이것이 국민의 요구였다.

그동안 지지부진했던 가장 큰 원인은 개혁 대상에 개혁을 맡긴 데 있었다. 특히 육해공군 간의 대립과 갈등도 여전했다. 함께 싸워야 할 군대임에도 함께 싸워 합동성을 발휘할 시스템은 미약했다. 비상한 상황에서는 비상한 방법이 필요했다. 현 안보 위기 국면의 해법도 새롭게 나와야 했다. 누구든 자기 머리를 스스로 깎을 수는 없다. 방향은 분명했다.

국방을 이해하는 민간의 참여를 확대해야 했다. 이를 통해 군의 개혁 방향을 잡아야 했다. 마침 2009년 12월 민간인 출신인 홍규덕 숙명여대 교수가 국방개혁실장으로 일하고 있었다. 국방개혁관련위원회를 대통령 직속으로 바꾸고 여기에 힘을 실어야 했다. 위기를 기회로 만들고 강력한 국방개혁 추진과 민관 거버넌스 강화 등의 방향을 관철하기 위해서는 뜻을 함께하는 모두가 힘을 모아야 했다. 외교안보수석실은 김태효 대외전략비서관을 중심으로 긴밀히 움직였다. 정무수석실은 천안함 후속 국면 관리와 액션 플랜 작성에 큰 역할을 했다. 마침내 대통령은 5월 14일, 신설된 국가안보총괄점검회의 첫 회의에서 국방개혁2020 수정안의 전면 재검토를 지시했다.


## 국군 치욕의 날

대통령은 충무공 탄신일 하루 전날인 4월 27일 군산 새만금 방조제 준공식에 참석한 후 귀경길에 예고도 없이 현충사를 방문했다. 대통령은 보슬비가 내리는 가운데 입구부터 현충사 본전까지 우산을 물리치고 혼자 고개를 숙인 채 묵묵히 걸었다. 이 대통령은 충무공 영정 앞에 참배 제향한 뒤 묵념했다. 방명록에 '싸움에 있어서 반드시 죽고자 하면 살고 반드시 살고자 하면 죽을 것'이라는 의미의 '필사즉생 필생즉사(必死則生 必生則死)'라고 적었다. 대통령의 방명록 글씨 한 줄도 역시 상당한 의미를 가진다. 대통령의 의중과 방문 현장 그리고 당시 상황과 국면을 종합적으로 고려한 문구가 선택된다. 이 글귀는

2009년 대청해전 이후 천안함까지 서해상에서 군사적 대결과 전투가 벌어지고 있는 엄중한 상황에서 군통수권자의 안보 현실 인식과 각오가 어떠한지를 극명하게 보여 주었다.

그리고 대통령은 5월 4일 국방부에서 전군주요지휘관회의를 직접 주재했다. 군 통수권자가 직접 주재하는 것은 건군 이래 처음이자 사상 초유의 일이었다. 통상적으로 열리는 회의보다 2개월 일찍 소집되었다. 육군 중장급 이상, 해·공군 소장급 이상 지휘관을 비롯한 국방부 산하기관장, 이상우 국방선진화추진위원장 등 150여 명이 참석했다.

방송 3사가 생중계한 이날 회의는 천안함 사태를 그만큼 심각하게 받아들인다는 의지의 표현이었다. 군에 대한 강한 질책이 필요하다는 의견이 쇄도했다. 그러나 일방적인 채찍으로 해결될 문제가 아니었다. 잠시 속이 시원하고 후련하자고 군만 몰아치는 포퓰리즘으로 갈 일이 아니었다. 공격한 범인은 분명 따로 있었다. 진정 분노하고 규탄해야 할 1차적 대상은 이들이었다. 군은 사기를 먹고 사는 집단이다. 한 번의 실수 때문에 모든 것을 잃게 할 수는 없었다. 질책과 동시에

| 사상 처음으로 대통령이 직접 주재한 전군지휘관회의 2010년 5월 4일

격려가 필요했다. 군을 이해하는 모든 이들이 나서서 이런 입장을 강하게 주장했다.

대통령은 연설이나 공식적인 말씀으로 국정을 이끌어간다. 특히 특정 대상으로 특정 현안에 대한 말씀이나 연설은 그 자체가 바로 정책 의지이자 대응 방향을 결정하는 지침이다. 다른 일반 연설보다도 더욱 고도의 정무적 판단과 PI(대통령 이미지 통합관리 President Identity)가 중요하다. 이 때문에 연설 파트는 부속실, 의전 등과 함께 가장 가까이서 대통령을 보좌하게 된다. 대통령은 그동안 라디오 인터넷 연설이나 천안함 특별 연설을 통해 인명 구조 우선, 열린 조사, 희생자 애도 등을 표명했다. 그러나 군의 대비 태세 미흡 등의 질책성 연설은 이때가 처음이었다. 피격 이후 40여 일 만에 열린 지휘관 회의에서 어떤 말씀을 하느냐는 군으로서는 초미의 관심이었다. 아주 강한 메시지로 갈 것이라는 소리가 들려왔다. 국방비서관실은 연설비서관실과 긴밀히 협력했다.

"VIP께서 강하고 단호함을 보이시되, 격려와 믿음을 주셔야 합니다."

"지금까지 군이 잘한 게 뭐가 있습니까?"

"그래도 크게 보셔야 합니다. 통수권자로서 군에 대한 강한 신뢰를 보여주시는 게 중요합니다."

"연설에서 국방으로 가더니 너무 군인들 편드는 거 아닙니까?"

함께 웃으며 물러 나왔다. 다행히 연설비서관실에서 협조해준 연설 초안은 균형을 잘 잡고 있었다. 이날 대통령은 전군주요지휘관회의에서 이런 원칙을 천명했다. 안보 태세의 재점검, 매너리즘에 빠진 군의 반성, 확고한 대비 태세 구축, 합동성 강화 방안 마련 등을 강력히 주문했다. 또한 대통령 직속의 총괄안보점검회의 구성, 안보 특보 신설, 위기 대응 체계 강화 등을 발표했다.

그리고 "오늘 열리는 전군지휘관회의를 우리 군이 거듭나는 계기가 되기를 바란다. 이 지휘관 회의를 보고 있는 우리 국민들의 마음이 든든하도록 만들어야 하며, 국민들이 자랑스럽게 자식들을 군에 보낼 수 있도록 해야 한다. 훗날 역사는 천안함 사태를 통해 우리 국군이 어떻게 달라졌는가를 기록하게 될 것이다. 오늘 이 회의가 이런 막중한 역사적 책임 의식을 함께 나누는 자리가 되도록 하자."고 강조했다.

대통령은 우리 군이 천안함 이전(before 천안함)과 천안함 이후(after 천안함)로 구분되어야 하며, 군이 새롭게 나아가야 함을 천명했다. 실제 2010년 안보 위기(천안함과 연평도 피격)는 군과 정부의 대북 태세의 일대 전환점이 되었다. 2000년대 초반 국방 안보가 대북 정책에 휘둘렸던 관성에서 벗어나는 실질적 계기가 되었다. 또한 북한 대비 전력의 우위를 확보하고 우리의 확고한 응전 의지를 분명하게 밝혀 아예 적이 도발할 생각조차 하지 못하도록 하는 '선제적 억지 개념'이 뿌리내릴 수 있게 되었다. 군의 '선 조치 후 보고', '도발 원점과 지원 지휘 세력 타격' 지침은 이런 전략에서 유래된 것이다. 이 선제적 억지 전략은 박근혜 정부에서 '능동적 선제적 억지를 통한 적극적 방위'로 계승되고 있다.

한편 같은 자리에서 김태영 국방부장관은 천안함이 피격당한 3월 26일은 '국군 치욕의 날'이라고 선언했다. "경계 근무 중이던 우리 함정이 기습받았다는 데 대해 안보 태세의 허점을 드러냈고 소중한 전우가 희생됐다는 점에서 통렬히 반성하며 국군 치욕의 날로 인식하고 기억할 것."이라고 강조했다. 또 그는 우리 군이 초기 과정에서 미숙한 대처로 국민들의 안보 우려감을 자아내게 하였다는 점을 인식하고 추후 일사불란하게 가동되는 위기관리체제로 재정비해 나갈 것임을 밝혔다. 앞으로 침투 및 국지 도발에 상대적으로 소홀했던 점이 있었음을 인정하고 군사력 건설 방향을 재조정할 것임을 강조했다.

## "청와대에 내 부하도 있고…"

당시 청와대에서 실질적인 장군급 인사는 국방비서관 김병기 소장과 경호처장 김인종 육군 예비역 대장밖에 없었다. 대통령실 경호처에도 장군급이 몇 명 있었지만 이들은 경호 업무에만 한정되었다. 김인종 경호처장은 경호 수장으로서 멀리 있었고, 지휘 보고 계선에서 벗어나 있었다. 그리고 국방비서관은 비서관급이라는 한계가 있었다. 촌각을 다투는 군사적 위기 상황에서 대통령 곁에서 이루어지는 군사적 보좌는 무엇보다 중요하다. 한편으로 야당이나 언론은 대통령 이하 국무위원, 외교안보라인 고위급의 군 미필 문제를 강력히 제기했다. 군에 대한 전문적 경험이 있고 위기관리 능력을 갖춘 보좌 역량의 강화가 시급했다.

소장급인 국방비서관은 현역 신분이었다. 국방비서관이 현역으로 보임됨에 따라 수직적 계급 구조인 군의 속성상 업무 수행에 제약이 많았다. 즉 대통령을 보좌하는 비서관이었지만, 국방부나 군은 사관학교 후배 또는 장관의 부하로 인식하는 경향도 있었다. 실제 국방부 조직표에는 청와대 국방비서관실을 파견 기구처럼 그려놓기도 했다. 김태영 국방부장관은 국회 답변에서 "청와대에 제 부하도 나가 있고…."라고 답변한 적이 있다. 장관은 무심결에 늘 생각해오던 것을 그냥 말한 것일 뿐이었으나, 청와대의 많은 사람들은 상당한 충격을 받았다. 대통령을 보좌하는 비서관을, 장관은 자신의 명령을 따르는 부하로 보고 있는 것이다. 극단적 상황에서 '과연 국방비서관은 누구의 명령을 들어야 하는가.'라는 근원적인 질문이 나올 수도 있었다.

이 사건을 계기로 대통령 보좌에 더욱 충실하기 위해서는 국방비서관에 현역 장성이 와서는 안 된다는 믿음을 굳혔고 이런 인식의 공감대는 넓어져갔다. 국방 군사 분야의 정책 결정 과정에서 민간 참여 확대, 국방문민화의 필요성과 가치는 더욱 소중해졌다[05]. 이런 논의는 5월 초 김태영 국방부장관의 사의 표명을 계기로 국방부장관을 민간인으로 임용하자는 주장으로 이어졌다. 천안함 사태 과정에서 나타난 미흡한 대응 능력을 보완하고 민간과 군의 소통을 강화하기 위한 방안으로 제시되었다. 군 출신이라면 현역 예편 이후 얼마나 지나야 민간인으로 볼 수 있는지도 논란이 되었다. 남북이 분단된 현실에서 군을 이해하고 또 통제하기 위해서는 군을 제대로 아는 인사가 맡

---

05 국방개혁에 관한 법률 제3조는 문민 기반의 확대를 다음과 같이 정의하고 있다. "국방부가 효율적으로 군을 관리·지원하여야 한다는 원칙에 따라 국가의 국방 정책을 군사적 측면에서 구현하고, 민간 관료와 군인의 특수성·전문성이 상호 균형과 조화를 이루는 가운데 국방 정책 결정 과정에 민간 참여를 확대하는 것을 말한다."

아야 한다는 주장도 만만치 않았다. 김태영 국방장관 사표 수리가 늦어지고 북한의 연평도 포격도발이 발생하면서 문민 장관 임명 논의는 급격히 위축되었다. 한편 연평도 포격 사건 이후 김병기 비서관이 물러나고 신임 윤영범 소장이 임명되었다. 윤 소장은 비록 현역 신분이었지만, 곧 예편을 앞두고 있었다. 국방 전문성과 문민화 요구를 수용한 절묘한 선택이었다. 윤 소장은 2011년 5월 31일 국방비서관 재직 중 전역을 하고 민간인으로 신분이 바뀌었다. 그는 조용히 모교인 육사에서 전역식을 치렀다. 윤 비서관은 노태우 정부 이래 20여 년 만에 사상 첫 예비역 대통령 국방비서관의 기록을 세웠다.

신설된 대통령 안보특별보좌관에는 국가 위기관리에 대한 경험과 지식이 풍부한 예비역 대장급이 적임자라고 판단되었다. 5월 9일 한미연합사 부사령관을 역임한 이희원 육군대장 내정이 언론에 공개되었다. 이에 대해 일부에서는 또 육군 출신이 와야 하는가 하는 비판이 나오기도 했다. 덕장의 리더십을 가진 이희원 특보는 이후 대통령을 대리하여 군을 챙기고, 국방개혁307계획을 세우고 추진하는 데 크게 기여했다.

청와대 위기 대응 체계는 2008년 금강산에서 숨진 고 박왕자 씨 사건 이후 크게 바뀌었지만, 천안함 사태 이후 또다시 크게 강화되었다. 국가위기상황센터를 '국가위기관리센터'로 바꾸고 현역 장성이 센터장을 맡도록 했다. 초대 센터장에는 천안함 유가족 지원 업무를 총괄했던 김진형 해군제독이 임명되었다. 아울러 센터장 휘하에 기획운영팀(행정관 10인)과 위기상황팀(상황근무요원 등 13인)을 두어 보강했다. 또한 대통령실장과 안보 특보를 보고 계선에 넣어 상황의 즉각적 전파와 보좌가 가능하도록 했다. 천안함 사태를 계기로 청와대에는 육군대장 1인과 해군준장 1인이 충원되었다. 그러나 이 체계는 2010년 10월 23일 북한의 연평도 포격도발 이후 국가위기관리실로 크게 확장되었으며, 이후 박근혜 정부에서는 국가안보실로 더욱 커졌다.

천안함의 안보 위기를 철저한 국방개혁을 통해 국방 선진화를 추진한다는 방안은 오래전에 마련되어 있었다. 4월 말 국방 안보 현실 진단(국가안보총괄점검회의)→국방개혁 방향 수립(국방선진화추진위원회)→국방개혁 완수(청와대 외교안보수석실과 국방부 국방개혁실) 등 3단계 전략이 세워졌고 필요한 기구가 설치되었다. 특히 김태효 대외전략비서관 등이 중심이 되어 외교안보수석실과 정무수석실의 대응 전략을 종합하면서 큰 그림을 그려나갔다. 국가 안보와 국방 군사에 대한 전면적 진단과 점검이 필요하다는 인식 하에 국가안보총괄점검회의가 설치되었다. 이상우 위원장을 중심으로 15명으로 구성되었으며, 5월 13일 임명장을 받고 첫 회의를 열었다.

아울러 7월 1일 국방부장관 자문 기구로 되어 있던 국방선진화추진위원회를 대통령 직속 기구로 격상했다. 국방 관련 최고 전문가로 구성된 선진화추진위원회는 장기 전략, 군 구조 획득 체계, 국방 예산, 국방 운용 등 4개 소위원회로 편성되었다. 국가안보총괄점검회의가 안보 현실을 진단하고 국방선진화추진위원회가 국방개혁 과제를 발굴해 대통령에게 보고했다. 국방선진화추진위원회는 민간인 출신 이상우 위원장을 중심으로 헌신적으로 활동했다. 육해공 부대 현장 점검은 물론 충남 안흥 국방과학연구소 종합시험장에서 워크숍을 열고 미래 군의 나아갈 방향에 대해 밤을 새워가며 토론했다. 국방부 국

방개혁실이 위원회의 실무 지원을 맡았고 대외전략비서관실과 국방비서관실의 행정관들이 참석했다. 위원들은 육해공 자군 중심주의를 넘어 우리 군의 합동성과 효율성을 강화하는 방안을 찾기 위해 노력했다. 또한 싸우면 이기는 선진 강군을 만드는 기초를 제대로 닦고 반드시 국방개혁을 이루어 내겠다는 소명감과 열정에 가득 차 있었다. 이들은 능동적 억제 전략 도입, 군 장성 15% 감축(10년 내 60명) 등 총 73가지 개혁 과제를 보고했다. 외교안보수석실은 이런 성과를 바탕으로 2011년 3월 '국방개혁307계획[06]'을 성안하고 이를 추진했다.

---

06 '국방개혁307계획'은 2011년 3월 7일 국방개혁안을 군 통수권자인 대통령에게 보고한 날짜에서 따왔다. 이는 1991년 8월 18일 국방개혁안을 당시 노태우 대통령에게 보고한 '818계획'을 본뜬 것이다.

# 03

# 대동강 연어

## 어뢰에 의한 수중 폭발

5월에 접어들면서 다국적 민관군합동조사단의 각 분과별 조사와 검증 결과가 종합되기 시작했다. 결론은 하나로 모아지고 있었다. 강력한 외부 폭발에 의해 함이 두 동강 났으며, 그 원인은 비접촉 어뢰에 피격된 것으로 확인되고 있었다. 각 분과는 실험 결과 정리와 보고서를 작성하기 시작했다.

좌초설, 충돌설, 피로 파괴설 등은 가장 먼저 배제되었다. 실제 천안함 함체가 인양되고 절단면을 분석한 결과, 선체를 지탱해 주는 용골과 외판이 위로 심하게 꺾였고 주갑판도 좌현측이 위로 뒤틀려 있었다. 또 함수 함미의 용골과 배 바닥이 아래쪽에서 위쪽으로 꺾인 것으로 확인되었다. 피로 파괴는 지속적으로 반복적인 하중이 작용할 때 한계 강도 이하에서 파괴되는 현상으로 절단면은 들쑥날쑥하지 않고 비교적 매끄럽게 나타난다. 그러나 천안함 절단면은 매우 복잡하여 일반적 피로 파괴와는 상이했다. 또한 1987년에 건조된 천안함의 선체 부식률을 조사한 결과 2007년 11월 12일 실시한 정기 검사에서는 2.72%로, 2010년 4월 29일 천안함 피격 인양 후 검사에서는 3.22%로 나타났다. 이는 디젤기관실의 벽체의 부식 정도를 검사한 것으로, 기준치(제한 부식률) 20%에 비해 매우 양호했다. 비록 선령이 22년 된 노후 함정이었지만, 늘 '닦고 조이고 기름 치며' 점검하는 군 장비의 특성상 정비 불량에 의한 선체 절단 가능성은 없었다. 그리고 비슷한 시기에 취역한 천안함의 자매함도 많은데, 천안함만 피로 파괴 현상을 나타낼 리도 없었다. 세계적으로 상선이 아닌 전함이 피로 파괴로 절단된 사례는 거의 없었다.

한편, 인근 수역은 함이 좌초시킬 만한 천연 또는 인공적 구조물이 존재하지 않았다. 함체 인양 과정에서 해저 탐사가 가능한 군의 소해함과 기뢰함 그리고 한국해양연구원 소속 이어도호, 장목호 등 민간 자산, 살보함 등 미군 함정 등도 참가하여 백령도 일대 해저를 샅샅이 조사했다. 대한민국 그 어느 해안 해저도 이렇게 오래 그리고 구석구석을 조사한 곳은 없을 정도였다. 또한 다른 증거들 역시 외부 폭발로 인한 충격파와 버블효과가 있었음을 말하고 있다. 생존자들의 폭발음 청취, 백령도 해안 초병의 100m의 백색 섬광 관측 증언, 생존자 및 사체 검안 결과 화상 흔적이 없이 골절과 열창만 발견된 점 등이 그것이다.

또한 합조단 정보분석분과는 북한 해안에서 발사된 실크웜 등 지대함 미사일에 의한 피격과 수중추진기(SDV, Swimmer Delivery Vehicle)를 활용한 북한 특수부대의 공격 등의 가능성에 대해도 분석을 실시했다. 그러나 천안함 함체 분석 결과 등은 다양한 과학적 근거는 이들 공격에 따른 피해 양상과는 매우 다름을 보여주었다. SDV는 속도가 굉장히 느리고 서해의 높은 파고나 빠른 유속을 뚫고 올 가능성은 낮은 것으로 판단되었다. 〈조선일보〉 등은 북한 해상저격부대의 SDV를 이용한 '인간 어뢰' 공격 가능성을 보도했지만, 그 가능성도 배제되었다.

다음으로 미국 측이 실시한 선체 변형 분석 결과는 수심 6~9m, 가스터빈실 중앙으로부터 좌현 3m 위치에서 TNT 200~300kg의 폭발이 있었던 것으로 나타났다. 합조단은 같은 수심과 위치에서 고성능 폭약 250kg이 탑재된 어뢰 폭발로 공식 발표했다. 5월 20일 발표 후 한국과 영국은 HMX, RDX, TNT 등 천안함 흡착물에서 검출된 폭약 성분을 고려하여 2차 시뮬레이션을 실시했다. 그 결과 동일 지점에서 총 폭약량 TNT 250~360kg의 폭발이 있었던 것으로 분석되었다[07]. 수중 폭발에 의한 강력한 충격파와 버블효과가 함정 절단 및 침몰의 원인임이 밝혀진 것이다. 남은 것은 어뢰와 기뢰였다. 실제 이 둘은 선체 파손 현상이 유사하다.

---

07 2차 시뮬레이션에서 TNT 360kg에서 수심 7m, 수심 9m의 2가지의 경우를 분석한 결과, TNT 360kg으로 수심 7m에서는 천안함 선체 손상과 유사한 변형이 발생하였고 수심 9m에서는 손상 정도가 다소 경미한 것으로 확인되었다. 결국 수심 7m에서 고성능 폭약 250kg(TNT 환산 시 360kg) 폭발로 최종 분석되었다.

당시 백령도 근해의 조류를 분석한 결과, 침몰 당시 남동 방향으로 2.89노트 속도로 나타났다. 이 정도로 강한 조류에서는 기뢰부설이 제한되며, 어뢰 발사는 조류에 영향이 없었던 것으로 판단되었다. 빠른 물살을 극복하고 목표물을 타격할 수 있는 것은 약 30노트의 추진력을 낼 수 있는 어뢰밖에 없었다. 또한 백령도 부근에는 북한, 중국, 한국 어선이 빈번히 조업하고 있기 때문에 부유기뢰를 설치하는 것이 제한되었다. 자체 추진력이 없는 부유기뢰로 빠른 유속 여건 아래에서 남북중의 어선을 피해 천안함처럼 불규칙하게 움직이는 목표물을 정확하게 공격하는 것은 사실상 불가능하기 때문이다. 또 해저기뢰의 경우 수심 47미터에서 천안함과 같은 손상을 주려면 3t 이상의 폭약이 필요한데 1t 이상의 해저기뢰(Bottom Mine)는 존재하지 않았다. 이 단계에서는 우리 군이 과거에 설치했던 육상조종기뢰(MK-6)에 의한 피격도 배제되었다. 이 기뢰는 이미 불능화되었을 뿐만 아니라 폭발되더라도 폭약량이 작아(136kg) 함체를 절단시킬 수가 없었다.

그런데 극적으로 5월 15일 어뢰추진장치가 인양되면서 모든 것이 분명해졌다. 이 추진체는 북한이 해외에 수출할 목적으로 배포한 설계도와 정확히 일치했다. 그리고 어뢰추진장치에는 '1번'이란 글씨가 선명하게 남아 있었다. 흡착물을 분석한 결과 천안함 함체와 연돌 그리고 어뢰 추진체의 흡착물이 모두 동일한 성분임이 확인되었다. '칼에 묻은 혈흔이 피해자의 것과 일치한 것'이다. 이제 남은 것은 칼을 쓴 범인이 누구인지 확인해야 했다.

# 신형 CHT-02D어뢰

　어뢰 피격으로 확인됨에 따라 주변국의 잠수함정과 어뢰에 대한 정보 수집이 무엇보다 중요해졌다. 합조단과는 별도로 군은 한미연합사와 협의하여 5월 4일 한국과 미국의 국방정보본부를 주축으로 다국적연합정보팀을 구성했다. 한국 18명, 미국 22명, 호주 2명, 영국과 캐나다 각 1명 등 총 48명으로 구성되었으며, 여기에는 어뢰와 잠수함 관련 최고 전문가와 북한 정보 분석 전문가들이 참여했다. 이들은 북한의 도발 배경을 분석하고 공격 수단과 방법, 잠수함정의 어뢰 공격 운용 수단 보유, 피격일 전후 주요국 잠수함정의 활동 상황 등을 면밀히 조사했다.

　북한은 총 70여 척의 잠수함을 보유하고 있으며, 천안함을 공격한 연어급 잠수정(130t)등은 10여 척을 가지고 있다. 이들 중 일부는 서해의 황해북도 초도와 비파곶, 그리고 황해남도의 옹진 사곶과 해주 등의 기지를 중심으로 전개되어 있다. 또한 남포에는 서해함대사령부와 특수 임무를 띠고 활동하는 잠수함정 기지가 있다. 또한 정보팀은 북한이 천안함을 공격한 어뢰와 같은 총 폭발량 200~300kg 규모의 음향 및 항적유도어뢰 등 다양한 성능의 어뢰를 보유하고 있는 것으로 확인했다.

　사건 발생일을 전후하여 서해에서 기동했던 주변국의 잠수함정은 모두 식별되었으며, 그 위치가 확인되었다. 다만 북한의 잠수함정은 식별되지 않고 있었다. 여기에 연어급 1척과 공작모선 1척이 공격전에 모기지를 이탈했으며 공격 후 복귀했다. 당시 시계 불량 등의 이유로

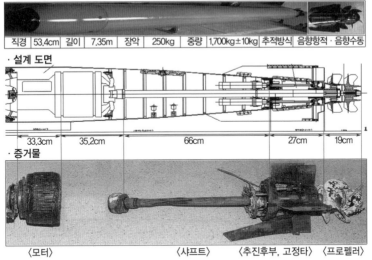

| 직경 | 53.4cm | 길이 | 7.35m | 장약 | 250kg | 중량 | 1,700kg±10kg | 추적방식 | 음향항적 · 음향수동 |
|------|--------|------|-------|------|-------|------|--------------|----------|-------------------|

· 설계 도면

| 33.3cm | 35.2cm | 66cm | 27cm | 19cm |
|--------|--------|------|------|------|

· 증거물

⟨모터⟩　　　　　⟨샤프트⟩　⟨추진후부, 고정타⟩ ⟨프로펠러⟩

| CHT-02D어뢰 형상과 수출용 카탈로그의 설계도면 그리고 인양된 어뢰 추진체

추적하지 못해 행방을 놓쳤던 잠수함정 중에서 연어급 1척이 실제 공격에 참여한 것이다.

　연합정보팀은 또한 5월 15일 인양된 어뢰 추진체의 실체 확인에 전력을 기울였다. 비록 어뢰 잔해에 1번이라는 글씨가 쓰여 있더라도 그 재원과 모델을 확증하지 못하면, 또 다른 논란에 휘말릴 수 있었다. 이 어뢰가 북한산임을 확증하는 증거가 필요했다. 그러나 실체는 너무나 간단히 확인되었다. 북한이 수출용으로 만든 카탈로그와 CD에 CHT-02D어뢰의 설계도면과 함께 사진도 실려 있었기 때문이다. 여기서 CHT는 Combined Homing Torpedo(복합자동추적어뢰), 즉 표적의 음향을 추적하거나 음파를 쏴서 표적을 추적하는 기능을 모두 갖춘 어뢰를 의미한다. 또 뒷부분의 02는 생산 연도, D는 Dual

Plane을 뜻하는 것으로 분석되었다. Dual Plane에 대해 Dual은 어뢰가 잠수함과 수상함 등 수면 위아래의 표적을 모두 타격할 수 있다는 뜻이다.

한편 CD에서 출력한 설계도에 일본어 표기가 발견되면서 관심을 끌었으나, 이는 프로그램의 호환 문제로 한글 글자가 깨져서 나타나는 무의미한 기호였다. 북한의 동일한 프로그램으로 확인한 결과, 이들 글자는 '유도장치실', '장약실' 등 어뢰의 각 구성 부품을 설명하는 북한체 한글 글씨로 확인되었다.

일부에서 중국제 YU-3G어뢰나 독일제 어뢰 등으로 추정이 있었으나 그 실체는 바로 드러났다. CD에는 북한 무역업체 '청송연합[08] Green Pine Association'이 발행한 확인서와 한글 표기 부품 사진도 함께 들었다. 도면 수치와 어뢰 추진체 실측 자료를 대조한 결과 단 한 치의 오차도 없었다. 이 자료는 천안함 공격어뢰 이외에도 PT-97W 중어뢰의 제원과 특성, 설계도가 수록되어 있었다. 카탈로그에는 가운데 붉은 별이 새겨져 있고 그 위에 '조선민주주의인민공화국 상업회의소가 청송합작주식회사는 북에 공식 등록 번호 104번으로 등록된 회사임을 확인한다.'는 문구가 영어로 명기돼 있다. 이는 국가가 판매 대리인으로 공식 인정하며, 어뢰의 성능을 보증한다는 의미인 셈

---

08 북한 무기 수출 업체 '청송연합'은 2009년 2월 노동당 작전부를 흡수·개편한 정찰총국 소속이 됐다. 이 회사는 중국과 이탈리아·오스트리아·이란·말레이시아 등 해외에 지사를 두고 국제사회의 감시망을 피해 북한의 재래식 무기 및 탄도 미사일 부품 대외 수출 등 불법 무기 거래를 하고 있으며, 이를 통해 연간 1억~5억 달러의 수입을 올리는 것으로 알려졌다. 미 재무부는 천안함 공격 등을 이유로 2010년 8월 30일, UN안보리는 2012년 5월 2일에 각각 거래 금지 등 제재 대상으로 지정했다.

이다. 그 옆에는 평양 회사 주소와 함께 85-02-XXXX로 시작하는 평양 시내 국제전화 번호도 적혀 있었다. 이들 북한 자료는 2008년 남미의 한 국가에서 활동 중이던 국내 정보 기관 요원이 입수한 것으로 알려졌다[09].

합조단과 연합정보분석팀의 분석 조사는 하나의 결론으로 모아졌다.

"천안함은 어뢰에 의한 수중 폭발로 발생한 충격파와 버블효과에 의해 절단되어 침몰되었고, 폭발 위치는 가스터빈실 중앙으로부터 좌현 3m, 수심 6~9m 정도이며, 무기 체계는 북한이 제조 사용 중인 고성능 폭약 250kg 규모의 CHT-02D어뢰로 확인되었다."

이제 북한 소행은 분명해졌다. 스모킹 건인 '1번어뢰'가 인양되었고, 그 어뢰가 북한이 운용 중인 음향감응식 CHT-02D 중어뢰임이 확인된 것이다. 가장 은밀하고 통 큰 도발을 시도했던 북한은 결국 너무나 결정적인 물증을 남긴 채 범인으로 확인된 것이다. 그리고 이는 천안함 피격 원인 조사를 위해 혼신을 다했던 다국적 민관군합동 조사단의 빛나는 성과이자 위대한 성취였다. 천안함 용사들은 NLL을 지키다 북한 기습 공격에 희생된 '전사자'로 인정되었으며, 정부는 공격 범인인 북한에 대해 강력한 대응을 천명할 수 있게 되었다. 국제사회는 북한의 도발에 분노했으며 그들의 잔인성을 다시 한 번 확인했다.

한편 5월 24일 영국의 프리랜서 라이터 '스콧 크레이튼(Scott Creighton)'

---

09 국회 국방위와 천안함 특위 등 권한을 가진 위원들은 관련한 다양한 자료를 요구했다. 이 카탈로그와 북한 발행 업체 확인서 등 관련 자료는 권한을 가진 여야 국회의원들과 보좌관 10인 이상에게 열람되었다.

이 자신의 블로그에 'A Perfect Match(완벽하게 어울리는 짝)?' 이란 제목으로 5월 20일 합조단 조사 결과 당시 공개한 어뢰 대형도면과 어뢰추진 동력장치가 다르다는 내용을 포스팅했다. 국방부는 이

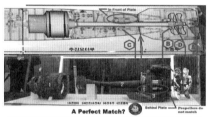

A Perfect Match?

"the 5×5 bladed contra-rotating propellers, propulsion motor and a steering section, perfectly match the schematics of the CHT-02D torpedo"

북한 'PT-97W'설계도와 인양된 어뢰 추진체의 차이를 분석한 그림[10]

런 사실을 인지하고 5월 26일 별도의 대책회의를 열었다. 그러나 내용이 사실이긴 하지만, 개인 블로그 주장인 점을 감안하여 사태를 지켜보자는 쪽으로 방향을 잡았다. 5월 28일 국내 인터넷 언론이 이런 주장을 받아서 보도하고 다음 아고라와 개인 블로그 SNS를 통해 내용이 전파되기도 했지만, 반응은 그리 크지 않았다. 국방부는 5월 26일 국정자문위원 대상 천안함 조사 결과 발표 행사 이후부터 제대로 된 정확한 설계도면을 제작해 행사 때마다 사용했다. 6월 14일 열린 UN설명회 등에서도 바른 설계도를 사용했다.

그러나 안이함은 늘 문제를 키운다. 국방부는 5월 20일 합조단 조사 결과 발표회에서의 실수를 깨닫고 즉시 바로 잡았으니 문제될 것이 없다고 판단했다. 그냥 묻혀 지나가길 기대하며, 5월 20일의 실수를 굳이 알리지 않은 것이다.

---

10 스콧 크레이튼은 '실제 어뢰의 프로펠러 축(그림 A, D)이 설계도면보다 두껍고, 설계도면에 볼록 들어가 있는 프로펠러의 모양(B)을 어뢰에서는 찾을 수 없다. 안정장치 혹은 추진 장치로 보이는 부품(C)이 설계도면에는 분리판 앞쪽에 있으나 실제 어뢰에는 뒤쪽에 있다.'며 조작 의혹을 제기했다(http://willyloman.wordpress.com/2010/05/24/the-sinking-of-the-cheonan-we-are-being-lied-to).

그러나 6월 29일 언론 3단체 대상 공개설명회에서 이에 대한 질문이 나오자 '어뢰 설계도면에 잘못이 있었음'을 시인해야만 했다. 이후 각 언론은 이를 크게 보도했다. 국방부의 '은폐' 시도 주장에서부터 '어뢰 설계도가 조작되었다.'는 식의 극단적 주장이 터져 나오기도 했다.

국방부가 어떤 이유로 무엇을 감추거나 하는 의도가 있었다면, '은폐' 비판에도 달리 할 말이 없었을 것이다. 그러나 어떤 의도가 없는 단순한 착오와 실수에 불과했다. 그럼에도 이런 막판의 실수와 허술한 대응이 또 다른 의혹거리를 제공한 셈이었다. 국방부와 군의 업무 처리 능력에도 질타가 쏟아졌다. 답답했지만, 다른 수가 없었다. 설계도가 뒤바뀐 경위를 충분히 설명하고 단순한 착오에 의한 것임을 밝히는 것이 우선 중요했다. 모든 홍보 수단을 동원해서 사실을 알려야 했다. 다행히 단순 실수임이 밝혀지면서 의혹은 사그라들었다. 그러나 '최고 전문가 합조단'의 전문성과 정부 발표의 공신력에는 또 다른 흠집이 생기는 것을 피할 수는 없었다.

언론 보도를 통해 알게 된 청와대의 다른 수석실은 국방부의 미숙한 일 처리에 격앙되었고, 책임자 징계 등 응분의 조치가 필요하다는 강력한 의견을 내기도 했다. 국방비서관실은 유구무언의 입장에, 처지도 참 궁색해질 수밖에 없었다. 정무와 홍보 등 '천안함 관계기관 대책회의'에 참여하는 다른 관련 비서관실로 급히 자료를 만들어 돌렸다. 내부 위민망으로 문서를 보내고 '우리 국방이 더 잘할 테니 널리 이해해 달라.'는 말도 덧붙였다.

그 경위는 이렇다. 5월 15일 김태영 국방부장관은 조사 결과 발표의 현장감과 사실감을 높이기 위해 어뢰 도면을 실물 크기로 공개할 것을 지시했다. 이때 연합 정보 T/F 실무자는 평택 현장으로부터 정확한 어뢰 종류를 통보받지 못한 상태였다. 당시 5월 15일 어뢰 추진체 인양부터 5월 17일까지 분위기는 'CHT-02D'보다는 'PT-97W'어뢰 쪽에 더 가능성을 두고 있었다. 그러나 5월 17일 한미 연합정보팀은 추진체와 도면 비교 등을 포함한 종합적인 검토 결과 최종적으로 'CHT-02D' 어뢰인 것으로 결론을 내렸다. 이런 최종 결론이 도면 출력을 담당했던 실무자에게 제대로 전달되지 못했고, 책임자들은 이를 확인하지 않았다. 실무자는 자신이 파악하고 있던 대로 CD에 들어 있던 설계도 중 PT-97W어뢰 설계도를 골라 스캔 작업을 한 것이다. 이 설계도는 5월 17일 국군 인쇄소에서 그대로 출력되었고 도면 비교도 하지 않은 채 20일 발표장에 걸린 것이다. 20일 합조단 조사 결과 발표장에서는 평택에서 제작한 CHT-02D어뢰 소형 설계도와 '1번어뢰 추진 장치' 그리고 PT-97W어뢰 대형 설계도가 동시에 제시된 것이다. 행사장에서는 대형 설계도와 어뢰 추진체가 차이가 있음을 누구도 알아채지 못했다. 2010년 10월 22일 국회 국정 감사에서 박정이 합조단 단장은 "실무자의 착오에 불과했으며, 책임질 일이 있으면 전적으로 책임지겠다."고 증언했다.

## 연어급 잠수정

천안함을 쏜 어뢰는 피격 며칠 전 우리 추적을 따돌렸던 북한 연어급(130t) 잠수정이 쏜 것이다. 북한은 로미오급 잠수함(1800t급) 20여 척, 상어급 잠수함(300t급) 40여 척과 연어급(130t급)을 포함한 소형 잠수정 10여 척 등 총 70여 척을 보유하고 있다. 연어급은 상어급보다는 작고 유고급 잠수정(85t급)보다는 큰 것으로, 수출용으로 건조되었다.

북한 상어급 2척은 3월 23일부터 28일까지, 연어급 잠수정은 3월 24일부터 31일까지 미식별된 상태였다. 비파곶과 남포의 해군기지 등이 구름에 가려져 있어 우리 감시자산은 이들이 사라진 순간을 포착할 수 없었다. 공작모선은 우리 감시자산의 통상적 감시권 밖인 서해 공해상에서 미리 대기하고 있었고, 연어급 잠수정은 3월 24일 비파곶 기지를 출항하여 모선과 만났다.[11]

여기서 잠수정은 공작 모선으로부터 필요한 지원을 받고 스노클 마스트만 수면에 노출한 채 공해상으로 남하하다, 백령도 서남방으로 은밀히 침투했다. NLL을 넘어 바로 내려올 경우 강한 조류 때문에 은밀한 침투가 쉽지 않았기 때문이다. 장산곶과 백령도 사이의 인당수는 효녀 심청을 제물로 삼아야 할 만큼 조류가 강하기로 유명하다. 연어급 잠수정은 25일 오후 백령도 서북쪽 천안함의 경비 수역 외곽에 도착해 매복에 들어갔다. 그러나 이때 천안함은 기상 악화 때문에 경계 수역을 이탈하여 대청도 서방에 닻을 내리고 피항 중이었다. 이

---

11 천안함 공격조인 공작 모선과 잠수정이 함께 움직였는지는 확실하지 않다. 거의 비슷한 시기에 우리 감시자산에서 사라졌을 뿐이다. 여기서는 따로 움직인 것으로 본다. 따로 움직일 경우 우리의 정보 감시 체계를 피할 가능성이 높거나, 포착되더라도 통상적인 훈련 등으로 위장하기 쉽기 때문이다.

매복 수역은 백령도 어민들의 어망이나 정치망도 없어 작전이 용이했다.

북한 신형 잠수함정의 우리 함정 탐지 거리는 18km 정도로 우리 초계함(PCC)의 그것보다 비교가 불가능할 정도로 월등했다. 또한 북한 잠수정에 장착된 어뢰의 사거리는 12km 이상으로, 천안함 소나의 탐지 거리보다 몇 배 이상 길었다. 잠수정은 천안함이 탐지할 수 없는 먼 거리에 숨어서 멀리서 보고 사거리가 긴 어뢰를 쏠 수 있었다. 북한 신형 잠수함정의 성능은 날로 나아지고 있었지만, 초계함급의 대잠 능력은 제자리걸음이었으며 해상전 위주의 기존 작전 방식을 유지한 것이다. 특히 북한이 이란에 수출한 가디르급(연어급) 잠수정의 성능은 매우 놀라웠다. 그러나 군은 북한 잠수함정의 우리 수상함 공격 가능성을 높이 평가하지 않았으며, 따라서 이 분야에 대한 전력 증강과 대비 조치가 매우 미흡했다. 1980년대 후반기 함정인 천안함은 20년 전 장착된 구형 소나를 그대로 달고 작전에 임했던 것이다. 2000년대 후반기에 만들어진 연어급 잠수정과의 성능 차는 너무나 현격했다.

잠수정이 어뢰를 발사하기 위해서는 6노트 이상의 속도로 기동해야 하고 발사 침로 유지를 위해서 5노트 이상 속도를 유지해야 한다. 또 조류 속도의 영향을 덜 받기 위해서 수면 근처보다는 최소 30m 이상 수심이 깊은 곳에서 어뢰를 발사해야 한다. 수상함과 잠수함의 대결에서 이길 수 있는 조건을 모두 갖춘 북한 잠수정은 미리 좋은 지점에 매복한 채 기습 공격을 기다렸다. 다음은 당시 수역 상황과 천안함 기동 그리고 관련 합조단 판단과 북한 잠수정 공격 방법 등을 종합하여 분석한 추정 결과이다.

"북한 잠수정은 25일 오후 천안함 경비 수역 외곽에서 진입해 목표물을 찾았다. 그러나 태풍으로 피항했던 천안함은 아직 나타나지 않고 있었다. 좋은 위치를 찾아 매복하면서 기다려야 했다. 천안함은 26일 8시 30분 임무 수역에 복귀했다. 파고는 3.5m 정도로 여전히 높았다. 천안함은 함장의 '잠수함 대응 지침'에 따라 1~3마일 정도마다 침로를 급격히 바꾸며 불규칙하게 기동했다. 잠수정은 수심이 깊을수록 작전하기 용이했다. 천안함이 수심이 깊은 지점으로 나올 때를 노려야 했다. 천안함은 11시, 13시~14시 30분, 17시, 19시 등 여러 차례 수심 50m 이상 수역으로 진입했다가 다시 백령도 인근으로 들어갔다. 특히 천안함은 도전골든벨 행사가 시작되던 14시를 포함하여 17시와 19시 즈음에는 잠수정과 근접하기도 했다. 그러나 천안함 음탐기는 탐지 거리 바깥에 숨어 있는 잠수정을 찾아내지 못했다. 잠수정은 어뢰를 발사하지 않고 때를 기다렸다. 우선 발사 각도가 좋지 않았다. 이때는 천안함 함수와 정면으로 맞서거나 천안함 꽁무니를 보고 쏴야 했기 때문이다. 이 경우 어뢰가 스크루나 함수 아래에서 폭발하게 되고 그 경우 피해가 상대적으로 적었다. 그리고 주간 기습은 발각될 위험이 높았고 은밀한 도주가 용이하지 않았다. 잠수정은 끈질기게 에이치 아워(H hour)를 기다렸다. 날이 어두워지기 시작했다. 북한 잠수정은 남동쪽으로 흐르는 조류를 타고 모든 소음을 죽인 채 잠항하여 경비 구역 안으로 파고들었다. CHT-02D어뢰의 사거리는 12km 이상이었지만, 유효 사거리는 3km 정도였다. 목표물에 가까울수록 명중률이 높았다. 공격 대기 지점인 백령도의 8시 방향 남서방 5마일 지점이었다. 드디어 밤이 되었다. 이날 밤은 월광 81% 수준으로 달빛이 좋아 표적 탐지 및 식별도 비교적 쉬웠다. 시간은 흘러갔지만, 기회는 쉽게 오지 않았다. 20시부터 천안함은 먼 바다로 나오지 않고 백령도 연안과 3.5km 정도 거리를 두고 152도 방향으로 동남진을 시작했다. 천안함은 21시 5분 백령도 쪽으로 45도 변침하면서 속력을 높였다. 일반적으로 배가 항로를 바꾸는 순간 파도를 배 옆쪽으로 받게 되면 배가 많이 흔들리게 된다. 천안함은 파도의 영향을 최소화해 배가 덜 흔들리게 하기 위해 속력을 9.4노트로 올렸다. 변침이 완료되자 속력은 5.2노트로 떨어졌다. 백령도 방향으로 나아가던 천안함은 21시 10분 327도 북서 방향으로 최후의 대변침을 실시했다. 천안함은 백령도 두무진 방향으로 해안선과 나란히 6.7노트로 움직였다. 21시 17분께 마침내 공격이 용이한 수심 50m지점으로 접어들었다. 이때 잠수정은 천안함의 8시 방향에 있었다. 천안함은 함의 좌현을 잠수정에 그대로 드러낸 채 북서 방향으로 움직이고 있었다. 잠수정이 천안함의 함 중앙을 공격할 수 있고 명중률이 극대화된 최적의 각도였다.

북한 연어급 잠수정은 29m 크기로, 좌우 발사관에 직경 54cm(21인치) 총 길이 7.35m 폭발 장약 250kg, 무게 1.7t의 CHT-02D어뢰 2발을 장착하고 있었다. 천안함의 항적을 추적하던 북한 잠수정은 수심 40m 지점에서 공격 대기를 하다 수심 10m로 부상해 잠망경을 꺼내 최종 목표를 식별했다. 다른 변침 없이 10여 분째 북서 방향으로 움직이는 천안함 불빛이 확인되었다. 그리고 다시 수심 30m지점으로 잠항한 후 천안함과 거의 같은 속도로 접근하면서 3km 떨어진 거리에서 어뢰 1발을 발사했다. 어뢰는 수심 30m 지점에서 유속 2.89노트의 썰물을 가르며 30노트 이상의 속도로 비스듬히 상승했다. 어뢰는 천안함의 추진기와 엔진으로부터 방사되는 소음을 탐지하여 가스터빈실 방향으로 진입했다. 어뢰는 천안함을 향해 곧장 나아가 가스터빈실 좌현 3m 아래, 수심 약 6∼9m 부근에서 근접신관의 감응으로 정확하게 폭발했다. 어뢰 발사 후 3분 남짓

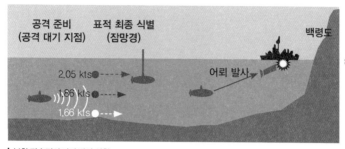

| 공격 준비 | 표적 최종 식별 | | 백령도 |
|---|---|---|---|

북한 잠수정의 어뢰 발사 상황

한 시간이었다.

　폭발 몇 초 후 물기둥이 함 중앙을 치고 올라오는 모습을 보며 명중임을 확인한 잠수정은 서해쪽 공해상으로 도주했다. 피격 1시간 20분 후 대북 경계와 도주로 차단을 위해 속초함이 백령도 서방 경계 수역에 도착했다. 속초함은 북쪽 NLL 방향을 수색하다가 레이더에 걸린 특이 물체를 탐지하고 포탄을 쏘기 시작했다. 이미 잠수정은 우리 군의 서쪽 작전경계선 AO(Area of Operations) 바깥 공해상으로 도주한 후였다. 그리고 이 잠수정은 서해 공해상에서 다시 공작 모선과 만났다. 최신형 연어급 잠수정은 30일 모기지에 복귀했으며, 31일 식별되었다."

　연합 정보분석팀은 당초 어뢰를 쏜 잠수함이 상어급인 것으로 판단했다. 상어급의 어뢰 운용 전술은 이미 파악하고 있었고, 피격 전후에 한미 모두 상어급 2척도 역시 미식별 상태임을 알고 있었기 때문이다. 그러나 다국적 연합 정보 분석 과정에서 한미가 공유한 추가적인 영상정보 등과 다른 자료가 융합되었다. 연어급은 북한이 이란에 3척 수출한 가디르급과 같은 것이었다. 가디르급은 구형 상어급에 비

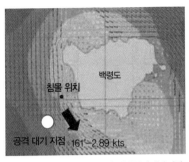

| 피격 위치 조류 방향과 북한 잠수정의 공격 대기 지점

해 신형이었고 무엇보다 속도가 빨랐다. 이 가디르급의 능력과 성능, 적외선 카메라 등 야간 관측 장비 장착, 수거된 어뢰 잔해물 그리고 연어급과 상어급의 비교 영상 정보 등을 종합적으로 분석한 결과 최종 연어급으로 판단되었다. 무엇보다 어뢰 발사 이후 우리 영상 정보에 다시 잡힌 그 연어급 잠수정은 외관상으로도 그 이전과 다른 모습을 보였다.

## '대동강 연어'의 출생지

북한은 연어급 잠수정이 없다고 공식 부인했다. 그러나 우리 군은 2005년부터 연어급을 식별 탐지하고 추적해왔다. 이런 연어급, 상어급 등의 명칭은 북한에서는 사용하지 않았지만, 한미가 북한 잠수함정을 구분하기 위해 붙인 분류 체계로, 세계적으로 통용되고 있다. 2009-2010 제인연감(Jane's Fighting ships)에도 R급 : 1,800t급, 상어급 : 300t급, 연어급 : 130t급 등으로 연어급이 기록되어 있다. 확인된 연어

평양시 낙랑구역 평양조선소에서 구글어스에 찍힌 연어급 잠수정

북한이 수출용으로 건조한 MS-29 잠수정으로 평양에서 진수레일 위에 얹혀져 있는 것을 찍은 것이다. 이 MS-29가 바로 연어급 잠수정이다.

급 잠수정의 폭은 2.75m와 3.2m의 두 종류가 있다. 북한이 이란에 수출한 가디르급(Ghadir class, 연어급) 잠수정의 폭은 2.75m이고 북한이 보유하고 있는 연어급 잠수정의 폭은 3.2m이다. 군사 부대의 정보를 담은 전투서열 중 북한 해군의 연어급은 길이 28.5m, 폭 3.2m, 톤수 130t 등으로 되어 있다. 반면 이란 잠수함정 분류에는 YONO(IS 120) CLASS 길이 29m, 톤수 123t 등으로 나와 있다. 특히 이 잠수정은 2003년 12월 이란에 수출되어 운용 중인 사례가 확인되었다. 2008년 이란 해군은 성능이 개량된 가디르급 잠수정 한 척을 추가로 실전 배치했다. 북한은 유고급(85t)을 개량하여 연어급을 만들었고 지속적인 기술 개발과 성능 개선을 통해 이란에 가디르급 잠수정을 수출했다. 북한의 수출용 홍보책자에는 연어급 잠수정을 'MS-29' 모델로 표시했고 21인치 중어뢰 2기를 장착하거나 어뢰 대신 기뢰 10발을 장착할 수 있다고 소개되어 있다. 또 재원은 배수량 130t, 길이 29m, 최대 시속 10노트 등으로 되어 있다. 북한의 유고급은 중어뢰를 쏠 수 없었으나, MS-29 수출용인 가디르급부터는, 구경 53.3cm(21인치)의 중어뢰를 발사

| 북한 연어급을 기반으로 만들어진 이란 가디르급 잠수함

할 수 있었다. 천안함을 격침시킨 CHT-02D가 바로 21인치 중어뢰이다. 이란 수출 등의 방산 협력을 통해 북한 잠수정의 성능은 더욱 향상되었으며, 천안함을 쏜 최신 연어급 잠수정에는 적외선 야시 장비가 장착되고 스텔스 기술까지 적용되어 있었다. 결국 'MS-26, 가디르급, 연어급'은 130t급 북한 잠수정의 각각 다른 이름일 뿐, 같은 모델인 것이다. 연어급의 제원과 성능 등은 이란이 운용 중인 가디르급을 보면 쉽게 알 수 있으며, 실제 천안함을 쏜 연어급의 정보와 성능을 확인하는 데 크게 도움이 되었다.

북한은 천안함을 공격하기 위해 잠수함정을 동원하는 '통 큰 도발'을 기획했다. 이를 위해 수심이 얕은 서해에서 효과적으로 운용할 수 있고 중어뢰를 쏠 수 있는 정도의 무장력을 갖춘 '맞춤형 공격 수단'을 동원했다. 그리고 자신들이 수출용으로 자신 있게 내놓은 최고 성능의 신형 어뢰를 장착해 내보냈다. 그것이 바로 고성능 CHT-02D어뢰를 장착한, 갓 생산된 최신형 연어급 잠수정이었다.

그리고 한미의 감시자산이 북한에 있는 130t급 잠수정을 찍은 영상 정보는 무수히 많다. 더욱 놀라운 사실은 구글어스가 2006년 4월에 찍은 평양시 낙랑구역의 '평양조선소' 모습에는 연어급 잠수정이 정확하게 나와 있다는 점이다. 군사 위성이나 군 영상 정보가 아닌, 민간 상업 위성에 문제의 잠수정이 찍힌 것은 대단히 이례적이다. 북한의 부인을 반박하는 훌륭한 증거이다. 조선소 마당 진수레일 위에 올려져 있는 연어급 잠수정은 130t, 28~30m, 폭 3.5m 이하로 상어급 36m, 3.8m보다 더 작다. 이 평양조선소는 연어급 잠수정을 비롯 침투용 특수 선박을 주로 만든다.

사진에는 잠수정뿐만 아니라 얼어붙은 대동강으로 잠수정을 진수시키면서 생긴 것으로 보이는 얼음 구멍도 그대로 나와 있다. 상어급 이상은 북한 서해와 동해의 군수 공장에서 만들어지지만, 연어급은

| 평양시 낙랑구역 평양조선소 전경 (2009. 12. 20.). 잠수정 진수레일 끝에 의문의 얼음 구멍이 보인다.

크기가 작아 대동강변의 육상 건조 및 진수도 가능하다. 또 선체가 물에 잠기는 깊이인 흘수가 3미터 내외로 대동강을 따라 오르내리는 데 문제가 없다.

청와대의 국방비서관실 벽에는 평양조선소가 표시된 평양시 전도가 걸려 있었다. 지도를 보며 천안함을 공격한 연어급 잠수정의 활동을 생각하곤 했다. 평양산 연어는 대동강을 타고 내려와 송림을 지나 남포기지에서 임무를 하달받는다. 이 연어는 서해갑문을 통과하여 바다로 나가고 황해도 비파곶 기지 등을 전진 기지로 삼아 작전하고 있다. 그리고 남포 모기지에 돌아와 쉬거나 수리를 받는다. 큰 고장이 생기면 다시 강을 거슬러 평양으로 들어간다. 이런 특성은 실제 강을 타고 내려오거나 거슬러 올라가는 연어의 모천회귀 습성과 다르지 않다.

구글어스 영상을 통해 보면, '대동강 연어'와 상어급 잠수함정은 남포기지에서 심심치 않게 발견된다. 남포기지는 과거 우리의 쌀 배(대북 식량 지원을 위한 쌀 지원선)들이 정박하여 쌀을 내렸던 남포내항과 대동강 상류 동쪽의 새로 건설 중인 컨테이너 선석 중간에 자리 잡고 있다. 구글어스 등

| 구글어스가 찍은 남포 기지의 잠수함정들

이 찍은 남포 기지 영상에는 연어급 잠수정 또는 그보다 조금 큰 상어급 잠수함이 눈에 띈다. 천안함 공격 이후 연어급이 노출되면서 굳이 감출 필요가 없어졌고 또 전력화되어 활발하게 활동하고 있기 때문인 것으로 보인다.

한편 천안함을 공격한 CHT-02D어뢰는 2008년 평안남도 개천시

| '대동강 연어'의 활동

의 '1.18 공장'에서 만들어진 것으로 보도되었다. 이 공장은 주로 탄도 미사일 엔진 관련 부품을 만드는 것으로 알려졌으나, 한 탈북자는 "2002년 김정일이 이 공장을 현지 지도하고 나서부터 어뢰 부품 생산이 이뤄졌다."고 증언했다. 어뢰 부품은 각 군수 공장에서 만들고 최종적으로 조립 공정을 거치게 된다. 평양과 남포 사이에 있는 대안전기공장에서 조립되는 것으로 알려졌다. 평양에서 만들어진 연어급 잠수정은 대안전기공장의 어뢰를 싣고 대동강을 따라 내려가 남포와 비파곶 등을 중심으로 활동하고 있다.

2010년 5월 31일 국방부가 구글어스 지도에 연어급 잠수정이 찍혀 있다는 보도 자료를 내자, 네티즌들은 큰 관심을 보였다. 그리고 이 영상 자료를 통해 북한 군 기지와 군사 시설을 찾아보기도 했다. 이를 확인하기 위해 탈북자들의 증언을 참고하기도 했다. 또한 구글어스가 영상 지도를 최신판으로 계속 업데이트하면서 특정 지역의 변화상을 시계열적으로 추적할 수 있게 되었다. 어느 대학원에서는 구글어스 영상을 활용, 북한 여러 지역의 장마당 크기 변화를 측정하여 이를 북한 시장화를 재는 척도로 이용하기도 했다.

한편 구글어스를 활용한 '북한 찾아보기' 현상 때문에 생각지도 않은 해프닝이 벌어지기도 했다. 2011년 4월 〈월스트리트저널(WSJ)〉은 미국의 한 위성사진 전문가가 구글어스를 이용하여 찾은 원산 인근 '강다리 공군기지'를 보도했다. 그런데 이 사진을 '새로운 기지를 건설하고 있다'며 'Korea Realtime'이라는 면에 게재해 버렸다. 이 기지는 격납고를 터널식으로 만들어 대단히 특이한 모습을 하고 있다. 그런

**북한 원산 인근 강다리 공군기지를 보도한 〈월스트리트저널〉**

데 국내 언론들도 이를 확인하지 않고 기사화하는 바람에 마치 새로운 기지가 발견되었거나 특이한 사실이 있는 양 한 동안 부산스러웠다. 확인 결과 이미 2002년부터 공사가 진행되었고 우리 군 정보당국도 계속 추적해오던 사안이었다. 실시간 위성이 찍은 사진도 아닌 수년 전에 찍은 구글어스 사진을 두고 새로운 것인 양 알려지면서 벌어진 해프닝이었다.

# 전쟁 중에
# 장수를 바꾸지 않는다

## 택일 - 어려울수록 정도를 걸어라

천안함 피격 원인이 어뢰에 의한 외부 폭발로 결론이 모아지고 있는 중에 5월 15일 어뢰 추진체가 발견되었다. 이 어뢰 추진체의 출처를 밝히는 데 며칠의 시간이 소요되었다. 합조단의 조사 발표 이후에는 조사 결과에 따른 정부의 대응 방침을 밝히는 절차가 필요했다. 대통령은 과학적인 조사 결과 이후 응분의 모든 조치를 취하겠다고 말해왔다. 이제 범인과 증거가 분명히 밝혀진 것이다. 이제부터는 북한에 대한 규탄과 응징 국면으로 접어든 것이다. 이제 국방 군사 중심에서 국방 군사+외교+정무 등 복합적 양상으로 대전환이 이루어지는 것이다.

| 3. 26. | 4. 15. | 4. 25. | 4. 29. | 5. 20. | 5. 24. |
|--------|--------|--------|--------|--------|--------|
| 피격 발생 | 함미 인양 | 함수 인양 | 장례식 | 합조단 발표 | VIP 담화 |

| 위기 대응/구조 | 탐색/인양 | 장례 추모 | 진상 조사 | 규탄/응징 |
|---|---|---|---|---|

조사 결과 발표 타이밍은 그래서 대단히 중요했다. 합조단은 내부적으로 5월 20일을 D-day로 잡고 준비를 진행해오고 있었다. 당연한 말이지만, 홍보수석실은 합조단 조사 결과 보도가 극대화되고 VIP 담화의 국민적 관심을 높이는 방안을 찾았다. 합조단 발표가 끝나면 바로 대통령의 후속 조치 발표가 이어지는 것이 자연스러웠다.

그러나 다른 일정과 정무적 고려 요소들이 너무 많았다. 20일은 6·2지방선거 공식 선거운동 시작일이고, 21~23일은 부처님오신날 연휴였다. 23일(일)은 고 노무현 대통령 서거 1주기 추모일이었다. 이미 학술 행사, 전시회, 음악회 등 다양한 추모 행사가 열리고 있었다. 야당은 1주기 추도식을 계기로 6·2지방선거 승리를 위한 '노무현바람(노풍)'으로 연결시키고 정권심판론의 불을 당기길 기대하고 있었다. 반대로 한나라당은 천안함 사태를 '안보 위기론'으로 연결시켜 보수 지지층 결속과 부동층 흡수에 도움이 될 것으로 믿고 있었다. 천안함 결과 발표가 선거에 영향을 미칠 수 있는 중대한 요인이라는 데는 모두가 인식하고 있었다. 특히 정치권은 유불리를 따지며 나름의 계산을 하고 있었다.

합조단 발표를 1주기 추모 기간이 끝나는 23일 이후로 하자는 주장부터 아예 조사 결과 발표조차 지방선거 이후로 연기하자는 의견이 나오기도 했다. 그러나 국가의 명운을 좌우할 중대 발표가 국내 정치 일정에 영향을 받을 일이 아니었다. 이런 안보적 사안은 순리대로 풀어나가야 했다. 정치권이 결과를 유리하게 해석하고 활용하는 것은 선거나 정치의 과정일 것이다. 그러나 군과 정부가 안보적 사안을 두고 이것저것 재는 것은 옳지 않았다. 좌고우면하는 것이 더 큰 정치적 오해를 살 수 있었다. 어려울수록 정도를 걸어야 했다.

한편 5월 18일 이명박 대통령은 미국 오바마 대통령과 통화하면서 천안함 조사 결과와 우리 정부의 후속 조치 내용을 설명했다. 19일에는 일본, 러시아 등 주변 4개국 대사를 불러 설명하도록 했으며, 주요 30개국에도 서울 주재 무관을 불러 설명하거나 관련 자료를 보냈다. 그러나 합조단 참여 문의조차 거부했던 중국은 자국 무관에게 조사 결과를 설명하겠다는 우리의 제의 역시 거부했다. 또한 여야 정당에도 관련 사실을 통보했다. 청와대 박형준 정무수석은 민주당에 천안함 조사 결과를 미리 보고하겠다고 연락했으나, 민주당은 이를 거부했다.

그리고 청와대 홍보수석실은 담화 발표일과 관련한 브리핑을 통해 "20일 천안함 합동 조사 결과 발표 직후 대국민 담화를 발표하는 방안도 검토했으나 21일은 석가탄신일, 23일은 노무현 전 대통령의 서거 1주기인 점 등을 감안해 내주로 시기를 미뤘다."는 내용도 덧붙였다.

합조단 조사 결과 발표를 앞두고 5월 19일 '제3차 천안함 대책회의' 가 열렸다. 종합 조사 결과 발표 점검과 후속 대응 방향에 대한 논의가 집중되었다. 5월 21일에는 청와대의 속칭 벙커에서 NSC가 소집되어 3시간에 걸쳐 후속 대책을 점검했다. 이날 회의에서는 천안함 사태 관련 후속 대북 제제 조치, 국제 공조와 군 대비 태세, 남북 관계와 국가 신인도 관리, 사이버 테러를 포함한 북한의 비대칭 위협 대비 등에 대해 집중 논의되었다.

당초 합조단이 준비한 일정대로 5월 20일 조사 결과가 발표되면, 대통령 담화는 휴일 이후 가장 빠른 월요일(24일)이 적정했다. 이 역시 다른 고려 요소는 개입할 이유가 없었으며, 미룰 일이 아니었다. 선거일 전의 그 어떤 날을 택해도 '선거에 이용한다.'는 일부의 비난은 나올 수밖에 없었다. 그렇다고 선거를 이유로 6월 2일 이후로 미룰 수도 없었다. 대북 제제 방안인 5·24조치의 내용도 정치와 선거를 고려할 사안이 결코 아니었다. 이미 여러 차례 밝힌 대로 천안함을 공격한 세력에 대한 '단호한 응징'만이 있을 뿐이었다.

한나라당은 합조단의 조사 결과와 5·24조치를 지지했으나, 민주당은 합조단 조사 결과 검증을 위한 국회 국정조사를 요구했다. 야당은 조사 결과 발표 시점에 대해 '신북풍, 선거용'이라며 비판했다. 또한 5·24조치는 대북 강경 노선으로 적절하지 않으며 오히려 화해와 협력으로 나가야 한다고 주장했다. 이런 방향은 천안함 관련 국회 결의안 통과에도 그대로 반영되었다. 민주당이 주축이 된 84명의 의원들은 결의안에 '대북 규탄' 대신 '6·15 정신과 대화 촉구'를 포함시키기도 했다.

민노총은 5월 25일 청운동사무소 앞에서 공동 기자회견을 열었고 5월 26일에는 외교부 앞에서 클린턴 미 국무장관 규탄 시위를 벌였다. 한국대학생연합도 지방선거일까지 총력 투쟁 전개를 주장했다. 한편 보수 쪽의 움직임도 시작되었다. 5월 24일과 25일 탈북자 단체와 보수 단체들이 북한 규탄 기자회견을 했으며, 5월 27일 서울 시청에서 북한응징결의대회를 열었다.

합조단 조사 결과에 대한 국내 여론조사는 합조단 발표에 대해 신뢰 70, 불신 30으로 나타났다. SNS와 인터넷은 북한 규탄과 '북풍 조작'을 주장하는 글로 진영이 뚜렷하게 구분되면서 뜨겁게 달아올랐다.

'천안함의 정치화'

이는 천안함 사건의 가장 큰 특징 중의 하나이다. 천안함 사태는 조사 발표 및 대통령 담화 시점이 고 노무현 대통령 서거 1주기와 6·2지방선거라는 정치적 일정에 끼어 증폭되면서 정치화의 굴레를 짊어지게 된 것이다. 이는 천안함 진실이 가진 운명인 것이다. 북한 소행이 명확한 천안함의 진실과 이에 따른 객관적 조사 결과는 6·2지방선거 한가운데 놓이면서 정략적 이해관계에 따른 정치적 사안으로 굴절되었다. 특히 야당과 좌파단체들은 '여당을 찍으면 전쟁이 난다.'는 전쟁위험론을 제기했으며, 6·2선거가 '전쟁이냐 평화냐'의 선택이라고 주장했다. 천안함 조사 결과와 대통령의 특별 담화 발표는 정부 여당의 '선거용 북풍 조작'으로 낙인 찍혔으며, 진보 보수 프레임에 갇히면서 천안함의 진실은 왜곡되었다. 여기 의혹 세력의 무수한 괴담과 유언비어 그리고 북한의 대남 사이버심리전이 효과를 나타내면서 천안함 진실은 정치에 의해 가려졌고 의혹은 상상할 수 없을 정도로 증폭되었다.

# 5·24조치, '신의 수'

북한 소행임이 밝혀진 직후 북한의 '전면전쟁' 도발 위협이 강도를 더해갔다. 이에 맞서는 군과 한미 연합의 대북 경계 태세도 더욱 강화되었다. 천안함 피격 이후 계속 이어지는 전군 대비 태세 강화 조치로 오래전부터 장병의 피로를 호소하는 목소리도 나왔지만, 한 치도 소홀히 할 수는 없었다. 5월 20일 국가 테러 경보 위기 수준이 격상되었고 복무 기강 확립 지시가 하달되었다. 유사시 즉각 대응 태세가 발동되었고 특히 서북도서는 준전시 상태로 돌입했다. 해군의 함정과 공군 전투기의 비상 대기 전력도 증원되었다.

대통령은 5월 24일 오전 10시 전쟁기념관에서 대국민 담화를 발표했다. 북한에 대한 응징 조치인 이른바 5·24조치다. 이후 외교 통일 국방 등 안보 관계 세 장관은 합동 기자회견을 통해 각 부처별로 구체적인 응징 조치를 설명하는 성명을 발표했다. 이로써 남북 관계의 한 국면을 이루는 이른바 '5·24의 시대'가 시작된 것이다. 천안함 사태는 과거 참수리급 등이 맞붙은 해전들과는, 남북 관계는 물론 군사 및 한반도 정세 측면에서 그 차원을 달리했다. 5·24조치는 남북 교류 협력을 완전히 동결시켰다. 지난 '6·15시대(2000~2007)'의 교류 협력 성과는 물론 그 한계까지 완전히 얼려버렸다. 한여름에서 가을을 지나 한겨울로 계절이 바뀌듯, 교류 협력의 '6·15시대'에서 과도기의 이명박 정부 2년(2008~2010. 5.)을 지나 현상 동결의 '5·24시대(2010. 5.~)'로 바뀌었다.

또한 군사 안보적 측면에서 안보 현실을 자각하는 계기가 되었다.

"세계에서 가장 호전적인 집단과 대치하고 있다는 현실을 잊고 있었다."는 대통령의 연설은 이를 말해준다. 이런 천안함과 이후의 연평도 포격도발(2010. 11. 23.)은 국민들의 안보 의식을 보수화시켰고 대북 경각심을 새롭게 했다. 또 국제적으로는 중국의 G2 부상을 군사 안보적 측면에서 확인시키는 계기가 되었다. 중국은 국제적으로 북한을 옹호했으며, 서해에서 항모가 포함된 한미 군사 훈련에 대해서는 강력한 태클을 걸었다. 군사적 굴기(屈起)의 시작이었다.

대통령의 대국민 담화의 날짜는 확정되었지만, 장소를 두고도 여러 의견이 있었다. 이를 위한 실무 회의가 열렸다. 의전, 경호, 국정 홍보, 메시지, 국방 등 여러 비서관실의 행정관들이 모였다. 천안함이 있는 평택2함대나 청와대 춘추관 등이 나왔고 또 대국민 PI 차원에서 새로운 곳을 검토해야 한다는 의견도 강하게 제기되었다. 결국 다양한 논의와 단위의 검토 끝에 6·25전쟁 영웅과 안보 희생자들의 흉상이 있는 전쟁기념관 호국 추모실로 결정되었다.

곧바로 천안함 희생자 46인과 고 한주호 준위의 이름이 5월 23일 전쟁기념관 동쪽 회랑 벽면의 전사자 명비에 음각으로 새겨졌다[12]. 이 나라가 있는 한 그리고 우리 국민이 있는 한 영원히 기억되어야 할 이름이었다. 대통령은 이런 마음으로 대국민 담화를 발표한 뒤 '전사자 명비'를 참배했다.

대통령은 특별 담화에서 천안함 사건의 성격을 '대한민국을 공격한 북한의 군사 도발'로 정의했다. 또 UN헌장을 위반했으며 정전협정과

---

12  2010년 7월 21일 힐러리 클린턴 미국 국무장관과 로버트 게이츠 국방장관은 이곳을 찾아 헌화했다.

남북기본합의서 등의 남북 간 합의를 깨뜨렸다고 지적했다. 북한에 대해 대한민국과 국제사회에 사과하고 관련자를 처벌할 것을 요구했다. 나아가 "안보 태세를 확고히 구축하고 군 기강을 재확립하며 군 개혁에 속도를 내겠다."고 말했다. 외교·통일·국방부 장관은 각각 천안함 사건의 UN안보리 회부, 북한 선박의 우리 영해 운항 불허, 남북 교역 및 방북 중단, 대북 지원 신규 투자 금지, 대북 심리전 재개, 한미 연합 훈련 추진 등의 조치를 발표했다.

5·24조치는 천안함 피격 이후 64일 지난 시점에서 발표되었다. 천안함은 매복 기습을 당했고 당시에는 범인이 누군지, 어떻게 당했는지 특정할 수 없었다. 심증은 가지만 물증이 없었다. 2달여 동안 범인 색출을 위해 노력했고 마침내 범인과 물증을 찾아낸 것이다. 그러나 시간이 한참 흘렀다. 대북 제제 조치는 이런 시간적 흐름도 고려해야만 했다.

5·24조치는 대한민국이 취할 수 있는 현실적이지만 가장 강력한 조치였다. 동원할 수 있는 모든 조치가 발동되었다. 우리의 대응으로 북한으로 하여금 엄청난 대가를 치르게 하여 도발을 후회하게 만들어야 했다. 영토와 국민이 공격을 받은 이상 그에 대한 반격은 불가피했다. 우리의 희생과 피해가 일부 있더라도 감내해야만 했다.

북한의 아프고 취약한 부분을 찔러 들어가는 '신의 수'를 찾아야 했다. 북한이 가장 취약하고 심각한 타격을 받을 수 있으며, 국제사회와 함께 실질적인 응징이 가능한 방책은 무엇이었을까? 바로 군사적 측면의 대북 심리전 재개, 경제적 측면에서 대북 돈줄의 차단, 그리고 국제적 공조를 통한 대북 고립 조치 등이었다.

남북 교류 협력과 관련하여 일부는 개성공단의 완전 폐쇄와 철수까지 주장했다. 그러나 이 경우 우리 기업의 손실이 수조 원대에 이른다는 분석이 나오면서 축소하여 명맥만 유지시켰다. 특히 대북 교류 협력의 완전한 봉쇄 결정에 대해 교류 협력을 위한 최소한의 바늘구멍이라도 남겨야 한다는 의견이 마지막 순간에 강력히 제기되었다. '설령 전쟁 중에도 인도적 협력은 이루어질 수 있어야 한다, 화해와 협력을 위한 작은 불씨라도 남기는 것이 위기관리에도 도움이 된다.'는 판단이 우세해지면서 '영유아 등 취약 계층의 인도적 지원'은 유지하는 것으로 겨우 살아남았다. 남북 교역이 중단되고 신규 투자가 전면 금지되면서 모든 경협 사업자들은 상당한 피해를 감내해야만 했다. 특히 개성공단을 제외한 우리 국민의 방북이 허용되지 않으면서 진행되던 여러 교류 사업도 중단되었다. 또 북한에 가동 중이던 공장은 멈춰야 했고, 투자를 위해 지불한 선수금도 회수할 길이 막혔다. 또 농수산물의 반입 중단으로 어패류 등의 값이 오르기도 했다.

대북 심리전은 북한이 가장 예민해하고 껄끄러워하는 부분이다. 수령제 체제하에서 북한의 '최고 존엄'은 역으로 가장 취약한 고리이다. 대북 심리전은 이를 직접적으로 찔러 들어갈 수 있다. 특히 북한의 비대칭 도발에 맞대응하는 역비대칭 전략의 핵심으로 큰 위력을 발휘할 수 있다. 폐쇄된 사회에서 외부 정보의 유입은 북한군은 물론이고 북한 주민들의 사상적 기강을 뿌리째 흔들 수 있기 때문이다. 대북 심리전 재개는 2000년 6월 16일 대북 비방 방송 전면 중단, 2004년 심리전 시설물 철거에 합의한 이른바 '6·4합의' 이전으로 되돌아가는 것이었다. 군은 즉시 FM 방송을 시작하는 한편 군사 분계선 지역의 확성기 전광판 등의 설치와 대형 기구를 이용하여 전단지를 날리는 '풍선 날리기' 작전을 준비했다. 전방 확성기 방송을 위해 전방 지역 11개소에 장비를 설치했으며, 6개의 전단 작전 지지를 준비했다. 5월 24일 오후 6시부터 '자유의 소리'라는 이름으로, 서부와 동부 전선은 103.1㎒, 중부 전선은 107.3㎒로 FM 라디오 방송을 송출했다. 첫 방송은 여성 아나운서의 "인민군 여러분 안녕하십니까. 여기는 자유의 소리 방송입니다."라는 인사로 시작됐다. 4시간 동안 진행된 방송은 자유민주주의의 우월성, 대한민국의 발전상, 남북한 체제 비교, 음악 등으로 사전에 녹음된 것이었다. 방송은 오전 10시부터 낮 12시까지, 오후 6시부터 10시까지, 오후 10시부터 다음 날 오전 2시까지 하루 총 세 차례 이뤄졌다. 7월 14일부터는 13시간씩 방송되었다. 그러나 대북 심리전 방송은 FM 주파수보다는 AM 방송이 훨씬 위력적이다. AM 방송은 가청 거리가 훨씬 길고 산악이 많은 북한의 지형적 제약을 더 쉽게 극복할 수 있기 때문이다. 김태영 국방부 장관은 2010년 10월 5일 국회국방위 국정감사 답변에서 "대북 심리전 방송을 FM에서 AM 방식으로 전환하는 한편 북한 지역에서 이를 청취할 수 있도록 라디오를 살포하는 작전을 준비 중."이라고 말했다. 김 장관은 "과거에 (북한 지역에) 라디오를 많이 보냈다."며 "이번에도 대북전단 살포 작전과 겸해서 라디오의 물포(물자살포) 작전을 준비 중."이라고 밝히기도 했다.

또한 2005년부터 허용되었던 북한 상선의 영해 통항 조치가 중단되었다. 이로써 남북 간 배가 오고 가는 항로와 개방 항구 등에 대해 합의한 남북해운합의서는 효력을 잃었고 북한 선박의 제주해협 통과도 막혔다. 2005년 남북해운합의서가 발효되면서 2005년 8월부터 2010년 4월까지 우리 영해에 들어온 북한 선박은 편도 기준 2,066회였다. 그리고 제주해협 통과 건수도 853회에 이르렀다. 제주해협이 막히면서 선박의 운항 거리 증가 등으로 북한은 연간 1천만 달러의 손실이 발생하는 것으로 추정되었다. 이 조치는 상선으로 위장한 정탐, 침투 가능성을 원천적으로 제거하는 효과도 있었다. 실제 북한 상선이 해상 침투용 모선으로 이용되거나 상선 아래 수중으로 잠수함정이 함께 운항할 가능성도 있었다. 특히 대한해협은 그 폭이 매우 좁다. 이곳을 지나던 북한 선박이 부산항과 울산 지역의 원전과 산업 시설을 공격할 경우 그 방어는 매우 어려웠다. 국회 국정 감사에서는 약 30분이면 부산항이 뚫릴 수 있다는 지적이 나오기도 했다. 이때문에 해군 3함대와 해경은 북한 상선이 우리 영해에 들어와 빠져나갈 때까지 잠시도 긴장을 늦출 수가 없었다. 또 일대일로 처음부터 끝까지 따라 붙어 호송 경계를 펼 수밖에 없어 해군과 해경 전력의 일부가 여기에 묶여야만 했다. 5·24조치 당일부터 해군과 해경은 북한 상선이 우리 영해로 들어오는 것을 막기 위한 퇴거 작전으로 매우 바빠졌다. 우리의 불허 조치를 몰랐거나 또는 대응 태세를 떠보기 위해 고의적으로 북한 선박들이 제주해협 통과를 계속 시도했기 때문이다. 5월 28일 흑산도 서방에서 제주해협으로 진입하려던 부연2호는 충남함에 막혔고, 5월 30일 구봉령호는 제주도 서방에서 최영함에 저지당했다. 5·24조치 이후 1달여 동안 총 23회에 걸쳐 16척의 북한 선박이 해군 AO(작전수역) 바깥으로 쫓겨났다.

 한미연합훈련과 PSI해상차단훈련도 그 어느 때보다도 강도 높게 실시되었다. 천안함 도발에 대한 한미의 단호함을 보이고 북한의 추가 도발 의지를 꺾기 위한 목적이었다. 한반도 동해와 서해에서는 거의 쉴 틈이 없이 대규모의 군사 훈련이 실시되었다. 실제 한미연합훈련이 실시되면 북한 전역은 비상이 걸리고 국가와 사회의 일부 기능이 제한된다. 또 사회 심리적 압박은 극도로 올라가며 생산 활동도 크게 감소하게 된다. 7월 25일부터 28일까지 '불굴의 의지(Invincible Sprite) 훈련'이 미 항공모함 조지워싱턴호가 참가한 가운데 동해에서 실시되었다. 또 동해에서는 7월 27일부터 31일까지 해상특수전부대 훈련이, 서해에서는 8월 5일부터 9일까지 우리 군 단독의 합동기동훈련과 9월 27일부터 10월 1일까지 한미연합대잠수함 훈련이 각각 실시되었다. 또 10월 13일부터 14일까지 부산항 인근에서 대한해협을 차단하고 해상 검색을 하는 PSI 해상차단훈련이 이루어졌다.

 한편 북한에 대해 우리가 당한 만큼의 군사적 보복을 단행해야 한다는 주장도 있었다. 4월 중순께부터 보수 인사들은 북한 소행을 기정사실로 보고 '군사적 대응'을 촉구하고 나섰다. "북한이 모든 각오를 하고 이 일을 저질렀으며, 우리는 군사적 방법이든 비군사적 방법이든 모든 대응 방법을 다 검토해야 한다(한나라당 황진하 의원).", "미친개는 몽둥이밖에 없다는 말처럼, 쥐도 새도 모르게 같은 수준의 보복을 반드시 진행해야 한다(김용갑 한나라당 고문).", "무력 응징만이 재발을 막을 수 있다. 이번엔 반드시 적의 피를 봐야 한다(서정갑 국민행동 본부 대표)." 등이 대표적이다. 이들 강경 인사들은 천안함 피격 직후에 보복하지 못했다면 5월 20일 합조단 조사 발표를 계기로 행동에 옮겨 야 한다고 줄기차게 주장했다. 천안함 피격이 북한 소행으로 굳어지 면서 다양한 응징과 보복 수단이 검토되었다. 대북 억지와 재발 방지 를 위해 강력한 무력 보복을 단행하되 은밀하게 이루어지는 '스마트한 군사적 조치'를 취해야 한다는 의견도 제기되었다.

그러나 천안함 피격 직후라면 자위권 차원의 보복 조치를 고려할 수 있었지만, 그 당시는 불행히도 범인을 인지하지 못하고 있었다. 무 력 공격이 종료된 후 상당 기간이 지난 상황에서 UN안보리 등 국제 적으로 인정되는 자위권 행사는 제한이 있었다. 또한 재발 위험성에 근거한 '선제적 자위권'도 급박하거나 최후의 수단으로만 사용되어야 하는 엄격한 제한이 있었다. 그리고 당시의 UN사 교전규칙(AROE)도 즉시성과 비례성 그리고 최소한의 자위권을 규정하고 있었다. 증거도 없이 심증만 가지고 있는 상황임에도 곧바로 군사적 직접 보복을 해 야 한다고 주장하는 것은 국가적 의지와 헌법을 뛰어넘는 과도한 주 장이었다.

역대 어떤 정권도 북한의 숱한 도발에 대해 사건 발발 시점이 한참 후에 직접적 군사적 응징 조치를 취한 경우는 없다. 국민의 안녕과 생 명을 지켜야 하는 헌법의 최종 수호자는 단순히 국방 군사의 측면만 이 아니라 국가의 명운과 미래를 놓고 최고위 결정을 해야만 한다. 또 한 전시작전권이 미국에 있고 공고한 한미 동맹을 유지해야 하는 전 제 하에서, 충분히 해낼 수 있고, 능히 감당할 수 있는 선택을 해야 한다. 그것은 군통수권자인 대통령의 '전쟁 의지'를 넘어서는 그 이상의 것이다.

군사적 직접 대응에 대해 대통령은 2013년 2월 16일 〈동아일보〉와의 인터뷰에서 다음과 같이 말했다. "우리 국민들이 알아야 할 것이, 북한이 천안함 소행을 저지른 것처럼 우리나라도 얼마든지 (공격)할 수 있는 능력이 있다는 것이다. 준비가 돼 있다. 정박 중인 북한 잠수함에 들어가서 쥐도 새도 모르게 (타격)할 수 있는 능력이 있다. 그러나 (능력이) 있는데도 참은 것이다."

## 격렬한 북한의 반발

천안함 공격 이후 북한은 어떤 반응도 보이지 않고 침묵으로 일관했다. 천안함 피격 당일과 그 이후에도 특이한 군사 동향은 보고되지 않았다. 한미 감시 자산들이 잡은 신호나 영상 정보도 별 게 없었다. 북한은 철저히 입단속을 하며 우리의 동향을 주시했다. 천안함의 긴급 구조를 위해 우리 구조 전력이 북상했고, 이후 미군 구축함을 포함한 함정들이 백령도 근처에 머물러 구조와 탐지 활동을 전개했음에도 어떤 반응도 보이지 않았다.

북한의 첫 반응은 사건 발생 22일 만인 4월 17일 조선중앙통신 논평원의 글을 통해 나왔다. 그 글은 다음 날 북한 최고인민회의 기관지 〈민주조선〉에 실렸다. '군사논평원의 글', '기자 질문에 대한 답변' 등은 북한 입장 발표 방식 중에서 중요도나 비중이 가장 낮은 형식이다.

이들은 '괴뢰들이 돌리고 있는 북관련설의 진상을 밝힌다.'라는 글에서 "남조선 괴뢰 군부 호전광들이 침몰 원인을 규명할 수 없게 되자 불상사를 우리와 연계시켜 보려고 어리석게 획책하고 있다. 그동안 의도적으로 '북 관련설'을 내돌리는 가소로운 처사를 두고 일일이 대응할 필요가 없다는 것이 우리의 입장이었다. 비록 침몰한 함선이 남측 군함이지만 숱한 실종자와 구조된 인원들이 동족의 구성원이라는 점에서 지금까지 우리는 있어서는 안 될 유감스러운 불상사로 간주해 왔다."고 주장했다.

북한은 자신들이 천안함 공격을 '했다.' 또는 '하지 않았다.'는 가부에 대해 명시적 언급은 하지 않았다. 다만, '남한이 천안함을 북한과 연계시키려 획책하기'에 뒤늦게나마 입장을 표명한다는 식으로 반응한 것이다. 이는 4월 16일 합조단이 인양된 함미 조사를 마친 후 외부 폭발 가능성을 발표하고, 같은 날 국방부장관도 '국가 안보 차원의 중대한 사태로 인식' 한다고 말하면서 북한 연계설이 힘이 실리고 있는 데 대한 대응이었다. 북한은 더 이상 대응이 없을 경우, '침묵이 곧 인정'이라는 인식이 확산될 것을 우려한 것이다. 또 자신들이 하지 않았다는 식의 명시적 언급이나 국방위 성명 등 공식 기구의 비중 있는 대응도 '강한 부정은 긍정'으로 오인될 것을 우려했다. 따라서 문장의 수위를 조정해가며 가장 낮은 단계인 군사논평원의 글로 대응한 것이다.

북한의 대남 발표는 성명, 담화, 중통기자 질문에 대한 대답, 재외 공관장 기자회견, 비망록, 상보, 보도, 공개장 등의 8가지 형식이 일반적이다. 성명 담화 등의 형식이 상보나 보도 형식의 발표보다는 더 무게가 있다. 또한 발표 주체는 내용과 관련이 있는 기관이 주로 담당하며, 기관의 서열이 높을수록 비중이 높다. 일례로, 군사와 관련해서는 북한군 최고사령부나 국방위원회 성명이 가장 권위가 있으며, 이는 실제적 조치로 이어질 가능성이 상대적으로 높다.

그러나 북한 소행이라는 합조단의 공식 발표가 나오자 북한의 태도는 돌변했다. 5월 20일 오전 10시 합조단 조사 결과가 발표되고 있는 중에, 조선중앙방송은 10시 30분 기다렸다는 듯 '무모한 대응에는 정의의 전면 전쟁으로 대답할 것이다.'라는 국방위원회 대변인 성명을 발표했다. "천안호 침몰 사건은 모종의 정치 군사적 목적을 추구하기 위해 장교들은 살리고, 사병 46명만 무참히 죽이면서 꾸며낸 역적 패당의 의도적이며 강도적인 모략극, 날조극이다."라고 주장했다. 그리고 검열단을 파견하고, 우리의 응징 조치에 대한 전면전쟁과 한계가 없는 물리적 타격으로 대응하겠다는 협박을 덧붙였다. 그 직후인 11시 서해지구 군 통신선을 통해 북한 인민무력부장은 우리 국방부장관 앞으로 팩스를 보내 '천안함 물증 검열 확인을 위해 검열단이 22일 토요일 10시 남조선으로 내려갈 것이며, 신변 안전과 현지 활동 보장을 취해줄 것'을 요구했다.

이어 5·24조치가 발표되자 북한은 모든 발표 형식과 기관 그리고 선전 매체를 총동원하여 대남 비방과 위협에 나섰다. 당·군·정의 모든 기구와 대남 선전 기관이 모두 나섰다. 24일 국방위원회 대변인 성명을 내 '전면전쟁 불사'를 위협했다. 그리고 '현 사태를 전쟁 국면으로 간주, 남북 관계 단호히 대처할 것(5.21., 조평통 대변인 성명)', '(천안함 사건은) 미국의 승인과 비호, 조장에 의한 자작극(5.21. 외무성 대변인 담화).', '심리전 방송 재개 시 조준 격파 사격(5. 24.. 북한군 전선중부지구사령관 공개 경고장)', '남 당국과 모든 관계 단절 등 대남조치 8개항 선포(5. 25.. 조평통 대변인 담화)¹³', '날조극 책임을 벗어날 수 없을 것(5. 25.. 국방위 대변인 중통 기자 질문 대답)', '군사적 조치가 실행될 것(5. 25.. 군사실무회담단장 전통문)', '남북 교류 군사적 보장 철회(5. 27.. 북한군 총참모부 중대통고문)' 등 거의 매일 비난과 위협을 퍼부었다. 이어 '천안함 조사 결과는 조작(5. 27.. 국방위원회 기자회견)', '도발의 길로 나간다면 무서운 징벌을 가할 것(5. 30.. 조평통 서기국, 보도)', '우리 군대와 인민의 반격이 얼마나 무서운가 보게 될 것(6. 11.. 조선법률가학회 대변인 담화)', 'UN안보리에 회부하면 무자비한 대응 조치를 위할 것(6. 11.. 국방위 대변인 중앙통신 기자 질문 대답)' 등이 이어졌다.

발언 수위는 점점 높아져 6월 12일에는 총참모부가 직접 나서 중대포고 형식으로 '서울 불바다까지 내다본 무자비한 군사적 타격을 할 것'이라는 위협까지 나왔다. 그리고 북한은 6월 한 달간 전국 주요 도시에서 '한미 모략 규탄과 반미 대회'를 개최하며 내부 결속을 다졌다. 그러나 6월 상순을 기점으로 발언 수위와 빈도는 다소 낮아졌다. 7월

---

13 북한은 25일 조평통 담화를 통해 5·24조치에 맞서는 '대남조치 8개항'을 발표했다. "① 괴뢰 당국과의 모든 관계를 단절한다. ② 리명박 패당의 임기 기간 일체 당국 사이의 대화와 접촉을 하지 않는다. ③ 판문점 적십자 연락 대표들의 사업을 완전 중지한다. ④ 북남 사이의 모든 통신 련계를 단절한다. ⑤ 개성공업지구에 있는 북남경제협력협의사무소를 동결, 철폐하고 남측 관계자들을 즉시 전원 추방한다. ⑥ 괴뢰 패당의 '대북 심리전'에 대한 우리의 전면적인 반격을 개시한다. ⑦ 남조선 선박, 항공기들의 우리 측 령해, 령공 통과를 전면 금지한다. ⑧ 북남 관계에서 제기되는 모든 문제들은 전시법에 따라 처리한다. 이제부터 북남 관계 전면 폐쇄, 북남 불가침합의 전면 파기, 북남 협력 사업 전면 철폐의 단호한 행동 조치에 들어간다는 것을 정식 선포한다." 이런 북한의 조치로 우리 항공기나 선박은 북한 영공과 영해를 우회해야 했다.

7일 조평통 대변인 담화를 통해 '정의의 결사 대전을 불사할 것'을 주장하면서 천안함 관련 국제 공조를 비난하는 쪽으로 방향을 바꾸었다. 7월 중순부터는 한미 해상 훈련 계획과 대북 심리전에 대한 비난과 위협이 이어졌다.

북한의 대남 선전 기구들도 총동원되어 대남 심리전에 열을 올렸다. 반제민족민주전선 중앙위 선전국, 조국통일민주주의전선 중앙위, 민족화해협의회 등 모든 대남 선동 기관이 일제히 나섰다. 일본 조총련 기관지 〈조선신보〉도 연일 북한의 입장을 대변했다. 단기간에 그 빈도나 동원 기관 그리고 강도를 비교할 때 북한의 이런 반발은 매우 드문 일이었다. 그만큼 북한으로서는 치명적인 수세에 몰렸음을 의미했다.

5월 28일 대단히 이례적으로 국방위원회 외신 기자회견을 열어 우리의 조사 결과에 대해 여러 가지 의혹을 제기했다. 박림수 국방위원회 정책국장은 "우리에게는 연어급 잠수정이요, 무슨 상어급 잠수정이 없고 130t짜리 잠수정도 없다."며 이같이 밝혔고, 이를 조선중앙TV와 평양방송이 전했다. "천안함 사건은 한국에 의해 날조된 것이며, 이는 언제라도 전쟁을 유발할 수 있는 매우 심각한 상황을 초래했다."고 밝혔다. 또 "우리는 국방위원회 검열단을 남측 지역에 파견해서 그들이 내놓는 물증들을 현지에서 직접 검열 확인하려고 했다."면서 "남측은 날조된 조사 결과라는 것만 일방적으로 고집하면서 검열단의 사건 현지 조사를 거부하고 있다."고 주장했다. 그러나 이들의 발표 내용은 우리 인터넷 등에서 떠돌던 의혹 내용을 대부분 짜깁기한 것에 머물렀고 외신 기자들 역시 자신들에 우호적인 몇몇만 초청함으로써 대외적인 이벤트라는 평가를 받았다.

　북한의 검열단 파견 주장은 실현 가능성이 없는 대남 공세에 불과했다. 이는 과연 '범죄를 저지른 범인은 재판을 받아야지 어떻게 검열을 말할 수 있는가.'라는 측면에서 적반하장이자 억지 주장이었다. 군과 정부는 국제적 민군합동조사단의 조사 결과를 부정하고 우리의 국론 분열을 유도하며, 국제적 비난과 제제 움직임을 희석시키려는 불순한 의도로 보았다. 특히 '검열'이라는 용어는 군 상급 부대가 하급 부대를 조사하는 것을 말한다. 따라서 군은 더더욱 이를 받아들일 수 없었다. 범인인 북한의 검열단 주장을 수용할 수는 없었다. 일부에서는 우리의 조사단이 북한에 들어가 조사를 해야 한다는 식의 주장을 폈으나 이 역시 현실성은 없었다.


## 검열단 파견과 군정위의 특별 조사

　천안함 조치를 둘러싼 공은 또 다른 방향으로 튀었다. 바로 정전협정과 UN사령부(UNC)로 넘어갔다. 남북 간 정전협정 위반 사안은 정전협정 관리 체계에 따라 처리되어야 하는 것이 엄연한 현실이다. 천안함 사건은 정전협정과 남북 불가침 합의를 정면으로 위반한 것으로 우리 해군에 대한 무력 공격이자 대한민국에 대한 군사적 도발이다. 따라서 정전협정에 따라 UN군사령관은 정전협정을 이행하고 준수할 책임과 권한을 가지고 있다. 국방부는 5월 14일 천안함 침몰 원인이 북한의 소행으로 판명되면 UN사가 정전협정 위반 여부를 조사해 줄 것을 요청했다. 우리의 조사 요구에 UN사령관은 정전협정 제24항에 따라 군사정전위원회(군정위) 특별조사팀(SIT)을 구성 운영하여 천안함의 정전협정 위반 사건을 조사할 것을 지시했다. 반면 북한은 군사정전위원회가 이미 무실화된 상황에서 UN사가 천안함을 조사하는 것은 권한을 넘어선다고 주장했다. 또 정전협정에 의한 군정위 조사 활동 범위는 DMZ와 한강 하구이며 백령도 근처는 조사 범위 밖이라는 주장을 펴며 저항했다. 민주노동당 이정희 의원도 국회 천안함 특위에서 "UN사는 북측과 교전을 하는 일방 당사자이기 때문에 아무리 조사를 해봐도 일방적인 주장밖에 안 된다."고 지적하기도 했다.

실제 남북 정전협정은 60년이 넘었고 북한이 군정위 본회의 거부 등 군정위 무실화 조치로 일관하는 바람에 그 기능과 역할은 다소 한계가 있었다. 그럼에도 불구하고 군정위 채널은 남북 간 정전협정 위반 사건의 처리 과정에서 일정한 역할을 여전히 수행하고 있다.

1998년 6월 동해 잠수함 침투 사건과 관련, UN사는 자체적으로 구성한 특별조사팀의 조사 활동 결과와 증거 자료를 제시하고 북한의 사실 인정과 관련자 처벌 및 재발 방지 약속을 요구했다. 북한은 사실 날조라고 비난하면서도 무장간첩의 시신을 인도받았다. 또 2002년 8월 제2연평해전 당시 침몰한 우리 참수리 인양 기간 동안 군정위가 구성한 특별조사팀 운영에 동의하기도 했다. 이런 사실은 북한이 필요에 따라 군정위의 특별 조사를 수용하거나 거부하고 있음을 보여주었다.

당시 UN군사령부 군사정전위원회 수석대표는 윤영범 소장이 맡고 있었다. 연평도 포격도발 직후 윤 소장은 청와대 국방비서관에 임명되었다. 군정위 특별조사팀은 UN사 부참모장을 단장으로 UN사 연락단 8개국 17명으로 구성되었고 여기에 중립국감시위원회 3개국(스웨덴, 스위스, 폴란드) 조사 요원들이 함께 참여했다. 5월 21일 조사팀이 편성되었다. 맥코맥 대령(호주)등 조사단은 5월 24일 2함대를 방문, 거치되어 있는 천안함 함체 등을 조사하고 합조단과 질의응답을 벌였다. 또한 합조단 조사 보고서 검토, 어뢰 부분품 등 수거 자료 검증 등의 조사 활동을 벌였다. 이들은 5월 27일 조사 활동을 마무리하고 군정위 수석대표와 UN사령관에게 조사 결과를 보고했다. UN군사령부 특별조사팀(SIT)은 합조단의 조사 결과 검증을 마치고 '북한이 정전협정 제2조 12항과 15항 위반'이라는 결론을 내렸다[14].

이에 따라 6월 26일 UN사 군정위는 천안함피격사건을 논의하기 위해 영관급 실무 접촉을 '조선인민군 판문점 대표부'에 제안했고 북은 이 제안을 수용했다. 7월 9일 UN안보리 의장성명에 따라 UN사 군사정전위원회는 북한군에 천안함피격사건의 정전협정 위반을 논의할 '천안함 공동평가단' 소집을 제안했다. 7월 15일 UN사 군정위 비서장인 커트 테일러 대령과 북한군 박기용 대좌(대령)가 양측 대표로 참석한 영관급 실무 접촉에서는 향후 장성급 합의체를 만들자는 데 원칙적으로 합의했다. 그러나 UN사의 공동평가단과 북한의 검열단 주장이 맞서면서 별다른 진전을 이루지 못했다. 한편 합조단의 조

---

14  정전협정 12항 '적대 쌍방 사령관들은 육해공군의 모든 부대와 인원을 포함해 그들의 통제 하에 있는 모든 무장역량이 한국에 있어서의 일체 적대 행위를 완전히 정지할 것을 명령하고 이를 보장한다.', 15항 '적대 중인 일체 해상 군사 역량은 비무장지대와 상대방의 군사 통제하에 있는 한국 육지에 인접한 해면을 존중하며 한국에 대해 어떠한 종류의 봉쇄도 하지 못한다.' 등이다.

사 결과를 재확인한 UN사령부(UNC) 특별 조사 보고서는 7월 23일 UN안보리에 제출되었다.

## 침묵한 휴전선 확성기 방송

천안함의 범인이 북한으로 밝혀지자, 사상 유례없는 강력한 대북 압박 조치가 시작되었다. 바로 5·24조치였다. 즉각적 군사적 보복 조치는 없었지만, 다양한 조치가 취해졌다. 북한을 대상으로 한 외교, 국방 군사, 봉쇄 등의 전방위적이었고 우리가 할 수 있는 모든 것이 동원되었다. 이들 조치들은 대부분 충실하게 시행되었다. 그러나 가장 공세적이고 강력한 조치 중의 하나였던 대북 심리전의 일부는 계획대로 추진되지 못했다. FM 라디오 방송(라디오), 대북 전단 날리기(전단), 전방 지역 영상 확성기(확성기) 등이 계획되었으나, 전방의 확성기는 설치 후 가동이 유보된 것이다.

북한은 우리가 발표한 5·24조치에 대해 '정의의 전면 전쟁' 운운하며 강력하게 반발했다. 우리의 5·24에 맞서는 8개항의 대남조치를 발표하면서 전쟁 협박과 검열단 수용 주장 등 평소보다 더 강력한 '말폭탄'을 날렸다. 그러나 확성기에 대해서는 달랐다. DMZ 너머의 북한 포 진지의 움직임은 대단히 실제적이었다. 북한은 천안함 도발에 대한 우리의 다른 조치에 대해서는 감내하겠지만, 휴전선 확성기만큼은 용인할 수 없다는 입장을 분명히 했다.

2010년 5월 24일 북한 인민군 전선 중부지구사령관은 '남조선의 역적 패당에게 보내는 공개 경고장'을 통해 "심리전 수단을 새로 설치할 경우 그것을 없애버리기 위한 직접 조준 격파 사격이 개시될 것."이라고 협박했다. 이에 대해 군은 북한이 전방에서 확성기 등에 조준 사격을 가할 경우 교전 규칙에 따라 대응할 것임을 분명히 했다. 김태영 국방부 장관도 "자위권 발동 요건에 해당되기 때문에 단호히 대응할 것."이라고 말했다. 특히 북한은 26일 남측이 대북 심리전 방송을 재개할 경우 "서해지구 북남관리구역에서 남측 인원, 차량에 대한 전면 차단 조치가 취해질 것."이라고 주장했다. 우리가 심리전 수단을 설치하면 개성공단을 폐쇄하겠다는 협박이었다.

그동안 남북 간 치열한 심리전 대결에서 점차 우리가 우위에 서면서 북한은 대북 심리전을 중단시키기 위한 노력을 기울여왔다. 2004년 이른바 '6·4합의'에서 남북이 휴전선 일대의 선전 활동 중지에 합의하면서 우리의 대북 선전 시설 등은 철거되었으며, 합의에 따른 대북 심리전 활동은 중단되었다. 그리고 해당 부대도 축소되었다. 북한은 남한의 대북 심리전을 봉쇄한 '6·4합의'를 매우 중시하고 있으며, 2014년을 '6·4합의 10돌이 되는 뜻깊은 해'라는 의미를 부여하기도 했다. 오프라인의 심리전을 봉쇄한 북한은 이후 대남 사이버심리전에 주력했고 우리도 그에 맞서 국군사이버사령부를 창설하는 등 맞대응을 했다.

5·24조치로 다시 대북 심리전이 재개될 경우 초래될 부정적 영향을 북한은 감당하기 어려웠을 것이다. '확성기 방송이 다시 시행되는 것을 보고만 있다.'는 것은 북한으로서는 가장 굴욕적인 것이었고 심각한 타격이었다. 우리가 먼저 DMZ에서 확성기 작전을 재개하면 북

으로서도 확성기를 설치하여 맞대응을 해야 했다. '확성기는 확성기로!' 그러나 이는 북한에게 매우 수고로운 일이었다. 대북 전단 작전이나 라디오 방송과 달리 확성기나 영상 장치는 고정적이고 쉽게 눈에 띄며, 대응 수단이 마땅하지 않다는 특징이 있다. 북한으로서는 정치 군사적으로나 대내적으로 우리의 대북 압박에 굴복하는 모습으로 비칠 수 있었다.

일촉즉발의 위기 상황이 만들어지면서, 관련국들의 움직임도 빨라졌다. 미국이나 중국은 한반도에서 추가적인 긴장 격화를 결코 원하지 않았다. 우리의 대북 5·24조치와 북한의 8개항 대남조치가 부딪히면서 가장 폭발할 가능성이 높은 뇌관이 바로 확성기였다. 확성기 문제는 주한미사령관은 물론 북경과 워싱턴의 대단히 중요한 관심사로 떠올랐다. 확성기는 설치되었으나, 시행은 지연되었다. 그럼에도 5·24조치에서 밝힌 대북 심리전은 진행되고 있다는 것이 정부의 대외적 공식 입장이었다. 확성기는 여러 여건을 고려하여 천안함 관련 UN안보리조치 이후로 미뤄졌다. 잠정적 보류 상태는 계속 이어졌다.

북한의 위협에 굴복하지 않고 확성기 방송을 시행하여 대북 심리전을 진행하려는 의지와 한반도에서 추가적 긴장이 조성되지 않도록 하려는 의지는 팽팽한 긴장감을 불러왔다. 당초 6월 서해에서 실시하려던 연합 훈련도 지연되었다. 그러나 이런 의지의 충돌은 사상 최대의 동해 연합 훈련으로 일부 해소되었다. 한미는 7월 동해에서 미 항모 조지워싱턴 등이 참가하는 사상 최대의 '불굴의 의지' 훈련을 실시했다. 천안함을 잃은 후 그 응징의 일환으로 실시된 이 훈련은 어느 때보다 공세적이었고 강력했다. 이 훈련에는 양국 항공기 200여 대와 함정 20여 척, 미국 사이버사령부 요원을 포함한 한미 병력 8000여명이 참가했으며 핵 항모와 이지스함, 1800t급 잠수함, F-22 랩터 등 북한 전역을 압도하고 가공할 전력이 총 집결했다. 1976년 판문점도끼만행사건 이후 34년 만의 최대 규모였다. 도끼만행사건 직후 '폴 번연작전(Operation Paul Bunyan)'이라는 한미 무력 압박과 시위에 굴복해 북한은 3일 만에 만행을 사과했다. 그러나 김정일·김정은의 북한은 사과와 굴복 대신 '강력한 핵 억제력으로 맞설 것'을 주장했다.

2010년 11월 11일부터는 서울에서 G20정상회의가 예정되어 있었다. 안정적 회의 개최를 위해서는 한반도의 위기관리가 더욱 중요해졌다. 결국 5·24조치의 중요한 부분이었던 여러 종류의 대북 심리전은 재개되었으나, 그중 핵심적 요소 중의 하나였던 '확성기 작전'만은 실행되지 못했다. 그러나 민간 등의 대북 전단 살포는 더욱 활발해졌다. 이들은 공개적으로 또는 비밀리에 북으로 풍선을 날렸다. 북한은 이에 대해 군사적으로 위협하고 항의했지만, 정부의 입장은 한결같았다. '정부가 민간인들의 활동을 막을 근거가 없다.'는 것이었다.

또 다른 심리전이 재개되었다. 2010년 12월 21일 김포반도 애기봉에 크리스마스트리가 불을 밝힌 것이다. 2004년 접경 지역에서 대북 심리전이 중단된 이후 처음이었다. 북한은 2004년 군사실무회담에서 이의 철거를 요구했으나, 우리는 대북 선전과 심리전 수단이 아닌 종교 시설이라는 입장을 내세워 이를 거부했다. 해발 165m 애기봉 정상에 세워지는 등탑은 1971년 박정희 정부 때 처음 만들어졌다. 크리스마스를 앞두고 종교 행사의 일환으로 설치됐지만, 불빛이 20∼30km 떨어진 개성 시내에서도 보일 만큼 화려해 사실상 훌륭한 대북 심리전 수단이었다. 천안함 사건 이후 대북 심리전이 재개됨에 따라 종교 단체가 신청한 크리스마스 등탑 복구와 트리 설치를 막을 이유가 없었다. 민간 교회가 요청하고 군이 이를 허가하는 형식이었다.

그러나 북한의 도발 가능성은 여전히 높았다. 일부에서는 긴장만 높인다며 비판하기도 했다. 물러설 수 없었으며, 담대해야만 했다. 두려움을 용기로 바꾸어내야 했다. 군이 유사시의 대응 계획을 보고하는 자리에는 긴장감이 감돌았다. 대남 포격이 진행될 경우 우리 민간인의 피해 가능성도 배제할 수 없었다. 군은 '진돗개 하나'를 발령하고 대비 태세를 강화했다. 21일 오후 5시 45분 어둠 속에서 크리스마스트리의 불이 켜졌다. 이는 5·24조치의 또 다른 이행이었다. 그러나 애기봉 크리스마스트리는 2011년에는 김정일 사망에 따른 대내외적 이유로 켜지 않았고, 2012년 다시 불을 밝혔다. 2013년에는 정치 군사적 여건 변화와 지역 주민 반발 등으로 점등되지 못했다[15]. 그러나

| 불 밝힌 김포 애기봉 크리스마스트리(2010. 12.)

---

15 이 애기봉 등탑은 '오래되고 낡아 안전하지 않다.'는 이유로 43년 만인 2014년 10월 15일 철거되었다.

5·24조치가 유효한 이상, 공개적이고 적극적인 대북 심리전은 여전히 현재진행형이다.


## 감사원 감사를 둘러싼 갈등

천안함 초기 군의 위기 대응 능력은 신뢰를 크게 잃고 있었다. 심지어 책임을 회피하기 위해 진실을 감추고 국민과 청와대를 속이고 있다는 의심까지 나오고 있는 실정이었다. 문책을 받아야 할 당사자가 과연 객관적인 조사와 공정한 진상 규명을 해낼 수 있을까에 대한 의구심과 비판은 계속되었다. 특히 지방선거 국면과 맞물리면서 정치적 이해에 따른 과도한 공세가 이어졌다. 군에 대한 지속적인 신뢰를 보내는 것과 함께 이런 불필요한 의심을 불식시킬 대응 조치가 필요했다. 천안함 수습 과정에서 청와대가 민간 참여 확대, 국제 협력 강화 등을 강조한 것도 이러한 이유 때문이었다.

4월 20일 김태영 국방부장관은 '공익 사항에 관한 감사원 감사 청구 처리에 관한 규정' 제7조에 근거하여 감사원에 공식적으로 천안함 관련 직무 감찰을 요청했다. 군에는 군검찰, 헌병, 기무, 전비태세검열실 등 감독과 감찰을 임무로 하는 다양한 기구와 조직이 있다. 그러나 객관성과 투명성을 위해 군 외부에 천안함 감사를 맡겨야 했다. 군사상 보안 및 기밀 유지에 다소 문제가 있을지라도 다른 선택이 없었다. 공정성과 투명성 확보를 위해 헌법상 최고사정기관인 감사원이 나선 것이다. 동시에 국회는 4월 28일 천안함 진상조사특위를 구성하여 진상 규명에 착수했다. 감사원 감찰 결과에 따라 관련자와 기관에 대한 인책 또는 책임 소재로 이어질 수밖에 없다. 이미 관계자 처벌 등의 요구는 비등했지만, 모든 것은 감사원의 직무 감찰 이후로 미뤄질 수밖에 없었다. 군 지휘 보고 계선의 당사자들은 합조단의 원인 조사와 함께 감사원의 직무 감찰에 더욱 예민해져 있었다.

감사는 상황 보고 전파 등 군 지휘 보고 체계의 적정성, 전투 준비 태세 등 위기 예방 및 대응 조치의 적절성, 군 기밀 관리 및 국민 의혹 사항 점검 등에 맞춰졌다. 5월 3일부터 28일까지 18일간 무려 29명이 투입되어 천안함 승조원부터 합참까지 계선상의 모든 대상이 망라되었다. 감사는 당초 5월 19일까지 계획되어 있었으나, 제도 개선 사항 등을 보완하기 위해 28일까지 연장되었다.

그러나 감사가 진행되는 과정에서 관계자 개인은 물론 조직 간에도 상당한 갈등과 알력이 삐져나오기 시작했다. 책임 유무와 소재에 따라 개인과 조직의 인사와 명예가 달린 일이기 때문에 더욱 그러했다. 아주 특수한 사례이지만, 군 조직의 특수성을 고려하지 않은 채 일반 정부 부처나 공공 기관을 감사하듯 한다는 불만도 나왔다. 또 대상자에 대한 심문이나 조사 방식에서도 상하 간 위계질서나 단합을 저해하고 군인과 자기가 속한 조직의 자긍심과 명예에 손상을 가하는 일도 있다는 보고가 이어졌다. 이런 보고는 외교안보수석실 국방비서관실로 집중되었다. 조사를 받아야 하는 피조사자인 군이 기대고 의지할 곳이었기 때문이다. 그러나 권한에 의해 감사가 진행되는 상황에서 청와대라고 달리 어찌할 수 있는 것은 아니었다.

김황식 감사원장은 6월 7일 대통령에게 감사 결과를 보고했으며,

6월 10일 중간 결과를 발표했다. 감사원은 보도 자료를 통해 북한 잠수함정 침투·공격 대비 태세 소홀, 상황 보고 및 전파 업무 부실, 상황 발생 후 위기 대응 조치 부실, 언론 발표 및 군사 기밀 관리 부적정 등의 사항을 지적했다. 6월 8일 감사위원회를 열어 총 25명에 대해 군 인사법에 따라 징계 조치하도록 했다. 이들 중 12명은 군형법 등의 형사 책임을 물을 소지가 있는 것으로 보고 국방부가 판단하도록 했다. 현역 23명은 장관급 13명으로 대장 1명, 중장 4명, 소장 3명, 준장 5명 그리고 영관급 10명이었다. 또한 국방부 고위 공무원 2명도 포함되어 있었다. 김황식 감사원장은 6월 23일 국회 법사위원회에 출석하여 '군 장성 인사를 앞두고 책임 있는 분에 대한 책임 소재를 가리려 인사에 필요한 자료를 제공하는 차원에서' 중간 결과를 발표했다고 그 이유를 설명했다.

**감사원의 징계 요구자 현황**

| 계 | 현역 군인(23명) | | | | | | 국방부 고위 공무원 (2명) |
|---|---|---|---|---|---|---|---|
| | 장관급(13명) | | | | 영관급(10명) | | |
| | 대장 | 중장 | 소장 | 준장 | 대령 | 중령 | |
| 25 | 1 | 4 | 3 | 5 | 9 | 1 | 2 |

그리고 감사원은 감사 결과를 요약한 보도 자료만 내고, 전문은 군 기밀 사항이 포함되어 있어 공개하지 않기로 했다. 그러나 네티즌들의 90% 이상이 군사 보안을 이유로 감사 자료를 공개하지 않은 데 대해 상당한 비판을 쏟아냈다.

감사원이 조사를 마치고 내부 절차를 밟고 있는 동안, 조사 결과에 대한 군의 반발이 본격적으로 터져 나오기 시작했다. 대표적으로 군은 감사 결과가 규정이나 절차 준수 여부에 얽매여 군 운용의 특수성을 이해하지 못한 면이 있다는 것이다. 또 위기 대응 및 임무 수행 과정에서 '은폐, 조작, 태만' 등으로 평가하여 마치 고의성과 의도를 가진 것으로 본 것은 사실이 아니며 특히 온당하지 못하다는 것이었다. 또한 각 군별로도 반응이 달랐다. 국방부와 합참은 '상황 조치 혼선의 근본 원인이 해군 2함대사의 왜곡 지연 보고임에도 합참에 대한 처벌이 너무 많다는 반응을 보였다. 해군작전사령부는 적 잠수함 관련 정보 보고가 미흡했는데도 작전 분야에만 책임을 추중한다는 불만을 나타냈다. 또 2함대사는 '적 잠수정 관련 정황을 알고도 대비하지 않은 것처럼 발표한 것은 문제.'라는 입장을 피력했다.

이런 사실은 조사를 받았던 군으로서는 충분히 항변할 만한 것이었다. 무엇보다 군인들은 자신들의 임무 충실성과 충성심을 의심받는데 대해 분개했다. 군을 의도를 가진 사악한 집단으로 매도하고 있다는 소리까지 나왔다. 이른바 군심이 들썩이고 있었다.

그러나 감사원은 함정 감사, 유도성 질문, 허위 진술 요구 등 적절하지 못한 조사 수법이 있었다는 국방부의 문제 제기에 대해 이를 전면 부인했다. 청와대로서는 군의 심정은 이해가 가지만 그렇다고 공개적인 반발은 적절하지 않았다. 군이 나서서 감사원 처분 결과를 거부하거나 전면 부정하는 것은 더욱 큰 문제였다. 그리고 국민 여론이나 정치권의 분위기로나 군이 내놓고 반발하는 것은 별 도움이 될 것이 없었고 오히려 소탐대실할 우려가 있었다. 어찌 되었건 불만이 있어도 군이 안고 가야만 하고 또 그 비판을 감당해야만 했다. 군을 아끼는 충정을 가지고 군을 설득해야 했다. 이 사태가 더 불거지면 군 통수권자인 대통령과 청와대에 또 다른 부담이 될 수 있었다. 특히 김병기 국방비서관은 국방부와 합참 그리고 관련 고위 인사를 직접 만나는 등 많은 노력을 기울였다.

마침내 김태영 국방부장관은 7월 14일 여단장급 이상 지휘관들에게 '장관 지휘 서신 제3호'를 보냈으며, 이를 통해 군의 반발은 수습되었다. 장관은 "감사원 감사 결과가 작전적 판단과 군사적 조치에 대해 규정과 절차만을 엄격히 적용해 논란을 일으켜 유감이 아닐 수 없다. 그러나 감사원의 직무 감찰은 천안함피격사건 초기에 비등했던 국민적 의혹을 해소하기 위해 국방부가 먼저 요청해 실시한 만큼 겸허히 결과를 수용해야 할 것이다."라고 썼다.


## 전쟁 중에 장수를 바꾸지 않는다

천안함 피격 이후 군의 경계 실패에 대한 문책 요구는 점점 높아갔다. 이는 합조단의 조사 결과와는 무관한 요구였다. 즉 북한이 공격했다면 경계가 뚫렸음을 의미했고, 다른 이유였다면 군 관리 운용의 책임을 물어야 한다는 것이었다. '작전의 실패는 용서할 수 있어도 경계의 실패는 용서할 수 없다.'는 자극적인 경구가 늘 뒤따랐다. 여기에 5월 23일 도올 김용옥 씨 등의 '패잔병 발언'은 불에 기름을 끼얹었다. 그는 "천안함 조사 발표를 하는데 자기 부하들, 불쌍한 국민들을 다죽여놓은 패잔병들이 개선장군처럼 앉아서 당당하게 발표하는 그 자세에 너무 구역질이 났다."고 말했다. 또 "일본의 사무라이 같으면 그 자리에서 할복자살해야 할 감."이라면서 "나는 (정부 해명에) 0.00001%도 설득을 당하지 않았다."는 등의 말을 했다. 이런 자극적인 언설들은 사람의 입에 오르내렸고 사이버공간을 뒤덮었다. '경계의 실패, 패잔병'이란 발언은 두고두고 천안함 생존자들과 유족 그리고 국군에 지워지지 않는 낙인이 되었다.

합조단 조사 결과를 통해 공격 범인이 북한으로 밝혀지면, 범인에 대해 더 크게 분노하고 규탄할 것이라는 생각은 참으로 순진한 것이었다. 합조단의 조사 결과의 전면 부정은 곧 군과 정권의 무능으로 연결되었고 나아가 북한에 대한 옹호와 면죄부를 주는 결과를 낳았다.

실제 북한은 우리 내부의 천안함 의혹을 그대로 가져다 합조단 발표를 공박하는 소재로 사용했다. 일부는 공격자인 북한에 대한 비난은 단 한마디도 없이 국군과 정부에 대한 비판에만 열을 올리고 있었다. 그리고 지방선거 승리에 급했던 야당 등은 거듭 '안보 무능 책임지고 내각 총사퇴'를 요구했다. 감사 결과 발표 이후에는 대통령이 국민에게 사과하고 국방장관 경질과 합참의장 등 군 수뇌부를 군법 회의에 회부하라는 주장까지 나왔다.

다음은 5월 24일 국회 천안함 특위 1차 회의에서 민주당 최문순 위원과 김태영 국방부 장관과의 질의 답변 내용이다.

– 최문순 위원 : 이번 작전은 군의 개별 작전 실패는 물론이고 그것을 넘어서서 군의 말대로라면 작전 체계 자체가 붕괴한 걸로 저는 해석을 합니다. 장

관께서는 이 싸움이 패전이고 스스로 패장이라고 규정하시는 겁니까?

– 국방부장관 김태영 : 우리가 완벽하게 방어하지 못한 것에 대해, 실패에 대해서는 제가 인정을 하는 것입니다.

– 최문순 위원 : 국방부장관과 합참의장은 이 문제에 대해서 도의적이고 법적이고 정치적인 책임을 면할 수 없다고 생각합니다. 대통령의 부담을 덜어드리기 위해서 스스로 사임할 생각은 없으십니까?

– 국방부장관 김태영 : 제가 지금 말씀드린 것처럼, 그 문제에서는 이미 저는 오래전에 사직서를 내놨고 그것에 대해서는 아마 여러분, 우리 국민들의 뜻이나 또 실질적인 모든 문제를 따져서 임명권자가 결정하실 문제라고 생각합니다.

천안함이 북한의 기습 공격으로 침몰한 것이 확인되었고, 정부는 5·24조치를 통해 대북 봉쇄와 압박에 온 힘을 쏟고 있었다. 그리고 북한의 소행을 국제적으로 규탄받기 위해 국제 공조와 협력에 사력을 다하고 있었다. 반대로 북한은 연일 불바다 발언을 통해 긴장과 위협을 높이고 있는 대단히 엄중한 국면이었다.

이런 상황에서 국방부장관과 군 수뇌부에 대해 문책성 인사를 단행하는 것은 오히려 북한을 도와주거나 북한의 의도에 말려 들어가는 것이었다. 특히나 전쟁 중에 장수를 바꿀 수는 없었다. 천안함 사태가 마무리된 연후에 인사 조치를 해도 늦지 않다고 판단했다. 국내의 비판 여론보다는 대북 경계 태세 유지와 천안함 수습 대응에 더 큰 무게를 둔 것이다. 정무직인 김태영 국방장관은 천안함 사건 직후 등 여러 차례 사의를 표명했지만 받아들여지지 않았다. 그러나 감사원의 징계 요구 등에 따라 이상의 합참의장 등 2명은 천안함의 총괄적 책임을 지고 전역 조치되었고, 6월 23일 장성 인사에서 장성 5명은 전보 조치되었다.

감사원은 감사처분서에서 특히 이상의 합참의장에 대해 '임용권자가 해면(그 직책에서 물러나게 함)하도록 건의하는 등 방안을 강구할 것'이라고 명시했다. 군 인사법 18조는 '합참의장은 해면되면 현역에서 전역된다.'고 규정하고 있다. 이 의장은 군복을 벗어야 했다. 이 의장은 6월 13일 '천안함 사건 감사 관련 국민 여러분께 드리는 글'을 남기고 국방장관에게 전역지원서를 제출했고, 대통령은 다음 날 지체 없이 한민구 육군참모총장을 신임 합참의장에 내정했다.

이후 천안함 관련자들의 징계와 처분은 국방부장관에게 맡겨졌다. 감사원의 감사 결과를 존중하되, 장관이 책임을 지고 알아서 하라는 뜻이었다. 군 검찰은 감사원이 형사 책임을 검토하라고 요구한 12인에 대해 당시 합참작전본부장(중장)을 비롯해 해군작전사령관(중장), 해군2함대사령관(해군소장), 천안함장(중령) 등 4명을 군 형법상 전투준비 태만과 허위 보고 혐의로 입건했다. 그러나 결국 천안함은 예상 가능한 도발과는 전혀 다른 북한의 불법적 기습적 도발로 빚어진 사상 초유의 참사였으며, 군의 사기와 단결 등을 고려하여 '기소유예 또는 혐의 없음'으로 기소하지 않았다. 특히 가해자인 북한의 대남 공작 책임자 등은 진급해 영전한 상황에서, 만일 이번 사건과 관련한 우리 군의 지휘관을 기소해 지휘관의 작전 판단에 대한 사법적 심사가 이뤄질 경우 향후 작전 현장에서 우리 지휘관의 작전 활동을 위축시킬 수 있고, 군의 사기와 단결에 부정적 영향이 미친다는 점도 고려되었다. 또 11월 15일과 17일 열린 군 징계위원회는 1명에게 정직 3개월의 중징계, 5명의 장성에게 감봉·견책, 4명의 영관급 장교에겐 근신·견책 등의 경징계 처분을 했다. 하지만 이들은 징계 처분에 불복하거나 항고했으며 이에 따라 징계가 완화되거나 취소되기도 했다.

국민들 사이에 천안함 지휘 라인에 대한 기소 방침이 알려지자, 임무에 충실했던 이들을 과연 형사적으로 처벌을 해야 하는가 하는 여론이 비등했다. 기습 공격을 막지 못하고 경계를 실패한 책임을 물어야 한다는 주장은 상식적인 것이다. 그러나 천안함이 어뢰 공격을 막지 못한 것은 '경계의 실패'가 아니라 '어쩔 수 없는 한계'였다는 옹호론도 나왔다. 천안함에는 제대로 된 고성능 소나나 예인소나 그리고 대어뢰 기만 체계도 없었던 것은 사실이기 때문이다. 여론은 팽팽히 갈렸다.

참고로 1982년 포클랜드전쟁 당시 영국 해군의 최신예 방공구축함 쉐필드함은 아르헨티나 공군기가 쏜 엑조세 미사일에 피격되어 침몰했다. 그러나 영국군 지휘부는 쉐필드 함장을 처벌하지 않았다. 함장의 과실이 아니라 장비의 한계를 인정했기 때문이었다. 함장은 계속 영국 해군에 남아 미사일 피격과 침몰 원인 분석에 열중했고 그 원인을 찾아내 군 대비 태세 강화에 기여했다. 또한 2001년 예멘에 기항 중이던 미국 이지스 구축함 콜(USS Cole, DDG 67)함을 대상으로 보트를 이용한 자살 폭탄 테러가 발생했으나 이때도 미군은 함장을 처벌하지 않았다. 바로 함장 이하 전 승조원은 각자의 임무에 충실했고 알카에다의 보트 테러에 대한 대응 장비가 미 해군에는 없었다는 점이 그 사유였다.

그러나 이런 분석과 인식에도 불구하고 처벌을 요구하는 상식적 법 감정은 천안함 대응 과정에서 매우 큰 부담이었다. 군이 군심과 단합 그리고 군 사기를 앞세우며 '제 새끼를 감싸는 듯'하면서 시간 끌기를 하고 있다는 비판이 계속되었다. 또 청와대 내부에서도 비등한 여론을 잠재울 '희생양'과 울며 참하는 '읍참마속'의 단호한 결단이 필요하다는 지적도 나왔다. 청와대 내부에서도 처분이 늦어지면서 적확한 때를 놓쳐 실기(失機)했다는 평가는 이어졌고 보고되었다.

국방부장관에 대한 경질 요구는 높았지만, 천안함 수습에 혼신을 다하라는 대통령의 뜻은 분명했다. 나아가 여론에 밀리거나 북한의 의도에 말리지 않겠다는 것이었다. 천안함 지휘 라인의 기소 판단과 징계 조치는 국방부 장관의 손으로 마무리되었다. 청와대는 이런 판단과 군의 조치를 존중했다. 천안함 책임 논란의 한가운데 있었던 김태영 국방부장관은 5월1일 공식적으로 사의를 표명했지만 천안함 수습 대응을 위해 미뤄지다가 북한의 연평도 도발 직후인 11월 25일 마침내 사표가 수리되었다.


## 천안함 외교전

대통령은 5월 24일 담화문에서 "북한은 천안함 사태로 UN헌장을 위반하고 정전협정, 남북기본합의서 등 한반도의 평화와 안녕을 위한 기존 합의를 깨뜨렸다. 정부는 관련국들과 긴밀한 합의를 거쳐 이 사안을 UN안전보장이사회에 회부하고 국제사회와 함께 북한의 책임을 묻겠다."고 말했다. 천안함 대응 과정에서 국제적 접근은 중요한 원칙이었다. 남북 간, 한반도 차원의 사안을 넘어서는 국제적 이슈로 전환하고 국제사회와 함께 처리하고자 했다.

5월 25일 반기문 UN사무총장은 우리가 천안함 사태를 안보리에 회부하겠다고 밝힌 결정을 지지한다고 밝혔다. 그는 "일단 한국이 이번 사안을 안보리에 회부하면, 안보리가 적절한 조치를 취하게 될 것으로 기대한다."고 강조했다.

정부는 6월 4일 주 UN한국대사 명의로 UN안보리의장에게 서한을 보내 UN안보리가 천안함 사태의 중대성에 상응하는 조치를 취해 줄 것을 공식 요청했다. 이제 천안함 단죄는 UN 등 국제 무대로 옮겨 갔다. 우리는 UN안보리에서 북한 규탄 및 제재를 담은 결의안이 나오도록 하는 것이 최상위 목표였다. 이에 대해 북한은 국제적으로 공격 혐의를 벗기 위해 격렬히 저항했다. UN 무대에서 남북의 치열한 외교전이 벌어진 것이다. 천안함의 UN안보리 회부는 지난 냉전 시기 남북이 국제 무대에서 펼쳤던 '대결 외교'를 되살려 놓았다. 외교전은 외교 역량은 물론 국가의 모든 자원과 능력을 동원한 국가 총력전으로 전개되었다. 이제 국방비서관실과 함께 외교비서관실이 전면에 나설 차례였다. 외교비서관실과 외교부 본부 그리고 해외공관들은 밤낮으로 뛰었다.

다국적 민군합동조사단을 구성하여 진상 조사를 마쳤고, 결정적 증거물까지 확보한 상태였다. 그리고 한반도 정전을 관리하는 UN사의 군사정전위원회 특별조사팀(SIT)도 자체 조사를 통해 우리 합동조사단의 결론을 지지했다. UN에서의 결론은 누가 봐도 명백했다. 그러나 국제사회는 냉엄했다. 각국은 자국의 정치 경제적 이해관계에 따라 움직였다. 진실보다는 국익이 우선한다는 엄연한 사실을 새삼 확인시켰다.

'천안함 외교'는 전방위적으로 실시되었다. 대통령은 5월 20일 합조 단 결과가 발표되기 전 주요국에 진상 조사 결과 내용을 설명했다. 이 후 외국 정상을 만날 때마다 천안함의 내용을 설명했으며, 정상 간 전 화와 편지 등을 통해 우리의 입장을 알렸다. 모든 정상 외교의 의제에 는 해당국과의 현안뿐만 아니라 '천안함 설명과 지지' 내용이 추가로 포함되었다. 5·24 담화 발표를 전후하여 오바마 미국 대통령, 하토야 마 일본 총리, 러드 호주 총리, 메르베데프 러시아 대통령과 전화 통 화를 갖고 국제 공조 방안을 협의했다. 또한 6월 4일 싱가포르에서 열 린 제9차 아시아안보회의인 샹그릴라회의에서 '국제사회가 이번 북한 의 도발을 용인하면 한반도와 동북아의 평화를 해치게 된다.'는 점을 강조했다. 6월 26일 캐나다 토론토에서 열린 G20정상회의에 참석하 여 미·일·중 정상들과 개별 회담을 하고 UN안보리의 대북 조치에 협 조해줄 것을 요청했다. G8정상들은 따로 선언문을 내고 "우리는 천 안함 침몰을 일으킨 공격을 비난한다."는 입장을 밝혔다. 이들은 천 안함에 대한 공격을 북한의 소행으로 규정한 민군합동조사단의 다 국적 조사 결과를 언급하며 "북한은 한국에 대한 어떤 공격이나 적대 적인 위협도 삼가라."고 요구했다. 대통령은 6월 28일부터 남미를 방 문, 남미 주요국들이 천안함 사태에 대한 우리 정부의 대응을 지지하 는 특별선언문을 채택하는 성과를 거두었다. 또한 유명환 외교부장 관, 천영우 제2차관 등도 다양한 양자 또는 다자 접촉을 갖고 UN에서의 긴밀한 협력을 얻어내기 위해 노력했다.

한편 이런 정상 외교의 노력과 성과는 다국적 합동조사단의 조사 결과에 바탕을 둔 것이었다. 국제사회는 합동조사단의 구성 그리고 조사 과정 및 조사 결과에 대해 깊은 관심을 가졌다. UN안보리는 실제 조사를 담당했던 조사단의 직접 보고와 증거물들의 확인을 기대하고 있었다. UN안보리에서는 별도의 자체 조사 없이 다국적 합조단 조사 결과를 안보리 공식 조사 결과로 확인·비준하는 데에는 조심스러워하는 분위기도 있었다. 실제로 북한은 자신들도 조사에 참여해야 한다고 주장했고 일부 국가에서는 '안보리 자체 조사가 필요하다.'는 등 다른 절차가 필요하다는 논리도 나왔다. 그러나 우리 UN대표부는 정전협정상의 중립국이 참가한 다국적 조사이며 명백하고 객관적인 증거 자료가 나왔다는 점을 강조하며 설득했다. 결국 브리핑 후 질의응답을 통해 그 결과에 유의하는 것으로 정리되었다.

UN안보리 상임이사국(P–5) 중 미국, 영국, 프랑스 등은 우리의 입장을 적극 지지했다. 그러나 중국은 안보리 회부조차 부정적이었으며, 러시아는 안보리 제재 결의에는 소극적이었다. 비상임이사국 10개국 중 일본, 오스트리아, 터키, 가봉 등은 우호적이었지만, 상당수는 중립 및 유보적 입장을 취하고 있었다. 여기에 아프리카 우간다는 친북적 입장이었다. 그러나 중요한 것은 거부권을 가진 안보리 상임이사국이었다. 안보리 15개국 이사국들 중 9개국의 찬성표가 있을 경우 안건 통과가 가능하나 상임이사국이 거부권을 행사할 경우는 그마저도 불가능했다. 거부권을 가진 중국과 러시아의 입장은 거의 정해져 있었지만, 최선을 다해야 했다. 한국은 합조단의 조사 결과 브리핑에 따라 부정적 입장이 완화되거나 바뀔 것을 기대했다.

막중한 사명을 띤 합조단은 외교부 등과 긴밀히 협의한 후 6월 12일 뉴욕 일정에 올랐다. 대표단은 윤덕용, 박정이 공동단장과 과학수사분과 윤종성 준장, 폭발유형분과 이재명(ADD) 박사, 선체구조분과 박정수 준장, 연합정보TF 손기화 준장 등과 일부 지원 요원으로 구성되었다. 또 미국 에클스 준장을 비롯한 영국·호주·스웨덴·캐나다의 합조단 전문가 6명이 함께했다. 합조단은 8분 분량의 천안함 침몰 사건 조사 결과와 3분짜리 '결정적 증거물' 동영상을 각각 준비했으며, 각국별 PPT 설명 자료와 질의 답변서를 마련했다. 우리 UN 대표부와 합조단은 북한이 범인임을 밝혀줄 분명한 증거를 제시하기 위해 우방국 대표단의 조언을 반영하여 준비한 자료를 수정하고 또 수정했다. 마침내 6월 14일 15시부터 UN안보리 6번 회의실에서 브리핑이 시작되었다. 이 자리에는 15개 UN안보리 이사국의 대사들이 전원 참석했다. 발표는 UN 공용어(영·러·불·중·스페인·아랍)로 동시통역되었다. 관심과 열의는 대단히 뜨거웠다. 안보리 의장인 클로드 헬러 멕시코 대사의 개회 발언으로 곧이어 박인국 UN주재 한국 대사가 합조단의 설명이 필요한 이유를 간단히 소개했다. 곧바로 사건의 개요와 어뢰 추진체 인양 당시의 모습을 담은 동영상을 틀면서 23분간 진행된 뒤 1시간 30분가량 질의응답이 이어져 약 2시간 동안 계속됐다. 합조단은 증거물과 영상 자료, 실험 결과 등 과학적이고 객관적인 근거에 기초하여 혼신을 다해 브리핑했다. 특히 다국적 합조단에 참가했던 외국 전문가 대표들이 전원 참석하고 또 중요 사안에 대해 직접 답변을 함으로써 국제적 신뢰를 얻는 데 크게 기여했다.

안보리 이사국 대사들의 질문은 대단히 날카로웠지만 특이한 사항은 없었다. 프랑스, 미국, 일본, 영국, 오스트리아 대사 등이 질문을 했다. 백령도 근해에서 잠수함정의 작전 가능성 여부, 어뢰에 1번 글씨가 남아 있을 수 있는 이유, 계류 기뢰 충돌 가능성 등 세부적 사항은 물론 합조단의 구성과 운용, 합조단 결론의 국제 조사단 동의 여부 등에 대한 질문도 나왔다. 또한 북한 검열단 구성에 대한 한국 정부의 입장 등에 대해서 물었다. 윤덕용, 박정이 단장과 각 분과장들은 해당 질문들에 대해 성실하게 답변했다. 특히 유럽 쪽 대사들은 합조단의 외국 전문가들의 활동과 조사 결과에 대한 판단을 궁금해했다. 영국과 스웨덴의 전문가는 '우리는 조사 과정의 모든 범위에 걸쳐 기여하였으며, 한국 측의 조사 결과를 검토하거나 의견을 제시하고 필요시에는 자체적으로도 조사했다. 팀으로 단합되어 효과적인 조사를 실시하였다고 평가한다. 아울러 문제를 분석하고 결론을 도출하는 과정에서 함께 토의했으며 조사 결과에 대해 동의한다.'고 증언했다. 대세는 기울었다. 안보리 이사국 대사들은 한국 측의 조사 결론에 전반적으로 공감했다. 특히 조사 내용에 대해 이의를 제기하는 국가는 단하나도 없었다. 중국과 러시아는 '이번 브리핑이 조사 결과 설명 목적으로 개최된 만큼 브리핑 내용에 대해서만 질문하고, 조사 결과에 대한 회원국 각국의 평가나 안보리 토의 필요성 등은 다음 기회에 해야한다.'고 주장했다. 그러나 러시아나 중국도 합조단 조사 결과에 대해서는 질문이나 반박하지 않았다. 미국, 일본, 터키 그리고 유럽 안보리 이사국들은 한국 조사가 철저하고 포괄적으로 이루어졌다고 공식 평가했으며, 이 중 일부 국가는 북한을 직접 거명하며 도발 행위를 규탄함과 아울러 안보리 차원의 조치가 있어야 함을 역설했다.

합조단 브리핑이 끝난 후 17시 20분부터 18시까지 북한의 신선호 UN대사는 안보리 회의에 참석하여 준비된 원고를 낭독했다. 이 자리에는 박덕훈 차석대사와 서기관 2명도 함께 나왔다. 이들은 "남한 합조단 결과는 북한을 억지로 천안함 침몰과 연결시키고 있는데, 그 결과를 단호히 배격하고 전적으로 거부한다. 진상 파악을 위해서는 북한 국방위 소속 검열단의 현장 파견이 수용되어야 한다. 북한은 천안함 침몰과 무관하며 오히려 피해자로, 남한 측 조사 결과는 명백한 날조."라고 주장했다. 그리고 화약 성분, 어뢰 추진부 증거 능력, 잠수정 이동 경로 등 8가지 사안에 대한 의혹을 제기했다. 이에 대해 미국, 프랑스, 영국 대사들이 각각의 주장에 대해 구체적인 반박을 하자 신선호 대사는 대답을 회피하거나 '검열단 주장'을 되풀이했다. '한국군 46명이 희생되었는데, 어떻게 북한이 피해자라 주장할 수 있는가, 그리고 (검열단 주장을 할 것이 아니라) 정전협정에 의거한 장성급 회담을 수용하지 않는 이유가 무엇인가.'라는 영국 차석대사의 질문에 그는 대답하지 못했다. 특히 북한에 대해 설명할 기회를 주어야 한다고 주장한 중국, 러시아조차도 북한의 성명 낭독에 대해 어떤 질문이나 발언도 하지 않았다.

실제 북한의 주장은 남한의 의혹 세력들의 주장과 다르지 않았으며, 대부분 과학적으로 설명이 된 내용이었다. 북한은 적극적인 노력을 통해 '자신들에게 씌워진 날조된 혐의'를 벗어야 했지만, 자체적인 해명과 석명(釋明) 그리고 알리바이 증명은 없었다. 오직 천안함 의혹 세력들의 합조단 조사 결과의 왜곡과 의혹에 기대어 진실을 감추거나 이른바 '검열단 파견'이라는 정치적 주장으로 곤란을 회피하려 했다. 북한 최고위의 지시에 의해 저지른 일이고 세계가 인정하는 과학적인 증거 앞에서 진실을 감추며 국익을 위해 국제적 외교 공세를 막아내야 했던 북한 외교관들의 처지는 궁색할 수밖에 없었다. 본국에서 내려온 성명만 낭독했을 뿐, 구체적인 안보리 대사들의 반박에 제대로 대답을 하지 못하는 것은 어쩌면 당연한 일이었다.

한편 합조단 브리핑 직전인 6월 11일 주UN대표부는 시민단체 '참여연대'가 합조단의 천안함 조사 결과에 의문을 제기하는 서한을 이메일로 UN안보리의장 등에 발송한 사실을 파악했다. 이들은 '천안함 침몰에 관한 참여연대 입장'을 통해 조사 결과와 조사 과정에 대한 의문을 제기했다. 이들 주장 역시 오해와 혼선 그리고 정보 부족에 따른 착각 때문이었으며, 군과 합조단이 모두 해명한 내용이었다. 합조단 설명회가 열리기 하루 전 외교부는 주UN대표부에 훈령을 보내 '이들의 주장은 사실을 왜곡하였으며, 소수의 편향한 시각만 대변하고 있음'을 안보리 주요국에 알릴 것을 지시했다. 특히 의장국인 멕시코에 대해서는 안보리는 정부의 입장을 다루는 곳임을 주지시켰다. 6월 14일에는 '평화와 통일을 여는 사람들'이 보낸 '천안함 조사 결과 발표를 믿을 수 없다'는 주장을 담은 서한이 UN안보리 이사국에 접수되기도 했다. 그러나 이해 당사국인 북한조차 UN 무대에서 이들의 서한을 무시했으며, 공식적으로 언급하지 않았다.

국내에서는 이런 NGO의 행태에 대해 '이적 행위' 등의 비난이 쏟아지면서 온 나라가 들썩했고 이후 이들에 대한 고발 조치까지 이루어졌다. 합조단 설명 직전에 이메일 서한 발송 사실이 알려지면서 주뉴욕 특파원이나 합조단 취재기자 등 UN 현장의 한국 기자들이 이 서한에 관심을 보였다. 그러나 정작 UN안보리 설명회장 등에서는 단 한마디도 언급되지 않았다. 그것이 전부였다.


## 두 얼굴의 크렘린

천안함 조사 결과 발표 이전부터 한미는 이 사안을 UN안보리에 회부한다는 계획이었다. 다국적 민군합조단의 조사 결과는 충분하고 만족스러웠다. 우리가 바라는 목표 달성을 위해서는 UN안보리 상임이사국인 러시아와 중국의 지지가 무엇보다 중요했다. 이들 중 한 나라라도 거부권을 행사한다면 국제적 단죄는 물거품이 될 수밖에 없었다. 우리가 천안함 조사 결과 자료를 보내주고 우리 외교부장관이 러시아 외무장관과 전화 통화를 하는 등 노력을 기울였지만, 러시아는 "천안함 침몰 원인과 관련한 확실한 증거를 러시아는 갖고 있지 못하다."는 유보적 입장을 견지했다. 또한 우리 정부는 러시아가 원한다면 더 자세한 정보를 줄 것이고 전문가를 보내겠다면 협조하겠다는 뜻도 전달했다. 시간은 가는데 획기적인 진전이 없었다. 결국 대통령이 나서야 했다. 5월 26일 러시아 메드베데프 대통령과 이명박 대통령이 전화 통화한 이후, 러시아 정부는 성명을 통해 "메드베데프 러시아 대통령은 한국 정부의 제안에 따라 천안함 조사 결과와 수집된 증거를 상세하게 살피기 위해 러시아 전문가팀을 한국에 보내기로 결정했다."고 밝혔다.

5월 31일 러시아 천암함 조사단이 방한했다. 이들은 모두 어뢰 등 해군 무기 체계 전문가들이었다. 이들은 방한 즉시 합조단을 방문, 업무 협조와 일정 협의를 했다. 우리는 다른 다국적 합조단과 같이 통역 차량 사무실을 제공했으며, 상호 간 비밀 보호, 보안 서약 등에 합의했다. 합조단은 조사 결과 및 수중 폭발 시뮬레이션, 정보 분석 종합 결과 등 거의 모든 자료를 제공했다. 또 천안함 함장과 승조원 면담, 피격 현장 방문 조사 등 러시아의 협조 요청에 대해 적극적으로 지원했다. 5월 31일 저녁 이들은 합조단의 합동 조사 결과 브리핑을 듣고 의견을 나누었다. 6월 1일에는 합조단의 각 분과별 분석 결과를 검토했다. 이들은 폭발 유형, 무기 체계, 사진 및 영상, 증거물 채증과 결과 등에 대해 상세히 설명을 들었고 검토했다. 특히 수거한 어뢰 추진체 실물을 확인하고 시료를 채취했으며, 나아가 2003년 우리가 습득한 시험용 어뢰 실물도 조사했다. 러시아 조사단은 합조단의 협조에 매우 만족해했으며, 자신들의 예상과 달리 자료를 공개하는 우리 군의 태도에 놀라움을 나타냈다. 특히 합조단의 조사가 과학적이고 객관적인 접근이었으며, 증거물 관리가 완벽하다고 평가했다.

6월 2일부터는 현장 조사가 시작되었다. 이들은 천안함 함체를 조사하고 함 손상 상태와 원인, 수중 폭발 가능성, 기뢰 가능성 배제 이유 등에 대해 질문했다. 오후에는 천안함 승조원들을 만나 소나 현황과 운용 방법, 탈출 구조 상황, 대잠 무기 현황 등에 대해 물었고, 함장과 작전관 등 천안함 승조원들은 성실하게 대답했다. 6월 3일에는 정보분석분과 조사 결과에 대한 설명을 들었으며, 6월 4일과 5일 한·러 조사 결과 합동 토의를 거친 후 6월 7일 출국했다. 러시아 조사단은 한국 측의 성의 있는 조사 활동 협조에 감사하고 민군합동조사단의 조사 결과를 존중하며, 침몰 원인이 비접촉 외부 폭발이라는 데 이의가 없음을 밝혔다. 다만 짧은 조사 기간이라 현재로서는 단정적으로 결론을 내릴 수는 없으며, 귀국 후 추가 검토와 연구를 통해 결론을 낼 예정이라는 입장을 밝혔다.

이후 러시아는 자체 조사단의 조사에도 불구하고 자신들의 가장 큰 의문이었던 기뢰 충돌설의 실체를 확인할 수 없었다. 그리고 우리 합조단의 조사 결과를 완전히 반박하거나 부정할 수 없게 되자 공식 입장을 유보한 채 결과 발표를 보류시켰다. 러시아 조사단을 지원하고 함께 토론했던 우리 군 관계자들은 러시아 조사 요원들이 합조단의 견해에 상당히 수긍했으며 대단히 호의적이었음을 전하고 있다. 그러나 러시아 조사단들의 결과 보고는 위로 올라가면서 진실보다는 국제 정치적 관계와 자국의 이해에 우선하는 것으로 바뀌어갔다.

조사단 귀국 직후인 6월 8일 미카로프 총참모장은 '결론을 내리기에는 이르다.'는 입장을 밝혔다. 당시 우리 러시아 공관 보고는 '러시아 내 전문가들은 천안함 사건이 북한의 소행이라는 반박할 수 없는 증거(irrefutable evidence)는 발견하지 못하였으며 북한을 비난하기에는 충분하지 않다(not strong enough).'는 반응을 보이고 있다고 전하고 있다.

미국·스웨덴·호주·영국 등이 참가한 다국적 합동조사단은 122일에 걸친 조사 끝에 북한 어뢰 피격이라는 결론을 내렸지만, 단 일주일간의 조사 활동을 벌인 러시아는 최종 결론을 유보했다. 러시아의 이런 입장은 UN안보리 제제를 추진하던 미국·호주·영국 등은 물론이

**2부** 청와대와 천안함
294

고 특히 우리 정부를 매우 어렵게 했다. '음흉한 크렘린'이 북한을 국제적으로 단죄하려는 우리와 주요국의 발목을 잡았다. 특히 아예 대놓고 북한을 옹호한 중국과는 달리 '선의의 중재자'임을 자임하며 자국 조사단까지 파견했던 러시아는 합동조사단의 결론에 대해 완전 부정도 완전 긍정도 아닌 모호한 입장을 견지한 것이다. 이런 러시아의 이중적 행태는 우리에게 더 큰 실망으로 다가왔다.

러시아 크렘린은 한반도 현안의 영향력 확대와 자국 이익 극대화 그리고 한·러 현안 처리 과정에서 레버리지를 유지하기 위한 의도를 노골적으로 내보였다. 만약 합조단의 조사 결과에 조금이라도 허점이나 의혹이 있었다면, 러시아의 태도가 어떻게 바뀌었을지 아무도 모른다. 즉 북한이 범인이라는 우리의 결과를 부정하거나, 자국 핵잠수함 쿠르스크호의 사례처럼 생태적 반미 감정 등을 앞세워 쿠바 등의 주장에 동조하면서 미국을 범인으로 몰았을 가능성도 배제할 수 없는 것이다. 우리는 러시아 조사단에 정성을 다했지만, 러시아는 진실에 눈감고 우리의 기대를 저버린 것이다.

결과를 보고받은 김 대령이 흥분해서 말했다.

"러시아 사람들 왜 말이 저렇게 달라져요?"

"그러길래 예전부터 '음흉한 크렘린' 아닙니까. 그리고 그게 냉엄한 국제 현실이지요."

# G2 중국의 주동작위(主動作爲)

한국은 중국이 자신들의 국격에 걸맞는 국제사회의 책임 있는 국가로서 역할을 다할 것으로 기대했다. 중국 지도부의 일부는 내심 북한의 무력 도발에 대해 실망하고 혈맹의 북·중 관계를 재검토해야 한다는 생각을 했을 수도 있다. 그러나 천안함 사태에 대한 중국의 대외적 공식 입장은 한결같았다. 즉 한반도에서의 북한 옹호, 국익 우선 원칙이었다. 중국은 겉으로 한반도의 평화와 안정 즉 현상 동결을 강조했다. 중국도 객관적이고 중립적인 제스처를 취했지만, 내막적으로는 오직 북한을 품어 보호해주기로 결심한 것이다. 중국은 천안함 사건에 대해서는 우리에게 그 어떤 협력이나 타협의 여지를 주지 않았다. 천안함 다국적 합동조사단 참가 의사 타진에 그 어떤 반응조차 보이지 않았다. 또 합동 조사 결과 발표 전날 각국의 서울 주재 무관들을 불러 설명하고 자료를 전달하려 했으나, 중국은 이마저 거부했다.

천안함 피격 직후 합조단 조사 결과 발표 때까지 중국은 사태의 추이를 지켜보며 외형적으로 중립적인 입장을 견지했다. 3주가 경과한 뒤 중국 외교부는 4월 20일 자 공식 외교 정례 브리핑에서 "천안함 사건은 불행한 사건이며, 한국 정부와 피해자 가족들에게 '위문'과 '애도'를 표한다."고 밝혔다. 또 "중국은 한국이 이 사건에 대해 과학적이고 객관적인 조사를 진행한다는 데 주목하고 있다."는 첫 반응을 내놓았다. 4월 1일 서울 주재 중국 측 인사는 "북한이 김정일 방중과 6자 회담 재개 등을 앞두고 도발할 가능성은 약하다."며 북한이 침묵하고 있는 것은 "침몰 원인을 모르기 때문."이라며 북한을 두둔하기도 했다.

4월 30일 이명박 대통령은 상하이 엑스포 참석차 중국을 방문해 후진타오 국가 주석과 한중 정상회담을 가졌다. 그 바로 직후 북한 김정일 위원장은 중국을 방문했다. 우리 정상회담 이후 곧바로 김정일 위원장을 부르면서 우리에게 그 사실을 알리지도 않은 것이다. 중국 외교부는 5월 6일 자 외교부 브리핑에서 김정일 방중 사실을 시인하면서 이는 중국의 외교적 주권에 해당하는 것으로 '김정일 방중'과 '천안함 사건'은 별개의 사안임을 분명히 했다.

그러나 합조단 조사 결과가 발표되면서 중국의 북한 비호는 노골적으로 바뀌었다. 중국은 즉각 "각국은 냉정하고 자제하는 태도로 적절하게 관련 문제를 처리하며 한반도의 긴장을 고조시켜서는 안 된다. 중국 측은 일관되게 국제적 및 지역 사안에 대해 공정하고 객관적으로 대처하며, 또한 동북아 지역의 평화와 안정 유지에 노력할 것이고 이에 위배되는 행위에 반대한다."고 밝혔다. 범인인 북한의 변호사이자 후견인 역을 자임한 것이다.

5월 28일 한·중·일 정상회의 참석을 위해 방한한 원자바오(溫家寶) 총리와 이명박 대통령과의 단독 회담이 열렸다. 이 대통령은 100분간 진행된 단독 회담에서 합조단의 조사 결과 자료를 들고 북한의 수출 무기 카탈로그에 수록된 어뢰의 설계도와 천안함 침몰 지역에서 발견된 어뢰 추진체가 정확히 일치한다는 점을 직접 설명했다. 이 대통령은 이어 "북한을 바른 방향으로 이끌기 위해서는 단호한 대응이 필요하다."며 "이번 만큼은 중국이 북한의 잘못이라는 점을 인정하고 향후 조치에 적극적인 역할을 해달라."고 요청했다. 그러나 원자바오 총리는 "국제적인 조사와 이에 대한 각국의 반응을 중시하면서 사태의 시시비비를 가려 객관적이고 공정하게 판단해 입장을 결정하겠다."는 원론적인 입장을 밝혔을 뿐이다.

6월 4일 천안함 사건이 공식적으로 안보리에 회부되자 중국의 입장은 한층 강경해졌다. 6월 8일 천영우 외교통상부 차관이 중국을 방문하여 천안함 사태의 UN안보리 회부 이유와 향후 계획을 설명했다. 그러나 중국은 "유관 당사국이 한반도 평화와 안정 유지라는 대국(大局)적 견지에서 출발해 절제와 냉정을 유지하면서 특히 UN안보리 개입 문제를 신중하고 적절하게 처리해야 한다."는 입장을 전달했다. 드러내놓고 말하지는 않았지만, 중국은 천안함 사건을 북한 소행으로 단정하는 데 반대하며, 법적 구속력을 갖는 대북 결의안은 불가능하다는 의미였다. 또 설령 의장성명이라 하더라도 북한을 특정하는 데 동의할 수 없다는 입장을 밝힌 것이다. 6월 15일 합조단의 UN안보리 브리핑에서도 "사건 발생에 애석함을 표시한다. 그러나 안보리에서 어떻게 처리할지에 대한 합의가 부재한 상황에서 성급한 결론을 내려서는 안 된다."는 냉정한 반응을 보였다.

당연한 일이지만, 중국 언론도 자국 정부의 입장을 거들었다. 중국 〈인민일보〉와 미국 〈뉴욕타임스〉의 천안함 보도 양태는 극명한 대비를 보인다. 천안함 피격 직후 〈뉴욕타임스〉는 매일 한 건 이상의 관련 뉴스를 쏟아냈지만, 〈인민일보〉는 사건 발생 이후 한 달 동안 단 한 건의 기사만 보도하면서 매우 소극적이었다. 보도 내용도 북한 중앙방송을 인용하면서 북한의 입장에 동조하는 것이었다. 그러나 천안함 사건 조사 결과가 발표되자, 정반대로 돌아섰다. 〈인민일보〉는 엄청난 지면을 할애하면서 〈뉴욕타임스〉의 2배 이상 빈도로 북한을 적극 대변하고 나선 것이다. 중국 내 다른 언론들도 비슷한 모습을 보였다. 이런 상황에서 중국인들에게 천안함 사태가 어떻게 투영되어 있는지는 물어볼 필요도 없다.

중국은 이후 UN에서 천안함 침몰이 공격에 의한 것임을 인정했으나, 공격 주체가 북한이라는 사실에 대해서는 명기하는 것을 거부했다. 이후 이어진 연평도 포격도발사건에 대해서도 역시 '매우 바람직하지 않는 사건'이라고 규정하면서 오히려 남북의 자제를 촉구했다. 북한에 대한 특별한 언급 없이 남북 양측의 냉정을 바란다는 식의 입장을 밝힘으로써 사실상 북한을 감싸고돌았다.

무엇보다 중국은 천안함 사태 이후 7월에 열린 대북 무력 시위 성격의 한미서해연합훈련에 대해 반대 입장을 견지했다. 특히 미국 항공모함 조지워싱턴호의 서해 진입에는 강력한 거부를 보였다. 중국인민해방군은 6월 30일 동중국해에서 실탄 사격 훈련을 실시했으며, 7월 5일에 중국 인민해방군 고위 관계자가 "미국 항공모함이 황해에 들어오면 살아 있는 표적이 될 것."이라고 경고하기도 했다.

중국은 천안함 사태로 인해 한반도의 안보 지형이 변화되고 한미의 대북 보복 공격 가능성을 우려하면서 한반도에서 추가적 긴장이 조성되는 것을 원하지 않았다. 중국은 천안함 침몰이 북한의 도발에 의한 것임을 간파했으나, 대외적으로는 이와 초연한 듯 행동했다. 바로 북한의 천안함 도발이 자국의 이해에 상당한 위험 요소였음을 감지한 것이다. 한국 정부의 지속적인 진상 조사단 참여 요청을 묵살했으며, 러시아와 같은 자국 독자적 조사단 파견조차 거부했다.

북한은 이런 중국의 치맛자락에 숨어 쏟아지는 국제적 비난과 외교적 압력을 피해나갔다. UN 외교나 ARF(아세안지역안보포럼) 등 아시아 무대에서 북한이 숨 쉴 공간이 있었던 것은 이런 중국의 바람막이가 있었기 때문에 가능했다. 한반도 영향력 극대화, 한미의 천안함 공세 차단이라는 중국의 국익 극대화 전략은 천안함 진실 규명과 공격 범인 단죄라는 국제적 요구에 눈을 감았다는 비난을 감내해야 했다. 천안함 대응에서 보듯 진실과 보편적 규범에 눈감고 자국 이해를 우선하는 모습에서 진정한 글로벌 리더로서 인정받을 수는 없다. 명백한 사실을 앞에 두고도 '맹목적 감싸기'를 할 수 밖에 없는 상황은 내부적으로 중국 스스로를 부끄럽게 만들었다. 역설적으로 천안함 사태는 중국이 북한과의 관계를 근본적으로 재평가하는 하나의 계기가 되었다.

그러나 화평굴기의 중국은 천안함 대응을 통해 한반도와 동북아에 끼치는 영향력이 더욱 증대되었고 미국에 군사적으로 맞서면서 상당한 자신감을 얻었다. 명실상부한 G2국가로서 미국에 맞서는 유일한 초강국의 군사 외교적 힘을 보여줄 수 있었다. 여기에 안정적인 경제 성장과 2008년 북경올림픽 등을 통해 내부적 단합을 도모했다. 이런 대내외적 자신감은 시진핑 시대의 '주동작위(主動作爲, 할 일을 주도적으로 한다.)'의 토대가 되었다. 천안함 이후의 한반도를 둘러싼 국제 정치적 질서는 중국의 하드파워 분출로 새로운 국면을 맞게 되었다.

# UN 의장성명

5월 20일 다국적 민군합동조사단의 결과가 발표되자, 미국과 EU 의회는 매우 발 빠르게 움직였다. 국민을 대표하는 의회의 통일된 입장 표명은 행정부의 정책 추진에 대단히 큰 힘이 된다. 미 의회는 그런 면에서 대단히 모범적이었다.

미 상원은 5월 13일 천안함 희생자 및 유족과 한국 국민에 대한 위로, 한미 동맹의 중요성 강조, 국제사회의 진상 조사 전폭적 지원, 대북 제재 내용이 담긴 UN안보리 결의 1695, 1718, 1874호 준수 등을 골자로 하는 결의안을 만장일치로 채택했다. 미 하원도 5월 25일 천안함 사건 관련 대북 규탄 결의안을 채택했다. 결의안은 지한파인 에니 팔레오마베가(Eni Faleomavaega, 민주) 하원 외교위원회 아태소위원장이 주도했으나 하워드 버먼(Howard L. Berman, 민주) 하원 외교위원장과 일레나 로스-레티넨(Illeana Ros-Lehtinen) 외교위 공화당 간사, 게리 애커먼(Gary L. Ackerman, 민주) 외교위 부위원장과 도널드 만줄로(Donald A. Manzullo) 외교위 아태소위 공화당 간사 등 하원 외교위를 대표한 민주, 공화 지도부가 전원 공동 발의자로 참여했다. 발의부터 '초당적'인 결의안이었다. 이 결의안은 합조단 발표 이전에 작성된 것이라 북한을 명시하지 않았을 뿐 사실상 북한을 범인으로 전제한 결의안이었다. 이 결의안은 찬성 411표, 반대 3표로 통과됐다.

아울러 6월 15일까지 12명의 상·하원 의원들이 개별 성명을 발표했다. 상·하원의 대북 규탄 결의안과 별도로 성명을 발표한 상원 의원은 샘 브라운백(Sam Brownback, 공화, 캔자스), 짐 인호페(Jim Inhofe,

공화, 오클라호마), 존 케리(John F. Kerry, 민주, 매사추세츠), 칼 레빈(Carl M. Levin, 민주, 미시간), 조지프 리버맨(Joseph I. Lieberman, 무소속), 존 매케인(John McCain, 공화, 애리조나), 짐 웹((Jim Webb, 민주, 버지니아) 의원 등 7명이다. 하원 의원은 에니 팔레오마베가(Eni Faleomavaega, 민주, 괌), 에드 로이스(Edward R. Royce, 공화, 캘리포니아), 아이크 스켈톤(Ike Skelton, 민주, 미주리), 개리 애커맨(Gary Akkerman ,민주, 뉴욕), 일레나 로스-레티넨(Illeana Ros-Lehtinen, 공화, 플로리다) 의원 등 5명이다.

유럽의회도 6월 16일 '한반도 상황과 관련한 결의안'을 채택했다. 이 결의안은 "북한 어뢰가 천안함 침몰을 야기했다는 합동조사단 조사 결과를 인정하며 한반도 평화와 안정에 반하는 이러한 도발적 행위를 강력히 규탄한다."고 명시했다. 또 "이 문제를 UN안전보장이사회에 회부한 한국 정부의 조치를 지지한다."며 "중국과 러시아가 아직 명확한 입장을 표명하지 않고 있음은 실망스러우며, 중국과 러시아는 합조단 조사 결과를 면밀히 검토하라."고 촉구했다. 아울러 비동맹권 중심국가인 인도를 비롯한 동티모르, 태국, 콜롬비아 등 25개 국가도 북한을 규탄하는 내용의 성명을 냈다. 북대서양조약기구(NATO)도 북한을 규탄했다. NATO는 "북한의 행위는 해당 지역에 위협을 야기하는 행위."라며 "특히 희생당한 한국 장병 46명의 희생에 애도를 표한다."고 전했다.

이런 각국의 북한 규탄 결의안이 나왔지만, UN안보리는 오랜 논의 끝에 마침내 7월 9일 의장성명을 채택했다. 안보리 결의안을 추진했지만, 결국 의장성명으로 격은 낮아졌고 내용도 크게 후퇴했다. 안보리는 "2010년 3월 26일 한국 해군함정 천안함의 침몰과 이에 따른 비극적인 46명의 인명 손실을 초래한 공격(attack)을 '개탄'한다 (deplore)."며 '개탄'이라는 비교적 강한 표현을 썼다. 그러나 누가 천안함을 공격했는지에 대해선 적시하지 못했다. 다만 "안보리는 북한이 천안함 침몰에 책임이 있다는 결론을 내린 한국 주도하의 5개국이 참여한 '민군합동조사단'의 조사 결과에 비추어 깊은 우려를 표명한다. 이번 사건과 관련이 없다고 하는 북한의 반응, 그리고 여타 관련 국가들의 반응에 유의한다(take note of)."고 밝혀 우회적으로 북한이 이 사건과 연루됐을 가능성 정도만을 언급했다. 이 의장성명은 '사건의 진상을 철저하게 공개하고 그 책임을 규명하기보다는 북한을 두둔'하는 중국과 '한국 주장을 지지하면서도 내심 중국과의 외교적 마찰을 피하고 싶은' 미국의 입장 등이 교묘하게 타협한 결과였다. 거부권을 가진 중국의 맹목적 북한 감싸기 전략이 낳은 냉엄한 국제 현실은 우리의 기대와는 거리가 있었다.

한편 국제사회는 천안함 사안은 한반도의 남북 내부의 문제이며, 국제적 안보 질서를 뒤흔들 만한 것은 아니라는 인식을 가지고 있었다. 즉 정전협정 체제하에서 남북 군인들의 교전 또는 충돌 정도로 본 것이다. 북한의 NPT 탈퇴(1993, 안보리 결의안 825호), 대포동2호 발사(2006, 결의안 1695호), 1차 핵실험(2006, 1718호), 미사일 발사(2009, 1874호), 은하2호 발사(2013, 2087호), 3차 핵실험(2013, 2094호) 등의 사안과는 다른 정도로 보았다. 핵개발이나 대륙 간 탄도 미사일 발사와 같은 국제 질서를 위협하는 수준으로는 판단하지 않았다. 따라서 안보리 결의안보다는 그보다 격이 낮은 의장성명으로 타협되었다. 한편 ICC(국제형사재판소)는 북한군이 우리 군을 공격한 것으로 판단했다.

2014년 6월 24일 "천안함 사건은 북한의 소행임이 분명하지만, 민간인이나 민간 시설이 아닌 군인과 군함에 대한 공격이라서 ICC가 관할하는 전쟁범죄에는 해당하지 않는다."고 결론을 내렸다.

의장성명 이후, 중국·러시아·북한 등은 '천안함은 UN 의장성명 정도에서 마무리하고 6자 회담을 통해 핵문제 해결에 나서자.'며 국면 전환을 시도했다. 중국은 "6자 회담을 조기에 개최해 공동으로 한반도 평화와 안정을 유지할 것."을 주장했다. 북한 외무성 대변인도 7월 10일 "우리는 평등한 6자 회담을 통해 평화 협정 체결과 비핵화를 실현하기 위한 노력을 일관되게 기울여나갈 것."이라고 밝혔다. 북한의 잘못을 겨우 수습했던 중국이나 러시아에겐 천안함은 빨리 잊고 싶은 '악몽'이었을 것이다. 이에 대해 미·일은 북한이 먼저 천안함 사건에 대해 사과 또는 잘못을 인정하고 비핵화에 대한 의지를 보여야 6자 회담 재개가 가능하다는 우리의 입장을 지지했다.

박인국 당시 주UN대사는 국회 청문회에 불려 나와 "성공한 외교는 아니지만 소기의 외교적 목적은 달성했다."는 입장을 밝혔다. 반기문 UN사무총장은 "한국 국민이 100% 만족할 수 없겠지만 성명에서 (천안함 사태가) 북한의 책임임을 누구나 알 수 있게 돼 있는 만큼 (성명을) 긍정 평가한다."고 말했다.

그러나 이런 UN안보리 결과에 대해 정치권의 입장과 평가는 완전히 엇갈렸다.

한나라당은 범죄 주체인 북한을 실명으로 적시하지 않고 암시적 방식으로 규탄한 부분은 아쉬움이 많이 남는다면서도 이 정도나마 결과가 나온 것도 정부의 과학적이고 치밀한 사건 조사와 끈질기고 설득력 있는 외교 노력의 성과라고 평가했다.

　민주당은 이런 결과는 국제적 망신이며, 국제사회의 제기되는 의문 앞에 국민들은 당혹스럽고, 국정 조사를 해야 한다는 입장을 내놓았다.

　자유선진당은 정부가 국제 무대에서 천안함 외교에 참패했음을 솔직하게 인정해야 하며 외교력 부족과 판단 착오 등에 대해 대통령이 사과할 것을 촉구했다.

　민주노동당은 천안함 사고를 조사한 민관합동조사단의 중간 결과 발표는 거짓투성이로 판명되고 있으며, 사실 관계에 입각하지 않은 의장성명은 UN안보리가 강대국 미국의 주도하에 진행되는 것임을 스스로 인정한 것이라는 주장을 폈다.


## 국회의 반쪽 결의안

　그러나 UN 결의안보다 10일 먼저 통과된 우리 국회 결의안은 반쪽짜리였다. 2010년 6월 국회 마지막 날인 6월 29일에 가까스로 처리된 '북한의 천안함에 대한 군사 도발 규탄 및 대응 조치 촉구 결의안'은 재석 273명 중 찬성 163명, 반대 70명, 기권 3명으로 통과되었다. 민주당을 비롯한 일부 야당은 원안과 다른 내용의 결의안을 냈다가 부결되면서 최종 통과된 결의안에는 반대표를 던졌다. 결과적으로 대한민국 국회의원 정수의 절반이 조금 넘는 54%가 북한 규탄 결의안에 찬성한 것이다. 나머지는 절차와 내용의 문제를 들어 반대했거나 기권했거나 또는 아예 본회의에 출석하지 않았다. 미 하원이나 유럽 의회, 인도 등 다른 나라 의회의 표결 결과와는 극명한 대비를 보였다.

29일 본회의에서 신학용, 유원일, 유성엽 의원 등 84명은 결의안 수정안을 제출했다. 민주당이 주도한 이 수정안은 국방위원회 원안에 대해 '북한의 천안함에 대한 군사 도발 의혹에 관한 진상 규명 및 한반도 평화 촉구 결의안' 등으로 제명을 바꾸고 북한 소행으로 단정한 부분을 모두 삭제했다. 그리고 제5항에 '6·15공동선언과 10·4선언 정신을 토대로 남북 당국자 간에 성의 있는 대화 체제가 복원되기를 촉구한다.'는 내용을 포함시켰다. 원안의 '대북 규탄' 대신 '6·15 정신과 대화 촉구'가 새롭게 포함된 것이다. 84인의 수정안을 지지했던 의원들과 정당은 다국적 민군합조단의 조사 결과에도 불구하고 공격 범인이 북한임을 확증할 수 없으며 따라서 그 후속 조치를 촉구한 원안에 동의하지 않는다는 의미였다. 나아가 대북 규탄 응징이 아니라 한반도 평화를 깨려는 세력에 대처하자는 내용으로 성격을 완전히 바꾸어버렸다. 이는 '일부 강경파 그룹이 제1야당을 좌편향으로 이끌면서 초래된 심각한 결과'로 평가되었다. 한편 민주노동당 홍희덕 의원은 "이 결의안이 남북 간 전쟁을 책동하는 촉구 결의안."이라고 주장했다. 민주노동당은 결의안 통과 시도 자체를 맹비난하며 결국 표결에 불참했다.

천안함 결의안 처리를 둘러싼 6월 29일 본회의 모습이 당시 우리 정치와 정당의 수준을 그대로 반영하고 있다. 한나라당은 결의안의 처리를 촉구했지만, 야당은 합조단 조사 결과를 불신했으며, 국정 조사를 통해 이를 검증해야 한다고 주장했다. 그리고 국회의 '천안함침 몰사건진상조사특별위원회'는 5월 24일과 6월 11일 단 두 차례만 제대로 열렸고 두 차례는 야당만 참석했다. 여야는 위원회 운영과 질의 과정에서 명확하게 입장이 갈렸다.

천안함 진상은 6·2지방선거의 정쟁 한복판에 휩쓸려 들어가면서 정치적 이슈로 변했고 이를 둘러싼 정치 공방의 소재거리로 변질되어 갔다. 군사 안보적 사안은 여야가 없다는 말을 수없이 해온 정치권이지만, 선거 승리라는 정치적 목표 앞에서는 공염불에 지나지 않았다. 천안함 조사 결과에 대한 무분별한 의혹 제기와 정부 정책에 대한 본능적 반대 심리가 기승을 부렸다. 특히 천안함 대북 규탄을 한반도 긴장 고조와 평화 위협으로 인식했고, 북한을 변호 옹호하는 세력이 결합되면서 합조단의 조사 결과와 정부의 대응 조치에 대한 도덕적 훼손과 이념적 폄훼는 극도로 심해졌다. 선거를 앞둔 제1야당 민주당도 안보 가치의 중심이 왼쪽으로 이동하면서 의혹 세력에 동조하며 함께 휩쓸려 버렸다. 이 때문에 천안함 진실을 온전히 담고 있는 합조단의 조사 결과와 그에 따른 후속 조치 방향을 정하고 있는 국방위원회의 국회 결의안도 반쪽이 되고 말았다.

대한민국 제18대 국회의 반쪽짜리 결의안은 UN 무대에서 안보리 결의안 채택을 위해 뛰는 '천안함 외교'에 상당한 타격을 주었다. 한세대 만에 돌아온 대결 외교에서 남북은 사활을 건 외교전을 전개하고 있었다. 그러나 한국 국회 일부의 천안함 조사 결과에 대한 의혹과 불신 주장은 일선 외교관들의 의지와 열정을 꺾어버렸다. "한국 국회의 표결 결과는 합조단 조사 결과를 완전히 신뢰하지 않는다는 인상을 주고 있습니다." 이런 외국 외교관들의 지적을 받을 때 우리 외교관들은 절망적이었고 참담했다.

특히 각국과 기구의 대북한 규탄 결의안이 쏟아져 나오고 있었던 상황에서, 피해국이자 당사국인 한국의 국회 결의안은 대단히 중요했다. 국제사회는 대한민국 국회의 움직임을 지켜보고 있었다. 한국 국회가 북한을 규탄하는 초당적 입장을 발표할 경우 북한을 옹호하는 중국이나 중립적 입장을 견지하는 러시아의 외교적 부담은 더 커질 수밖에 없었다. 나아가 천안함 사태를 분단된 한반도의 접적 수역에서 벌어진 군사적 충돌 정도로 여기며 자신들의 이해와 무관한 사안으로 보고 있는 상당수의 국가들에게 미치는 영향도 상당했을 것이다.

일반적으로 우리 국회 결의안은 관련국의 언어로 번역되어 해당 국가의 정부나 의회에도 보내진다. 법률적 기속력은 없지만, 한국 국민의 의지와 뜻을 담은 공식 문서로 인정받는 것이다. 천안함 결의안이 초당적으로 통과되었더라면, UN은 물론 UN 회원국 모두의 정부와 의회에 보내졌을 가능성이 높았다. 그러나 국회는 스스로 그러하지 못했다. 천안함 결의안 처리 과정을 통해 한국 내에서도 천안함 조사 결과에 대한 다른 의견이 있고 각 정당들의 견해가 다름이 알려지면서 한국 국회는 스스로의 권위를 잃었고 그 결의안의 효과는 크게 줄어들었다. '안보 위기 앞에서 단결하고 하나 된 국민이 최상의 안보'라고 소리 높여 외쳤지만, 이런 외침은 한강 너머의 여의도에는 닿지 못했다. 우리 국회와 여의도 정치의 한계였다. 나아가 종파주의와 정쟁 그리고 진영 논리에 찌든 후진적 국회의 자화상이었다.

05

# 천안함을 기억하라

## 합동조사결과보고서 발간

5월 20일 합조단의 조사 결과 발표 이후 '천안함 사건'을 새롭게 정의하는 통일된 용어를 정해야 했다. 사건의 성격이 분명하지 않은 상황에서는 '천안함 사건', '천안함 침몰' 등 현상적 중립적인 용어가 쓰였고, 그 과정이나 포괄적 대상을 언급할 때는 '천안함 사태'로 불렀다. 5월 10일 국방부도 이런 내용을 장관의 지시로 예하에 하달했다. 언론도 정부도 그렇게 썼다.

그러나 '북한이 쏜 어뢰의 폭발로 천안함이 침몰'한 이상 이런 내용을 공식 용어에 담는 것이 중요했다. 네이밍(naming)은 사건의 원인과 양상 결과 등이 포함된 본질적 핵심을 압축적으로 표현하는 것이 기본이다. 아이의 성명이 그의 운명에 영향을 미치듯, 사회적 사건 역시 이름을 어떻게 짓느냐에 따라 그 사건의 미래를 좌우한다. 정부 발표 이후 언론들은 '피격' 또는 '폭침' 등의 용어를 쓰기 시작했다. '피격 침몰'이라는 용어도 나왔다. 그러나 여전히 '사건이나 침몰' 용어를 그대로 쓰는 언론도 있었다. 정치권도 용어를 달리 쓰기 시작했다.

외교안보수석실도 용어에 대한 고민을 시작했다. 5월 27일 정운찬 국무총리도 장관들이 참석한 현안 토의에서 "북한의 무력 도발이라는 엄연한 사실이 밝혀진 이상 이 의미를 완전히 담아 이번 사건을 표현할 필요가 있다."고 지적했다. 이를 검토한 국방부는 피격과 침몰을 합한 '피침'이라는 용어를 우선으로 꼽았다. 그러나 사건의 본질을 가장 명확하게 표현하긴 했지만, 생소했고 무엇보다 어감이 익숙하지 않았다. 한자를 이어 붙여 급조한 느낌이었다. 언론이 쓰고 있는 네이밍은 이미 대중적이고 친숙하다. 언론이 쓰고 있는 용어인 피격과 폭침 중에서 선후를 정하면 되었다.

| 천안함 관련 네이밍 검토 자료 | |
| --- | --- |
| 피침(被沈) | '북한의 무력 공격(원인)' 사실과 '함정 침몰(결과)' 의 의미 명시 |
| 피격(被擊) | '북한의 무력 공격' 사실 명시, '함정 침몰(결과)' 의 의미 미포함 |
| 폭침(爆枕) | '침몰 원인'이 '폭발'임은 명시, 북한의 무력 공격 불명확 |
| 격침(擊沈) | '침몰 원인과 결과'는 적시, 행위자 입장의 표현 |
| 침몰(沈沒) | '북한의 무력 공격'이라는 침몰 원인 미포함 |

사태의 본질을 규정하는 용어 선택에서 우선적인 것은 '우리가 공격을 받았다는 사실 즉 북한의 무력 공격에 의해 발생한 사실'로, 이것이 중요했다. 폭발은 양태이고 침몰은 결과일 뿐으로, 상대적으로 비중이 낮았다. 국무총리실과 청와대 국방비서관실은 당연히 '피격'으로 정리했다. 2010년 6월부터 '천안함피격사건'은 정부의 공식 용어가 되었다. 대통령의 발언과 연설에서부터 모든 정부 문서에 이르기까지 '피격'으로 통일되었다. 그러나 간혹 비공식적으로는 '폭침'이란 용어도 함께 사용하기도 했다. 한편 2012년 말 제18대 대통령선거 과정에서 일부 후보가 '피격'이 아닌 '침몰'이란 용어를 썼다. 야권의 문재인 후보는 '제18대 대통령선거 선거 공보' 자료에 "천안함이 침몰되고 연평도에 포탄이 떨어져도 이명박 정부는 손 놓고 있었습니다."라는 문구를 썼다. 이 침몰이라는 표현 때문에 문재인 후보는 안보관을 의심받는 지경에 몰리기도 했다. 12월 9일 새누리당 안형환 선대위대변인은 브리핑에서 "천안함 폭침을 침몰이라고 쓴 이유를 밝히라."면서 "혹시 문 후보의 왜곡된 안보관이 공보물에 투영된 것이 아니냐."고 비판했다.

합동조사단은 여름 내내 천안함 진실 홍보와 의혹에 대응하는 한편 종합적인 조사 보고서 발간을 위해 노력했다. 합동조사단 활동이 7월 31일 종료되면서, 국방부 조사본부(본부장 윤종성 소장)가 이 임무를 이어받았다. 조사본부에는 총괄, 과학수사, 폭발 유형, 선체 구조, 정보 분석, 대외 협력 공보 등 6개 TF가 구성되었고 분야별로 합조단의 업무를 인수했다. 또 '천안함피격사건 자료실'을 설치하여 각종 증거물과 조사 활동 동영상 및 사진 자료, 연구 조사 자료를 전시 공개했다.

여론의 관심은 줄어들었지만, 천안함의 의혹을 제기하고 재조사를 주장하는 목소리가 2010년 여름을 달구었다. 천안함 조사 결과 발표의 과학적 근거를 공개하여 진실을 밝히는 작업이 더 중요했다. 태양이 떠오르면 어둠은 물러가고, 음습한 공간에서 기생하던 바이러스도 사라질 것이기 때문이었다. 객관적 사실과 과학적 증거는 근거 없는 의혹 주장을 막는 가장 효과적인 햇볕이었다. 상황적 의혹에 일일이 대응하기보다는 과학적 의혹 대응 위주로 방향을 바꾸었다. 또 실시간 사이버 대응을 강화하고 해외 홍보에도 더욱 박차를 가하기로 했다. 특히 동영상 등 활용 가능한 콘텐츠 개발에 더욱 힘을 쏟기로 했다. 폭염이 한창인 7월 20일에 열린 제2차 '천안함 관계기관대책회의'에서는 이런 대응 방침 확인과 함께 합조단 최종 조사결과보고서의 세부 발간 계획도 검토되었다.

조사 보고서 발간은 정부 조사 결과를 한글과 영문으로 발간하여 국내외에 공개하는 의미가 있었다. 이는 당연한 국가의 의무이며, 국민적 알 권리를 충족시킴과 동시에 역사적 사료의 가치가 있었다. 또한 당면하게는 '천안함 의혹 종결'이라는 현실적 목표와 안보 의식을 제고하는 효과도 기대되었다. 의혹이나 질문이 있을 때마다 대응하는 것이 아니라 전체 과정을 한 번에 보여주는 종합적인 최종 보고서였다. 그래서 천안함의 모든 것이 담기는 만큼 신중에 신중을 기해야했다. 당초 8월 6일을 목표로 추진하였으나, 관련 자료 보완과 내부협의 및 의견 조정을 거치는 과정에서 9월로 미뤄졌다. 시간이 걸리더라도 제대로 잘 만들어야 했다. 관련 후속 회의에서는 과학적 데이터나 분석이 많아 어려울 수 있으므로 다양한 시각적 자료를 활용하여 알기 쉽게 만들도록 주문했다. 또한 과학적 자료와 함께 대중적 홍보 자료의 발간을 고민했다. 국방부 정책 홍보 파트는 만화 방식을 제안했다. 보수적인 국방부로서는 대단히 산뜻하고 혁신적인 발상이었다. 곧바로 승인되었고 실행에 옮겨졌다.

다국적 민군합동조사단이 만든 조사 보고서의 신뢰성을 높이기 위해 첫머리에 '보고서 내용에 동의한다.'는 글과 함께 각국 조사단장이 서명했다. 합동 조사의 진행 과정에서 다국적 참가자 개인이나 국가들의 특정 사안에 대한 다양한 관점과 견해 그리고 때로 이견이 나오기도 했지만, 이런 다른 판단은 조사 보고서로 수렴되었고 하나로 모아졌다. 각국 조사팀을 파견한 자국 정부의 검토와 승인 하에 정부를 대표하여 공식적으로 이루어진 것이다. 서명자는 대한민국 공동단장 박사 윤덕용, 육군대장 박정이, 미국 조사팀장 해군소장(진) 토마스 에클스(Thomas J. Eccles), 호주 조사팀장 해군중령 앤트니 파월(Anthony R. Powell), 영국 조사팀장 데이비드 맨리(David W. Manley), 스웨덴 조사팀장 애그니 위드홀름(Agne Widholm) 등 6인이다.


"다국적 민군합동조사단은 2010년 3월 26일 21시 22분경 대한민국 백령도 근해에서 발생한 천안함피격사건의 원인을 조사하였다. 아래 서명자들은 조사에 참여한 각국 조사팀의 대표로서 이 보고서의 내용에 동의하며, 아래와 같이 서명한다.

"The multinational Civilian–Military Joint Investigation Group examined the cause of the attack against Republic of Korea Ship Cheonan occurred invicinity of Baekryong Island at 2122, March 26, 2010. The undersigned are the chief representatives of each investigation team, concurring with the contents in this report."

조사 보고서는 국제적 수준(Global Standard)에 부합되도록 국제해사기구 해양 조사 분석 틀을 적용했다. 합조단은 조사 과정에서부터 이 분석 틀을 따랐으며, 증거나 분석 결과에 따른 침몰 원인별 배제 과정을 상세하게 기술했다. 특히 300개 이상의 각종 그림과 도표를 활용하여 알기 쉽게 정리했다. 국방비서관실은 그 내용을 사전 검토했으나 단지 표현상의 오해나 오류, 다른 자료와의 상이 등 미시적 수정에 그쳤다. 의혹 불식과 국민 홍보적 측면에서는 구체적인 사항은 밝히는 것이 필요했지만, 보안 등의 이유로 몇몇 부분이 제외되었다. 특히 외교 관련 사안과 우리 정보 능력이 노출될 우려가 있는 부분은 아예 공개 대상에서 빠져야 했다.

이 보고서에는 5월 20일 조사 결과 발표 당시 분석이 완료되지 않아 공개하지 못했던 분석 결과가 수록되었다. 폭약 성분 분석 결과와 CCTV 복원 및 분석 결과, 침몰 경위를 밝히기 위해 수행한 함정 복원성 분석 결과, 천안함의 기본 구조 안정성을 검증하기 위해 실시한 선체 기본 강도 해석 결과, 그리고 수중 폭발 시뮬레이션 결과 등이 부록에 매우 상세하게 포함되었다. 이런 모든 분석 결과들은 5월 20일 조사 발표의 신뢰성을 더욱 높여주었다. 이로써 필요한 모든 과학적 실증적 분석과 해석은 종결된 것이다. 우리 군 사상 최초의 과학적 공개적 사건을 조사하고 국민과 세계에 내놓은 조사 보고서였다.

이는 우리 군의 열린 자세 그리고 역사와 진실 앞에 무한 책임을 진다는 정부와 대통령의 의지에 따른 결과물이었다.

천안함피격사건 보고서 발간은 정기국회를 앞둔 시점이었다. 보고서가 공개되면 천안함 사건이 다시 수면 위로 떠오르고, 정기국회 동안 일부에서 국정 조사 주장이 다시 나올 가능성도 있었다. 작은 실수도 용납되지 않았다. 검토와 수정이 계속되었다. 시간이 늦어지자 일부에서는 '조사 보고서 공개에 자신이 없어 늦추는 것 아닌가?' 하는 식의 비난도 나왔다. 9월의 최종 디데이(D-day)는 9월 10일이었다. 그러나 인쇄 등의 문제로 차질이 생겼다. 마침내 9월 13일『천안함피격사건 합동조사결과보고서』한글판과 영문판 그리고 만화『천안함피격사건의 진실』등 세 종류가 동시에 공개되었다.

10시 30분 국방부 브리핑룸에서 조사 보고서 발간 브리핑이 열렸다. 보고서는 한글판 8,000부, 영문판 5,000부가 인쇄되었다. 국방부 합참 등 군 기관, 청와대 등 중앙행정기관, 지방자치단체, 국회와 사법부, 언론사, 방산 업체와 예비역 단체, 고등학교 및 대학교, 도서

┃『천안함피격사건 합동조사결과보고서』영문판과 한글판, 만화『천안함피격사건의 진실』

관, NGO 단체, 종교 단체, 연구 기관 등과 주한 무관과 해외 기관에도 각각 무료로 배부되었다. 그리고 1,500부는 시중에서 판매하도록 했다. 동시에 천안함 스토리, 국방부 및 타 정부 부처 홈페이지, 정부 온라인 포털인 '정책브리핑(www.korea.kr)' 등에 전문을 게재하여 누구나 다운 받을 수 있도록 했다. 국방비서관실은 이 보고서와 만화를 제1부속실을 비롯, 전체 비서관실에 일일이 배부했다. 김성환 외교안보수석은 수석비서관회의에서 천안함 보고서 발간과 내용 요약을 대통령에게 보고했다. 한편 천안함 만화가 공개되자, 뜻하지 않은 논란이 제기되었다. '한방에 훅 가는 수가 있다.'는 등의 만화 내용의 일부 표현이 도를 넘었다는 주장이었다. 논란이 있자 국방부는 '특정 인사에 대한 인신 공격 의도는 없었으며, 의혹 사항에 대해 실체적 진실을 알리기 위한 것'이었다고 해명했다. 한편 11월 천안함피격사건 보고서를 UN 공용어(프랑스어, 중국어, 러시아어, 스페인어, 아랍어)로 번역하여 국제사회에 대한 홍보를 강화해야 한다는 의견이 제시되었다. 그러나 외교부와 재외 공관들이 국제 사회의 의견을 종합한 결과, 공용어인 영어로 충분하다는 보고가 올라오면서 없던 일이 되었다.

## 천안함 백서를 만들다

국방비서관실은 매일 아침 9시 전체 회의를 열었다. 2010년 5월 초순 아침 회의에서 김병기 국방비서관은 천안함 대응 및 사후 조치 등과 관련하여 교훈집을 만들어보자는 의견을 냈다.

다른 주장이 있을 수가 없었다. 천안함 대응의 잘한 점과 잘못한 점을 객관적으로 평가하고 후대에 남겨 교훈으로 삼는 것은 무엇보다 중요했다. 이를 위해서는 가장 많은 자료와 정보를 가지고 천안함 사태를 총괄 지휘한 청와대가 솔선하는 모습이 필요했다. 우선 각 행정관들이 각자 주로 맡았던 임무별로 정리하고 나중에 이를 종합하는 것으로 결정했다. 스스로가 원 소속을 떠나 대통령을 보좌하는 비서로서 냉정하되 미래 지향적 접근이 될 수 있도록 분석과 평가의 기준을 정했다. 청와대 대응 파트를 맡은 나는 '사태 초기 군의 보고체계 허점 노출 등으로 국민적 신뢰가 약화되었지만, 대통령의 적절한 대응 기조 천명과 진정성 있는 후속 조치 그리고 천안함 관련 대책회의 등을 통한 적극적인 상황 주도 등으로 비교적 안정적으로 천안함 위기를 관리했다.'고 정리했다. 각 행정관들은 평소 업무를 수행하는 짬짬이 초안을 완성했으며, 몇 차례에 걸쳐 함께 토론하고 종합했다.

약 2주일 후 '천안함 사태 관련 분석'이라는 비공개 보고서가 완성되었다. 여기에는 개요, 초기 대응, 탐색 및 구조, 선체 인양, 합동조사단 운영, 국방부 합참 대응 관리, 청와대 대응 관리, 기타(국회, 서훈 및 보상, 장례 등) 등으로 구성되었고, 천안함 일지를 첨부했다. 이후 이 자료는 천안함 백서의 토대이자 핵심 기조가 되었다. 최종 확정된 이 보고서는 내부 절차를 통해 보고되었고, 15년 후에 공개 가능한 '대통령 지정 기록물'로 지정되었다.

한편 5월 11일 국무회의에서 대통령은 촛불 시위 2년을 맞아 『광우병 백서』를 만들 것을 지시했다. 대통령은 "촛불 사태 2주년이 지났지만, 그때 그것이 사실이 아니었다고 판명되었는데도 그 일에 참여했던 지식인, 의료인 등 어느 한 사람도 그 일을 반성하는 사람이 없다. 반성이 있어야 사회가 발전한다고 생각한다. 사회적 책임을 면할 수 없고 역사에 한 기록으로 남을 일이기에 정부가 객관적인 보고서를 만들 필요가 있다고 생각한다."고 말했다[16].

이런 대통령의 국무회의 말씀 자료를 보다가 천안함에 대한 역사적 기록에 생각이 미치었다. 광우병 촛불 사태는 지나갔지만, 천안함은 현재진행형이었다. 곧 조사 결과가 발표되고 그 결과 보고서가 발간될 것이었다. 그러나 정부의 대응을 담은 자료도 미리미리 정리할 필요가 있었다. 특히 대통령은 천안함 조사에 대해 '사실대로 말하고 나오는 대로 공개하라.'는 지시를 한 바 있었다. 천안함 사태에 대해 청와대와 국방부 그리고 군은 무엇을 했는가를 바로 남기는 것은 무엇보다 중요했다. 단순히 '비공개 교훈 자료'로 남겨 공무원이나 군인들만 참고할 것이 아니라 정부가 무엇을 했는지, 천안함의 진실을 무엇인지 국민과 역사 앞에 남겨야 한다고 판단했다.

'청와대가 천안함 대응 과정에서 역사 앞에 감춘 것이 있었는가, 정권에 불리하다고 국민을 속인 일이 있는가, 진실과 후대에 떳떳하지 못한 일을 한 적은 없는가?'를 깊이 생각해야 했다. 역사적 사실을 기록하는 사관(史官)의 자세로 천안함 사태를 기록하는 것이 대단히 중요했다.

---

16 『광우병 백서』는 국무총리실의 국무차장이 주관하여 각 부처와 연구기관 등이 참여했으며, 약 200쪽 내외로 계획되었다. 발간 개요, 광우병 논란 배경, 진행 과정, 각계의 반응, 종합 평가, 부록 등으로 구성되었다. 2010년 중으로 발간될 예정이었으나, 결국 공개되지 못했다.

5월 13일 국방비서관실 전체 회의에서 대국민용 천안함 백서를 발간하자는 결정이 내려졌다. 즉시 천안함 백서 발간 필요성은 절차를 거쳐 대통령주재 수석비서관 회의에 보고되었다. 5월 20일 대통령은 김성환 외교안보수석에게 "천안함 사태의 정부 대응 과정을 기록으로 정확하게 남겨 국론 결집과 안보 역량 강화에 기여하고 그 교훈을 분석해 안보 태세 완비에 도움이 되도록 하라."는 백서 발간 지시를 내렸다.

그러나 5월 20일 합조단의 조사 발표 이후 이를 둘러싼 논란과 의혹은 더욱 거세졌다. 이런 의혹 대응도 백서 내용의 일부가 될 것이라는 생각을 하기도 했다. 천안함 의혹 대응에 총력을 쏟아야 했기에 백서 작업은 지체될 수밖에 없었다. 수많은 실무 준비를 마치고 대통령 지시 이후 한 달여가 지난 6월 21일 마침내 백서 발간을 위한 첫 회의가 열렸다. 청와대 서별관에서 열린 이 회의는 김병기 국방비서관이 주재했다. 이 회의에는 박시종 감사원 행정안보감사국장, 김은석 국무총리실 외교안보정책관, 김홍균 외교부 평화외교기획단장, 이상철 국방부 군비통제차장, 김경식 합동참모본부 작전참모부장, 신동석 해군역사기록단장, 윤종성 국방조사본부장, 조종설 민군합동조사단 총괄담당관, 심덕섭 국가기록원 기록정책부장, 백승주 국방연구원 안보전략연구센터장, 김홍희 해양경찰청 경비과장 등과 청와대 정국환 연설기록비서관실 행정관, 이성환 위기관리센터 행정관이 참석했다. 여기에 청와대 천안함 실무 T/F에서 함께 일했던 정무수석실 한오섭 행정관, 홍보수석실 이성환 행정관도 함께했다. 지원 요원까지 무려 20여 명이 참석하면서 서별관 102호실은 뜨거운 열기로 가득

했다.

국가기록원은 미국 9·11사태 등 주요국 테러 재난 관련 백서 발간 사례를 보고했으며 합참, 합동조사단, 해군, 감사원, 외교부 등은 천안함 사태 관련 자료 현황을 보고했다. 군 조직은 중대 사안의 대응과 후속 처리 이후에는 그 경과와 교훈을 담은 자료를 정리해두는 것이 일상화되어 있다. 이미 합참은 천안함 관련 합동 작전 차원의 주요 경과와 교훈을 정리해두고 있었다. 해군도 3월 31일 참모총장의 지시로 해군역사기록단이 중심이 되어 천안함 구조 작전에 대한 종합 보고서를 준비하고 있었다. 합조단의 조사 분석 자료, 그리고 청와대 국방비서관실의 비공개 보고서 등을 합한 4개 기관의 보고서는 천안함 백서의 뼈대가 되었다.

## 솔직한 반성문

역사에 기록되는 것만큼 무서운 것은 없다. 천안함피격사건 합동조사결과보고서는 사건 분석과 조사에 집중된 실무적 보고서였다. 그러나 천안함 백서는 정부는 물론 각 기관 부처의 대응 실태는 물론이고 운용 평가까지 포함되는 종합적인 사료였다. 천안함 사태에서 자신들이 어떻게 기술되고 또 어떤 평가를 받는가는 각 부처와 기관의 책임과 명예와도 직결되었다. 평가는 지극히 엄중하고 무게는 한없이 무거웠다. 청와대로부터 회의 참석 지시 공문이 내려가자 참석 대상자들은 당연히 자신의 소속 기관장에게 보고했다. 각 부처와 기관을 대표한 참석자들의 발언은 신중했으며, 다른 기관의 발언에도 집중했다. 특히 감사원과 국방부, 해군과 합참 등 서로 간의 인식 차이를 보였던 쪽의 분위기는 더욱 미묘했다. 1시간 반의 토론 끝에 추진 체계와 운영 방안이 확정되었다. 청와대 외교안보수석비서관이 백서발간위원회를 직접 주관하고, 국방비서관이 추진팀을 운영하는 것으로 했다. 그리고 국방연구원에서 연구 용역을 주관하고 국방부 군사편찬연구소가 집필을 맡도록 했다. 또한 범정부 차원의 공개용 백서와 비공개용 종합보고서를 병행하여 작성하며 발행 주체는 대한민국 정부로 확정했다.

범정부 차원의 비공개 종합 보고서는 미국 9·11테러 대응 보고서인 '9/11 Commission Report'와 같은 형식을 염두에 두었다. 즉 대응의 미흡 사항과 책임 소재 등을 규명하고 이를 통해 안보 태세를 정비하는 데 도움이 되며, 유사시 전 부처가 참고할 수 있도록 정부 정책용으로 만들어졌다. 대국민 공개용 천안함 백서는 북한의 도발 실태와 피격 상황을 정리하고 정부와 군의 대응을 국내외에 상세히 밝혀 교육과 홍보 등에 활용하도록 했다.

7월 22일 청와대 서별관 101호실에서 2차 회의가 열렸다. 외교안보수석을 대신하여 국방비서관이 회의를 주재했다. 이 회의에서 백서발간위원회와 집필T/F 안이 확정되었다. 그리고 백서의 객관성과 신뢰성을 높이기 위해 민간 전문가가 참여하는 '자문위원회'를 두기로 했다. 백서는 가능한 쉽게 쓰고 필요할 경우 각주를 달아 설명을 더하기로 하는 등 세세한 집필과 편집 원칙도 정했다. 민간 전문가의 자문과 검토는 매우 중요했다. 일부 관 주도의 백서는 자신들의 업적을 강조하고 과오는 축소하면서 홍보성 자료로 흐르는 경향이 있었다. 이렇게 되어서는 교훈과 경계의 취지를 살릴 수 없었다. 객관적이고 냉정한 평가와 편향성을 극복한 미래지향적 평가가 중요했다. 특히 정책 수요자인 민간의 눈으로 본 정부 대응에 대한 문제점과 대안은 결코 소홀히 해서는 안 될 일이었다. 민간 위원들의 선정과 그들의 의견을 반영할 실질적 방안을 고민해야 했다. 우선 8월 3일 비공식 민간 전문가 간담회가 청와대 연풍문 회의실에서 열렸다.

7월 중순부터 기관별 담당자가 정해져 각 군의 자료 수집이 시작되었고 군사편찬연구소의 박사급 위원들은 장, 절을 나눠 집필을 시작했다. 군사편찬연구소는 군사사 편찬기관이었지만, 당대에 발생한 생생한 역사적 사실을 기록하는 사관의 임무를 맡으면서 전에 없던 활기에 넘쳐 있었다. 집필팀의 자체적 실무 회의도 여러 차례 이루어졌다. 8월 6일 국방부는 청와대에 타 기관 부처의 초안 작성과 자료 제출을 독려해달라는 요청을 해왔다.

국방비서관실은 즉시 각 부처에 협조를 요청했다. 그리고 청와대의 초기 대응은 위기관리센터가 맡았고 위기 대응 기구 구성과 국가안보총괄점검회의 관련 사항은 대외협력비서관실이 각각 초안을 작성했다. 국방비서관실은 이들의 초안을 검토하여 종합하고, 청와대 대응 전반에 대한 초안을 작성했다. 9월 전체 초안이 완성되고 각 기관별로 회람 작업이 이루어졌다. 문장 하나 표현 하나도 꼼꼼히 검토했으며 다양한 수정 의견을 냈다. 자신들에게 불리한 내용이다 싶으면, 으레 삭제 또는 표현 완화의 빨간 줄이 그어져 있었다. 부록에 사건 일지와 정부 담화문과 성명서, 추모 활동, 의혹에 대한 사실 자료,

| 해경 | 침몰 직후 현장 조치(상황 접수, 인명 구조 등), 민간 선박의 협조 활동, 민간 선박 침몰 및 후속 조치, 교훈 및 발전 방향 |
|---|---|
| 통일부 | 사건 발생 전후의 남북 관계 상황 및 북한의 도발 의도 평가, 대북조치 내용, 북한의 반응 및 대처, 교훈 및 발전 방향 |
| 외교부 | 정상 외교, 유엔안보리 상정(합조단 설명회, 의장성명 내용 및 의의, 기대 효과), 국제사회에서의 외교 활동, '2+2 회담' 등 한미 공조, 교훈 및 발전 방향 |
| 청와대 | 청와대 차원의 국가 위기관리 조치 및 국가 안보 태세 점검 결과, 초기 국가 위기관리 조치 내용, 국가 안보 차원의 보완·개선 조치(안보특보 신설, 위기관리센터 보강 등), 청와대 공보 활동, 기타 조치 사항 등 국가안보총괄점검회의 구성·운영 및 점검 결과 등 |

외신 보도 등이 포함되었다. 최종 단계에서 가장 미묘했던 천안함 대응에 대한 감사원의 감사 결과 내용과 '국방선진화추진위원회' 관련 활동 사항이 마지막에 포함되었다. 국방비서관실이 백서 전체에 대한 최종 감수와 수정을 진행했다.

민간자문위원들은 각 기관의 추천 인사를 우선 고려하되, 기록과 국방 분야에 조예가 있고 다양한 의견을 대변할 수 있는 전문가들로 구성했다. 천안함 유족 등의 참여도 거론되었으나, 오히려 공정성을 약화시킬 수 있다는 반대가 있었다. 거르고 추린 끝에 남영준 중앙대 문헌정보학과 교수, 신인균 자주국방네트워크 대표, 이정훈 동아일보 논설위원, 차기환 변호사, 차두현 한국국제교류재단 연구위원 등 5인이 선정되었다. 이들은 편집 방향과 유의점에 대해 전문가로서 정무적 상황을 고려하여 성실하게 자문했다. 또 초고 원고를 읽고 감수하면서 다양한 의견을 제시했다. 이들의 주문 사항은 가능한 반영이 될 수 있도록 했다. 2010년 말을 목표로 발표했으나, 이는 내부적인 시한이었다. 이렇게 당기고 서둘러도 일은 미뤄지게 마련이었다. 오히려 천안함 1주기에 맞추는 것이 계기성을 살리기 좋았다. 당초 정한 대로 발간위원장을 외교안보수석비서관으로 하는 방안을 보고했으나, 당시 천영우 외교안보수석은 청와대 수석비서관이 전면에 나서는 것은 적절하지 않다는 입장이었다. 정부의 공식 보고서이기에 국무위원인 당시 김관진 국방부장관이 위원장을 맡는 것으로 조정되었다.

2011년 2월 편집위원회와 집필위원회 전원이 참석하는 전체 회의가 위민1관 대회의실에서 열렸다. 위원 전원이 모이는 마지막 자리였다. 일부에서는 자신이 속한 조직의 긍정적 평가를 위해 표현의 수정을 요구하는 의견이 나오기도 했다. 그러나 큰 이견은 없었다. 그런데 위원 중의 한 사람이 백서 발간에 참여한 위원들의 실명을 밝히지 않는 것이 좋겠다는 의견을 냈다. 일부가 동조하면서 그렇게 마무리되는 것으로 흘러갔다. 그러나 "그래서는 안 된다. 천안함 영령들과 유족이 보고 있다. 백서는 사실을 사실대로 밝히는 것이다. 우리는 역사와 진실 앞에 당당해야 하고, 천안함에 무한 책임을 져야 하는 것이다. 실명으로 남기는 것이 옳다고 생각한다."는 반박이 강하게 제기되었다. 결국 백서 마지막 장에 발간위원과 집필위원, 자문위원들의 당시 직책과 실명이 그대로 들어갔다.

천안함 백서 발간 사실은 3월 초순 대통령 주재 수석비서관회의에서 보고되었다. 『천안함피격사건 백서』는 천안함 1주기인 2011년 3월 26일 출간되었다. 천안함피격사건 조사 보고서와 같은 방식으로 공공 기관과 도서관 등에 배부되었다. 주요 서점에서 구매할 수 있으며,

전문을 누구나 무료로 인터넷에서 다운로드할 수 있도록 했다. 발행 직후 언론은 일제히 '정부가 솔직한 반성문을 썼다.'고 보도했다. 정부나 군의 대응에서 미흡했고 잘못된 점을 감추지 않고 그대로 공개하고 이를 교훈으로 대비 태세를 점검하겠다는 각오와 의지가 공감을 불러온 것이다.

| 2011년 3월 출간된 『천안함피격사건 백서』

천안함 백서 발간은 자신감의 발로이다. 누구에게도 감추거나 숨길 것이 없으며, 잘한 것은 잘한 대로 부족한 것은 부족한 대로 당당하게 밝히는 것이다. 백서는 정부의 대응뿐만 아니라 천안함 사태의 전체 과정을 담고 있다. 또한 합동조사결과보고서는 국민의 세금으로 다국적 합동조사단이 오랜 기간 걸쳐 조사·분석하여 범인이 누구인지를 밝혀낸 자료이다. 천안함 사태에 대한 의구심과 의혹의 상당 부분은 이 두 자료로도 충분히 해소될 수 있다. 누구나 조금만 수고로움을 더하면 이들 자료는 온라인에서 쉽게 찾아볼 수 있다. 정부의 공식 조사 보고서나 백서를 읽은 후의 천안함에 대한 인식과 평가는 읽지 않았을 때와 결코 같지 않을 것이다.

# 입 다문 국회의원

천안함 피격 바로 다음날 국회는 소관 상임위원회인 국방위원회를 열고 침몰 관련 보고를 들었다. 이후 3월 29일, 4월 14일, 19일, 30일 등 총 5차례에 걸쳐 국방위원회가 열렸으며, 사건 경위와 실종자 수색, 구조 인양 작업 그리고 우리 군의 대비 태세 등을 점검했다. 4월 28일에는 '천안함침몰사건 진상조사특별위원회 구성 결의안'이 통과되었다. 그러나 특위 구성 문제로 지연되다가 5월 24일(1차), 5월 28일(2차), 6월 11일(3차), 6월 25일(4차) 등 4차례 회의가 열렸다.

그러나 2차와 4차 회의는 여야 간 협의가 이루어지지 않아 야당 단독으로 열렸다. 정기국회에서는 10월 22일 국방위에서 윤덕용, 박정이 공동단장, 김동식 해군2함대사령관과 최원일 천안함장 그리고 이종인 알파잠수공사 대표 등이 증인으로 나와 증언했다. 또 10월 27일 정무위원회는 윤종성 국방부 조사본부장, 노종면 언론검증위위원 등을 불러 천안함 의혹 등에 대해 질의했다. 또한 군사법원을 관장하는 법사위원회도 국방부장관이 출석하자 천안함 사안에 대해 질의를 하기도 했다.

또한 국방부는 여야 정당을 찾아가 천안함 관련 사항을 보고했다. 특히 5월 20일 천안함 조사 결과 발표를 앞두고 청와대 정무수석실은 각 당에 사전 보고와 관련된 협의를 진행하기도 했다. 군과 국방부는 국회로부터 1,200여 건 이상의 자료 제출 요구를 받았고 그에 맞는 자료를 제출했다. 요구 자료가 비밀인 경우에는 절차에 따라 대면 보고를 했다.

이런 행정부의 협력에도 불구하고 천안함 사태에서 과연 국회가 제역할을 했는가에 대해서는 회의적이다. 국회는 천안함의 사실을 규명하고 제기된 의문과 의혹에 대해 조사하고 검증할 책무를 가지고 있다. 미증유의 안보 위기 사태를 맞아 행정부와 입법부가 힘을 합치고 위기 극복을 위한 국민적 공감대를 만들어가는 모습을 보여주었어야 했다. 국민들은 국회가 천안함의 진상을 밝히고 군과 정부의 잘못을 바로잡고 튼튼한 안보 태세 구축을 위한 목표에 힘을 모아줄 것을 기대했다.

그러나 무엇보다 18대 국회는 온전한 '천안함 결의안'을 통과시키는 데 실패했다. 북한의 군사 도발을 규탄하는 내용의 결의안은 찬성 164명 반대 70명으로 겨우 의결되었다. 민주당 등 야당은 천안함 공격 행위자를 북한으로 단정한 결의안에 반대했다. 이런 반쪽 결의안은 이후 UN의 천안함 외교전에 심각한 부정적 영향을 끼쳤다. 미국, EU 등 북한 규탄 결의안을 발표한 각국과 국제사회는 한국 정치의 현실과 국회의 무능을 확인했다. 다른 사안도 아니고 국가 안보와 관련한 사안이었다. 국회는 늘 안보에 여야는 없다고 말했으나 결정적인 상황에서는 여야의 정치적 이해에 따라 입장이 갈렸다. 자국의 전함이 기습을 받아 침몰하고 46인의 정규 군인이 전사했음에도, 여야와 정당 간 이견으로 통일된 목소리를 내지 못했다. 정치가 실종되고 당파적 이해만 남은, 가장 힘이 없고 무력한 최약체 국회의 모습이었다.

2010년 6월 천안함 결의안은 18대 후반기 원 구성 직후 이루어졌다. 결의안 초안을 마련한 국방위원회의 구성도 바뀌었다. 18대 전반기 국방위원들은 대부분 잔류했지만, 일부 위원은 교체되었다. 18대

전반기 국방위원들은 3월부터 4월까지 집중적으로 보고를 받고 상임위원회를 열어 천안함 사태의 실체를 파악하고 있었다. 또한 비공개 사항과 기밀문서 등도 보고를 받아 상당하고도 충분한 정보를 가지고 있었다. 그런데 지방선거를 거치고 국방위 원구성이 바뀌면서 천안함을 대하는 분위기도 강공으로 바뀌었다. 국회의 천안함 결의안은 때가 있었다. 5월 20일 정부 발표 직후 곧바로 처리되었어야 했다. 그러나 천안함의 정치화 즉 6·2지방선거를 앞둔 정치적 이해가 우선되었다. 북한을 범인으로 규정하는 결의안이 지방 선거에 미칠 영향과 이해득실을 우선 계산한 것이다. 천안함 조사 미흡과 일부의 의문 주장들은 사실상 선거 정략을 감추기 위한 명분에 불과했다.

천안함 진실을 규명하고 의문과 의혹을 풀어주는 데는 야당 특히 민주당의 역할과 책임이 무엇보다 중요했다. 특히 이념적 정파적 사안의 경우에는 오히려 정부 여당보다 더 큰 영향력을 행사할 때도 있다. 이런 안보적 사안에 대해 야당이 책임 있는 제 몫을 해줘야 국민들에게 진정한 대안 세력으로 인정받게 된다. 특히 거대 야당이 극단적인 주장에 발맞추거나, 다른 사안도 아니고 국방 안보 사안에 대해 균형을 잃었다고 비쳐지게 될 경우에 그 정당의 미래는 암울할 수밖에 없다.

정부 발표를 검증하고 일부의 의문과 의혹에 대해 해소할 책무는 국회의 몫인 것이다. 이것이 정당정치와 대의민주주의의 기본이다. 특히 안보 사안은 대부분이 군사 대비 태세와 군사기밀 사항이다. 천안함 사태 역시 그러했다. 국회는 권한과 책임을 가지고 언론이나 일반에게 공개할 수 없는 비공개 기밀 자료를 열람하고 보고를 받는다.

국방부와 군의 해당 장성들은 비공개 보고를 위해 의원회관을 수도 없이 드나들었다. 국회의원이 자리를 비우면 2급 기밀 취급 인가를 가진 해당 보좌관에게 설명했다.

특히 국방위나 천안함특위 위원 등 기밀을 다룰 권한과 책임을 가진 국회의원들은 같은 당 동료 의원들과 국민을 대신하여 책임 있는 입장을 밝힐 책무가 있었다. 그러나 유감스럽게도 야당 소속의 국방위원과 천안함특위위원 등 수십여 명의 위원 중 그 어느 한 사람도 '북한 소행이 분명하다.'고 말하지 못했다. 이중에는 4선 관록의 위원부터 전직 외교안보부처장관이나 육군대장 출신까지 있었다. '천안함의 정치화' 속에서 오히려 진실은 굴절되고 덮여버렸다. 민주당은 지방선거 승리를 위해 정부 여당이 신북풍을 몰아오고 있다는 주장을 폈으며, 선거 이후에는 천안함 재조사를 당론으로 정했다. 이들은 북한 도발에 대해 잘 알고 있으며, 군을 이해하고 사랑한다는 말을 입버릇처럼 했지만, 정작 '북한 소행이다.'라고 말해줘야 할 때 아무도 나서지 않았던 것이다. 천안함의 진실에 대해 가장 많은 정보를 가지고 있고 또 가장 광범위한 인식과 이해를 가진, 책임 있는 위치의 '선량'들은 그렇게 침묵한 것이다. 당과 정파의 이익, 당론이라는 암막 뒤에서 진실을 삼키고만 있었던 것은 아닌가 하는 의심을 불러일으킨다.

결국 천안함 진실에 대한 제1야당의 모호했던 입장과 일부 위원들의 움츠림은 두고두고 지적을 받을 수밖에 없다. 이후 모든 정치적 계기마다 돌부리가 될 수밖에 없으며, 목에 가시처럼 남아 당의 정체성과 이념의 시빗거리가 될 것이다. 일부에서 5·24조치의 해제를 말할 자격도 없다는 비판이 나오는 것도 이 때문이다. 따라서 제1야당이 정부 조사 결과에 대해 자체적 검증과 판단 전환을 통해 천안함의 범인이 누구인지를 분명히 하는 공식적인 입장을 확고하게 천명해야 한다. 이는 제1야당의 이념적 지향과 안보관을 분명히 함과 동시에 천안함을 둘러싼 의혹 해소에도 크게 기여할 것이다. 나아가 정치적 입장을 우선하면서 북한 소행임을 확신하지 못하는 약 30% 국민들의 상당수는 분명하고도 올바른 인식을 가지게 될 것이다. 이때 비로소 천안함을 둘러싼 논란을 극복하고 국민적 단합을 이루었다고 할 수 있다. 그 핵심적 역할이 바로 제1야당의 몫인 셈이다.

## 천안함 서울 이송 계획

2010년 6월 30일 해군은 전비품손망실(戰備品損亡失)위원회를 열어 천안함(PCC-772)을 전비품 목록에서 삭제했다. 천안함이 손상을 입어 더 이상 전쟁물자가 아님을 확인한 것이다. 그리고 2010년 말 해당 부대도 공식적으로 해체되었다. 천안함에서 살아남았던 승조원은 다른 부대로 전출되거나 다른 임무를 맡게 되었다. 군적에서 천안함이 완전히 사라진 것이다. 천안함에 있던 병기, 탄약, 유도탄, 유류 등 365종 380만 점은 반납되거나 폐기 처리 되었다.

김성찬 해군참모총장은 2010년 6월 8일 천안함 함체를 원형대로 보존하되 구체적인 방안은 연구 용역과 자문 위원들의 의견을 들어 추진하라고 지시했다. 6월 30일 김태영 국방부장관도 천안함의 침몰부터 인양까지 전 과정을 전시하여 산 교육장으로 만드는 것을 검토하라고 지시했다. 아울러 천안함 함체는 녹여서 새로 만드는 군함에 재활용하든가, 원형으로 보존하는 방안을 찾으라는 지침을 내렸다.

7월 어느 날 평택 2함대사를 찾았을 때, 해저에서 인양되었거나 함수, 함미에서 꺼내놓은 천안함 물자들은 여름 장맛비와 뙤약볕에 그대로 노출되어 있었다. 천안함 함체는 남아 있는 염분과 스며든 빗물로 부식이 시작되었고 내부는 곰팡이까지 끼기 시작했다. 대책 마련이 시급했다. "빨리 분류해서 제대로 된 보존 방법을 찾으셔야지요, 우선 가림막이라도 설치해 놓아야 하지 않겠습니까?" "저희도 방안을 찾고 있습니다. 서두르겠습니다."

천안함을 녹여 없앨 수는 없었다. 군으로서는 지우고 싶은 치욕적인 패배의 흔적일 수 있었다. 그러나 패배와 실패의 역사 속에서 교훈을 찾는 것이 옳은 일이었다. 천안함 함체는 북한 도발의 산 증거물이자 장병과 국민들의 생생한 안보 교육 교재였다. 북한은 자신들이 나포한 미국 정보함 푸에블로호를 대동강가에 전시하고 반미 선전에 이용하고 있다. 미국은 일본의 진주만 공습 당시 희생된 2,403명 중 1,100명이 숨진 애리조나함의 선체를 인양하지 않고 선체 위에 추모 기념관을 세웠다. 천안함은 하와이에 있는 애리조나함과 같은 국가 기념물이 되어야만 했다. 천안함을 제대로 영구 보존해야 하는 것은 지극히 당연했다. 긴 논의가 필요 없었다.

해군은 2010년 7월 민간자문위원회를 구성하고 보존 전시 방안의 연구 용역을 의뢰했다. 그리고 11월부터 전통문화학교에 의뢰하여 천안함 물품을 분류 정리했다. 군은 각계의 의견을 수렴하여 2016년까지 총 170억 원이 들어가는 천안함 전시 보존 계획을 마련했다. 함수와 함미, 연돌과 가스터빈, 선체와 장비, 물자류 등은 군사 유물로 정해 보존하기로 했다. 선체, 장비, 물자류 등 870종 3,808점을 골라 군사재(軍事財)로 지정했다. 군사재는 군사와 관련된 사물 중에서 역사적 가치가 있다고 인정되는 물자를 말한다. 한마디로 군사관련 문화재인 셈이다. 함체 및 대형 선체(연돌, 마스트, 유도탄/어뢰/미스트랄 발사대, 가스터빈 및 덮개, 하부 선체, 발전기) 9개는 보존 처리하여 원형으로 영구 보존하기로 했다. 천안함 전시관 부지와 설계를 두고도 다양한 의견이 나왔다. 다양한 논의 끝에 함체를 평택 2함대 안보공원에 천안함 전시관을 짓고 옥내에 전시하는 것으로 결정되었다. 천안함 함체는 2002년 제2연평해전의 주역 참수리-357호정 인근 안보공원 서쪽에 자리를 잡았다. 보호 시설을 투명 유리 돔으로 설치하자는 의견도 나왔으나 예산상의 문제로 받아들여지지 않았다. 함체 전체를 덮을 수 있는 보호각을 짓되, 천안함 함수와 함미 사이로 접근하여 어뢰에 의한 함체 절단면과 격실 일부를 근접 관람할 수 있도록 했다. 또 천안함을 두 동강 냈던 버블제트 체험 시설 등도 만들기로 했다.

한편 청와대 국방비서관실은 2010년 말 천안함 함체 등을 서울권으로 옮기는 방안을 검토했다. 평택 전시관이 군 기지 내에 있어 출입에 불편함이 있고 무엇보다 접근성이 떨어지는 점을 고려한 것이다. 가장 좋은 방안은 용산 전쟁기념관 안 야외 부지에 두는 것이었다. 그러나 해군의 검토 보고는 '불가'였다.

해군은 육로 수송, 한강 하구를 통한 수로 수송, 곧 개통될 경인아라뱃길을 이용한 수로 수송 등의 방안을 검토했다. Ch-47 헬기의 수송 능력은 11t에 불과해 검토에서 제외되었다.

25t 트레일러로 옮길 경우 함체를 무려 110등분을 할 수 밖에 없었다. 함체 원형 훼손이 너무 심했다. 또한 고속도로나 일반도로 통행에도 문제가 발생해 불가능한 것으로 판단되었다. 육로 수송은 불가능했다.

또한 한강 하구 수송은 바지선에 올려 2함대에서 인천, 한강 하구를 경유하여 한강으로 거슬러 올라오는 방안이다. 한강 하구의 중립 지역을 통과할 경우 군사정전위원회의 허가와 북한에 사전 통보하는 절차가 필요했다. 1990년 한진건설 작업 선박 6척과 2005년 거북선 1척이 절차를 밟아 이 구역을 통과한 사례가 있었다. 더 큰 문제는 바지선이 일산대교 하단의 신곡수중보를 넘을 수 없다는 것이었다. 이 보를 넘어도 행주대교를 통과하자면 다시 함체 상단을 5등분해야만 했다. 이 역시 함체를 절단하고 다시 붙여야 해 그 의미가 반감되었다.

경인아라뱃길 수송이 가장 현실적인 대안이었다. 경인아라뱃길이 열리면 함체를 바지선에 싣고 뱃길을 따라 한강으로 바로 들어오는 방안이었다. 그러나 이 역시 뱃길을 가로지르는 굴포교 등의 다리를

| 한강하구를 통한 천안함 이송 경로

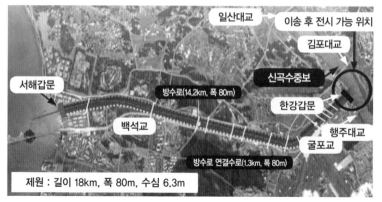

| 경인아라뱃길을 이용한 천안함 함체 운송 검토

통과하기 위해서는 함체를 2등분해야만 했다. 이 경우 신곡수중보와 행주대교 사이 한강변에 전시할 수 있었다. 그러나 한강하구 신곡수중보 하류에 바지선을 띄워 전시하는 것은 한강 홍수나 태풍 등 풍수해에 취약할 수밖에 없었다. 또 경인아라뱃길을 이용하여 행주대교 근처 고수부지에 설치하는 것도 주변과의 연계성이 부족해 전시 효과가 떨어진다는 평가를 받았다.

용산 전쟁기념관으로 옮기는 것은 원형 훼손 등으로 아예 불가능했다. 선체를 절단했다가 다시 용접하여 이어붙일 경우 북한 도발의 핵심 증거인 절단면이나 버블 흔적 등이 훼손되는 것은 물론 유물로서의 가치나 상징성도 크게 줄어들 수밖에 없다.

결국 서울로의 이동 전시 방안은 취소되었고, 바다에 접한 상징성이 있는 평택 2함대 내 안보공원에 천안함 전시관을 만들어 전시하는 것으로 정해졌다. 당장은 더 나은 대안이 없었다. 용산 전쟁기념관에는 천안함 전시관을 만들어 CHT-02D어뢰의 추진동력장치 등을 전시했다. 또한 전쟁기념관과 평택의 천안함 전시관을 연계한 견학 프로그램을 운영하기로 했다.

이후 2012년 말 경인아라뱃길 인천터미널에는 함상공원이 조성되었다. 여기에는 천안함 피격 직후 인명 구조에 나섰던 인천해경 1002함이 퇴역하여 전시되고 있다. 중장기적으로 천안함을 함체 손상이 없이 이동 가능한 경인아라뱃길 함상공원이나 한강변으로 옮겨 접근성을 높이는 방안도 검토할 필요가 있을 것이다.


## 천안함을 기억하라(Remember ROKS Cheonan)

천안함 1주기를 앞두고 2011년 3월 7일 천안함 관련 관계기관 회의가 열렸다. 1주기는 추모는 물론 국민의 안보 의식을 고취하고 군의 단호한 결의와 국방개혁 노력을 알리는 중요한 기회였다. 천안함 피격 1주기를 국방개혁 가속화의 모멘텀으로 활용하고 '전투형 군대' 육성 노력을 알리는 기회로 만들어야 한다는 의견도 나왔다. 행사는 '짧고 강하게 준비하되, 국방 대비 태세 강화 차원으로 승화되어야' 한다는 방침을 정했다. 단순한 추모가 아니라 천안함 의혹 해소와 안보 의식 고취로 이어져야 했다. 특히 각 기관별 행사와 홍보 방향이 다양한 만큼 국방부를 중심으로 조정해서 효과 있게 추진하도록 했다.

'천안함을 기억하라(Remember ROKS Cheonan.)'는 1주기 행사의 슬로건이었다. 3월 24부터 28일까지를 전군 추모 기간으로, 21일부터 31일까지를 해군의 추모 기간으로 정했다. 이때 전 장병들은 일과를

| 천안함 추모 상징 이미지

시작하기 전 '다시 부르는 전우' 시간을 통해 천안함 46용사의 이름 하나하나를 호명하는 시간을 가졌다. 각 기관과 단체는 다양한 행사를 준비했다. 국방부는 천안함 46용사와 한주호 준위의 희생을 추모하는 상징 이미지를 만들었다.

또한 3월 25일 2함대 초계함(영주함)에서 '3·26기관총' 기증식이 열렸다. '3·26기관총'은 천안함 폭침으로 희생된 고 민평기 상사의 모친 윤청자 여사가 기탁한 국방성금 1억 890여만 원으로 구입한 18정의 함정용 K-6기관총(12.7mm 구경)이다. 천안함 피격 1주기인 26일에는 국가보훈처 주관으로 오전 10시 대전현충원에서 전사자 추모식이 열렸다. 3월 27일에는 백령도에서 '천안함 46용사' 위령탑 제막식이 있었다. 30일에는 진해 해양공원에서 고 한주호 준위 동상 제막식이 열렸다. 국방부와 해군은 이 밖에도 천안함 1주기 안보세미나, 대전현충원과 서울 광화문역, 삼각지역에서 안보특별사진전시회, 국군 교향악단의 추모 음악회, 해군사관학교 생도 서북도서 체험, 안보·추모 글짓기 등 다양한 행사를 개최했다. UCC 동영상과 천안함 교육 자료가 제작되었고 TV 추모 특별 방송이 이루어졌다. 또한 해외 무관부를 통해 천안함 이후 우리 군의 대응 조치와 1주기 추모 행사 내용 등을 담은 자료를 주요국에 전달했다. 주한 미군도 함께했다. 한미연합사령부(이하 연합사)도 26일 천안함 1주기 추모식을 가졌다. 추모식에는 월터 샤프 한미연합사 사령관(주한 미군사령관, 육군대장), 정승조 연합사 부사령관(육군대장, 육사 32기), 구마타오타오(P. Gumataotao, 미 해군준장) 주한 미 해군사령관이 참석했으며 26일 연합사 기지 내에서는 태극기와 성조기를 공동으로 조기 게양했다. 27일 열린 위령탑 및 한주호 준위 동상 제막식에는 한미 양국 주임원사들이 참석, 전사한 전우들의 넋을 위로했으며, 4월에는 한미연합사 장병들이 가족과 함께 천안함 함체를 견학했다.

한편 3월 2일 정무수석실 시민사회비서관실에서 '천안함 1주기 국민 추모제'를 제안해왔다. 서울에서 시민들이 참여할 수 있는 행사가 필요하다고 판단한 것이다. 실제 국가보훈처나 해군 등의 행사가 주로 지방에서 유족 중심으로 열리는 것으로 계획되어 있었다. 시민들이 애국심과 추모 열기에 함께할 수 있는 행사가 필요했다. 즉시 관련 회의가 열렸고, 예산 등 필요한 사항이 검토되었다. 군과 유관 기관이 도와야 할 필요한 조치가 취해졌다. '천안함 1주기 범시민 추모위원회'가 주관한 '천안함 1주기 시민 추모제'가 26일 오후 서울광장에서 학계와 종교계, 시민단체를 비롯한 각계 인사와 시민 등 1,500여 명이 참석한 가운데 열렸다.

한편 대통령은 천안함 1주기를 맞아 유족들에게 편지를 보냈다. 2010년 5월 이후 두 번째였다. 참고하라고 연설비서관실이 초안을 보내왔다.


고 이창기 준위의 부인 오○○ 여사께

천안함 46용사를 떠나보낸 지 1년이 되었습니다. 이창기 준위의 명복을 빌며,

오○○ 여사께 깊은 위로의 말씀을 드립니다. 아드님 이산 군도 잘 크고 있는지요. 꽃샘추위로 아직 바람이 찹니다. 환절기에 감기 걸리지 않게 조심하시고 건강하게 지내시길 바랍니다.

이 준위는 하나뿐인 생명을 조국에 바쳤고, 오 여사께서는 하나뿐인 남편을 조국에 바치셨습니다. 비통함 속에서도 의연함을 잃지 않고 이웃을 돕고 국가 안보를 염려해주시는 유가족들의 소식을 접하고 있습니다. 정말 고맙습니다.

(중략)

천안함 용사들의 고귀한 희생을 기리고 명예를 드높이기 위해 추모와 선양 사업도 더욱 적극적으로 펼쳐나갈 것입니다. 나라를 위해 희생한 분들의 뜻이 대대손손 전해질 수 있도록 하겠습니다.

다시 한 번 고 이창기 준위의 명복을 빌며, 오○○ 여사께 거듭 감사와 위로의 말씀을 드립니다. 아무쪼록 건강하시고 평안하시기를 기원합니다.


대통령은 26일 오전 국립대전현충원에서 열린 '천안함 1주기 추모식'에 참석해 희생 장병들을 추모했다. 대통령은 묘소를 둘러보고 유족들을 위로했다.

한편 군 관계기관 등은 천안함 1주기를 맞아 대전현충원 전사 장병의 표지석 문구 교체를 건의했다. 2010년 4월 29일 유해 안장 당시에는 사건 원인이 규명되지 않았다. 따라서 묘비에는 '이곳은 2010. 3. 26. 서해안 임무 수행 희생된 천안함 46용사가 잠들어 있는 곳입니다.'라고 써야만 했다.

2010년 5월 천안함 피격 원인이 밝혀진 이상 분명하고 정확하고 바르게 쓰는 것이 옳았다. 천안함재단은 천안함유족회의 건의를 받아들여 예산 1,200만 원을 지원했고 해군에 표지석 교체를 정식 요청했다. 2013년 9월 15일 국립대전현충원은 새 표지석으로 바꾸었다.

'이곳에는 2010년 3월 26일 NLL 수호 임무 수행 중 북한 잠수정의 어뢰 공격으로 전사한 천안함 46용사들이 잠들어 있습니다.'

한편 주한 미 해군사령부는 2011년 8월 5일 서울 용산 주한 미군 기지에서 천안함 추모비 제막식을 가졌다. 구마타오타오 주한 미 해군사령관(준장)과 한미연합군사령부 맥도널드 작전참모부장과 하태민 연합사 인사참모부장, 주한 미 해군 장병 50여 명이 참석했다. 추모비에는 천안함 추모 글과 함께 해군 군가 '바다로 가자'에서 따온 '지키자 이 바다 생명을 다하여(Let's defense this sea with all our lives)'라는 문구가 한글과 영어로 새겨졌다. 구마타오타오 주한 미 해군 사령관은 "오늘의 제막식이 천안함 46용사와 한 준위의 조국을 위한 용기와

| 2013년 9월 15일 새로 바뀐 천안함 전사자 묘역 표지석

희생정신을 다시 한 번 기리는 기회가 되기를 바란다."며 "그들의 희생은 앞으로도 영원히 잊히지 않을 것."이라고 말했다. 주한 미 해군은 매년 천안함 피격 당일에 맞춰 추도식을 거행하고 있다. 관련 자료들은 미해군 홈페이지(www.navy.mil)에서 쉽게 찾아볼 수 있다.

주한 미군은 2002년 '효순미선사건' 등을 계기로 한국민의 정서를 이해하고 공감대를 얻기 위해 많은 노력을 해오고 있다. 일부 의혹 세력은 주한 미군의 천안함 관련 모든 사실을 자신의 의혹 주장으로 연결시켰다. 이 추모비 건립을 두고도 미군 잠수함 관련 의혹을 제기했다.

또 4월 7일 캐서린 스티븐스 주한 미 대사와 월터 샤프 연합사령관이 독도함을 방문하여 한미 잠수사들을 격려한 것을 두고도 '그 방문 목적이 다른 데 있는 것 아니냐.'는 식의 주장을 했다.

또 월터 샤프 한미연합사령관이 고 한주호 준위의 영결식장에서 유가족에게 위로 서한을 담은 봉투를 전달한 것을 두고도 끊임없이 '민

| 주한 미 해군사령부가 세운 천안함 추모비

거나 말거나'식의 말을 만들었다.

　인천 옹진군청은 2012년 7월, 천안함이 침몰한 백령면 연화리 인근 2.5km 해상에 표식 부표를 설치했다. 가로 65cm, 세로 95cm, 높이 2m45cm 크기의 부표는 해수에 의한 부식을 최소화할 수 있는 선박용 섬유강화플라스틱(FRP)을 사용했다. 눈에 잘 띄도록 오렌지색을 사용해 천안함 46용사 위령탑 추모의 장에서도 눈으로 볼 수 있도록 만들었다.

천 안 함 　 전 쟁 　 실 록

# SMOKING GUN

# 03
# 대남 사이버심리전

# "합조단 발표를 탄핵하라!"

## 청와대 천안함 관계기관 대책회의

2010년 천안함 피격이 던진 충격은 온 나라를 뒤흔들었다. 우리 군함이 무력 공격을 받았다는 점에서 국민들은 분단된 현실을 새삼 실감하게 되었다. 북한의 도발은 여전히 계속되고 있음을 확인한 것이다. 아울러 생존자 구조 등 사후 대응 과정에서 정부는 물론 우리 사회 전반에서 보완할 점이 많음을 인식하는 계기가 되었다. 5월 20일 다국적 민군합동조사단 결과 발표와 5·24조치를 지나면서 그 후속 대응과 국가적 과제의 개선은 군과 정부에 맡기고 국민들은 일상으로 돌아가고 있었다. 특히 6·2지방선거를 거치면서 정치권의 관심도 줄었고 천안함 이슈에 대한 네티즌들의 관심은 급감했다.

전체적으로 천안함 이슈에 대한 관심은 피격 직후 급격히 상승했으나 함미가 인양된 시점인 4월 15일부터 조금씩 계단식으로 하강하는 모습을 보였다. 언론에서 천안함 관련 의문을 제기하면 관심도가 유지되다가 다시 떨어지곤 했다. 그러나 천안함 이슈가 정치적으로 이용되면서 6·2지방선거를 앞두고 급격히 상승했다. 천안함 피격 직후의 80~90% 정도까지 올라간 것으로 분석되었다. 지방선거 이후 국민적 관심은 남아공 월드컵(6. 11. ~ 7. 12.) 등 일상으로 옮아갔다. 국내 언론의 천안함 기사에 대한 댓글은 지방선거 전 일일 평균 3만여 개에서 지방선거 후에는 140여 개로 0.5% 수준으로 격감했다. 구글의 '천안함' 키워드 검색 건수도 6월부터는 급감했다. 천안함 이슈가 4개월여 지속되면서 국민적 피로감이 커졌고, 군과 정부의 노력에 대한 신뢰가 다시 회복되는 데 따른 결과였다.

그러나 일부 세력의 천안함 조사 결과에 대한 반박과 의혹 주장은 더욱 맹렬해졌으며, 정교하고 세력화되었다. 그리고 서명운동과 기자회견 등 오프라인으로도 확산되며 조직화되었다. 이는 국민적 관심이 줄어드는 것과는 반대의 모습이었다. 합조단 발표가 끝나면 대북 규탄 분위기로 흐를 것이고, 지방선거 이후에는 의혹이 잦아들 것이라는 일부의 판단은 매우 섣부른 것이었다. 일부 해외파 과학자들이 이른바 '과학적' 실험과 근거를 가지고 의혹을 제기했고, NGO와 단체들은 진상 규명을 명분으로 백화점식으로 문제를 제기했다.

민주당은 3월 29일 당 내에 '해군함정침몰 진상조사특별위원회'를 구성했다. 야당 의원들은 천안함 특위의 연장과 합조단 결과 검증을 위한 국정조사를 주장했다. 이런 검증 주장이나 극소수 의원의 의혹 제기는 온라인과 SNS를 통해 급속하게 퍼져나갔다. 또 일부 네티즌들의 천안함 의혹 생산도 속도를 내고 있었다. 천안함 결과에 의문을 제기하는 일부 언론-학자-NGO-야권 국회의원-네티즌들의 '반합조단 반정부 연합 전선'이 구축되고 있었다. 5월 20일 한국기자협회, 한국PD연합회, 전국 언론노조 등 3개 단체 소속 일부 언론인들은 '천안함 언론 검증위원회'를 구성하고 독자적으로 합조단 발표를 검증하겠다는 목표를 내세우며 지속적인 의문을 제기했다. 5월 25일 '참여연대'는 '천안함 조사 결과 발표로 해명되지 않은 8가지 의문점', '천안함 침몰 조사 과정의 6가지 문제점' 등 2종류의 이슈 리포트를 냈다. 참여연대 등은 정부의 천안함 조사 발표에 의문이 있다는 편지를 UN 안보리에 보내 큰 파장을 일으켰다. 6월부터 인터넷상에서 이른바 '천안함의 진실'을 밝히자는 카페들이 개설되었고, 미국 이승헌 교수 등 해외파 학자들의 독자적 실험 결과를 활용한 반박이 시작되었다. 6월 16일 범민련 등 43개 단체는 '천안함 사건 진실 규명과 한반도 평화를 위한 공동 행동'을 결성하고 천안함 사건 재조사를 요구하는 서명운동에 돌입했다. 이들은 다음 아고라 등에서 온라인 서명을 실시했으며, 7월 10일부터는 전국적으로 길거리에서 서명을 받기 시작했다. 또한 어느 민간단체는 8월 23일 이른바 '1번어뢰'가 조작되었다며 김태영 국방장관과 윤덕용 천안함 민군합동조사단장, 박정이 공동단장 등 민군합조단 주요 관계자 49명을 함께 고발하기도 했다. 해외 의혹 세력도 조직적으로 움직이기 시작했다. 일부 교민 사회를 중심으로 천안함 의혹 주장이 확산되었고 국내 움직임과 발을 맞추기 시작했다. 특히 미주, 유럽 그리고 아시아권을 중심으로 한글을 쓰는 온라인 사이트 등과 SNS를 활용한 사이버 공세는 점점 더 극렬해졌다. 여기에 북한은 공개적으로 대남 선전 매체를 동원하여 천안함 상황이 한미 자작극임을 주장했고, SNS 등을 활용한 다양한 형태의 사이버전을 전개했다. 이들의 대남 심리전은 이런 우리의 갈등을 파고들며 의혹을 증폭시켰고, 이런 의혹을 UN 등 국제 무대에서 역이용했다.

합조단 조사 결과에 대한 국민적 신뢰는 조사 결과 발표 직후 70% 수준에 이르렀지만, 점차 낮아지고 있었다. 반대 세력들은 대단히 발빠르게 반합조단 연합 전선을 구축하며 온라인과 SNS를 장악해 들어갔다. 그러나 정부 부처나 유관 기관들은 각자 나름의 대응을 했지만 시너지를 발휘하지 못하고 있었다. 천안함 진실을 바로 알리고 홍보하는 민관군의 협력 체계는 미흡했고 제때 작동되지 못했다. 천안함 관련 대국민 홍보와 설명을 강화하고 제기되는 의혹에 대해 초등단계에서 의혹을 풀어주는 등의 선제적으로 대응하는 것이 중요했다. 양장음소(陽長陰消)란 말이 있다. 양의 기운이 강해지면 음(陰)의 어두운 기운은 제풀에 소멸한다는 말이다. 의혹 바이러스를 제거하는 지름길은 진실의 햇볕을 더 많이, 더 넓게 비쳐주는 것이다. 특히 의혹이 확산되어 우리 국민은 물론 현역 장병들에게 미칠 부정적 영향을 차단해야 했다. 천안함 범인이 북한으로 밝혀진 이상, 온라인과 SNS에서의 의혹 대응은 곧 사이버심리전에서의 승리를 위한 토대였다. 사이버심리전은 군만의 문제가 아닌 국가 총력전이다. 군의 대국민 신뢰 회복과 국가적 안보 위기 극복을 위해서도 천안함 의혹 확산을 막아내야 했다. 천안함을 둘러싼 본격적인 사이버심리전의 막이 오른 것이다.

청와대의 외교안보수석비서관과 정무수석비서관을 중심으로 '천안함 관련 대책회의'는 주요 계기를 앞두고 3차례 열렸다. 이 회의는 천안함 국면마다 대응 전략과 방향을 수립하고 유관 부처와의 유기적인 소통 협력 체계를 구축함으로써 효과적이고 선제적인 대응과 대책 추진에 도움을 주었다. 합조단 조사 결과 발표와 6·2지방선거 이후 심화되는 천안함 의혹 주장과 사이버 대응을 위해 유관 비서관실의 행정관들이 참석하는 회의가 수시로 개최되었다. 때로 국방비서관이 직접 주재하기도 했는데, 그때마다 비좁은 국방비서관실은 북새통을 이뤄야만 했다.

그러나 민간과 군을 함께 아우르면서 의혹과 사이버심리전 대응을 위한 국가급 협력 체계가 필요했다. 그럼에도 민군 대테러와 사이버전을 총괄적으로 전개할 컨트롤 타워가 정해지지 않았고 이 기관들을 하나로 묶을 법률은 마련되어 있지 않았다. 또한 천안함 국면 관리가 초기 국방부 차원에서 범정부 차원으로 확대되었고 이를 청와대가 주도해온 이상, 천안함 진실 홍보와 의혹 대응도 청와대가 나서야 했다. 5월 말 모든 국가 유관 기관의 역량을 하나로 모으고 통일적이고 선제적인 대응 체계를 구축해야 한다는 내용이 보고되었다. 이에 김성환 외교안보수석은 김병기 국방비서관의 보고를 받고 즉각 대책 기구 마련을 지시했다. 이 기구는 외교안보수석이 책임을 맡되, 실제 운영은 국방비서관이 담당하는 것으로 조정되었다. 국방비서관실을 중심으로 국방부, 외교통상부와 국가정보원, 국군기무사령부, 국군사이버사령부, 경찰청 등 관련 기관 국장급으로 구성된 '천안함 관련 관계기관 대책회의'가 구성된 것이다. 그 첫 회의가 6월 28일 청와대 서별관에서 열렸다.

| 구분 | 주관 | 참석자 | 회의 내용 |
|---|---|---|---|
| 1차 회의 (6. 28. 서별관) | 외교 안보 수석 (국방 비서관) | • 청와대 : 국정 홍보, 뉴미디어, 언론, 민정, 국방비서관실 행정관<br>• 국방부 정책기획차장, 국방교육정책관, 합조단 대변인<br>• 외교통상부 평화외교기획단장<br>• 국가정보원, 기무사령부, 사이버사령부, 경찰청 | • 천안함 의혹 양상 평가와 대응 방향 수립 〈장병 정훈 교육, 유엔안보리회의 대비〉 |
| 2차 회의 (7. 20. 서별관) | 국방 비서관 | • 청와대 : 국정 홍보, 뉴미디어, 해외 홍보, 민정, 국방 비서관실 행정관<br>• 국방부 정책기획차장, 합참 처장, 합조단 대변인, 총괄팀장<br>• 국가정보원, 기무사령부, 사이버사령부, 경찰청 | • 천안함 관련 의혹 대응, 홍보 방향 점검 〈합조단 활동 종료 대비〉 |
| 3차 회의 (9. 7. 서별관) | 국방 비서관 | • 청와대 : 정책 홍보, 뉴미디어, 해외 홍보, 민정, 치안, 국방비서관실 행정관<br>• 국방부 정책기획차장, 정책홍보과장, 조사본부장<br>• 국가정보원, 기무사령부, 사이버사령부, 경찰청 | • 천안함 관련 온·오프라인 대응 방향 수립 〈합조단 보고서 공개, 정기 국회〉 |
| 4차 회의 (2011. 3. 7. 서별관) | 국방 비서관 | • 청와대 : 국정 기획, 정책 홍보, 뉴미디어, 민정, 해외 홍보, 치안, 국방비서관실 행정관<br>• 국방부 정책기획 차장, 국방부 조사본부 과장<br>• 국가정보원, 기무사령부, 사이버사령부, 경찰청 | • 천안함 피격 1주계기 의혹 대응 및 홍보 방향 수립 〈천안함 백서 발간〉 |

# "합조단 발표를 탄핵하라!"

다국적 민군합동조사단의 헌신적인 노력으로 천안함은 북한 어뢰에 의해 피격되었음이 밝혀졌다. 당초 군과 정부는 어떤 선입관도 배제한 열린 조사 원칙을 밝혔으며, 과학적이고 객관적인 증거 확보를 제1의 원칙으로 삼았다. 이를 통해 우리 내부의 국민적 동의와 지지는 물론이고 국제적으로도 대응의 정당성을 확보하고자 했다. 이런 원칙은 청와대부터 정부, 각 군 일선 예하까지 천안함 후속 대응과 조치 기간 내내 일관되게 지켜온 것이었다. 그러나 군과 정부의 대응을 비판하거나 합조단의 조사 결과에 대해 이를 의심하거나 부정하는 유언비어나 의혹은 끊임없이 제기되었다.

천안함 의혹 주장을 시기별로 구분하면 다음과 같다.

| | |
|---|---|
| 1기(2010. 3.~5.) | 천안함 피격 직후부터 4월 합조단 중간 발표 및 5·24조치까지 |
| 2기(2010. 5.~9.) | 5·24조치 이후 9월 합조단 해산 및 정기 국회 이전까지 |
| 3기(2010. 9~11.) | 9월 이후 연평도 포격 도발까지 |
| 4기(2010. 11.~2011. 10.) | 연평도 도발 이후 서울시장 보궐선거(2011. 10.) |
| 5기(2011. 10.~2012. 4.) | 보궐선거 이후 19대 총선까지 |

- 1기 : 의혹 세력의 조직적 문제제기 보다는 정부(군) 발표의 문제를 제기하는 수준으로 군의 자료 비공개, 천안함 관련 발표의 혼선과 번복, 발표 자료의 모순점 등을 지적하는 내용(천안함 사고 시

각과 위치, TOD 영상 공개 과정의 문제 등).

당시 숱한 의혹 주장이 쏟아졌지만, 천안함 인양이 되지 않은 상황이고 합조단 조사가 진행 중이었기에 부정적 여론에 대해 선제적인 대응을 하는 데 제한이 있었음.

- 2기 : 천안함이 북한 어뢰의 비접촉 폭발이라는 정부 발표에 대해 본격적인 의혹이 제기됨. 어뢰 피격이 아닌 좌초설 피로 파괴설이 제기되었고, 천안함 조사 결과에 대한 본격적인 검증과 의혹 제기가 시작됨. 한겨레가 보도한 '러시아 기뢰설' 및 이승헌 교수 등 해외파에 의한 합조단 실험 결과 반박 주장이 나옴.

- 3기 : 일부 민간인들의 의혹 주장이 나오고 언론노조 등의 이른바 검증 활동이 지속됨. 특히 그레그 대사의 뉴욕타임스 기고 (9. 1.)등과 북한의 '진상 공개장' 공개 등으로 의혹 재연.

- 4기 : 천안함 의혹 수면 아래로 침잠.

- 5기 : 19대 총선(2012. 4. 11.)을 앞두고 '나꼼수' 등의 의혹 재탕 (2012. 4. 4.).

천안함 의혹은 2기(2010. 5.~9.)와 3기(2010. 9.~11.)에 집중적으로 제기되었다. 합조단 발표 전까지는 정부 대응의 미흡에 대한 비판이 중심이었지만, 합조단 발표 이후에는 의혹은 피격 원인과 증거 자료, 공격 주체 등 전방위적으로 확산되었다. 특히 일부 언론인, 학자 등은 정부 발표에 대해 다른 주장을 펴며 의혹을 제기하고 자신들의 주장을 담은 책자를 발간하기도 했다. 국방 안보나 해군 작전의 전문성도 부족한 사람들까지 전문가인 양하며 의혹 주장을 폈다. 일부 언론은 이를 받아 크게 보도했고 이렇게 실린 기사는 다시 SNS를 장식했다. 반대로 이들의 주장과 활동을 규탄하는 목소리도 터져 나왔다. 이들의 명단을 담은 '천안함 망언 34인' '50인의 망언' 등의 목록이 나왔고, 천안함 관련 '망언 내용'을 담은 도서가 발간되기도 했다.

군과 정부의 대응 과정에서 잘못과 실책에 대한 합리적이고 애정 어린 비판은 반드시 필요한 일이다. 이는 기본적으로 군과 나라의 발전에 기여하고 국가 안보적 사안에 대한 대비 태세를 점검하며 다시는 같은 실수를 되풀이하지 않도록 하는 데 큰 도움이 되기 때문이다.

그러나 정부 대응에 대한 악의적 비난과 조사 결과에 대한 터무니없는 의심과 의혹은 정부와 국가의 신뢰를 좀먹고 사회적 비용을 크게 증가시킨다는 점에서 심각한 문제를 안고 있다. 이들이 주장은 우리 사회와 시스템이 더 나은 방향으로 나아가는 데 도움이 되지 못한다. 오히려 이런 의혹을 해명하고 진실을 알리는 데 더 많은 사회적 신뢰 자산이 쓰여야 함을 의미한다.

천안함 의혹의 범위는 넓고 그 의도성도 대단히 다양하다. 크게 정부 대응과 발표에 대한 합리적 의문에서부터 특정한 목적을 위한 음모적 의혹 제기에 이르기까지 모든 면에 망라되어 있다. 이를 크게 구분하면 다음 3가지로 구분할 수 있다.

첫째는 상식적인 '합리적 의심 그룹'이다. 정부나 합조단 발표에 대한 일반적이고 상식적인 의문에서 유래한다. 이 대부분은 정보의 비대칭성에서 기인하는 것으로, 정부나 군의 충분한 사실에 대한 설명과 홍보의 부족에 그 원인이 있다. '왜 군이 빨리 출동하지 않아 승조원들을 구조하지 못했는가?', '폭발이 발생했는데, 어떻게 승조원 사체가 온전할 수 있는가?' 하는 식의 의문 등이 그것이다. 이들은 수중과 육상의 구조 인양 환경이 어떻게 다른지, 접촉 폭발과 비접촉 폭발이 어떤 차이가 있는지 등 가장 기본적인 사실조차 오해하거나 잘못 알고 있는 것이다. 이들은 객관적인 사실보다는 자신의 지식과 세계관으로 이해하려고만 하는 경향이 있다. 또 천안함 진실에 대한 정부의 공식적인 자료 등을 스스로 찾아보지 않는 데도 큰 원인이 있다. 이런 '합리적 의심 그룹'은 가장 넓은 범주에 속하나, 의심의 정도나 신념도는 가장 낮다. 이들의 의심과 궁금함에 대해 정부나 군은 이를 충실하게 설명하고 이해를 구해야 할 의무가 있다. 5월 말부터 합조단은 물론 국방부를 중심으로 한 정부 부처는 천안함 관련 사실 설명과 올바른 인식 제고에 총력을 기울였다.

두 번째 그룹은 '정치적 이해 그룹'이다. 이들은 일반적으로 정부 반대 세력으로 천안함을 정치적 사건으로 인식하고 이를 통한 정치적 이해를 가장 우선시한다. 천안함은 6·2지방선거를 68일 앞둔 시점에서 발생했다. 천안함 사태는 지방선거의 사활을 가르는 가장 중요한 변수였다. 지방선거라는 거대 정치 일정 앞에서 천안함은 정치적으로도 왜곡될 수밖에 없었다. '국방 안보적 사안에는 여야가 없다.'는 정치적 레토릭은 선거 앞에서 무력했다. 여권은 안보 이슈를 가장 앞세웠고, 야권은 여권이 천안함 사태를 북풍으로 활용하여 정치적 이익을 도모하려 한다고 보았다. 야권 입장에서는 사활을 걸고 '천안함의 북풍화'를 막아야 했다.

이런 여야의 정치적 행보 속에서 각 정당 지지자들은 선거 논리로 천안함을 바라보기 시작했다. 이른바 여야의 정파적 시각으로, 소위 진보와 보수의 틀에서 천안함을 정의했다. 여기에는 진보 및 보수 언론들의 프레임 보도도 크게 한몫했다. 프레임적 시각을 우선하는 사람들에게 천안함의 진실은 굴절되어 보이기 시작한다. 군이나 정부가 아무리 진실을 말해도 정치적 프리즘을 통해서 인식하려 하고 선거의 유불리를 먼저 따지게 된다. '천안함의 정치화' 즉 천안함 진실이 '진보냐 보수냐의 정치적 견해'에 따라 갈리고 동조화한다. '진보는 정부 발표 불신, 보수는 정부 발표 신뢰'의 등식으로 나타나는 것이다. 안보 이슈 중에서 천안함만큼 이런 정치 공학적 프레임이 뚜렷했던 경우도 드물었다.

마지막으로 '북한 변호 그룹'이 존재한다. 이들은 북한 대남 심리전 세력 또는 북한을 옹호·지지하는 이른바 종북 세력이다. 천안함의 범인이 북한이라는 정부 발표에 대해 부정하며 북한의 무죄 증명을 위해 애쓴다. 북한 대남 심리전 세력이 직접 개입하거나, 그 추종 세력이 북한 매체의 주장을 그대로 전파한다. 또한 천안함 상황 원인에 대한 다양한 가설과 주장을 통해 북한 공격설을 부정하며, 북한의 주장을 옹호하는 모습을 보인다. 이들은 북한의 대남 심리전에 호응하면서 주로 인터넷 및 SNS 등을 통해 활약하고 있다.

천안함 사건은 사상 처음으로 SNS를 통해 북한이 대남 사이버심리전을 전개한 전장이었다. 북한은 SNS와 온라인을 통해 다양한 전술을 펼쳤으며, 상당한 위력을 발휘했다. 실제 어느 공군부대 현역 하사관은 자신의 트위터에 소속 부대를 밝힌 채 각종 의혹 글을 쓰다가 적발되기도 했다. 북한의 대남 전쟁 협박과 천안함 의혹에 대해 국군 장병들의 동요를 막기 위해 2차례에 걸쳐 전 장병에 대해 사전 특별 정신 교육을 실시하기도 했다. 북한 옹호 주장들은 트위터, 페이스북, 인터넷 카페 등을 통해 전 세계 각지의 추종 세력에게 퍼졌고 이들의 주장은 다시 국내로 환류되면서 여론 형성에 영향을 끼쳤다. 특히 이런 의혹 주장들은 북한의 대남 공세와 우리 정부에 대한 반박 그리고 천안함 무혐의 주장의 근거로 그대로 이용되었다.

한나라당 정진섭 의원은 5월 24일 국회 '천안함 특위' 1차 회의에서 다음과 같이 말했다.

"변호사는 범인을 위해서 변호를 할 수 있습니다. 그러나 안보 관련된 문제를 대한민국 국회의원이 범인으로 지목되는 북한을 변호하는 듯한 인상을 주어서는 국민에게 곤란하다 이렇게 생각합니다. 보통 변호사들이 자기 목적을 달성하기 위해서 어떻게 하느냐 하면 본질적인 증거가 아닌 신뢰를 떨어뜨리기 위한 여러 가지 증거들을 냅니다. 탄핵 증거라고 우리가 말하지요. 국민들은 이것이 누구를 위한 것인가 이런 것들은 국민들이 판단할 것이라 이렇게 생각을 합니다."

이는 민군합동조사단의 발표에 대해 본질적 증거가 아닌 지엽말단의 사실을 가지고 끊임없이 의혹을 제기함으로써 조사 결과를 탄핵하는 수법들에 대한 지적인 셈이다.

그렇지만 이들 3부류의 주장과 의혹들은 서로 뒤섞여 구분이 없이 혼재되어 있다. 특히 북한이 독자적인 무죄 증명 노력보다는 남한의 의혹 주장을 재활용하여 자신들의 알리바이를 주장하기 때문에 각 세력들의 주장을 구분하기란 쉽지 않다. 그러나 각 세력들은 한결같이 '말할 자유'와 '합리적 의심'을 앞세우며 조사 발표 검증을 공통적으로 주장하고 있다. 또 자유민주주의 체제하의 언론의 자유와 정부 공식 발표에 대한 비판과 의문 해소 요구를 말하고 있다. 그리고 그 정치적 요구로 합조단 조사 결과에 대한 재검증 또는 전면 재조사를 주장하고 있다. 그러나 이런 재조사의 요구 뒤에는 다국적 민군합동조사단의 조사 결과의 번복과 정부의 대응 조치와 후속 대비 태세의 부정 등의 의도가 숨어 있음을 부정할 수 없을 것이다.

## 합리적 이성과 합리적 의심

천안함 사태를 바로 이해하기 위해 가장 필요한 것은 합리적 이성이다. 쉽게 말하면 상식이다. 합리성과 상식을 가지고 사태를 바라보면 쉽게 이해할 수 있다. 그러나 일부는 여전히 의혹을 주장하며 정부 발표에 의문을 제기하고 있다. 천안함 의혹의 원천이 어디인지, 왜 의혹 주장이 쉽게 다가오는지 등을 살펴볼 필요가 있다.

천안함 사태는 하나의 '거대한 산'이다. 한눈에 이해하기는 쉽지 않다. 사태의 전모나 진행 양상 등에 대해 자세히 아는 사람도 드물다. 일목요연하고 조리 있게 사태를 설명한 책도 전문가도 많지 않다. 천안함 관련 단행본들이 일부 나와 있지만, 대부분은 천안함 의혹을 담은 것이다. 반대로 합조단의 조사 결과를 담은 '천안함피격사건 합동조사결과보고서'와 정부 대응 및 교훈을 담은 '천안함피격사건 백서' 그리고 인터넷 블로그 '천안함story' 등도 있다. 정부 발표를 소개하고 합조단의 활동을 정리한 책도 있다.

그러나 국민이 선택한 정권과 정부를 '특정한 정파적 집단' 정도로 생각하는 사람들에게는 이러한 정부 발표나 자료는 신뢰할 것이 못 된다. 정부의 행정 행위조차 당파적으로 이해하려들기 때문이다. 여기에 2000년대 이후 우리 정부의 신뢰도는 20%대를 맴돌고 있다. 사회의 다른 부분에 비해서도, OECD 국가들과의 비교에서도 대단히 낮은 수치이다. 군의 경우에도 국군에 대한 일반적 믿음은 강하지만, 국방 정책에 대한 신뢰 지수는 정부 신뢰도와 비슷한 수치이다. 또 일부는 정부가 천안함 조사를 주도했다는 이유로 신뢰할 수 없다는 식의 주장을 폈다. 정부의 공식 조사와 발표에 대한 합리적 권위를 인정하지 않는다. 정부 공식 발표 역시 '여러 주장 중의 하나(One of them)'로 본다. 따라서 이들은 '제3자에 의한 공정한' 조사를 강조한다. 그러나 천안함 원인 조사와 같은 국제적 국방 안보 현안에 대한 중심적 책임은 정부의 몫이다. 그 어떤 부문도 이를 대신할 수 없다. 소통과 민관 거버넌스의 보완을 위해 정당이 추천하는 전문가를 참여시켰으나, 야당 추천 인사는 제 몫을 다하지 못했다. 또한 신뢰도를 보완하는 기재 중의 하나가 바로 국회의 '천안함 특위'였으나, 이 역시 제 몫을 다하지 못한 아쉬움을 남겼다.

　이처럼 정부에 대한 국민적 신뢰가 높지 않은 현실에서, 정부는 진실을 감추고 뭔가를 속인다는 생각을 한다. 같은 생각을 하는 집단끼리 온라인과 오프라인에서 편을 가르고 무리를 지어 이야기하며 생각을 나눈다. 정사보다 야사가 더 흥미로운 것처럼, 의혹이나 음모론은 더욱 자극적이고 재미가 있다. 인터넷이나 SNS에 떠도는 의혹 주장이 올라오면 이를 스스로 검증하여 수용하기보다는 우선 받아들이고 전파한다. 온라인과 SNS에는 정부 발표보다는 의혹 주장이 더 많이 떠돈다. 노출이 많아 접근이 쉽기 때문에 더 큰 영향을 받는다. 실제 '천안함'이란 한글 키워드로 구글 검색(googling)을 해보면 무려 1,300만 건 이상의 자료가 나온다(2014년 1월 기준). 이들 자료의 대부분은 합조단이나 정부 발표보다는 의혹 관련이다. 트위터 등 SNS의 천안함 글의 80%는 정부 대응 비판이나 의혹 음모론과 연관되어 있다. 천안함 관련 동영상 100만여 건 중 가장 먼저 뜨는 상위 50개엔 대부분이 의혹을 주장하는 것으로 채워져 있다. 유투브(youtube)의 4만5천여 개 이상의 동영상도 사정은 비슷하다. 온라인의 세계는 천안함 의혹으로 가득 차 있다. 한마디로 '의혹의 바다'이며 심각하게 오염되어 있다. 누군가가 온라인과 SNS를 통해 천안함 정보를 얻으려 한다면, 이런 의혹 주장부터 접하게 된다. 특히 온라인을 통해 천안함을 알게 되는 신참자들 역시 같은 경험을 하게 된다. 의혹이 재탕, 삼탕 되고 지속적으로 재생산되는 구조가 갖춰진 것이다.

나아가 SNS 분석이나 빅데이터(Big data) 분석을 통해 천안함 관련 정책 방향과 함의를 찾으려 한다면, 과연 제대로 된 결과가 나올 수 있을까. 절대 그럴 수 없다. 의혹의 바다에서는 절대로 진실을 찾을 수 없기 때문이다. 그럼에도 온라인의 천안함 관련 데이터를 분석한 학위논문들과 발표 논문들이 시도되고 있는 것이 현실이다.

그럼 누가 '의혹의 바다'를 채워놓았을까?

천안함 의혹의 원천은 일차적으로 언론 보도이다. 천안함 사건에 대한 언론의 관점과 태도는 대단히 비판적이었다. 국방부가 전문 기관에 발주한 연구 용역('천안함피격사건 언론 보도 분석', 2010. 10.)에 따르면, 천안함 관련 언론의 논조는 부정적 기사(31.7%)가 긍정적 기사(6.4%)의 5배 정도에 이른 것으로 분석되었다. 언론은 천안함 사태를 국가 안보 사안이라기보다는 시간이 갈수록 '사건 사고'로 인식하는 경향이 강했다. 또한 군의 경계 소홀, 정부의 사후 대처 미흡 등에 대한 언론의 판단과 초기의 공보 대응 미숙, 과도한 비밀주의, 검증되지 않는 발표 등은 언론의 보도 성향을 부정적으로 만드는 데 큰 원인이 되었다. 공보 파트는 함수의 최초 구조 미담 사례, 고 한주호 준위의 위국 헌신, 잠수사들의 열정과 수중 환경의 어려움 등 다양한 긍정적 보도 자료를 제공하면서 보도의 균형을 위해 노력했다.

### 천안함 언론 보도 성향 분포

| 긍정 기사 | 중립 기사 | 부정 기사 | 전체 |
|---|---|---|---|
| 989 | 9,549 | 4,900 | 15,438 |
| 6.4% | 61.9% | 31.7% | 100.0% |

(신문 매체 10개사 : 조선, 중앙, 동아, 경향, 국민, 서울, 문화, 세계, 한겨레, 한국
방송 매체 4개사 : KBS 9시뉴스, MBC 뉴스 데스크, SBS 8뉴스, YTN 9시뉴스
기사 건수 : 총 15,438개(신문 13,384개, 방송 2,054개)
분석 기간 : 2010. 3. 27. ~ 2010. 7. 31.)

천안함 피격 직후 무려 500여 명의 기자들이 쏟아내는 기사와 일부 의혹 제기에 대해 국방부 공보실은 연일 전쟁이었다. 즉시 해명 자료를 배포하거나 오해에 대한 설명을 통해 사실을 알려 나갔다. 그러나 이들 의혹 주장이나 오보는 즉시 정정되지 않았다. 이 오보 등은 포털사이트나 검색 엔진을 통해 끊임없이 떠올라 의혹 부풀리기의 자

양분이 되고 있다. 또한 SNS와 블로그에도 오보 등을 인용한 숱한 착오와 오류들도 여전히 살아 있다.

최근 온라인에서 개인 정보와 프라이버시 자료에 대해 삭제 등을 요청할 수 있는 '잊힐 권리(right to be forgotten)'에 대한 관심이 높아지고 있다. 이런 관점에서 언론 스스로 지난 기간 천안함 기사에 대해 스크린을 하고 사실이 아닌 것으로 밝혀진 기사는 정정하거나 삭제하는 등 의혹의 바다를 정화하려는 노력도 있어야 할 것이다. 이는 언론의 공정성과 책임성 강화를 위해 필요한 일이다.

다음으로 언론 보도나 의혹 기사를 소재로 한 2차 창작물도 한몫을 차지한다. 의혹 생산자들은 인터넷 등에서 수집한 자료 등을 자기 식대로 해석하고 상상의 나래를 편다. 그리고 '아니면 말고' 식의 터무니없는 음모론과 의혹 주장을 만들어 인터넷에 올린다. 이런 주장이 다시 SNS를 통해 움직이면서 서로 엮이고 섞여 더 큰 의혹으로 증식하는 것이다. 합조단 발표 직후 절정에 달했던 천안함 의혹의 자기 증식 규모와 속도는 정말 놀라울 정도였다. 지금도 다음과 네이버의 몇몇 블로거는 꾸준하면서도 지속적으로 천안함 의혹 시리즈를 올리고 있다.

더 무서운 것이 온라인과 SNS의 '퍼 나르기'이다. 자료들을 아주 간편하고 쉽게 퍼 나르고 옮겨 사이버공간을 채워간다. 비슷한 자료가 수백 수천 번 옮겨져 쌓이고 또 쌓인다. 포털 등에서는 이렇게 많이 재인용되고 퍼 날라진 자료들이 또 더 쉽게 자주 검색되고 자주 노출된다. 포털의 검색 기능과 블로그, 웹문서 등 저장 창고 사이의 자료 환류 고리는 강고하게 형성되어 있다. 실제 천안함 피격 이후 6개월 동안(2010. 3.~2010. 9.) 인터넷상의 유언비어 1,324건에 대해 삭제와 폐쇄 요청이 이루어졌으며, 불법행위자 77명에 대해 수사가 이루어졌다. 이들 중 상당수는 기소되어 재판을 받아야 했다. 경찰청이 단속한 유언비어의 주요 내용은 천안함의 미군함 충돌 주장, 지방선거에 유리하게 작용하기 위한 정부 자작극 주장, 1번 글씨의 조작 주장, 남한의 선제공격으로 강제징집령이 내려졌다는 내용 등이다.

'천안함'이라는 큰 산을 바로 보기 위해서는 현미경과 망원경을 동시에 활용해야만 한다. 개별적 사실에 대한 미시적 확인과 함께 더 넓고 높은 범위에서 조감하는 자세가 모두 필요하다. 개별성과 집단성, 미시적 관점과 포괄적 종합적 관점을 동시에 견지해야만 한다. 그러나 의혹 주장의 대부분은 개별성과 미시성에 매몰되어 종합적인 관점을 소홀히 하는 경향이 있다. 정부 관계자나 군인 증언의 작은 차이를 크게 키우거나 정부의 부작위나 오류를 은폐 조작으로 몰아치기도 한다.

정부나 군의 공식 판단이라도 이후 조사와 분석이 진전되어 더 정확하고 새로운 증거 등이 나오면 이전 판단은 바뀔 수 있고 또 철회되는 것이다. 발언의 전후 맥락과 왜 판단이 바뀌었는지를 동시에 봐야만 한다. 우리 정부나 합조단에 참여했던 다른 나라 정부, 국방부나 합조단 인사 그리고 다국적 합조단 인사들의 판단이나 의견도 마찬가지이다. 그럼에도 이를 두고 말바꾸기, 왜곡 등으로 표현하기도 한다. 정부나 군 관계자의 과거 판단과 추측성 언급 그리고 이를 보도한 기사를 끊임없이 되새기면서 '군 관계자도 그런 말을 하지 않았느냐, 정부도 그런 판단을 하지 않았느냐?'는 식은 바른 접근이 아니다.

또한 방위각이나 거리 등을 재면서 구글어스나 상용 해도, 상용 GPS 수준의 도구를 이용하여 분석할 경우 상용 장비 오차는 필연적으로 발생한다. TOD 방위각, 공중 음파의 오차, KNTDS의 특성 등에서 나타나는 도구적 오차도 생긴다. 이런 오차를 고려하지 않은 조악한 수준의 분석을 가지고 천안함 침몰 위치가 틀렸다는 식의 의혹을 제기하기도 한다. 지엽말단의 미시적 사실을 부여잡고 말을 바꿔가며 끊임없이 다른 주장을 펴는 경우도 있다. 이런 태도는 천안함의 진실을 바로 이해하는 데 도움이 되지 못한다.

합리적 의심은 합리적 이성을 전제로 해야 한다. 여기서 '합리적'이라는 말은 의심과 의혹에 대한 설명을 과학적이고 객관적으로 받아들이는 태도가 그 밑바탕에 있음을 의미한다. 누구든 객관적이고 합리적인 태도를 가지지 않는다면, 아무리 진실을 말해도 받아들여지기 쉽지 않다. 여기에는 정부에 대한 태도나 정치적 이해, 이념적 차이 등 여러 요소가 영향을 미칠 수밖에 없다.

'트루시니스(truthiness)'란 말이 있다. 사실 여부에 관계없이 내면적으로 자신이 믿고 싶은 바를 진실로 인식하려는 성향 또는 심리 상태를 뜻하는 용어다. 수많은 정보가 넘쳐나는 현실 속에서 사실에 근거하기보다는 자신이 믿고자 하는 정보만을 받아들여 그것이 진실인 것처럼 믿고 싶어 하고 실제로 그렇게 믿는 것을 말한다. 합리적 의심을 앞세우기에 앞서 과연 스스로는 트루시니스 경향에 빠져 있는 것은 아닌지 되돌아보는 것이 올바른 자세이다.

다국적 민군합동조사단은 대한민국과 국제사회가 만들어낼 수 있는 최고의 과학적 전문가 그룹이었다. 합조단은 다양한 조사 연구와 시뮬레이션을 통해 천안함의 침몰 원인을 밝혀냈고 스모킹 건인 어뢰 추진체를 건져냈다. 그리고 다국적 연합정보팀은 어뢰 설계도와 제조 국가를 추적해냈다. 정부는 상황 직후부터 모든 가능성을 열어놓았다. 사고 원인을 예단하거나 편향되는 것을 경계했다. 오로지 과학적 증거를 통해 그 사고 원인과 범인을 밝혀줄 것을 요구했다. 합조단은 5월 20일 조사 발표 이후 제기되는 의문과 의혹에 대해 과학적으로 설명하고 오해나 오류를 밝히는 데 온 힘을 기울였다.

이런 노력으로 합조단 조사 결과에 대한 의문과 의혹의 대부분은 과학적으로 대부분 해명되었다. 천안함 의혹 중 일부 '과학적 실험'을 통한 반박은 손에 꼽을 정도에 불과하다. 그것 역시 조악한 실험 환경과 조건에서 나온 '다른 결과'일 뿐이다. 그리고 이런 실험값의 차이가 곧 정부 발표가 잘못되었거나 북한 소행을 부정하는 결정적 증거는 될 수 없다. 그리고 근거가 희박한 개인적 주장이나 오해, 착오, 사실 관계 오류에 대한 해명이나 사실 확인 자료는 상당히 그리고 충분히 많이 있다.

국민의 말할 권리와 진실을 알 권리와 합리적 의심을 주장할 때는 무엇보다 합리적 태도가 전제되어야 한다. 과학적이고 객관적인 사실을 받아들이고 이해하는 상식을 가진 건강한 태도가 필요한 것이다. 합리적 의심을 말하는 사람들은 자신이 사실을 받아들이려는 합리적인 자세와 태도를 가지고 있는지 스스로 물어야 한다.

합리적 의심 + 합리적 자세 + 과학적 설명 ➡ 올바른 인식 천안함 선체가 있는 해군 2함대 견학 현장에서 현장 설명을 담당했던 해군 박 모 준장을 만나 "매일 같은 말씀 하느라 힘드시겠어요."라고 물었다. 그러자 그는 이런 하소연을 했다. "돌아가서 딴소리하는 일부 인사들이 더 문제지요." 그들은 바로 앞에서는 이해한 듯 고개를 끄덕이지만, 돌아서면 다시 같은 의문을 제기한다고 했다. 그는 덧붙였다. "우리 설명이 부족했거나 뭔가 다른 의도가 있는 거 아니겠어요. 그래도 나라의 녹을 먹는 군인들은 설명하고 또 설명하고 알아들을 때까지 해야지요. 그게 바른 자세지요."

합리적 의심이 합리적이려면 합리적 자세가 전제되어야 하는 것이다.

## 천안함의 정치화

천안함의 진실은 6·2지방선거에 휘말리면서 심각하게 굴절되었다. 천안함 의혹의 큰 특징인 '천안함의 정치화, 이념화'는 선거와 정치가 안보 이슈를 어떻게 왜곡하는지를 잘 보여주는 사례다. 대선, 총선, 지방선거 등 전국 단위의 선거는 정치권은 물론 당원 그리고 각각의 정당을 지지하는 일반 유권자까지 모두를 동원하고 수많은 이슈를 빨아들이는 블랙홀이다.

지방선거를 앞두고 돌출된 천안함 변수에 대해 정당과 정치권은 사태의 진실을 보려 하기보다는 정치적 이해라는 색안경을 끼고 바라보게 된 것이다. 특히 군사 안보 사안의 정치적 파급력은 역대 선거에서도 여러 차례 드러난 바 있다.

군과 정부는 천안함 대응 과정에서 선거 엄정 중립 입장을 견지했지만, 정치권은 이를 선거용으로 활용했다. 일부 여권은 천안함에 기대는 양상을 보였다. 조사 결과가 점점 북한 소행임이 분명해지면서 드러내놓지는 않았지만, 선거 낙승을 점치는 분위기가 지배적이었다. 특히 5월 24일에는 한나라당의 '6·2동시지방선거 종합상황보고 D-10'이라는 대외비 문건이 공개되었다. 여기에는 '한나라당에서는 천안함 사고를 통한 안보 이슈 부각과 실패한 전 정권 심판론을 주요 선거 전략으로 활용하고 있으나 이러한 전략은 그 활용도 면에서는 유효하나 지나칠 경우 자칫 그간 당 차원에서 꾸준히 노력해온 '합리적 보수'의 이미지가 퇴색할 우려가 있고, 국민적 반감을 불러일으킬 우려가 크다'.는 내용이 들어 있었다.

반면 야당은 천안함 피격이 북한 소행으로 밝혀질 경우 국민들의 보수 안보 심리를 자극해 선거에 불리하게 될 것을 두려워했다. 이 때문에 '천안함의 북한 소행=야권 선거 패배'로 인식하면서 '정부 여당이 북풍 공작을 시도한다.'는 주장을 전면에 앞세웠다. 5월 20일 천안함피격사건 결과 보고 발표 이후부터 6·2지방선거일까지 10여 일 이런 주장은 절정에 이르렀다.

정세균 민주당 대표는 5월 25일 긴급 기자회견을 열었다. "천안함 사건을 선거에 이용해서는 안 된다. 선거운동 개시일인 5월 20일에 서둘러 조사 결과를, 노무현 전 대통령 서거 1주기 다음 날인 5월 24일에는 대통령이 대국민 담화를 각각 발표했다. 국민의 심판을 모면하기 위해 46명 꽃다운 장병들의 희생을 이용하지 말라."고 주장했다.

특히 경기도지사 야권 단일 후보가 된 유시민 후보는 천안함에 대한 정부의 입장을 정면으로 반박하면서 단숨에 진보 성향 네티즌들의 이목을 집중시켰다. 그는 5월 17일 '평화방송' 라디오에서 "북한이 한미합동훈련 중에 소리도 없이 타격을 하고 갔다는 이야기냐? 국제사회의 웃음거리가 될 것."이라고 말했다. 이 주장은 포털 다음의 댓글 1위를 달리며 큰 관심을 끌었다. 또한 한명숙 민주당 서울시장 후보는 정부의 천안함 침몰 조사 결과 발표와 대통령의 대국민 담화를 '북풍'을 의도하기 위한 명백한 선거 개입 행위로 규정하고 서울광장에서 밤샘 농성을 시작했다.

'북풍 효과' 자극을 우려해 수세적 입장을 보였던 야권과 독자적으로 각종 의혹을 제기하며 정부의 불신감을 표출해온 네티즌들은 대중적 인지도를 가진 야권 후보들의 주장을 구심점으로 결집하면서 대정부 공세로 전환했다. 거의 동시에 온라인과 SNS는 천안함 의혹 관련 내용이 폭증했다. 천안함 의혹 제기는 선거 승리를 위한 정부 심판론의 중요한 소재로 바뀌어갔다. 즉 '정부 심판, 정권 중간 평가'는 곧 합조단 조사 결과에 대한 평가였다. 조사 결과에 대한 부정과 의혹 제기가 곧 '무능한 정부 여당'에 대한 심판이며 야당 선거에 도움이 된다는 인식이 심어진 것이다. 다음 아고라나 네이트 판 등 정치적 공개 토론장은 천안함 의혹이 주를 이루었다. '얼리어답터'인 젊은 층들은 SNS를 장악하고 있었고 이들은 주로 야권 성향이었다. 당시 페이스북이나 트위터에 오르는 천안함 관련 내용의 대부분이 의혹 관련 글이거나 RT 글이었다.

이들의 전략은 천안함 조사 결과와 정부 대응 과정상의 오류나 의혹 제기를 통해 합조단과 정부의 신뢰를 붕괴시키는 것이었다. 사실 확인 여부를 떠나 백화점식으로 엄청난 의혹을 온라인과 SNS에 올리고 이를 확산시킴으로써 사이버공간을 지배하는 것이었다. 엄청난 재탕과 지엽말단의 사실들 그리고 근거없는 의혹들과 일방적 주장이 걸러지지 않은 채 사이버공간으로 쏟아져 나왔다. 실제 천안함피격사건을 기점으로 진보 언론(한겨레, 경향) 및 인터넷 매체(프레시안, 오마이뉴스, 미디어오늘) 등의 트래픽은 점차 상승한 것으로 나왔다. 이는 소셜 미디어의 성장으로 진보 언론 매체들의 인터넷상의 영향력이 매우 높아지고 있음을 알 수 있다. 특히 6·2선거 직전, 천안함 트래픽은 천안함 피격 직후의 90% 수준으로 올라섰다. 구글과 네이버 트렌드 분석을 보면, 천안함과 선거 키워드도 연관성이 매우 높음을 알 수 있다. 바로 소셜 미디어가 천안함 의혹의 근거지였으며, 선거 과정에서 급격하게 확산 전파되었음을 확인할 수 있는 것이다.

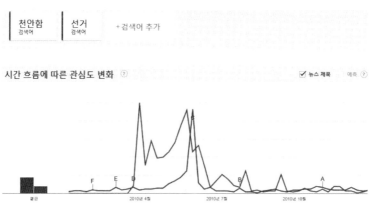

| 네이버 트렌드의 '천안함' '선거' 연관도 분석 결과

여권은 천안함 이슈에 기대는 모습을 보였지만, 야당은 '전쟁이냐 평화냐'의 대립 구도를 설정하고 적극적으로 나섰다. 6·2지방선거 투표율은 54.5%로 지방선거 이후 15년 만에 최고를 기록했다. 예상을 뛰어넘은 높은 투표율의 원인은 20~30대 젊은 층의 투표 참여 때문이었다. 천안함 이슈는 야당 지지자와 젊은 층의 투표 성향에 가장 큰 영향을 끼쳤다[01]. 유권자의 30% 정도가 천안함 때문에 지지자를 바꾸었으며, 야당으로의 투표 결정 비율은 반대 경우의 6배에 달했다. 투표 확실층 중에서 '미결정층'의 다수가 야권 후보에게 쏠린 것이다. 결국 '북풍이 역풍을 맞았다.'는 분석은 사실로 확인되었다.

또한 실제 선거 결과는 여당이 유리할 것이라는 일반적인 평가와는 달리 선거 결과는 반대의 모습을 보였다. 광역자치단체장 선거 결과는 한나라당 6, 민주당 7, 자유선진당 1, 무소속 2로 나타났다. 2006년 지방선거와 비교하면 한나라당은 12개 지역 중 6개 지역을 민주당 등 야당에 빼앗긴 것이다. 야당은 전통적으로 한나라당 지지 기반이라고 여겨지던 경남과 강원에서 이겼고 충청권에서도 전승을 기록했다. 따라서 한나라당은 비록 서울과 경기에서 승리했지만, 사실상 한나라당의 참패였다.

6·2지방선거는 천안함과 같은 초대형 안보 이슈도 집권당과 보수 세력에 절대적으로 유리하지 않을 수 있음을 보여주었다. 유권자들은 후보 결정에 영향을 미친 이슈 중 4대강 사업, 무상 급식, 세종시 사업, 전교조 관련 등에 이어 천안함을 5번째로 꼽았다. 전체 유권자

---

01 EAI SBS 중앙일보 한국리서치 여론조사 보고서, '천안함 사건은 지방선거의 변수였나?', 2010. 6. 22.

의 70%는 천안함 사태에도 불구하고 지지 후보를 바꾸지 않았다. 여권은 천안함 이슈에만 매달려 경제 문제, 국민 통합, 삶의 질 개선 등 전통적 이슈에 대한 정책 대응을 소홀히 했다. 북풍전략은 다른 이슈에 비해 밀렸고 역풍을 맞아 민주당으로의 표 결집만 허용했을 뿐이었다. 이는 거칠게 말해 안보 이슈가 더 이상 선거의 명운을 가르는 결정적 요인이 아닐 수 있음을 보여준다. 특히 높아진 유권자의 정치의식은 '외눈박이 선거 공학'을 뛰어넘고 있다.

야권의 발 빠른 되받아치기 전략은 성공을 거두었다. 천안함 조사 결과 발표와 5·24조치를 북풍몰이로 몰아세우며 '전쟁과 평화' 논리 확산을 통해 전쟁 불안감을 조성한 것이다. '1번찍으면 전쟁 난다'는 선동적 전단이 길거리에 뿌려졌다. 이런 불안감은 특히 젊은 유권자들에게 상당한 영향을 미쳤다. 군에 가야 할 젊은 층과 그 애인들 그리고 아들딸을 군에 보낸 부모들은 동요할 수밖에 없었다. 이런 현상이 심화되면서 군 장병의 주적관과 대적관에는 대단히 부정적인 영향을 끼쳤다. 특히 군에 자식을 보낸 부모들이 동요하면서 그 여파가 군으로도

▎6.2지방선거 기간 중 뿌려진 출처 불명의 전단지

전파된 것이다. 야권의 전쟁 가능성을 활용한 안보 불안 조성은 또다른 '역북풍'이었다고 할 수 있다.

무엇보다 중요한 것은, 민주당 지지자나 정부 국정 운영에 부정적으로 평가한 집단의 90% 이상이 천안함 사건이 정치적 의도를 갖고 활용되었다고 보았다는 점이다. 이런 정파성은 천안함 조사 결과에 대한 정상적 수용에 대단히 부정적인 영향을 미쳤다. 조사 결과에 정치적 의도가 있다고 믿는 것이다. 나아가 정부 여당이 선거에 이기기 위해 발표 시기 뿐만 아니라 조사 결과 내용도 북한 소행으로 '조작'했다는 인식을 갖게 했다는 점이다. 또한 대통령의 5·24조치 내용도 선거 승리를 위해 대북 강경 기조를 띄웠다는 식으로 생각을 하게 만들었다. 여기에 각종 천안함 관련 의혹 주장과 야권의 재조사와 검증 주장 그리고 북한의 발뺌 등이 보태지면서 천안함 이슈의 정치 성향 동조화는 가속화되었다. 즉 합조단의 발표는 '선거용 거짓말'이고 오직 재조사 등을 통해 진실을 밝혀야 한다는 야권 지지자들의 인식은 더욱 공고해졌다. 반대로 이에 대응하는 보수층의 인식도 더욱 고착되었다.

6·2지방선거는 국민들의 천안함 인식에 엄청난 영향을 끼쳤다. 야권 지지자들은 여권 지지자보다 상대적으로 천안함 조사 결과를 더욱 당파적으로 보았고, 이런 당파적 경향성은 천안함 진실을 바로 이해하는 데 매우 큰 장애가 되었다.

전체적으로 2010년 9월 의혹 2기를 지나면서 천안함 의혹은 진영 논리로 수렴하는 양상을 보였다. 즉 의혹 세력은 좌파 진보 세력으로 수렴되었고 보수 세력은 정부의 주장에 신뢰하는 경향을 보였다. 한국 현실에서 이념적 지평인 3(보수):4(중도):3(진보)의 비율처럼 천안함에 대한 인식도 같이 나타났다. 이른바 '70:30의 법칙'이 현재화된 것이다.

| 30%(보수) | 북한 소행 인정 + 정부 대응(정책) 신뢰 |
|---|---|
| 40%(중도) | 북한 소행 인정 + 정부 대응(정책) 불신 |
| 30%(진보) | 북한 소행 불인정 + 정부 대응(정책) 불신 |

즉 '천안함 범인이 북한인가?'에 대한 여론조사에는 대략 70%(보수+중도)가 동의하는 대신, '천안함 대응에 대한 정부의 조치를 신뢰하는가?'에는 고작 30%대(보수)의 지지율이 나오는 경향으로 고착되었다. 2010년 9월 이후부터는 천안함 인식은 진영논리와 결합되면서 더욱 강고해졌고, 의혹에 대한 어떠한 설명이나 홍보도 통하지 않는 상황이 된 것이다. 이런 천안함 인식의 이념화 정치화 현상은 천안함 진실규명은 고사하고 대북 안보 태세 확립 등에도 심각한 악영향을 초래했다. 천안함을 정부 자작극 또는 정치적으로 이용했다고 믿는 세력에게 진실은 멀어질 수밖에 없기 때문이다.

# 천안함 여론조사

2010년 9월 8일 오전 7시 출근하자마자, 미리 나와 있던 해군 김 대령이 〈조선일보〉 기사를 보여주었다. '천안함, 정부 조사 믿는다' 10명 중 3명 – 서울대 통일평화硏 조사… 6월 행안부 조사와 차이'라는 충격적인 제목이었다. 서울대 통일평화연구소와 한국갤럽이 7월 9일 UN안보리 의장성명이 발표된 직후인 7월 12일부터 24일까지 성인 남녀 1,200명을 대상으로 실시한 여론조사를 분석한 내용이었다.

당시 천안함 조사 결과에 대한 국민적 신뢰는 평균 70% 수준이었다. '이럴 리가 없다'는 생각이 들면서도 혹여 이 기사가 사실이라면 사태는 너무나 심각했다. 천안함 공격 범인이 북한이라는 합조단 발표에 대해 우리 국민이 30%만 신뢰한다면 군과 정부의 국내외적 신뢰는 완전히 상실한 것으로 봐야 했다. 또한 청와대의 천안함 의혹 대응과 대국민 홍보 활동도 완전히 실패한 셈이었다. 나아가 UN 의장성명까지 나온 사안에 대해 정작 자국민의 신뢰가 30% 정도에 불과하다면 이는 정부와 나라의 국제적 신인도에도 상당한 부정적 영향이 끼칠 수 있었다. 사실이면 한마디로 '해외 토픽'감이었다.

이 기사에 대한 분석과 평가 그리고 사실일 경우 대응책을 보고해야 했다. 이런 정도면 수석비서관을 넘어 대통령께도 당연히 보고되어야 할 사안이었다. 대통령이 주재하는 수석비서관회의가 시작되기 전에 분석 자료를 보고해야 했다. 시간이 없었다. 우선 여론조사 원천 데이터와 분석 자료를 확보해야 했다. 다행히 연구소 홈페이지에 올라와 있었다. 아침도 거른 채 여론조사 결과 자료를 검토했다. 역시나 예상했던 대로 여론조사 질문 방식과 답변의 차이로 발생한 것이었다. 여론조사는 자극에 대한 반응이다. 어떻게 묻느냐에 따라 응답은 달라지는 것이다.

서울대 여론조사는 천안함 정부 발표에 대해 5점 만점 척도 방식을 사용했다. 즉 100% 신뢰하면 5점을, 완전히 신뢰하지 않으면 1점을 주는 방식으로 비슷한 시기의 다른 여론조사와는 차이가 있었다. 비슷한 시기의 대부분의 다른 조사들은 '반반'과 같은 중간이 없는, '전적 신뢰', '신뢰하는 편', '신뢰하지 않는 편', '전혀 신뢰하지 않음' 등 4단계 척도를 쓴 것이다. 중립지대인 '반반'으로 응답한 비율이 30% 이상 나오면서 신뢰 응답 비율은 크게 줄어든 것이다. 일반적 여론조사에서 '반반' 또는 '그저 그렇다'는 중립 항목이 있을 경우, 상당수의 응답자들은 자신의 분명한 선호를 밝히지 않고 중립지대를 선택하게 된다. 이런 중립 항목을 두는 설문 표본은 찬성과 반대의 분명한 선택이 필요한 조사에서는 잘 쓰지 않는 방식이다.

또한 서울대 조사는 침몰 원인에 대한 정부 발표에 대한 신뢰도를 물었지만, 여기에는 다양한 함의가 내재되어 있다. 이런 포괄적 질문에 대해 응답자들은 정부와 군의 천안함 대응 평가, 정부 조사 결과 발표에 대한 신뢰 나아가 북한 소행 발표에 대한 신뢰도 등을 동시에 복합적으로 고려하면서 응답하게 된 것이다. 질문이 명료하지 않으면 응답은 부정확할 수 밖에 없다. 이 때문에 응답 결과 해석은 각각 달랐다. 일부는 북한 소행을 믿는 국민이 30%에 불과하다는 식으로 확대 해석했다. 다른 여론조사들은 북한이 천안함을 공격했다는 정부 발표에 대한 신뢰가 70% 이상임을 보여주었지만, 초기 정부의 대응에 대한 만족도는 30~40%대에 머무는 모습을 보였다.

표45. 천안함 사건의 침몰원인에 대한 정부 조사 결과 신뢰도

문) ○○님은 천안함 사건의 침몰 원인에 대한 정부의 조사 결과를 신뢰하십니까? 혹은 신뢰하지 않으십니까?

| | 사례수 | ① 전적으로 신뢰한다 | ② 신뢰하는 편이다 | ①+② | ③ 반반 | ④ 신뢰하지 않는 편이다 | ⑤ 전혀 신뢰하지 않는다 | ④+⑤ | 계 |
|---|---|---|---|---|---|---|---|---|---|
| | | % | % | % | % | % | % | % | % |
| ■ 전체 | (1200) | 6.4 | 26.1 | 32.5 | 31.7 | 25.0 | 10.7 | 35.8 | 100.0 |

ǀ 서울대학교 통일평화연구소, 2010 통일 의식 조사

통일평화연구소는 같은 내용을 2011년과 2012년에도 각각 질문했고, 응답 결과는 역시 큰 차이가 없었다. 2011년 신뢰한다 33.5%, 반반 31.4%, 신뢰하지 않는다 35.2%로 나타났다. 2012년은 신뢰한다 29.6%, 반반 34.3%, 신뢰하지 않는다 36.1% 로 3개 연도 간 차이는 거의 없었다[02]. 2011년 통일 의식 조사 보고서는 '한국정부의 발표를 믿느냐.'는 방식의 간접적 질문과 5점 척도 방식을 사용한 것이 다른 여론조사와의 차이를 발생시킨 원인으로 자체 평가했다. 결국 질문이 간접적이고 포괄적이고 모호하면서 연평도 포격도발 등으로 변화된 대북 인식의 차이조차 감지하지 못한 결과를 낳은 것이다.

한편, 천안함 조사 결과 발표 직후인 5월 22일 동아일보(코리아리서치) 여론조사는 '합조단 발표대로 북한 소행이라고 생각한다' 72%, '신뢰할 수 없다' 21.3% 였다. 5월 23일 경향신문(한국사회여론연구소

---

02  서울대학교 통일평화연구소 통일 의식 조사 2010, 2011, 2012.

KOSI) 조사는 '천안함 조사 결과를 신뢰한다' 71.3%, '신뢰하지 않는다' 27.3%, 5월 24일 한국일보(미디어리서치) 여론조사도 '신뢰한다' 70.1% '신뢰하지 않는다' 24% 등으로 각각 조사되었다. 또한 6월 23일 행정안전부가 의뢰한 여론조사(리서치앤리서치)에서는 '북한이 천안함을 공격했다'는 응답이 청소년 75.1%, 성인 75.4%로 각각 나타났다. 9월 12일 대통령실이 미디어리서치에 의뢰한 정기 여론조사(1천 명 전화 여론조사, 표본 오차 95% 신뢰 수준에서 ±3.1%)에서는 '천안함 침몰이 북한과 관련되어 있다' 72%, '관련되지 않았다' 17.8%로 각각 나타났다. 10월 20일 조선일보 여론조사는 천안함 북한 소행이다'는 답변이 68.7%, 북한 아니다(8.5%), 모르겠다(22.8%)의 반응을 보였다.

　결국 서울대(한국갤럽)의 여론조사는 '설문조사의 답변 척도의 차이로 인해 다른 여론조사와는 큰 차이를 보인 것이다. 이 조사 결과를 우리 국민들의 30% 정도만이 '천안함 공격을 북한이 한 것으로 믿는다'는 식으로 해석해서는 안 되는 것이다. 오히려 유의할 것은 정부 발표의 신뢰도이다. 정부 신뢰 32.5% 중도 31.7% 정부 불신 35.8%의 결과는 '천안함의 정치화' 현상을 보여주는 것이다. 즉 천안함 범인에 대한 국민적 인식조차 진영논리(진보·중도·보수) 및 정부 지지 성향에 수렴되는 정치화 현상이 심화되고 있음을 보여준다[03]. 이런 분석 내용과 함께 '앞으로 국방개혁을 통한 군의 신뢰 회복 및 천안함 진실에 대한 체계적인 홍보와 의혹 대응이 강화되어야 한다'라는 긴급 보고 자

---

03 서울대의 '2011 통일 의식 조사'에서는 천안함 관련 정부 발표에 대한 신뢰를 묻는 질문에 진보의 44.3%는 정부 발표를 불신하고 28.7%만 신뢰한다고 답변했다. 반면 보수 중 44.5%가 정부 발표를 신뢰한다고 응답했고, 29.3%는 불신한다고 응답했다.

료를 만들었다. 이를 외교안보수석비서관에게 바로 보고하고, 내용을 알고 있어야 할 대외 전략, 홍보, 뉴미디어, 정무 등 다른 비서관과 행정관에게 분석 자료를 보냈다.

한편, 6월에 접어들면서 정부의 신뢰도와 비례하여 정부의 천안함 대응에 대한 국민적 신뢰는 계속 정체되었다. 5월 20일 합조단의 조사 결과 발표 직후 70%에 이르렀던 침몰 원인(북한 소행)에 대한 신뢰도는 눈에 보이지 않게 서서히 떨어졌다.

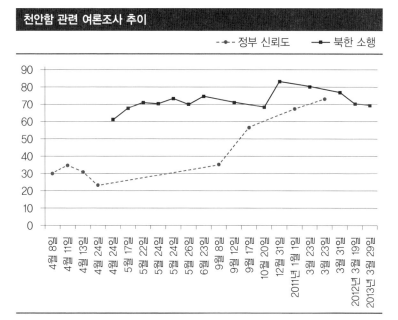

**천안함 관련 여론조사 추이**

-·●- 정부 신뢰도  ─■─ 북한 소행

*정부 발표의 신뢰도는 초기 혼선 등으로 30% 수준에 머물렀으나, 점차 높아져 연평도 도발 이후에는 70%대로 올라섬. '천안함 범인이 북한인가?'에 대한 응답 비율은 피격 초기부터 70%대로 유지되어 왔으며, 특히 연평도 도발 직후에는 80% 이상으로 높아지기도 했음.
** 여론조사 기관 또는 발표 기관은 다음과 같음
(2010년) 4. 8. GH코리아, 4. 11. 한겨레, 4. 13. 정장선국회의원실, 4. 24. 정경뉴스, 4. 24. 한국 갤럽, 5. 17. 동아일보, 5. 22. 동아일보, 5. 24. 경향신문, 5. 24. 내일신문, 5. 26. 한국일보, 6. 23. 행정안전부, 9. 8. 서울대평화연구소, 9. 12. 청와대, 9. 17. 문화일보, 10. 20. 아산정책연구원, 12. 3. 문화일보 (2011년) 1. 1. 한국일보, 3. 23. 문화체육관광부, 3. 23. 데일리NK, 3. 31. 동아일보 (2012년) 3. 19. 조선일보 (2013) 3. 29. 리얼미터

그 가장 큰 원인이 조사 결과에 대한 야권의 '비토'였다. 6월 지방선거 과정에서의 '선거용 북풍' 주장은 정치적 정당성에 큰 상처를 주었으며, 국정조사 및 재검증 요구는 조사 결과의 불신에 크게 영향을 미쳤다. 국회에서 야권은 천안함 결의안에 찬성하지 않았다. 이는 UN 무대에서 천안함 외교의 제한적 승리도 영향을 미쳤다. 거부권을 가진 중국은 북한을 옹호했고 러시아는 우리 편을 들어주지 않았다. 결국 천안함 공격 주체를 북한으로 명시하지 못한 의장성명에 머물렀다.

반대로 천안함 의혹 세력들이 조직적으로 움직였다. '합리적 의심'이라는 외피를 쓰고 정부 반대와 나아가 북한 옹호 등을 위해 뭉쳤다. 이들은 조사 결과가 발표된 직후부터 온라인, 오프라인 등을 통해 무수하고 다양한 의혹을 제기했다. 조사 결과에 대한 반박과 증거 탄핵에 매달렸고, 의도를 가진 일부 언론을 통해 널리 확산되었다. SNS는 천안함 의혹으로 거의 도배가 되다시피 했다. 의혹 주장에 대한 합조단의 반박 해명이 거듭되면서 조사 결과에 대한 논란이 심화되었고, 이는 국민들에게 혼란과 의구심을 다시 증폭시키는 악순환을 가져왔다. 그러나 이들 의혹들은 합조단 조사 결과에 대한 부분적 반박과 의문 제기에 그쳤을 뿐, 미군 자작극에서 좌초설이나 잠수함 충돌설, 기뢰설까지 의혹의 편차는 너무나 컸다. 의혹 세력들 내에서도 피격 원인에 대한 의견은 각기 달랐지만, '합조단 발표 탄핵을 통한 재조사 요구'라는 공통의 목표를 가지고 있었다.

천안함 진실을 바로 알리기 위한 정부의 더욱 적극적인 대응이 필요했다. '잔 매에 장사 없다'는 금언처럼, 일부의 조직적이고 무수한 의혹 제기에 국민 신뢰가 약화되는 것을 막아야 했다. 그러나 의식 있는 네티즌들의 자발적 활동이나 정부의 노력보다 더 효과가 있었던 각성제는 바로 북한의 연평도 포격도발이었다. 정부가 아무리 북한 소행이라고 알려도 정부의 말을 잘 믿지 않았던 일부 국민들은 연평도 포격도발을 보면서 그제야 북한의 실체를 새삼 확인하게 되었다. '북한이 우리 민간인들에게까지 포탄을 쏘는데, 군인들이 탄 천안함을 기습 공격한 것을 어찌 더 이상 의심할 수 있나.' 하는 인식이 분명해진 것이다. 연평도 포격 직후 북한이 범인임을 믿은 비율은 무려 83%까지 올라가기도 했다. 북한은 연평도 포격을 자행함으로써 스스로 천안함 범인임을 자인한 셈이 된 것이다. 약 8개월의 시간을 두고 벌어진 '천안함-연평도' 사태는 대한민국에 큰 충격을 던졌다. 2010년 안보 위기 사태는 그간의 서해에서 참수리급이 맞붙은 해전이나 북한 핵실험이나 장거리 미사일 발사 등의 안보 위협에도 둔감해졌던 '대북한 집단적 최면'의 심각성을 깨닫게 한 것이다. 북한을 '화해 협력의 대상'으로만 편향되게 인식하면서 '언제든 우리를 공격할 수 있는 적'이란 사실을 망각하고 있었음을 일깨웠다. 무엇보다 우리 스스로의 분단 현실과 안보 인식을 돌아보게 했다. 결정적으로 국민들의 인식을 보수화하고 안보 의식을 강화하는 역할을 했다. 이후 천안함 피격 원인에 대한 인식은 공직자의 국가관과 가치관을 재는 '리트머스 시험지'가 되었다. 2011년 6월 28일 조용환 헌법재판관 후보자는 국회 인사 청문회에서 천안함 피격이 북한 소행이라는 분명한 확신과 확고한 판단을 보여주지 못했다. 이 때문에 정부 공식 발표에 대한 공직자로서의 자세와 신뢰 등이 문제가 되면서 파장을 불러왔으며, 그의 임명 동의안은 국회 본회의를 통과하지 못했다.

결국 북한의 천안함 공격과 연평도 포격도발은 대남 심리전과 통일 전선 전략의 성과와 입지를 크게 좁힌 결과를 낳았다. 또한 막 출발 하는 '지도자 김정은'에 대한 인식도 대단히 부정적으로 만들었다. 한 마디로 '스스로의 무덤'을 판 셈이었다.

# 02
# 첫 남북
# SNS 사이버 대전

## 남북 인터넷 협력

천안함 사태는 트위터, 페이스북 등 SNS가 폭발적으로 확산되는 시점에서 터져 나온 초대형 이슈였다. 여기에 기존의 다음 아고라, 네이버 블로그 등의 글들이 트위터 계정을 통해 연동되면서 상상할 수 없었던 사이버공간이 마련된 것이다. 천안함 사건과 6·2지방선거는 SNS 확산에 기여했으며 사이버 영역을 크게 넓혔다. 6·2지방선거는 사실상의 '트위터 선거, SNS 선거'라 부를 만했다. 천안함 의혹은 사이버공간에서 크게 번성했으며, 6·2선거에도 큰 영향을 미쳤다. 북한은 천안함 공세에서 SNS와 '우리민족끼리' 등의 사이버공간을 적극 활용했다.

우리 국민들이 북한 인터넷을 접하게 된 시초는 바로 북한이 개설한 불법 사행성 도박 사이트였다. 북한은 2000년대 초반 인터넷 홈페이지를 개설하며 사이버 세계에 발을 들여놓았다. 초기에는 해외에서 제한적으로 체제 선전용 홈페이지를 만들었지만, 중국 인터넷망을 통해 월드와이드웹(www)에 연결되면서 자체적으로 홈페이지를 만들기 시작했다.

북한 인터넷이 우리 국민들에게 알려지게 된 데에는 남북 IT 협력 방식으로 북한에 진출한 남한 사업가들의 역할이 컸다. 2000년 '6·15선언' 이후 조선복권합영회사가 2002년 1월 설립되었다. 이 회사는 남한의 벤처기업인 '훈넷'과 북한의 '범태평양 조선민족 경제개발촉진협회(범태)' '장생무역총회사' 등이 공동으로 세웠다. 이들은 인터넷 복권 사이트(www.dklotto.com) 및 주패(카드 게임) 사이트(www.jupae.com), 바둑 사이트(www.mybaduk.com) 등의 한글 사이트를 개설하고 인터넷 도박과 복권 그리고 바둑 게임을 운영했다. 당초 통일부의 허가 사항을 위반하여 한글로 된 불법 도박 사이트를 연 것이다. 이들은 호주, 마카오 등에 결제 계좌를 개설하여 온라인으로 입금하도록 하고 블랙잭, 바카라 등 다양한 도박 게임을 제공했다. 우리나라에서 인터넷 도박은 불법이지만, 서버를 북한이 관리하는 이상 우리의 단속권이 미치지 못함을 노린 것이었다. 또한 이들은 평양에 PC방을 처음으로 개설하기도 했다.

당시 국회 외교통일위원회 박 모 의원 보좌관으로 일했던 나는 2003년 10월 통일부 국정감사를 통해 우리 국민들이 북한 도박 사이트에서 불법 도박을 하고 달러를 북한에 보내는 실상을 처음으

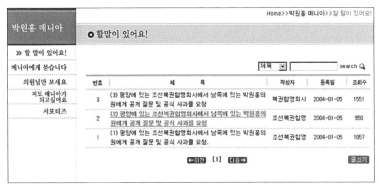

| 번호 | 제 목 | 작성자 | 등록일 | 조회수 |
|---|---|---|---|---|
| 3 | (3) 평양에 있는 조선복권합영회사에서 남쪽에 있는 박원홍의 원에게 공개 질문 및 공식 사과를 요청 | 복권합영회사 | 2004-01-05 | 1551 |
| 2 | (2) 평양에 있는 조선복권합영회사에서 남쪽에 있는 박원홍의 원에게 공개 질문 및 공식 사과를 요청 | 조선복권합영 | 2004-01-05 | 950 |
| 1 | (1) 평양에 있는 조선복권합영회사에서 남쪽에 있는 박원홍의 원에게 공개 질문 및 공식 사과를 요청. | 조선복권합영 | 2004-01-05 | 1057 |

| 2004년 1월 5일 국회의원 홈페이지에 올라온 북한 조선복권합영회사의 글

로 밝혀냈다. 그리고 이 도박 사이트를 차단할 것을 요구했다. 이에 2004년 1월 5일 북한 조선복권합영회사는 북한 도박 사이트 이용의 문제를 제기했던 의원 홈페이지에 장문의 항의 글을 남기기도 했다.

국회의원의 위임과 통일부의 접촉 승인 등 적법 절차를 거친 후, 나는 '남북이 인터넷을 잘 활용하기 위해 서로 협력하기를 기대한다' 는 이메일을 보냈다. 인터넷을 남북 화해와 협력의 긍정적 수단으로 본 것이다. 이 이메일에 북한 측은 답장을 보내오기도 했다. 이것이 사실상 합법적인 남북 첫 이메일 교류로 평가되고 있다[04].

북한이 남한 국회의원 홈페이지에 글을 남기고 이메일이 오고가는 사실이 크게 보도되면서 북한에 인터넷 사이트가 운영되고 있다는

---

04  2004년 1월 28일 나는 통일부로부터 '북한 주민 접촉' 승인을 받은 후 국회 메일과 엠파스 메일을 통해 조선복권합영회사의 DKLOTTO 관리자에게 이메일을 보냈으며, 북한은 3일이 지난 2004년 2월 1일 일요일 오후 5시 25분에 북한조선복권회사 명의의 답장을 보내왔다.

사실이 널리 알려졌다. 우리 네티즌은 북한 주패 사이트를 방문하여 안부 게시판에 글을 남겼다. 주패는 미모의 김일성대 학생들을 동원하여 일일이 댓글을 달아주는 정성을 보였다. 수만 명이 주패 사이트를 방문하고 글을 남기게 되면서 인터넷을 통한 남북 교류가 이루어진 것이다. 이를 계기로 정치권과 사회 일각에서 인터넷을 남북 관계 개선에 선용(善用)하는 방안을 찾기 시작했다. 수많은 연구 발표와 공청회와 토론회가 개최되었다. 일부에서는 인터넷 접촉의 제한을 완화하자는 '사이버원코리아(CyberOneKorea)운동'을 전개하기도 했다.

북한은 2003년 4월 홈페이지 '우리민족끼리(www.uriminzokkiri. com)' 사이트를 개설하는 한편 여러 인터넷 사이트를 열어 남북 전자상거래 추진, 회사 소개 등에 활용했다. 북한이 사이버상에서라도 개방을 통해서 외부와 소통하고 정보를 받아들이며, 사이버상의 거래 등을 할 수 있다는 기대가 생기기 시작했다. 발 빠른 남한 일부 네티즌들은 남북을 잇는 전자상거래를 모색하기도 했으며, 남북 이산가족을 위한 인터넷 화상 대화 등을 제의하기도 했다. 즉 인터넷이 체제 선전이나 정치적 선동 등 정치적 이념적 목적이 아닌 상거래와 인도적 분야에서 긍정적으로 활용될 수 있기를 기대했다. 이는 네티즌뿐만 아니라 통일부나 국회에서도 같은 움직임이 있었다.

이런 분위기에 발맞추어 2004년 6월 다른 통일외교통상위원회 국회의원 보좌관으로 일하면서 북한 인터넷 사이트를 조사하고 남북 관계 개선에 도움이 되는 방향으로 활용할 수 있는 정책 대안을 찾기 위해 노력했다. 이를 위해 통일부장관의 사전 접촉 승인을 얻어 가장 대표적인 북한 웹사이트였던 '우리민족끼리'를 조사하기도 했다. 이런 자료 조사와 남북 법제 연구 등을 바탕으로 법률 개정에도 힘을 보탰다. 2004년 7월 3일 당시 정문헌, 원희룡, 김영춘, 안민석, 남경필, 정병국, 나경원 의원 등 국회의원 34인은 남북 간 인터넷 교류 협력의 활성화를 위해 '우리 국민이 인터넷을 통해 북한 주민과 접촉할 경우 통일부의 승인을 받지 않아도 되도록' 하는 '남북 교류 협력에 관한 법률' 개정안을 내기도 했다[05].

그러나 북한은 2004년 가을부터 인터넷을 남북 교류협력의 긍정적 측면보다는 유력한 대남 선전 선동과 사이버심리전 공간으로만 이용하기 시작했다. 인터넷 홈페이지의 내용과 성격은 완전히 바뀌었다. 우리의 발달된 사이버공간과 역동적인 네티즌은 최적의 선동 대상이었다. 북한은 2004년 하반기 수십 개의 대남 선전용 사이트가 만들어 체제와 주체사상 선전 그리고 대남 비방 등 사이버심리전에 돌입했다. 이런 상황에서 우리 정부의 대응은 '차단' 이외에 다른 대안이 없었다[06]. 기대를 모았던 남북 인터넷 협력의 창은 금방 다시 닫히고 말았다. 2004년 말부터 북한이 인터넷을 대남 선동과 사이버심리전 수단으로 악용하기 시작하면서 남북 화해와 교류 협력의 수단으로 선용하기 위해 애쓰던 이들의 노력은 결국 허사가 되었다.

---

05 이 개정안이 포함된 법률 개정안은 2005년 5월 3일 본회의를 통과했다. 그 내용은 북한 주민을 접촉하려면 당국의 승인을 받아야 했던 것이 신고제로 바뀌었고, 부득이한 경우 접촉한 뒤 신고할 수 있도록 완화되었다.

06 정보통신윤리위원회는 2004년 11월 14일 '우리민족끼리', '내나라' 등과 조선통신(www.kcna.co.jp)과 조총련이 운영하는 조선신보(www.korea-np.co.jp) 등 31개 사이트에 대해 우리 국민들이 접속하지 못하도록 차단 조치를 취했다.

# 사이버전은 만능의 보검

북한은 지속적으로 사이버전 수행 능력을 높여왔다. 젊고 해외에서 공부한 김정은은 아버지 김정일과는 달리 IT와 SNS 등에도 익숙한 것으로 알려져 있다. 김정은 체제하에서 사이버전이 더욱 치열하게 전개되는 것은 오히려 당연하다. 김정은은 "사이버전은 핵미사일과 함께 우리 인민군대의 무자비한 타격 능력을 담보하는 만능의 보검."이라고 언급했다. 김정은 체제 이후 사이버전 조직이나 전문 인력 규모가 꾸준히 확대되고 있다.

북한은 1995년부터 인민군 총참모부 산하에 관련 부대를 창설하고, 적공국 '204소'라는 사이버심리전단을 조직했다. 2013년 6월 김관진 국방부 장관은 국군기무사령부가 개최한 국방정보보호 콘퍼런스에서 "제5의 전장이라고 일컫는 사이버공간에 대한 테러 대비는 매우 시급한 과제."라며 "북한은 정찰총국 산하에 3,000여 명으로 구성된 사이버 전담 부대를 운영 중."이라고 강조했다. 남재준 국가정보원장도 2013년 11월 4일 국회에서 북한은 정찰총국과 사이버연구소를 중심으로 사이버사령부를 창설했으며, 국방위와 노동당 산하에 1,700여 명으로 구성된 7곳의 해킹 조직을 두고 있다고 공개했다. 이들 조직의 적공 요원들은 북한은 물론 제3국에서 조직적인 활동을 통해 대남 심리전 사이트 및 TV·라디오 매체를 활용해 대남 심리전을 전개하고 있는 것으로 밝혀졌다. 또한 북한은 인터넷과 SNS 등을 활용한 사이버심리전에 적극 나서고 있다. 대남 사이버심리전의 주요 무대인 남한 사이버공간의 진화에 맞추어 더욱 정교하고 세련되게 대응하고 있는 것이다.

일반적으로 사이버심리전은 '사이버 자원을 활용하여 상대국 내부의 안보 의지를 약화시키는 것'을 말한다. 군사학에서는 '적국 내부의 여론을 조성하여 전쟁 의지를 분쇄하는 것'으로 정의된다. 사이버심리전은 전 세계에 사이버 인프라가 구축되고 SNS 등 의사소통 기술이 발전하면서 저비용 고효율의 전쟁 수단으로 급부상했다. 특히 우리처럼 사이버 인프라가 잘 구축되어 있고, 변화와 이슈에 민감한 사회에는 대단히 유용하고 잘 먹히는 비대칭 수단인 것이다.

심리전 매체는 과거 '삐라(전단)', 확성기와 전광판 등을 넘어 사이버 인터넷으로 바뀌었고, 지금은 모바일과 SNS로 더욱 다양화되었다. '재래식 심리전'에서 사이버와 모바일 영역으로 급속히 바뀌고 있다. 인터넷에는 북한 체제를 선전하는 '온라인 삐라', '사이버 전단', 'SNS 삐라' 등이 넘쳐나고 있다. 지식 정보화가 심화되면서 사이버 영역에서 얻는 정보와 판단의 비중과 속도는 점점 커지고 빨라지고 있다. 우리 군 장병들도 민간인들과 크게 다르지 않다. 따라서 사회 구성원들이 사이버공간에서 중요 안보 이슈에 대해 '얼마나 올바른 정보에 접하는가, 그리고 이를 통해 건강하게 인식하는가'가 국가의 안보 의지를 좌우하게 되는 시대가 된 것이다. 특히 군 내부의 개방과 소통이 강화될수록 장병에 대한 바른 정보와 건강한 인식을 위한 노력의 중요성은 점점 더해가고 있다.

2010년도 초반, 한국의 트위터 가입 인구는 10여 만 명 정도였고, 페이스북 역시 채 50만 명을 넘지 않았다. 그러나 이 시점에서 가입자 수는 폭발적으로 증가하고 있었다. 2010년 6월 트위터 가입자는

70만 명으로 늘었다. 본격전인 SNS 시대가 열리고 있었다. 대표적 SNS 수단 중에서 특히 주목할 것은 바로 트위터이다.

트위터는 신원을 공개하지 않은 채 활동할 수 있다. 개인의 미니 블로그 성격의 페이스북과 다른 본질적인 특성이다. 신원 노출 없이도 트위터의 모든 기능을 사용할 수 있는 것이다. 따라서 특정한 의혹 전파나 선전 선동에도 전혀 장애가 없다. 북한이 페이스북 계정보다 트위터를 더 적극적으로 활용하는 것은 어찌 보면 당연한 일이다.

북한은 한글을 쓰는 SNS 사이버공간이 확장되는 것을 확인하자, 곧바로 조선평화통일위원회(조평통) 명의의 트위터를 개설하고 SNS를 이용한 사이버심리전에 뛰어들었다. 대남 선전을 위해 2010년 7월 15일에 트위터를, 그리고 8월에는 유투브 계정도 개설했다. 공식 트위터 계정 '우리민족'@uriminzok은 위치를 평양으로 쓰고 있지만, 메인 서버는 중국 심양에 있는 것으로 알려져 있다. '우리민족' 계정의 역사가 곧 북한의 공개적 공식적 SNS의 시작이라 해도 과언이 아니다. 물론 북한은 이런 공개 계정 이외에 수많은 비공개(위장) 계정을 개설하여 활용하고 있다. 2008년과 2009년까지 SNS 친북·종북 계정은 한 건도 발견되지 않았으나, 2010년 이후 1년 7개월 동안 친북·종북 SNS 계정 96개가 발견되어 모두 차단되었다. 그러나 이들 대남심리 전용 사이트와 트위터 페이스북 계정은 계속 증가하여, 2013년 11월 통일전선부가 운영하는 '우리민족끼리' 등 80여 개 사이트에 400여 개 SNS를 활용하고 있는 것으로 알려졌다[07]. 국방부 자료에 따

---

07 남재준 국정원장 국회 보고(중앙일보, 2013. 11. 5.)

르면, 2014년 7월 말 현재 친북 사이트는 162개, SNS 계정은 1,622개로 급증하고 있다. 이들 계정들은 국내 서버를 이용한 접속은 차단되고 있지만, 다른 방식으로는 어렵지 않게 접속할 수 있다.

또한 북한은 해킹, 전산망 공격 등 사이버 테러 성격의 사이버전자전에도 많은 노력을 기울이고 있다. 북한은 2009년 7월 청와대와 국방부 등에 대해 이른바 '디도스 공격'을 자행했으며, 2009년 7월 7일부터 이틀간 한국과 미국 주요 기관 등 총 35개 주요 웹사이트를 디도스 공격하는 이른바 '7·7 디도스 공격'을 했다. 당시 경찰은 북한 체신성 IP 대역의 PC가 전 세계 61개국 435대의 서버를 활용했고, 좀비 PC 27만 대가 동원된 이 공격으로 미국 백악관 사이트가 다운되고 우리나라의 청와대, 국회 등 정부 기관과 주요 포털에도 장애가 발생했다고 밝혔다. 북한의 사이버 공격은 2011년 절정에 달했다. 그해 3월부터 이틀간 '3·4 디도스 공격'이 이뤄졌고, 4월에는 농협 전산망 해킹 사건이 발생했다. 인터넷망과 금융망에 엄청난

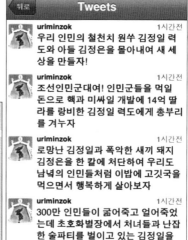

| 2011. 1. 해킹당한 북한 트위터 '우리민족'

지장을 주었다. 같은 해 11월에는 한 대학의 대학원생들에게 악성코드가 담긴 이메일이 발송되기도 했다. 이런 이메일은 내용을 바꿔가며 수시로 배포되었으며, 청와대 직원들이라고 예외는 없었다. 이들 수법은 동일한 해외 경유지 서버를 활용했고 악성코드 암호화 방식이 같은 것으로 확인되었다. 따라서 공격을 감행한 해커는 '7·7 디도스 공격자'와 동일범인 북한의 소행이라고 결론이 내려졌다.

한 가지 주목할 일은 2010년 천안함피격사건과 연평도 포격도발이 발생하고 대남 사이버전이 확산되자, 이에 맞서 우리 네티즌 등이 나서서 반격하는 일이 벌어지기도 했다.

2011년 1월 8일 북한 김정은의 생일을 맞아, '우리민족끼리' 사이트와 트위터 '우리민족'이 해킹을 당해 김정은을 풍자하는 내용으로 바뀌어버린 것이다. 그 직후 '우리민족끼리' 사이트는 잠정 폐쇄되었으며, 운영자는 북한으로 소환된 것으로 알려졌다. 이런 반격은 사이버전 전담부대인 국군사이버사령부가 출범하고 민관 거버넌스가 강화되는 등 우리의 전반적인 사이버전 대응 능력이 높아지면서 가능해진 일이다. 이 사건 이후 북한은 3개월 뒤 곧바로 주요 기관 홈페이지에 디도스 공격을

2011. 1. 우리 네티즌이 해킹한 북한 '우리민족끼리' 사이트의 첫 화면

실행하고 농협 전산망을 해킹하는 것으로 반격했다.

이후에도 2012년 중앙일보 전산망 파괴, 2013년 국내 방송사와 금융기관 전산망 공격 등으로 북한의 사이버 테러는 계속 이어지고 있다. 2012년 4월 24일 북한은 조선중앙통신을 통해 '혁명 무력의 특별 행동이 개시된다. 지금까지 있어본 적이 없는 특이한 수단과 우리식 방법으로 초토화해 버릴 것'이라고 위협했다. 추후 이 특이한 수단과 방법은 GPS를 교란시키는 전자전과 사이버 테러 등 비대칭 공격으로 확인된 사례도 있었다.

북한이 사이버공간을 사이버전장으로 활용하는 한, 남북의 공격과 방어의 혈전은 계속될 수밖에 없다. 사이버전에서 '사이버전자전' 이상으로 심각하고 치명적인 것은 바로 '사이버심리전'이다. 사이버 테러는 인터넷망의 물리적 마비와 그로 인한 정보 흐름을 제약한다. 또 북한이 개발하고 있는 것으로 알려진 EMP(Electromagnetic Pulse, 전자기파)탄은 IT 인프라 자체를 파괴할 수도 있다. GPS 교란을 통한 전자전, 무인항공기를 활용한 도발 등도 대단히 위협적이다. 사이버 전자전은 물리적 영역이며, 과학기술의 발달로 방어 능력도 나날이 향상되고 있다. 그러나 사이버심리전은 심리적 영역이다. 무엇보다 우리 공동체 구성원의 안보 의지를 약화시킨다. 군인들에게는 안보관 등 무형 전력의 약화로, 민간에게는 '위기 회피', '문약(文弱)'과 '숭무정신 약화'의 모습으로 나타난다.

대남 사이버심리전이 실질적으로 전개된 첫 사례가 바로 천안함 이슈였다. 천안함을 계기로 본격화된 것이다. 북한은 인터넷과 트위터를 통해 천안함을 공격한 범인이 자신이 아니라는 발뺌을 위해 사이버심리전에 사활을 걸었다.


## 대남 사이버심리전 - 천안함 전투

천안함 전투는 남북이 SNS를 본격 활용하여 맞붙은 사이버심리전의 첫 사례라 할 수 있다. 2010년 이전까지는 사이버심리전이 전개될 기반과 여건이 충분하지 않았고, 무엇보다 논란을 부를 만큼의 안보적 사안이 발생하지 않았기 때문이다. 연평해전과 대청해전이 있었지만, 규모도 작았고 사건도 단순했다. 또 과거 북한과 러시아가 저지른 KAL기 공격 사건은 엄청난 의혹을 낳았지만, 당시에는 사이버공간이 없었다.

북한은 사이버전을 위해 오랫동안 준비된 조직과 인력 그리고 기법을 키워왔지만, 우리의 대응은 충분하지 않았다. '사이버 대응 능력 강화'는 이명박 정부의 국정 과제였다. 2009년 북한의 가공할 디도스 공격이 있은 후 통일된 사이버 대응 체계 구축 시도가 탄력을 받기 시작했다. 미국은 2008년 외국 정보기관에 의한 군 전산망 해킹을 계기로, 그 즉시 2009년 전략사령부 산하에 육·해·공군과 해병대의 사이버 전력을 하나의 지휘 체계로 묶는 사이버사령부를 창설하고 전력을 강화했다. 그러나 우리의 사이버 역량 강화 노력은 국회에서 막혔고 대비 태세는 여전히 미흡했다. 국가정보원을 사이버 컨트롤타워로 하여 사이버 역량을 키우자는 '사이버테러 방지 법률'은 통과되지 못하고 있었다. 따라서 통일된 지휘 체계가 마련되지 않아 각 부대나 기관 그리고 민간을 하나로 묶는 데도 어려움을 겪었다. 강력한 의지에 따라 전평시 사이버전을 수행하고 기술 개발과 전문 인력 육성을 담당할 국군사이버사령부가 2010년 1월 11일에 창설되었다. 국방정보본부 예하의 준장급이 지휘하는 소규모 부대였다. 이에 대해 북한은 '남북 간 긴장을 고조시키는 위험한 책동이며, 한반도 유사시 고도 기술 수단에 의거해 북한에 타격을 가하기 위한 것'이라고 반발했다. 부대의 창설은 곧 군 인력 조정을 의미한다. 국군 총정원이 묶여 있는 상태에서 다른 부대를 줄여야 하는 인력 정원 염출은 너무나 힘든 과정이었다. 그런 여건에서도 국군사이버사령부는 지속적인 증강을 거쳐 2011년 7월 국방부 직할 부대로 승격되었다. '천안함 사이버 대전'은 신설된 사이버사령부가 부대 깃발을 걸고 참전한 첫 번째 전투였다.

2010년 천안함 피격 직전, 사이버전장의 여건은 우리가 매우 불리했다. 다른 육해공 등 대칭 전력은 다소간의 균형을 맞추고 있었지만, 사이버심리전 등의 비대칭 전력은 너무나 열세였다. 북한은 오래전부터 통일된 지휘 체계하에 일관된 목표를 가지고 사이버전을 준비하고 실행해왔다. 그리고 우리가 막아야 할 사이버심리전의 전장은 SNS의 급격한 확산 등으로 상상을 초월할 정도로 넓어지고 있었다. 천안함 이슈는 민간과 군의 구분이 없었다. 의혹과 종북의 폭은 넓고도 깊었다. 이런 판국에 우리는 민간과 군의 모든 역량을 아우르는 통일적인 대응 체계조차 마련되지 않고 있었다. 컨트롤타워가 없이 각 조직과 기관이 '알아서 하는' 전쟁은 결코 승리할 수 없다. 이것이 천안함 초기 사이버심리전에서 밀릴 수밖에 없었던 한 가지 이유이다.

또한 천안함을 둘러싼 의혹은 북한의 대남 공격과 국내외 의혹이 혼재되며 나타났다. 북한의 주장이 국내외 의혹 세력의 그것과 다르지 않았고, 이들 의혹은 곧 북한의 주장이 되었다. 특히 사이버공간에서 이를 구분하기란 거의 불가능했다. 이 역시 천안함 의혹 대응이 간단하지 않았던 다른 이유이다.

천안함 사이버 대전의 승리를 위해서는 다시 청와대가 전면에 나서야 했다. 일차적으로 국방 안보 사안임과 동시에 법령의 미비 등으로 각각 대등한 기관과 조직을 총괄하여 지휘할 컨트롤타워가 없었기 때문이다. 손 놓고 기다릴 시간적 여유가 없었다. 청와대에 '천안함 대책회의'에 이어 천안함 사이버 의혹 대응을 담당할 '천안함 관련 관계 기관 대책회의'가 별도로 설치되었다. 이 첫 회의에서 '국가 사이버전 대응 능력을 높이고 컨트롤타워를 정하는 법률'이 하루빨리 국회를 통과할 수 있도록 모든 노력을 강화하기로 결정한 것은 어찌 보면 당연한 일이었다.

천안함을 공격한 북한은 천안함 조사 진행 상황과 남한 내 여론 추이를 면밀히 살피면서 대응했다. 천안함 공격 직후에는 내부적으로 '조선 인민군의 통쾌한 보복'이라는 점을 선전한 것으로 보인다. 대북 인터넷 매체 〈데일리NK〉는 함경북도 소식통을 인용, 2010년 4월 24일 온성군 A기업소의 당원 '토요 정세 강연회'에서 당 세포비서가 "최근 영웅적인 조선인민군이 원수들에게 통쾌한 보복을 안겨, 남조선이 우리의 자위적 군사력에 대해 국가적 두려움에 떨고 있다."고 말했다고 보도했다. 또 다른 북한 내부 소식통도 천안함 공격이 인민군 창건일(4월 25일)을 맞아 인민군의 위력을 남조선과 미 제국주의자들에게 보여준 쾌거로 평가한다는 증언도 나왔다.

그러나 북한은 대외적으로는 '남한 모략이자 날조극'으로 자신들과는 무관하며, 한미 자작극 또는 미국이 범인이라는 주장을 폈다. 동시에 진상 확인을 위한 검열단 파견과 무자비한 보복을 주장했다. 한미의 날조극, 검열단, 무자비한 보복 위협 등은 천안함 사태에 맞서는 북한의 3가지 대응 방향이었다. 첫째, '날조극' 주장을 통해 합조단 조사 결과를 전면 부정한다. 둘째, 검열단 수용 주장을 통해 대남 공세를 취한다. 셋째, 무자비한 보복 협박을 통해 5·24조치 이상의 다른 추가적 대북 압박을 막는다는 방침이었다.

북한이 천안함을 연상시키는 함정을 주먹으로 내려치는 포스터가 2010년 6월 공개되었다.

북한 대내용으로 만든 이 포스터는 천안함 공격의 성과를 과시하거나 또는 앞으로 제2의 천안함과 같은 무력행사가 있을 것이라는 협박용으로 분석되었다. 실제로 북한은 공개적인 대남 성명부터 연평도 포격도발과 같은 실질적인 무력 도발에 이르기까지 다양한 수단을 동원했다. 아울러 대남 선전과 선동에도 모든 노력을

| 천안함 격침을 연상시키는 북한 포스터

기울였다. 북한이 가진 모든 심리전 수단을 활용하여 무죄 주장을 편 것이다. 북한은 조선중앙통신 등 공식 매체와 인터넷 홈페이지 '우리민족끼리' 등을 통해 합조단 조사 결과에 대해 반박했다. 5월 28일에는 조선불교도연맹 중앙위원회 이름으로 우리 시민단체 등에 '역적패당이 조작한 북 어뢰 공격설의 진상을 논한다.'는 논평을 팩스로 보내기도 했다.

북한의 사이버 대응도 대단히 빨라졌다. '우리민족끼리' 사이트에는 '역적 패당이 조작한 어뢰 공격설의 진상' '동족 압살을 노린 추악한 망동'이라는 글을 올렸다. 이 글은 북한 통일전선부 산하 '6·15 편집사'가 올린 것으로, 실명 확인이 필요 없는 국내 인터넷 사이트에도 그대로 게재되었다. 조사 결과 과거 해킹을 통해 입수한 우리 국민들의 주민등록번호와 아이디 등을 도용하여 실명제가 도입된 포털 사이트에도 글을 올린 경우도 있었다. 또 중국 조선족 인터넷 사이트에는 '천안함을 통해 리익을 얻는 단체'라는 제목의 글을 게재했고, 역시 이들 글이 국내 단체 홈페이지에도 올라왔다.

2010년 5월 21일 한총련 홈페이지 자유게시판에는 '조선신보'라는 게시자 명의로 '조평통 고발장, 남북 관계 파탄시킨 남측 당국의 죄악 단죄'라는 제목의 '함선(천안함) 침몰 사건과 관련한 모략 소동은 대결과 정쟁 책동의 최고 절정이다.'라는 글이 올라왔다. 계속해서 5월 26일 '강철'이라는 이름으로 올린 '우리 공화국의 신성한 령해를 고수하기 위한 실제적인 군사적 조치가 취해질 것이다.'라는 문건에는 '남측의 해상 침범 행위가 계속된다면 이미 천명한 대로 우리의 해상 수역을 고수하기 위한 실제적인 군사적 조치가 실행될 것.'이라고 주장했다. 6월 7일에도 역시 '강철'이라는 이름으로 올린 '조국평화통일위원회 서기국 보도'라는 문건에는 '특대형 모략극인 함선 침몰 사건을 유엔안전보장리사회에 끌고 간 역적패당의 대결적 망동에 온 민족과 함께 치솟는 격분을 금치 못하면서 이를 군사적 긴장을 격화시키고 전쟁의 도화선에 불을 다는 위험천만한 범죄행위로 락인하고 준렬히 단죄 규탄한다.'는 글이 게시되었다. 결국 한총련 홈페이지는 2011년 8월 18일 방송통신위원회의 결정 명령에 따라 폐쇄되었다.

일본 조총련도 힘을 보탰다. 조총련 허종만 책임부의장은 5월 22일 전체 대회가 열린 자리에서 '천안함은 한국 정부 자작극'이라고 주장했다. 5월 29일 남승우 부의장은 '천안함 침몰은 한국 모략'이라는 담화문을 발표했다. 조총련은 북한 발표 내용을 조직원들에게 숙지시키고 일본 내에 전파할 것을 지시하기도 했다. 합조단의 조사 결과 발표 이후 일본 내에서 일고 있는 북한 비난 여론를 차단하고 북한의 혐의를 벗기기 위해 사력을 다했다. 특히 미국 잠수함 관련설 등을 인터넷과 잡지 등에 게재하도록 유도하기도 했다. 조총련 기관지 조선신보 인터넷 판은 '천안함 침몰은 한국 모략' 등의 글을 게재했다.

이런 '우리민족끼리' 사이트의 글은 트위터 '우리민족@uriminzok'의 링크를 타고 확산되었다. 트위터 '우리민족'에는 개설된 이후 2개월간 488건의 글이 올라왔다. 일일 평균 8건 꼴이었다[08]. 이들 중 상당수는 북한 체제 찬양과 대남 비방이었지만, 천안함 관련 내용도 상당수 링크되어 올라왔다. 특히 거의 동시에 이런 글들은 우리 네티즌으

---

08  2010년 10월 19일 현재 팔로워는 10,400명 수준이며 이중 내국인은 2,200여 명 정도로 파악되었다.

로 위장하여 그대로 우리 인터넷상에 실리기도 했다. 또한 우리 국민으로 위장한 수많은 트위터 계정이 개설되어 북한 주장이 그대로 전파되었다. 천안함 의혹 관련 주장의 유사함은 차치하고라도 북한식 용어나 원문이 그대로 올라오는 지경이 된 것이다. 한국에서는 트위터 우리민족@uriminzok의 링크를 차단할 수 있지만, 해외에서는 차단되지 않는다. 이런 점을 노려 해외를 통해 북한 주장 글이 국내로 유입되었다. 또 교민 등이 활동하는 해외 한글 사이트에도 북한 선전문이나 북한을 옹호하는 글들이 실리기도 했다. 북한 사이버 적공(適攻) 요원들이 직접 작성하거나 해외 종북 인사들이 올린 글이었다.

실제 방송통신심의위원회는 2010년 6월 23일 '천안함이 미군 잠수함에 의하여 침몰되었다.'라는 게시글 3건과 '천안함 조사 발표는 정부의 조작이다. 북한 어뢰에 1번이라고 적혀 있는 것은 조작이다.'는 게시글 1건에 삭제 조치를 취했다. 또 '남한의 천안함 침몰 사건 조사 결과는 남한의 군사 목적과 6·2지방선거를 위한 의도적인 모략극·날조극'이라는 내용의 북한 국방위원회 및 조국평화통일위원회 대변인 성명, 담화문 등을 그대로 게재하거나 인용한 게시글 89건에 대해 삭제를 요구했다. 이들 글은 '우리민족서로돕기운동', '한국진보연대' 등 5개 단체 홈페이지에 게시되어 있으며, 경찰청의 요청에 따른 것이었다.

전체적으로 경찰청이 해당 사이트에 삭제 조치를 요청한 친북 게시물은 2010년 7만 5천여 건으로 2009년 1만 4,230여 건의 다섯 배에 이르렀다. 또 방송통신위원회에 친북·종북 게시물로 삭제 요청된 게시물은 5,530건으로 2009년의 177건보다 30배 이상 폭증했다. 또

2010부터 2011년 7월까지 친북·종북 사이트 49개 중 36개가 차단되었고 국내에 서버가 있는 친북·종북 카페나 블로그 207개가 폐쇄되었다. 이들 사이트와 블로그 그리고 카페 게시물의 대부분이 북한을 찬양하거나 또는 천안함 관련 허위 사실을 유포하고 북한 주장에 동조하거나 북한의 대남 선전글을 그대로 옮겨놓은 것이었다.

우리 해당 기관들과 네티즌들은 이에 대한 반박이나 진실을 담은 글을 올리는 한편 댓글 대응에도 많은 노력을 기울여야 했다. 그러나 온라인을 통해 북한의 공식 성명이나 글을 옮기는 등의 '공개 활동'보다는 제3국이나 명의를 위장하며 국내 온라인과 트위터에 의혹을 전파하는 '비공개 활동'이 훨씬 더 많았다. 일부는 노골적으로 북한을 옹호하며 미국을 범인으로 몰았다. 인터넷 신문 〈자주민보〉를 중심으로 '미군 잠수함 충돌설'을 주장한 세력들이 대표적이다[09]. 이 신문은 '북녘 바로 알기' '미군 문제 집중 조명' 등을 기치(旗幟)로 2005년 11월 창간된 매체이다. 북한의 대남 기구인 조국평화통일위원회는 〈자주민보〉를 '진보적 인터넷 신문'이라고 지칭하고 있다.

북한 대남심리전 요원들의 직접 공격과 해외 친북 세력의 활약 그리고 국내의 종북 세력 등 이른바 '3대 사이버 역량'이 유기적으로 협력하며 천안함 의혹을 확산시키고 천안함 범인을 대한민국이나 미국으로 몰기 위해 노력한 것이다.

---

09 인터넷 언론 매체 〈자주민보〉 이 모 대표는 2013년 5월 21일 대법원 1부로부터 국가보안법 상 회합·통신, 찬양·고무 등의 혐의로 징역 1년 6개월 및 자격정지 1년 6개월을 선고받았다.

# SNS 사이버심리전의 양상

2010년 6월 25일 〈조선일보〉의 보도는 외교안보수석실과 국방부를 발칵 뒤집어놓았다. 조선일보는 우리 군대 내부의 상황을 전하면서 '천안함 관련 정부 발표를 믿지 않은 장병이 있다', '일부 군인들이 월드컵 중 전쟁이 일어난다며 불안해하고 있다는 내용을 보도했다. 6·2지방선거 와중에 확산된 천안함 의혹과 전쟁 불안감 그리고 북한의 전쟁 위협이 전염되면서 일부 사병들과 군인가족들의 동요가 발생하고 있다는 것이었다. 사태는 심각했다.

사이버심리전의 일차적 목표가 적국 군인의 전쟁 의지와 국민의 안보 의지를 약화시키는 것이다. 보도가 사실이라면 일부의 정치적 의도와는 별개로 북한의 심리전이 우리 군인과 국방 부문에 먹혀들고 있는 것이었다. 위의 지시를 기다릴 것도 없이 조치해야 했다. 곧바로 국방부와 기무사의 특별 보고가 올라왔다. '전군은 5월 10일부터 6월 30일까지 합조단이 만든 천안함 사건 동영상과 PPT 등의 자료를 활용, '천안함 관련 특별 정신 교육'을 실시했으며, 기무사 등은 실태 확인 점검을 실시했다. 그 결과 특별 교육을 통해 대부분의 장병이 천안함에 대해 바로 알고 있으며 지휘관과 말단 병사에 이르기까지 긴장을 유지한 가운데 근무하고 있다.'는 내용이었다. 이후 여러 경로를 통한 판단과 평가도 군의 보고와 크게 다르지 않았다. 군의 선제적이고 능동적인 조치가 매우 적절했다.

"오늘 〈조선일보〉가 너무 부풀린 것 같은데요. 왜들 그런답니까?" 급한 보고를 마치고 위민관 옥상에 모여 담소를 나누었다. "언론이 경종을 한 번 울려준 거죠. 덕분에 제대로 점검을 해보았으니 오히려 고맙게 생각해야죠." 기사 내용은 과장된 면이 많았지만, 적극 나서서 반박하지 않고 이른바 '로우키(Low Key)'로 나가기로 했다. 다른 언론의 추가적인 움직임이 있으면 그때 군의 노력과 대책을 설명하는 것으로 우선 조치를 끝냈다.

국민들이 북한의 전쟁 위협과 일부의 전쟁 위기론에 동요하고 흔들린다면, 안보는 절대 지켜질 수 없다. 6·2지방선거 과정에서 일부 세력과 특정 네티즌들은 '1번 후보 찍으면 전쟁 난다'는 식의 선전 선동과 유권자 협박을 자행했다. 이는 역대정권의 이른바 '북풍 조작' 시도와 더불어 국민 불안심리를 유발하여 이를 정치에 악용한 가장 비열한 사례 중의 하나인 셈이다.

청와대는 물론 유관 기관들의 천안함 의혹에 대한 초기 대응은 주로 온라인과 홈페이지 중심이었다. 각 부처나 기관들은 정책 홍보 업무를 수행하면서 홈페이지 공간에는 충분히 익숙해 있었으며 유능하고 적절하게 대응했다. 그러나 사이버의 양상이 바뀌고 있었다. 이미 이 당시에는 트위터가 다음 아고라의 트래픽을 앞서면서 온라인의 핫이슈를 선도하고 있었다. 즉 아고라, 블로그에 의혹 글을 올리고 이를 트위터에 연동하여 확산시키고, 인터넷 매체는 이를 되받아 보도하기도 했다. 트위터-블로그·아고라-인터넷 매체 등이 하나로 엮여 있었다. 한국 특유의 촘촘한 SNS 생태계 아래에서 트위터에 의혹 주장이 뜨면 곧바로 인터넷 매체에 게재되었다. 또한 천안함 의혹 콘텐츠는 매우 다양한 모습으로 나타났다. 사이버공간에서 홍보 선전 및 전파를 위해 필요한 매체와 미디어 등을 적절히 활용하면서 그

파급력을 극대화했다. 하나의 의혹 콘텐츠는 OSMU(One Source Multi Use) 방식처럼, 사진이나 동영상은 물론 웹툰, 움짤(움직이는 짤방), 만화, 애니메이션, 다큐, 팟캐스트 등 다양한 방식으로 제작되어 확산되었다.

또한 SNS와 모바일의 등장으로 의혹 주장의 확산과 전파도 홈페이지 시대와는 현격한 차이를 보여주었다. 속도는 상상할 수 없을 정도로 빨라져 실시간에 가까웠고, 그 범위와 영역도 일국적 차원을 넘어 글로벌 전 세계로 넓어졌다. 특히 의혹 확산을 통해 진영논리나 반정부 의사를 표시하는 '의혹의 정치화' 현상이 결합되면서 그 충성도(loyalty)와 참여도는 급격히 높아졌다.

### 증폭자 모델

여기에 전파와 확산 측면에서 유난히 두드러지는 한국적 SNS의 특성이 있다. 바로 '증폭자 동조 현상'이다. 일반적으로 트위터의 의혹 확산 경로는 의혹 생산자→확산자→수용자의 구조를 갖는다. 생산자가 의혹을 써서 올리면 이를 동조하는 트위터리안이 RT하면서 확산된다. 이와 관련하여 제이컵 닐슨(Jakob Nielsen)은 '1 : 9 : 90' 법칙을 주장했다. 즉 인터넷 이용자의 90%는 관망하며 9%는 재전송이나 댓글로 확산에 기여하고 1%만이 콘텐츠를 창출한다는 것이다. 그러나 이는 단순한 일반적인 모형일 뿐이다. 한국적 현실에서는 여기에 '증폭자(enhancer)' 역할을 추가할 때 보다 더 정교해진다. 그리고 이들의 역할에 주목해야 한다. 증폭자는 수많은 팔로워를 가진 전파력이 있는 트위터리안이다. 접점(node)과 연결고리(linkage)를 많이 가진 증폭자의 소통력과 영향력은 기하급수적으로 늘어난다[10].

이런 코어 증폭자가 의혹 확산에 참여하면 확산 속도는 훨씬 더 빨라진다. 이들 의혹 증폭자가 사회적 인사거나 유명인의 경우에는 그들의 행위가 사회적 영향력과 권위를 부여받고 있다고 믿게 된다. 이 때문에 그들의 판단이 마치 기준이 되는 양 자신의 생각을 유보하고 추종하거나 객관적 검증 절차를 생략해 버리는 것이다. 이런 한국적 SNS문화 현실에서는 '의혹 생산자→확산자→증폭자→수용자' 모델이 정합성이 높다고 할 수 있다.

실제 천안함 의혹 확산에는 이런 증폭자들의 역할이 매우 컸다. 정부 주장에 공감한 증폭자는 거의 없었지만, 천안함 의혹 확산이나 정부 비판에 앞장선 증폭자는 너무나 많았다. 이들 대부분은 천안함이나 해군 작전, 군사 상황, 수중 환경 등에 전문 지식이 없는 소설가, 교수, 전현직 기자, 정치인, 직업적 사회운동가 등이었다. 정치나 민생, 사회 등 통상적 사안이 아닌 군사와 안보 이슈에 대한 전문성도 부족한 상태에서 제대로 확인도 하지 않은 채 쉽게 글을 쓰고 의심을 전파하고 의혹을 만들었다. 일부는 정부나 군에 대한 통상적인 비판의 수준을 넘어서고 있었다.

증폭자 모델의 대표적인 사례가 '트위터 대통령' 이외수 씨의 경우이다. 그는 2010년 5월 트위터(@oisoo)에 "천안함 사태를 보면서 한국에는 소설 쓰기에 발군의 기량을 가진 분들이 참 많다는 생각을 했다. 나는 지금까지 30년 넘게 소설을 써서 밥먹고 살았지만 작금의 사

---

10 한 연구에 따르면, 『삼국지』에서 인물 네크워크의 크기는 조조 0.5, 유비 0.34, 손권 0.16의 비율이었으며, 실질적 힘의 크기에 비례했다.

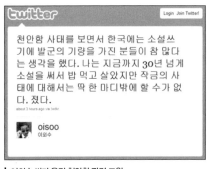

태에 대해서는 딱 한마디밖에 할 수가 없다. 졌다."는 글을 올렸다. 대부분의 트위터리안들은 이 글에 대해 '천안함에 대한 정부 발표나 대응이 '소설' 수준으로 인식한 것으로 받아들였고,

| 이외수 씨가 올린 천안함 관련 트윗

해당 트윗은 무수히 RT되었다.

이렇게 생산자와 증폭자가 동일할 경우, 사태의 그 파장과 부정적 영향은 더욱 크게 나타난다. 이외수 씨의 트윗 글에 대해 대다수의 트위터리안과 네티즌들은 합조단 조사 결과 등 정부 공식 발표가 허위와 거짓의 '소설'이며 '신뢰할 수 없다'는 의미로 이해했다. 북한의 연평도 포격도발 직후 이외수 씨는 트위터를 통해 "나는 비록 늙었으나 아직도 총을 들고 방아쇠를 당길 힘은 남아 있다. 위기 상황이 오면 나라를 지키기 위해 기꺼이 전장으로 달려가겠다."며 의지를 밝히기도 했다. 그러나 이른바 '천안함 소설 트윗' 때문에 2013년 11월 해군 2함대 장병을 상대로 한 그의 '힐링 콘서트' 특강은 정부 발표를 신뢰했던 정치권과 네티즌의 반대로 제대로 방송되지 못했다.

이처럼 팔로워가 많은 증폭자들이 천안함 의혹 등에 대해 '좋아요' 등 공감을 표시하거나 또는 RT를 통해 전파할 경우 그 속도와 전파력은 상상 이상이다. 특히 지명도와 사회적 영향력이 높은 인물일 경우에는 더욱 크다. 이후 SNS상의 증폭자가 쓴 글을 다시 온라인으로 기사화하는 경향이 늘어나면서 증폭자의 비중은 더욱 커지고 있다.

팟캐스트 방송 '나꼼수'는 2012년 4월 3일 방송을 통해 '천안함 선체 흡착물 관련 모의 실험 결과는 조작됐다.'는 이승헌 교수 등의 주장을 방송했다. 4·11 총선을 일주일 앞두고 때맞춰 터트린 천안함 의혹 주장에 대해, 일부 트위터리안과 네티즌들은 '4·11 총선에서 야당의 승리를 통해 천안함 재조사를 관철시켜 내야 한다.'는 반응을 보이기도 했다. 이런 '증폭자'들의 움직임으로 2012년 중 사이버공간의 천안함 관심도는 이때 최고조에 이르기도 했다.

한편 '광우병 의혹'이 인터넷 등을 통해 걷잡을 수 없이 퍼져나가고 촛불 시위가 한창일 무렵의 일이다. 2008년 6월 17일 서울에서 열린 '인터넷 경제의 미래'에 관한 OECD장관회의 환영사에서 대통령은 다음과 같이 연설했다. "인터넷의 힘은 신뢰가 담보되지 않으면, 우리에게 약이 아닌 독이 될 수도 있습니다. 특히 거짓과 부정확한 정보의 확산은 합리적 이성과 신뢰까지 위협하고 있습니다. 우리 대한민국은 인터넷 선도 국가로서 정치, 경제, 사회, 문화 등 모든 부분에서 인터넷의 폭발적인 힘이 발휘되고 있습니다. 우리는 인터넷이 부정적으로 작용할 경우 어떠한 악영향을 끼치는가를 경험하고 있습니다. 한국은 이러한 앞선 경험을 바탕으로, 인터넷의 힘이 경제를 발전시키고 인류의 삶의 질을 향상시키며 미래 가치와 세계 질서에 긍정적으로 작용하도록 노력할 것입니다." 연설비서관실 초고에는 없던 '독이 될 수 있다'는 구절이 최종 연설에 포함되었다. 이 대목의 대통령 육성을 현장에서 듣는 순간, 또 다른 시빗거리가 될 것 같아 한편으로 가슴이 철렁했다. 대통령이 직접 '독'이라는 표현을 쓸 만큼, 신뢰가 담보되지 않은 인터넷 의혹의 폐해는 심각했던 것이다.

## 트위터부터

2010년 사이버 세계는 바뀌었다. 2008년에는 존재하지도 않았던 SNS의 시대가 열리고 있었다. 2008년의 광우병 의혹과 인터넷 대응 실패를 되풀이해서는 안되었다. 천안함 의혹에 대한 효율적 선제적 대응을 위해서는 트위터부터 시작해야 했다. 트위터는 다양한 SNS 매체 중 사이버심리전의 측면에서 가장 강력한 수단이다. 바로 자신을 드러내지 않고 소통할 수 있는 익명성 덕분에 이 140자의 텍스트 마이크로 블로그의 영향력은 다른 어느 매체보다 우수했다[11].

---

11 한국적 현실에서 트위터 등 SNS가 가지는 위력은 다음의 특성에 기인한다.

(1) 퍼트리기

트위터의 RT 기능은 자신의 팔로워에게 순식간에 정보를 전달할 수 있게 한다. 이는 강력한 정보 전파의 수단이며, 여기에 댓글을 달아 의견을 보탤 수도 있다. 따라서 증폭자 즉 팔로워가 많은 트위터리안이 사회적 정치적 영향력을 갖게 되고 그들의 주장과 정견이 확산될 가능성이 높아진다.

(2) 정보의 허브

140자의 단문 서비스이지만, 하이퍼링크 기능을 이용하여 모든 콘텐츠를 보여주거나 출처를 전달할 수 있다. 트위터는 블로그 글, 신문 기사, 사진, 동영상 등 모든 온라인 콘텐츠, 위치 정보나 증강현실까지 링크하거나 네트워크에 업로드할 수 있게 한다. 이는 트위터가 정보의 일정한 결합과 허브, 포털 기능을 수행하고 있음을 보여준다. 사회 각 부문 지역의 첩보성 글이 실시간으로 뜨고 또 전파되면서 걸러지고 이것이 실제 확인된 사실이나 정보로 유통된다.

(3) 검색 및 소팅(sorting) 그리고 편 가르기

타임라인에는 무수한 트윗 글이 뜨지만, 검색 기능은 이 글 속에서 관심사만을 따로 정리해서 볼 수 있게 한다. 이는 필요한 소식과 정보를 가장 효율적이고 경제적으로 얻을 수 있게 해준다. 특히 이념과 진영논리 대결에서 피아의 구분을 쉽게 해주어 편가르기가 쉽다. 즉 견해를 달리하는 글에 동의하거나 전달해 주는 실패를 없애준다.

(4) 익명성

상당수의 트위터리안은 자신을 드러내지 않는다. 또한 최소한의 정보만 공개할 수 있다. 페이스북과는 크게 다른 점이다. 이런 익명성의 보장은 정치적 견해를 밝히거나 상대의 공격과 비난에 따르는 책임을 피할 수 있게 해준다. 특히 트위터가 외국 서버를 이용한 외국 서비스라는 점은 국내 현실에서 익명성 보장에 대한 신뢰를 높이는 것으로 믿게 해준다.

천안함 피격 직후 나는 트위터 계정을 열었다. 천안함 의혹 글과 링크는 수도 없이 올라오고 RT되면서 퍼져나갔지만, 정작 제대로 된 해명이나 사실을 전하는 트윗은 거의 없었다. 익명성과 집단의 가면 뒤에서 독설과 조롱, 집단적 해코지와 비난은 물론 허위사실과 의혹 주장은 마구잡이로 퍼져 나갔다. 트위터를 더 이상 의혹 바이러스가 자라는 음습한 공간으로 놔두어서는 안 되었다. 특단의 대책이 필요했다. 국방비서관실은 기회가 있을 때마다 트위터 대응을 강조했다. '트위터부터 대응하자.', '호미로 막자.'는 말을 입에 달고 살다시피 했다. 천안함 관계기관 대책회의가 가동되면서 계기별 플랫폼별 사이버 대응 방향이 정해지고 각 기관별 통일적 대응이 진행되면서 사정은 나아지기 시작했다.

## 의혹의 원점을 제때 타격하라

천안함피격사건과 연평도 포격도발을 거치면서 북한 도발에 대한 우리 군의 대응은 근본적으로 바뀌었다. 바로 '신속성, 정확성, 충분성'을 강조하는 것이었다. '신속하게 도발 원점을 정확하게 찾아내 충

---

비록 해외 서버라 해도 불법 대상을 추적할 수 없는 것은 아니지만, 간단하지는 않다.

(5) 모바일

트위터가 스마트폰 앱으로 탑재되어 모바일되면서 정보의 수준과 질, 신속성은 상상할 수 없을 정도로 향상되었다. 상호 검증으로 트윗의 신뢰는 높아졌으며, 홍보 이벤트 등의 신속성을 신장시켰다. 모바일로 사이버심리전의 시공간 제약이 풀리면서 그 위력은 상상을 초월할 정도로 커졌다.

분히 타격하라'는 것이 최고 지침이 되었다. 이런 원칙은 사이버전 대응에서도 그대로 적용되어야 한다. 그리고 여기에 일이 터지기 전에 미리 대응하는 선제성의 원칙이 추가되어야 한다. 이 4대 원칙은 현대 사이버심리전의 대응의 핵심적 요소이다. 천안함 대응의 사례를 보며 구체적으로 알아볼 필요가 있다.

무엇보다 신속해야 한다. SNS 사이버공간은 실시간 개념이다. 실시간 대응 원칙 사이버 영역에서 의혹이 올라오면 곧바로 대응해야 하는 것이다. 의혹에 맞는 맞춤형 대응이 바로 나와야 한다. 정부 기관이나 관련 대응 단위들이 사실 관계나 해명 자료를 바로 올려야 하는 것이다. 트위터 의혹 주장이 늦어질수록 이런 의혹 주장을 인터넷 언론에서 받아 기사화할 가능성도 높아진다. 유명인 등 '증폭자'들의 트위터 글이 바로 기사화되기도 한다. 인터넷 언론의 기사가 인터넷 공간으로 확산되면 종이 신문으로까지 이어질 수도 있다. 이를 위해서는 사이버공간에 대한 상시적 모니터링이 전제되어야 한다. SNS를 모니터하지 않으면 즉각적 대응은 불가능하다. 청와대는 2009년 9월 온라인과 SNS을 담당하는 뉴미디어비서관실을 신설했으며 2010년 5월에는 온라인 대변인을 두었다.

그러나 천안함 초기 단계에서 정부 부처의 공보 대응은 종이 신문과 인터넷 언론 대응에 그치고 있었다. 일부 사이버나 온라인을 담당하는 과(課)를 제외하고는 부처 공무원들이나 군 간부들의 이에 대한 인식은 높지 않았다. 사이버와 SNS 대응은 청와대가 먼저 나가고 그 뒤를 정부 부처가 따랐다. 천안함 사태를 기점으로 정부 부처는 트위터 등 SNS 공간에 부처 공식 계정을 만들기 시작했다. 해군은 2010년

4월 12일 해군트위터(@ROK_Navy)를, 국방부는 5월 10일 공식 트위터 계정(@ROK_MND)을 각각 개설했다. 이후 다른 부처들도 뒤를 따랐다. 천안함 사태가 정부의 SNS 대응과 소통을 촉진한 셈이다. 가장 뜨거운 이슈였던 천안함 의혹에 대한 SNS 대응이 시작된 것이다. 그리고 사이버 의혹 대응을 위한 유관기관이나 조직들도 역시 다양한 활동을 전개하기 시작했다. 일부 극소수 트위터리안을 제외하고 의혹만 가득했던 트위터의 타임라인에 공식 입장과 진실을 담은 트윗 글이 올라오기 시작한 것이다. 국방부 트위터 계정은 어느 일본 언론인이 주장한 천안함 의혹 글에 대해 "그 글이 〈교도통신〉 기사가 아닌 〈교도통신〉에서 13년 전 퇴직한 다나카 기자가 운영하는 개인 홈페이지 '다나카뉴스닷컴(tanakanews.com)'에 실린 글이라고 바로잡았다."는 내용도 트위터를 통해 전달했다. 이처럼 공식 트위터 계정은 천안함 의혹의 신속한 대응을 가능하게 했다. 또 관련 정보 전달과 대국민 소통을 확대함으로써 정부와 군의 신뢰 증진에도 기여했다.

정확성은 매우 중요하다. 신속한 것도 좋지만 해명이나 주장 글이 사실이 아닐 경우 오는 타격은 더욱 컸다. 의혹 제기자들은 익명성 뒤에 숨어 마음껏 헛주장이나 '아니면 말고' 식의 글을 올릴 수도 있다. 그러나 정부 부처의 공식 계정이나 책임 있는 인사들은 절대 그럴 수 없다. 천안함 의혹 주장이나 의혹 트윗의 대부분은 사실관계의 착오, 해명된 사안의 재탕, 제한된 정보에 따른 오해, 수중 환경이나 군 작전 상황을 모르는 무지 등에서 나온 것이었다. 대응은 의혹 제기자의 관점에서 의도가 무엇인지를 바로 파악하고 거기에 맞는 설명과 해명이 필요하다. 또한 사진, 동영상 등 관련 증거 자료를 첨부하는 등의 적극적인 노력이 뒤따라야 한다. 천안함 관련 정보는 국방부와 군이 가장 많이 가지고 있었다. 합조단의 바통을 이어받은 국방부 조사본부도 조사 결과 확산과 의혹 대응에 온 힘을 기울였다. 이런 정보나 자료들은 제대로 그리고 필요로 한 대상에게 전달되어야만 하는 것이다. 청와대 뉴미디어비서관실은 천안함 사이버 의혹 대응에 상당한 기여를 했다. 유관 기관과 함께 어학 능력을 가진 군 특기병을 활용, 주요 대상국의 인터넷 사이트 등에서 합조단 조사 결과를 알리고 악성 유언비어에 대한 반박 활동을 전개했다. 국방부 정책홍보담당 파트도 2010년 6월 말까지 다음 아고라에 천안함 의혹에 대한 사실 확인 글을 14건 이상 올리기도 했다. 국방부 담당 공무원이 직함과 실명을 걸고 다음 아고라에 글을 올리기 시작한 것이다.

그런데 트위터의 140자 단문 정보로는 천안함 의혹을 설명하기에 부족했다. 천안함 정보 제공과 온라인 추모를 위해 국방부와 해군 홈페이지 그리고 '46+1용사 사이버 추모관' 등이 있었지만, 한계가 많았다. 6월 28일 열린 '제1차 천안함 관련 관계기관 회의'에서 천안함 공식 블로그 개설 계획이 확정되었다. 국방부 예산으로 하되, 국방부 대변인실이 관리하도록 했다. 7월 5일 '천안함스토리'(www.cheonan46.go.kr)가 열리면서 정확한 정보와 사실 전달이 가능하게 되었다. 국방부는 이 블로그를 국방부 홈페이지(www.mnd.go.kr)와 연동되도록 배너를 설치했으며, '네이버' 등 포털과 협조하여 검색창에 '천안함'을 검색하면 곧바로 이동하도록 했다. 이 블로그에는 천안함 조사 결과(PPT 자료 등 공식 입장 게재), 천안함 바로 보기(언론 의혹 및 해명, Q&A 등), Story, 천암함(사진, 동영상, 애니메이션, 웹툰, 각종 기고문, 자체 제작 콘텐츠 뿐 아니라 온라인상의 유명 콘텐츠 수록) 등의 메뉴로 구성되었다. 또 해군 천안함 추모관과 연계하는 추모 배너 등과 국방부 트위터와 연동하도록 했다.

사이버 대응에서 충분성은 다양한 콘텐츠 구축과 민관 거버넌스를 의미한다. 천안함은 소재나 내용면에서 의혹 세력에게는 대단히 먹음직스러운 이슈였다. 군과 정부의 초기 대응에서 다소간 문제가 있었고, 북한 소행임을 현장에서 확인하지 못하고 합동 조사를 통해 범인을 밝혀 나가야 했기 때문이다. 사건을 저지른 범인이 범행을 전면 부인하고 있는 상황에서 정치권에 의해 선거에 이용되면서 의혹이 증폭되었다. 의혹 세력이 다양한 의혹 자료를 만들고 넓어진 사이버 공간을 채워 나가는 그 이상으로, 천안함 진실과 해명을 담은 대응이 필요했다. 정부의 모든 가용한 역량을 모아야 더 많은 콘텐츠를 만들고 더 많이 홍보하는 것이 중요했다.

의혹 대응에서 민관군 거버넌스 구축은 대단히 중요한 의미를 지닌다. 네티즌이나 트위터리언들이 함께 힘을 모아 의혹을 억제하는 총력전 개념을 구체적으로 실현하는 것이기 때문이다. 민관 거버넌스는 최종 수용자가 아닌 진실을 알리는 생산자 또는 증폭자 등을 대상으로 한다. 이들의 현장성과 정보적 가치를 살린 포스팅과 트윗 하나하나가 의혹 해소에 큰 역할을 했다.

일반적으로 의혹 생산자들은 자신의 주장이 맞다는 증거를 찾는데 몰입하는 '확증 편향( confirmation bias)'을 가지고 있다. 자신의 신념과 일치하는 정보는 받아들이고 신념과 일치하지 않는 정보는 무시하는 경향을 보인다. 이들에게는 자신이 주장하는 가설이나 명제를 뒷받침해 주는 것으로 믿는 증거 이외에는 어떤 것도 받아들이려 하지 않는다. 또한 자신의 주장이 명백히 잘못되었다는 증거가 제시되어도 이를 수용하지 않고, 자신을 정당화하는 방식으로 생각을 바꾸는 '인지 부조화(cognitive dissonance)' 모습을 보여준다. 이들은 절대적 신념을 가지고 끊임없이 지속적으로 의혹을 생산하고 전파한다. 따라서 그 대응도 끊임이 없어야 하며 지속적이어야만 한다. 천안함 의혹에 대한 과학적 접근과 토론이 이루어지는 포항공대 생물학 연구정보센터 사이트 '브릭(bric.postech.ac.kr)'이나 트위터, 네이버와 다음의 블로거, 여러 밀리터리 카페 등에서 의혹 대응을 위해 지속적으로 활동하는 네티즌들은 이런 점에서 대단히 모범적이라고 할 수 있다.

국방부도 2010년 6월 파워블로거와 트위터리안들을 초청하여 천안함 관련 정책 설명회를 열기도 했다. 또한 NGO나 밀리터리 블로거 등 온라인의 리더 그룹을 대상으로 천안함 현장 견학이나 설명회를 열어 직접 사실을 확인할 수 있도록 했다. 이런 모습은 비교적 폐쇄적인 국방부와 군 문화를 고려할 때 대단히 선도적인 노력으로 평가할 수 있다. 이를 통해 많은 온라인 이용자들이 천안함 사건에 대해 올바로 인식하고 또 자발적으로 사이버 활동에 참여함으로써 의혹 해소에 기여했다. 앞으로 IT 전문 지식과 사명감 그리고 애국심을 가진 전역자를 골라 뽑아 '사이버 예비군'으로 양성하는 방안도 추진해야 한다.

선제성은 사전 예방적 대응을 의미했다. 앞의 세 원칙이 일이 생긴 이후의 대응 원칙이라면 선제성은 일이 발생하기 전 단계의 원칙이다. 즉 정부가 정책을 발표할 경우 또는 어떤 사실을 알릴 경우, 정책 효과는 물론 홍보적 측면, 정무적 사항 등에 이르기까지 있을 수 있는 모든 가능성을 염두에 두고 미리 대응해야 한다는 의미이다. 천안함 대응과 같은 국가적 주요 사안의 추이나 전개 방향에 대해 모든 자원과 수단을 가지고 이끌어가야만 한다. 전체 사태를 여러 주요 국면으로 나누고 이에 걸맞는 전략적 대응이 필요하다. 사이버 대응 역시이런 전체적 전략에 맞게 각 국면별 선제적 대처가 이루어져야 하는 것이다. 온라인, 오프라인 할 것 없이, '상황을 끌고 가야 하며 절대로 끌려가서는 안 되는' 것이다. 천안함 의혹 대응에서 늘 강조되었던 것이 바로 이런 선제성이었다. 청와대의 '천안함 대책회의'가 중요 계기가 있을 때마다 사전에 열렸던 것처럼, 사이버 대응을 위한 '천안함 관련 관계기관 대책회의'에서는 선제적 대응이라는 말이 늘 화두였다. 해당 기관과 조직은 각자의 임무 수행을 선제적으로 하기 위해 많은 노력을 기울었다.

천 안 함 전 쟁 실 록

*SMOKING GUN*

# 04
# 의혹의 원점

350　　360　　10

# 01

## 의혹의 갈래

### 천안함 의혹의 구분과 갈래

천안함 의혹에는 다양한 층위가 존재한다. 전체를 하나로 보면 수없이 많고 다양한 것처럼 보이지만, 그 계통과 갈래를 지어 구분하면 매우 단순하다. 가장 상위에는 천안함을 공격한 범인이 정부가 발표한 북한이 아니라 따로 있다는 가설들이 자리한다. 원인 주장에 따라 한미 자작극설, 좌초설, 기뢰설, 미국 또는 이스라엘 잠수함 충돌설 등이 있다. 그 바로 아래에는 합조단 시뮬레이션과 실험 결과에 이견을 주장하며 새로운 해석을 내놓고 있는 일군의 과학자 그룹이 있다. 그다음으로 '제3부표' 등 일부 언론의 의혹 보도 등과 정부 대응과 발표의 상이와 착오 등이 차지한다. 마지막으로 일방적 주장과 상식적 의문 및 궁금증이 뒤를 잇는다.

| 천안함 의혹의 구분과 갈래 | |
| --- | --- |
| 의도적 가설 | 한미 자작극설, 좌초설, 기뢰설, 잠수함 충돌설 |
| 다른 해석 | 흡착물 등 실험 결과에 의한 합조단과 다른 주장 |
| 허위 보도와 잘못된 팩트 | 제3부표, KNTDS 관련, '동해안 멍게' '조개껍데기' 의혹 등 |
| 일방적 주장 | '그레그 대사' 등 검증 불가능한 개인적 견해 |
| 상식적 의문 | '왜 형광등이 안 깨졌을까? 왜 죽은 물고기가 없었을까?' 등 궁금증 |

전체적으로 천안함 의혹의 원점을 살펴보면, 가장 큰 특징이 주장의 근거가 매우 부실하다는 점이다. 과학적 증거나 객관성이 없는 주장일 뿐이다. 의혹의 근거와 재료들이 놀라울 정도로 부실하다는 점이 오히려 놀라울 정도이다.

미국 존 F. 케네디 대통령 암살을 다룬 책은 무려 4만 권에 이르며, 이들 대부분은 암살 원인을 둘러싼 음모론과 관련되어 있다고 한다. 음모론을 잉태시킨 건 1963년 '워런위원회(Warren Commission)'의 부실 수사가 그 원인이었다. 그러나 다국적 민군합동조사단은 철거했고 움직일 수 없는 증거를 찾아냈다. 의혹 주장은 다국적 민군합동조사단 조사와 자료를 반박하거나 부정할 만한 근거들은 대단히 미약하다. 대부분이 특정 블로거 개인의 '주장'이나 이른바 '설', '추측과 개연성' 등이 그 근거이다. 또한 전역한 천안함 생존 장병, 천안함 조사 과정에 참여했던 군인과 민간인, 각 기관 또는 정부의 관계자 등 천안함 관계자들은 수도 없이 많다. 그러나 이들이 신분상 편하게 말할 위치에 있는 지금에서도 그 흔한 '내부 고발'이나 '양심 선언'도 없었다. 의혹 세력들의 기대와 바람이 무색하게 정부나 합조단 발표를 반박하는 책임 있고 공신력 있는 주장은 단 한 건도 없다.

둘째로 가장 적극적이고 많은 반박 자료를 가지고 있을 것으로 기대되었던 북한조차 알리바이를 증명할 증거를 내놓지 못했다. 2010년 6월 14일 UN안보리 설명회에서 합조단은 증거와 사실 자료를 가지고 북한 소행임을 밝혔다. 그러나 그날도 UN주재 북한 대사는 남한 일부의 의혹 주장을 재탕하는 데 그쳤다. 합조단 발표를 뒤집을 수 있는 결정적 증거는 전혀 제시하지 못했다. 6월 21일 '조선중앙통신사 고발장'이나 11월 2일에 발표한 '진상 공개장' 등에서도 북한 주장의 거의 전부는 이미 우리 쪽에서 제기되었던 사실관계의 착오 오해, 정보 불충분 등에서 나온 의혹들이었다. 유일하게 내놓은 새로운 주장이 이른바 '강철합금 어뢰'였다.

북한은 진상 공개장에서 자신들은 알루미늄 합금이 아닌 강철합금 재료로 만든 주체식 어뢰를 쓴다며 피격 현장에서 수거한 통칭 '1번어뢰(CHT-02D어뢰)'가 자신들의 것이 아니라고 주장했다. 그러나 1번어뢰의 성분을 분석한 결과, 고정타와 축은 철로 되어 있었다. 하지만 프로펠러의 성분는 알루미늄−규소합금(Al 86%, Si 14%)이었다. 북한이 수출용으로 전 세계에 뿌린 CHT-02D어뢰 소개 자료에는 '어뢰의 외피는 알루미늄, 마그네슘 고강도 합금'으로 명시되어 있다. 〈데일리NK〉는 함경북도 내부 소식통을 인용, 청진시의 '129호 공장'에서 북한 해군이 사용하는 어뢰의 알루미늄 부품을 만들고 있다는 보도를 하기도 했다. 이처럼 북한의 강철 어뢰 주장이 곧바로 허위로 드러났다. 또한 북한은 1번어뢰를 쏘았던 '연어급 130t짜리 잠수정은 없다.'고 주장했으나, 이 역시 금방 사실이 아님이 드러났다. 다른 군사용 첩보 위성이 찍은 사진을 제시할 필요도 없이, 상업용 민간 위성인 구글어스 영상에 이 연어급 잠수정이 그대로 찍혀 있었다. 결국 북한은 과학적 무죄 증명이 아니라 '검열단 및 무자비한 보복' 등 정치군사적 대응으로 일관했다. 실제 하지 않은 일을 했다고 하는 것보다, 한 일을 하지 않았다고 속이는 것이 몇 배 더 어렵다. 북한이 UN이나 국제사회를 상대로 객관적이고 과학적인 해명을 포기한 것은 어찌 보면 당연한 것이었다.

셋째로 천안함 침몰 원인 관련 의혹 주장이 제각각이라는 점이다. 좌초, 잠수함 충돌, 기뢰, 미군 특수부대 소행 등 모두 다르다. 의혹 세력들끼리도 서로의 주장이 충돌하는 것이다. 합조단 조사 결과에 맞서는 통일되고 일관된 주장이 없는 것이다. 즉 자신의 주장에 부합하는 부분적인 사실만을 크게 부각시키고 다른 증거나 사실은 아예 눈을 감는다. 누구는 코를 만지고 누구는 다리를 만지면서 코끼리의 전모를 판단하는 것과 비슷하다. 자신의 관점에서 자신의 주장만 앞세우고 있다. 이들은 그래서 결국 '합리적 의심'을 내세우며 전면 재조사가 필요하다는 식으로 얼버무리고 있다. 침몰 원인 주장은 다르나 재조사 요구는 한목소리이다. 그래서 선거 등 계기만 있으면 되살아나오는 '천안함 재조사 주장'은 정치적이며, 분명한 의도성을 가지고 있는 것이다.


# '북한 소행' 발표에 맞서는 가설들

## 한미 자작극설

북한은 천안함 조사 결과에 대해 '한미가 조작한 모략 사기극'이라고 주장했다. 천안함 범인은 자신들이 아니며, 한국과 미국이 오히려 자신들에게 덮어씌우려 하고 있다는 것이다. 즉 한미는 늘 궁지에 빠질 때마다 그것을 구실로 어리석은 짓을 서슴지 않았다고 강변했다.

2010년 7월 1일 조평통 대변인 담화에서는 '괴뢰군함선침몰사건이 일본의 후텐마 미군기지 이설 요구를 눌러버리고 남조선 괴뢰들에게서는 '전시작전통제권전환' 연기를 노린 미국의 특대형 모략극'이라고 단정했다. 또 2010년 7월 20일 중앙통신사 고발장에서 '한미는 각각 남한 6·2지방선거와 11월 미국 중간 선거 승리를 위해 그리고 우리의 지속적인 동족대결정책 추진과 미국의 아시아 태평양 지역의 영향력 확대를 위해 천안함 사건을 꾸몄다'고 주장했다. 북한은 과거 미국의 통킹만사건이나 이라크 공격 사례를 들어 미국이 자신의 의도를 위해 사건을 조작하고 있다고 강변했다. 그 역사적 논거는 1) 베트남 침략 전쟁 확대를 위해 미국이 저지른 '바로크만사건(통킹만사건)'(4. 17. 군사논평원 발표문, 6. 21. 조선중앙통신사 고발장) 2) 6·25 '북침' 전쟁(6. 11. 법률가학회 대변인 담화) 3) 미군 푸에블로호 침투 및 1969년 미군 정찰기 EC-121기 격추사건(6. 21. 고발장) 4) 1983년 KAL기 러시아 영공 간첩

행위(6. 21. 고발장) 5) 대량 살상 무기를 명분으로 한 미국의 이라크 침공(6. 11. 법률가학회 대변인 담화, 6. 21. 고발장) 등을 꼽았다. 이런 전례로 비추어 한미가 천안함 사건을 날조하고 자신들을 모략하고 있다는 주장이다.

그러나 북한이 열거한 사건 중 한반도에서 벌어진 것은 모두 역사적 사실과 다르며, 북한의 대내적 주장일 뿐이다. 북한이 내세운 한미 자작극설은 사건의 특정한 원인이나 범인을 특정하는 것이라기보다는 대내외적 공세와 대남 선전 선동에 지나지 않았다. 북한은 6월 21일 자 〈조선중앙통신사〉 고발장에서 전 세계적으로 천안함 의혹을 제기하는 개인과 언론, 정당 등을 망라하여 거론하면서 자신들이 무죄임을 강변했다. 여기에 등장하는 언론이나 인사들의 상당수는 신원과 출처, 근거가 불분명했다. 7월 1일 조평통 대변인 담화의 '후텐마 미군기지 이전' 관련 선동 주장은 미국 의혹론자 웨인 매드슨(Wayne Madsen)이나 쿠바의 피델 카스트로(Fidel Castro)의 주장을 그대로 가져온 것이었다. 이런 종류의 근거가 없는 의혹 주장까지 끌어모아 대내외에 선전 선동했지만, 우리에 대한 공식 성명 등에서는 이런 허무맹랑한 주장은 내놓지 않았다. 11월 2일의 '검열단 진상 공개장'에서는 우리 정부 발표에 대한 의혹만 잔뜩 제시한 것이다. 아무리 북한이지만, 쿠바의 피델 카스트로나 미국의 웨인 매드슨 등 미군 특수부대 소행임을 말한 인사들의 근거가 제시되지 않은 황당한 개인적 주장까지 당국의 공식 성명에 인용하기에는 부담이 컸던 것으로 풀이된다.

## 미군 특수부대 '네이비실(Navy SEAL)' 소행설

북한의 한미 자작극설이 정치적 대내외적 선전 공세용이었다면, 세계의 일부 반미 인사들은 미군 특수부대 소행설을 공공연히 주장했다. 북한이 6월 21일 발표한 '고발장'에는 전 세계에서 미군 조작설 등을 발표한 언론이나 인사들을 총망라하여 쓰고 있다. 미군 특수부대 소행을 주장한 인사 중 알 만한 인사는 쿠바의 혁명 지도자 피델 카스트로이다. 또 의혹 세력이 '미국 유명 언론인'으로 포장한 음모론자 웨인 매드슨, 그리고 북한이 고발장에서 밝힌 '러시아 태평양 함대 정찰 소식통', '러시아 해군 총참모부 해군 대좌' 등이 비슷한 주장을 했다.

1926년생으로 2010년 83세였던 고령의 카스트로는 6월 4일 쿠바 공산당 기관지 그란마(Granma)에 발표한 '제국과 거짓'이라는 글에서 "북한이 최첨단 기술을 지닌 한국의 천안함을 침몰시켰다는 거짓말은 끔찍한 행동의 책임을 북한에 돌리려는 것에 불과하다."고 썼다. 또 그는 미 해군 특수부대인 네이비 실(Navy SEAL)이 일본을 뒤흔들어 철수 논란을 빚고 있는 오키나와 기지 주둔을 유지하고자 천안함을 격침시켰다고 주장했다. 7월 12일에는 자국 국영 TV에 출연하여 "천안함 사건은 (북한의 소행이 아니라) 역내 갈등을 부추기려는 미국의 조작극."이라고 주장했다. 그런데 놀랍게도 자신의 주장의 근거는 '언론 보도를 통한 정보를 기초로' 했다고 밝혔다. 카스트로의 이런 주장은 웨인 매드슨의 주장과 매우 비슷하다. 한반도 문제에 대해 특별한 채널이나 정보를 갖지 못한 그는 '미국 반대'의 기치를 위해 미국의 일개 언론인의 주장을 빌려온 것이다.

러시아 자본이 운영하는 Russia Today America 방송에서 천안함 의혹을 주장하는 웨인 매드슨(오른쪽)

웨인 매드슨은 5월 28일 미국 언론 〈온라인저널(Online Journal)〉과 러시아 자본이 운영하는 'RT America' 방송에서 '천안함 사건은 제2의 통킹만 사건으로 오키나와 미군 기지에 대한 일본의 양보를 이끌기 위한 미국의 자작극'

이란 의혹을 제기했다. 그는 미 해군 특수부대가 한국, 일본과 중국의 여론에 영향을 미칠 목적으로 천안함에 자성 기뢰를 부착했다고 주장했다. 그는 온라인 저널에서 '아시아 소식통'을 인용하여 다음과 같이 주장했다. '미국이 자작극을 벌인 이유는 한반도에 긴장을 고조시켜 오키나와 미군 기지 철수를 추진하는 하토야마 내각에 압력을 가하기 위해서이다. 당시 백령도에서 미군 네이비실 특공대가 작전 중이었고, 독수리연습 중에 미군 전함 4척이 백령도에서 대잠작전을 벌였고 자작극을 감추기 위해 (한국이 쓰는) 유럽산 어뢰를 가지고 있었다.' 또 쿠바 측은 미군 구조함 살보함이 백령도에서 대잠수함 기뢰를 부설했으며 천안함에 자기 기뢰를 부착했다는 식의 주장을 펴기도 했다.

카스트로와 매드슨은 주장의 명확한 근거나 출처를 밝히지 않았다. 매드슨은 '아시아 소식통'을, 카스트로는 '언론 보도를 통한 정보'를 말했다. 카스트로가 매드슨의 주장을 거의 반복했다는 점에서 결국 미군 네이비실 소행설의 진원은 미국의 웨인 매드슨이다. 카스트로는 잘못된 사실에 근거한 상상력을 발휘하여 의혹 주장을 펼친 것일 뿐이다. 그것으로 끝이었다. 카스트로는 이후에 자신의 주장을 입증할 그 어떤 다른 증거도 제시하지 않았다.

만약 '미군 특수부대 소행 주장'이 신빙성이나 근거가 있었다면 미국 언론이 그냥 있을 리가 없었다. 미국 국무부나 다른 정부 부처의 언급도 없었다. 또한 이런 내용이 미국의 공신력 있는 언론의 보도였다면 우리 주미 대사관과 홍보 기관 등은 매우 바빠졌을 것이다. 어떤 주장에 대해 정부가 공식 대응을 한다면, 그럴 가치가 있을 때만 그렇게 한다. UN 등 국제 무대에서 카스트로의 언행에 대한 국제적 평가는 이미 내려져 있다. 굳이 공식적으로 대응할 가치가 없는 것이다. 일본 오키나와의 미군 기지를 유지하기 위해 백령도에서 미군 특수부대가 직접 한국 전함을 침몰시켰다는 주장에 군이 반박할 필요가 없다. 사실은 다음과 같다.

'백령도에 한미연합첩보부대가 주둔하거나 미 해군 네이비실 특공대가 작전 중이었다는 것은 사실무근이다. 미군 전함이 함께한 한미 연합 독수리연습은 천안함 침몰 지점과 170km 정도 떨어진 서해 태안반도 근처에서 실시되었다. 천안함 공격 어뢰는 러시아제가 아니라 북한제였으며, 어뢰의 금속 및 화학적 흔적은 독일제라고 단정할 수 없다. 미 해군 살보함은 독수리훈련 중 한미연합구조훈련에 참가했으며 천안함 피격 당일에는 진해에서 한국 함정들과 구조 훈련 중이었다. 미 해군 살보함은 3월 30일 백령도 현장으로 급히 이동하여 구조 활동에 참가했다.'

한편 미군 특수부대 소행설과는 다른 의혹으로는 미군 어뢰설과 한미연합훈련 오폭설이 있다. 북한은 6월 21일 고발장에서 '러시아 해군 정찰 소식통이 천안함은 미군의 최신예 원자력 잠수함이 소형 기구로 발사한 특수 어뢰에 의해 침몰했다는 주장을 했다.'고 언급하기도 했다. 여기서 주목할 것은 미국 원자력 잠수함이 등장했다는 점이다. 또 국내에서는 피격 직후 한미연합훈련이 있었던 사실에 비추어 포격훈련 중 오폭으로 천안함이 침몰했다는 식의 주장이 나오기도 했다. 참고로 한미연합훈련은 피격 현장에서 100마일 이상 떨어진 곳에서 그리고 한미연합서해사격훈련은 피격 2일 전에 실시되었다. 그리고 포탄을 100마일 이상 날릴 수 있는 함포는 지구상에 존재하지 않는다.

### 미군 잠수함 충돌설

천안함 의혹 세력이 가장 열을 올리고 있고 사이버공간에서 지속적으로 전파되고 있는 핵심 의혹이 바로 잠수함 충돌설이다. 바로 천안함이 미군 잠수함 또는 이스라엘 잠수함과 충돌하여 침몰했다는 것이다. 이는 국내외 의혹 주장을 집대성한 것으로, 가장 악랄하고 끈질긴 사이버 괴물이다. 구글의 웹 검색에서 '천안함' 관련 검색어로 늘 같이 다니는 키워드가 바로 잠수함 또는 미군·이스라엘 잠수함일 정도이다. 한글을 쓰는 네티즌들이 관심을 가졌고 또 그만큼 많이 검색해보았다는 의미이다. 이 의혹은 소설적 요소와 재미 그리고 상상력이 결부되면서 시선과 흥미를 끌었다. 네티즌들은 번역이 쉬운 일본어를 쓰는 '외국 언론인'까지 같은 주장을 폈다는 사실에 신기해했다. 또 어느 나라든 잠수함 행적은 상당한 기밀 사항이라 사실 확인이 쉽지 않아 바로 부정되기도 어렵고, 특히 범인을 북한 어뢰가 아닌 한미 훈련 중의 사고로 돌릴 수 있다는 특징이 있다. 따라서 북한 대남사이버 요원은 물론 음모적 종북 의혹 세력, 나아가 단순 네티즌 모두를 만족시킬 수 있었다.

미군 잠수함설은 독수리연습에 참가한 미국 핵 잠수함 콜럼비아함(SSN-771)이 천안함과 충돌했다는 것이다. 또는 다른 버지니아급 미 핵잠수함 하와이함(SSN-776)과 충돌했다는 주장도 있다. 미 살보함이나 하퍼스페리함 등 구조 및 인양 작전에 참가한 미군 전력들은 실제로는 비밀리에 자국 잠수함의 승조원을 구출하는 임무를 수행했으며, 고 한주호 준위가 천안함과 충돌해 좌초한 미군 잠수함 구조에 나섰다가 희생되었다는 것이다. 여기에 충돌한 미군 잠수함이 백령도에 가라앉아 있거나 또는 파손된 채 미국 기지로 귀환했다는 식의 황당한 망상을 펼치고 있다. 이 잠수함설의 재료 중에는 KBS가 보도한 이른바 제3부표 의혹도 버무려져 있다. 잠수함 충돌설의 진원은 블로거 '정론직필'과 인터넷 언론 〈자주민보〉였다. 천안함 관련으로 재판을 받고 있는 신상철 전 〈데일리서프라이즈〉 대표도 '좌초 후 잠수함 충돌'을 주장하기도 했다. 2013년에 제작된 영화 '천안함 프로젝트'에서도 같은 주장이 되풀이되고 있다.

미군 잠수함 충돌설이 완성되어가는 과정은 다음과 같다. 2010년 5월 천안함 관련 각종 의혹이 쏟아지기 시작할 즈음 각종 상상과 주장이 뒤섞였다. 개인 블로거 '정론직필'의 주장→인터넷 매체 〈자주민보〉 보도→일본 전 〈교도통신〉 기자 '다나카 사카이(田中 宇)'의 '한국 군함 천안 침몰의 심층[01]' 기사 등을 거치며 국제적 음모론으로 자리

---

01  https://tanakanews.com/100507korea.htm

를 잡는 듯했다.

　개인 블로거 '정론직필'은 자신의 글에서 '어느 군사 소설가의 상상과 추론을 빌렸다. 이런 주장이 사실이라면, 대단히 충격적이다.'는 방식으로 의혹을 펼쳤다. '~라면, ~했을 것이다'는 식의 가정법과 다른 추리소설가의 주장을 차용하는 등의 교묘한 수법을 쓰며 법망을 피해 나갔다. 또한 국가보안법을 위반하여 유죄 판결을 받은 〈자주민보〉 대표는 엉뚱하게도 4월 10일 '북한이 작심하고 미군 잠수함을 공격하여 수장시켰고 북한 해군의 위력을 증명했다는 식의 황당한 주장을 폈다. 그러나 4월 중순 북한이 천안함과 관련이 없음을 주장하자 이후부터는 미군 잠수함이 천안함을 들이받아 침몰했다는 식으로 입장을 바꾸었다.

　'다나카 사카이'는 바로 'KBS의 제3부표설'과 〈자주민보〉의 충돌설 주장을 인용했다. 전직 〈교도통신〉 외신부 기자인 그는 지금도 개인 인터넷 사이트를 운영하고 있다. 그는 알카에다는 미국이 만든 가상조직이며, 팬암기 폭파는 CIA 소행이라는 등을 주장한 음모론자

일부 의혹 세력이 천안함과 충돌한 미 하와이함(SSN-776)이 정비를 받고 있다고 주장한 사진. 그러나 이 사진은 2001년 2월 일본 어선과 충돌 후 하와이에서 수리 중인 미 해군 잠수함 그린빌USS_Greeneville_(SSN-772)의 모습이다.

이다. 그의 주장 역시 개인적 주장일 뿐으로, 일본 내의 지지나 반응은 전혀 없었다. '다나카'는 의혹과 설을 망라하여 소개하고 있는 북한의 고발장에도 인용조차 되지 못했다. 이에 대해 〈중앙일보〉 정철근 사회부

문 차장은 2010년 5월 26일 자 '노트북을 열며'라는 칼럼에서 '인터넷에 떠도는 개인 블로거의 글을 좌파 인터넷 매체가 포장하고 이를 외국의 프리랜서 언론인이 받으면서 국내 네티즌들에게 역수입된 것'으로 분석했다.

이렇게 완성된 미군 잠수함 충돌설은 국내 일부 인터넷 언론과 SNS 그리고 다음 아고라 등 사이버공간으로 급격히 퍼졌다. SNS 등에서는 '미 잠수함 충돌 근거' 등에 대한 추측 글과 '미군 잠수함이 지금도 백령도 현장에 가라앉아 있다.'는 주장이 나돌았다. '미국 잠수함이 충돌 후 30시간 만에 하와이에 도착하여 수리 중이라는 설명을 단 훼손된 잠수함 사진이 무수히 떠다녔다. 이에 '잠수함이 무슨 로켓이냐? 설사 충돌로 파괴된 잠수함이 30시간 만에 어떻게 하와이까지 이동하는가?'라는 반박이 이어지기도 했다. 수리 중인 미 잠수함 사진은 천안함 피격 6개월 전에 독크에서 정비 중인 하와이함을 찍은 것으로 밝혀지기도 했다.

시간이 지나면서 여기에 또 다른 의혹이 덧붙여졌다. 잠수함 충돌설이란 사이버 괴물은 네티즌이나 대중의 관심을 끌기 위해 터무니없는 사실을 끌어다 의혹의 재료로 활용한다. 그리고 더욱 몸집을 크게 부풀린다. 5월 6일 〈연합뉴스〉가 미국 메릴랜드 체임버스 장례 화장터에서 40여 구의 의료 연구용 시체가 발견되었다는 보도를 전했다. 의혹 세력은 이들 시체가 바로 미 잠수함 승조원들이라는 주장을 펴기도 했다.

한편 경성대 김황수 교수와 머로 카레스타 영국 케임브리지대학 연구원은 2014년 11월 말 국제 학술지 논문을 통해 잠수함 충돌설을 주장했다. 백령도에서 관측된 지진파가 잠수함과 천안함이 충돌했을 때 잠수함에서 발생하는 자연 진동수와 일치한다며, 충돌 잠수함의 크기(10% 오차 범위)가 길이 113m, 반지름 5.6m일 것이라는 구체적인 추정도 덧붙였다. 더구나 피격 당시의 TOD 영상을 통해서도 천안함 함수가 잠수함 충돌 후 선체에 걸쳐져 이동했다는 등의 가설을 제기했다. 김 교수의 주장과 꼭 맞는 크기의 잠수함은 대단히 공교롭게도 미국 LA급이나 버지니아급의 크기와 비슷했다. 오랫동안 천안함에 대해 침묵하던 북한은 이례적으로 2014년 12월 9일 자 〈노동신문〉 '천안호는 잠수함과 충돌하였다'는 제목의 개인 필명 글에서 김 교수 등의 주장을 소개했다. 〈노동신문〉 기고문은 "남조선과 영국의 대학 교수들이 공동으로 발표한 논문은 천안호 침몰 원인이 북의 어뢰 공격이라는 괴뢰들의 주장이 완전히 비과학적이라는 것을 입증해주고 있다."고 주장했다. 북한은 남한 내에서 자신의 알리바이를 응원해주는 주장에 반색하면서도 당국 공식 논평이 아닌 개인 필명 글 수준으로 처리하는 데 그쳤다.

12월 2일 김민석 국방부 대변인은 이에 대해 "특정한 과학적 원리에 대한 실험적인 검증만으로 의혹을 제기한 것으로 전시 중인 천안함에는 잠수함 충돌 흔적이 전혀 없다. 현장도 가보지 않고 이런 논문을 쓴 것 아닌가 하는 우려가 있다."고 일축했다.

실제 미군 잠수함 충돌 주장을 입증하는 책임 있는 후속 보도나 증언 또는 사실 확인은 없었다. 전 세계적으로도 이를 인용하거나 동조한 언론과 언론인은 없었다. 결국 개인적 추론과 북한 알리바이 증명 지원, 일본의 음모론자의 주장 등이 잠수함 충돌설 근거나 팩트의 전부이다. 사실은 다음과 같다.

'합동조사단 연합정보분석팀은 천안함 피격 당시 관련국 잠수함의 위치를 모두 확인했다. 이 시기에 부산에 입항했던 미 핵잠수함은 서해상의 훈련에 참가하지 않았으며, 충돌 등 피해 발생한 사실이 없다. 피격 지점 수심은 47m에 불과해 미국 핵잠수함(LA급 110m 또는 버지니아급 104m)이 작전할 수 없는 수역이다. 백번 양보해서 잠수함이 급부상을 하더라도 수심이 얕아 천안함 함저 중앙 부분과 충돌할 수 없다. 이 경우 천안함을 두 동강 낼 만큼, 충격을 가할 수도 없다.'

### 이스라엘 잠수함 충돌설

이는 독수리연습에 이스라엘 잠수함이 참가했고, 천안함이 이 이스라엘 잠수함과 충돌하여 침몰했다는 주장이다. 앞의 미군 잠수함 충돌설이 모양을 바꾸어 한발 더 나간 것이다.

2010년 6월 7일 중국 칭화대학 신문방송학과 정기열 초빙교수가 '천안함 사건과 미국의 새 동북아 전략 III부 : 한반도 전쟁 도발'이라는 글을 인터넷 언론 〈통일뉴스〉에 게재했다. '미국―아시아 지역 정보에 정통한 일본 언론인 요이치 시마츠(도쿄 Japan Times 편집인)의 정보에 의하면 천안함 사건 당시 서해상에는 미국이 비밀리에 훈련에 참가시킨 이스라엘 해군이 있었다. 그의 정보에 의하면 한 준위가 옮겨져 사망한 미국 민간 침몰 구조선 살보(Salvor)함이 머물렀던 제3부표 자리에 천안함 사고 당시 이스라엘 소속 독일제 돌핀(Dolphin)급 잠수함도 같이 침몰했다고 한다.'고 쓴 것이다[02]. 요이치 시마츠(島津

---

02 〈통일뉴스〉 6월 7일 자 http://www.tongilnews.com/news/articleView.html?idxno=90550

**1장** 의혹의 갈래
431

洋一)는 정기열 초빙교수와 같은 칭화대 신문방송학과 초빙교수를 역임한 적이 있다. 이스라엘 잠수함설은 일본인 요이치 시마츠의 '정보' →정기열의 〈통일뉴스〉 기사→국내 의혹 세력 순으로 전파 확산되었다. 역시 이스라엘 잠수함설의 근원은 일본 의혹론자 요이치의 '정보'가 전부이다. 2010년 6월 7일 〈통일뉴스〉의 기사가 나오자, 잠수함 의혹 주장은 미군 잠수함 충돌설과 이스라엘 잠수함 충돌설로 분화되었다.

의혹 세력은 이스라엘 돌핀급 잠수함 1척이 한미연합훈련에 옵서버로 참가했고 이를 위해 인도양과 남중국해 등을 거쳐 2만여 Km를 이동해 왔다고 주장했다. 시간이 흐르면서 의혹 세력 스스로 항해 거리가 너무 길다고 느꼈는지 이스라엘 잠수함의 출항지를 베트남으로 바꾸기도 했다. 나아가 여기에 2010년 6월 8일 시몬 페레스(Shimon Peres) 대통령이 천안함과의 충돌로 침몰한 이스라엘 잠수함 후속 조치를 위해 극비리에 방한했다는 주장을 곁들여 의혹을 보강했다.

일반적으로 잠수함을 포함한 군함의 방문과 훈련 참가는 양자 또는 다자 간 국방 안보 협력 또는 상당 수준에 이르렀을 때만 가능하다. 그리고 연합 훈련은 참가국 간 훈련 내용, 군수 지원 등 여러 사항에 대해 충분한 사전 협의와 협력 등을 필요로 한다. 이스라엘 군의 연합 훈련 참여 의혹은 국방 협력과 안보 외교의 기초조차 모르는 허황된 주장일 뿐이다.

그리고 이스라엘 대통령 방한은 오래전부터 논의되었던 외교 행사이며 그의 체류 활동은 완전히 공개되었다. 이명박 대통령은 페레스 이스라엘 대통령과 6월 10일 오전 정상회담을 갖고, 통상·투자, 신재생 에너지, 과학 기술 협력 등 양국 간 주요 관심 사안에 대해 의견을 교환했다. 청와대 홍보수석실은 양국 정상회담 브리핑을 하면서 정상 간의 대화를 상세히 소개했다. 이명박 대통령은 천안함 사태에 대한 이스라엘 정부의 강력한 지지 성명에 대해서 감사를 표했고, 우리 입장을 설명하면서 "천안함 사태를 UN안보리에 회부시켜 놓은 상태다. 이스라엘이 이 부분에 있어서 더 협조를 해주셨으면 좋겠다."는 당부를 했다. 이에 대해서 페레스 대통령은 "합조단의 조사 보고서를 잘 봤다. 그리고 북한의 소행이라는 것에 대해서 의심의 여지가 없다. 나는 한국과 입장이 같다."고 밝혔다.

페레스 대통령은 9일 한국과학기술원(KAIST)과 한국항공우주(KAI)를 방문했으며, 전경련 등 재계 인사들과도 만나는 등 바쁜 일정을 보냈다. 참여연대 등은 페레스 대통령 방한에 맞춰, 이스라엘 특공대가 5월 31일 새벽 팔레스타인 가자지구로 향하던 민간 구호선을 공격해 10여 명의 구호활동가가 사망한 데 대해 항의하며 시위를 벌이기도 했다. 비공개 극비 방문 주장이 얼마나 터무니없는 것인지 알려주는 대목이다.

SNS와 온라인에서는 '이스라엘 잠수함이 어떻게 한국 서해까지 올 수 있느냐, 이스라엘 잠수함이 가라앉아 있다는 게 말이나 되느냐?'는 등의 논란으로 나오기도 했다. 만약 천안함 피

2010년 6월 10일 청와대에서 정상회담에 앞서 악수하고 있는 이명박 대통령과 시몬 페레스 이스라엘 대통령

격 직후 호주 총리가 방문했다면 의혹 세력은 '호주 잠수함이 서해연합훈련에 참가했다는 주장을 했을 것'이라는 비판도 나왔다. 이스라엘 잠수함 충돌설의 근거는 정기열 교수가 주장한 '일본 언론인 요이치 시마츠의 정보와 전언(傳言)'이 유일한 근거이다. 정말 놀랍게도 이게 근거의 전부다.

"백령도의 이른바 제3부표 지점에 무엇인가가 침몰해 있다면, 소나를 가진 백령도 어선이 먼저 발견했을 것이다."

한편 2010년 8월 5일 최문순 민주당의원과 알파잠수공사 이종인 씨 그리고 KBS, 한겨레 기자 등은 함미 발견에 기여했던 해덕호(6t)를 빌려 타고 백령도 피격 현장 등을 샅샅이 조사했다. 이들은 피격 현장 인근에서 일제 강점기 때 침몰한 폐선 일부를 찾아내기도 했다.

이때 일부 언론은 군이 침선 존재 사실을 일부러 '은폐'했다는 식으로 보도하기도 했다. 천안함 현장의 모든 구조 구난 세력과 대평호 등 민간 쌍끌이 어선들도 이 폐선의 존재를 모두 인지한 채 맡은 작업을 진행했다. 대평호는 이 침선 때문에 쌍끌이 그물을 내리는 데 상당한 지장을 받기도 했다. '은폐' 주장은 현장에 가보지 않은 이들의 정부와 군의 신뢰를 깎아내리는 '상투적 말 만들기'일 뿐이었다. 최문순 의원 등은 백령도 수역과 제3부표 지점 등 어느 곳에서도 잠수함이나 다른 침몰선은 발견하지 못했다. 만약 제3부표 지점에서 무엇이라도 있었다면 어떤 소동이 벌어졌을지 짐작하고도 남는다. 한편 사전에 이들의 백령도 방문 조사 움직임에 대한 내용이 계통을 따라 보고되었으나, "비공식 차원의 활동이므로 군은 어떤 대응도 하지 말고, 기상악화 등으로 구조 구난 필요 시에는 우선적으로 조치하라."는 지침만 하달되었다.

'백령도에 외국 잠수함이 침몰해 있다.'는 주장은 지금도 여전히 온라인과 사이버공간에 남아 있다. 또 SNS를 통해 글이 올라오고 있으며 RT되고 있다. 이런 류의 의혹을 처음 대하는 네티즌들은 '신기한 이야기'에 반응하며 의혹의 미끼를 덥석 무는 것이다. 사실이 아니어서 폐기 처분된 의혹 쓰레기는 청소되지 않고 사이버공간에 여전히 남아 잠수함 충돌설 괴물을 연명시키고 있다.

미군 잠수함설과 이스라엘 잠수함설은 미군 함정 등이 천안함 구난 지원에 참가한 사실을 왜곡한 것도 있지만, 더 큰 토양은 이른바 제3부표설로 알려진 KBS 9시뉴스의 의혹 보도였다. 여기에 공영방송 KBS의 그 공신력이 더해지면서 사태를 더욱 악화시켰다. 고 한주호 준위의 명예를 실추시킨 것은 물론 천안함 의혹의 진앙이 된 것이다. 더구나 제3부표설 보도가 사실 왜곡과 허위 보도로 밝혀지면서 KBS의 신뢰와 공신력에 씻을 수 없는 오명을 남겼다.

## KBS 보도 – 제3부표설

천안함 관련 언론 보도 가운데 유독 KBS를 들여다보는 것은 KBS가 '특종'으로 방송한 이른바 '제3부표' 보도 때문이다. 결과적으로 이 보도는 '사실 왜곡과 방송 내용 조작' 등 언론 보도의 기본을 지키지 않았다. 나아가 '고 한주호 준위 등 천안함 유족의 명예훼손, 천안함 의혹의 핵심적 요소, 천안함 사이버심리전의 심각한 지장 초래' 등 최악의 상황을 불러왔다. 당시 이런 심각한 후폭풍을 예상했을 리는 없었겠지만, 기본을 망각한 보도는 천안함 의혹을 크게 확산했으며 그

대응을 몇 배 어렵게 만들었다.

KBS는 국가 안보적 재난 사태를 맞아 국가 재난 주관 방송사로서의 나름의 책무를 충실히 이행했다. 4월 3일 한주호 준위 영결식 생중계와 함께 '바다 사나이 한주호' 특집을 방송했다. 또 같은 날 '천안함 침몰, 국민의 마음을 모읍시다' 프로그램을, 4월 4일에는 KBS 스페셜, '천안함 침몰 9일의 기록'을 방송하는 등 국가적 안보 위기에서 공영방송의 역할을 수행했다.

그러나 일부 방송 뉴스는 달랐다. 이들의 보도 성향은 다른 언론들과 마찬가지로 속보 경쟁과 의혹 보도에 더 치중함으로써 차별성을 보이지 못했다. KBS 노조를 중심으로 한 대정부 강경 분위기는 방송 보도 경향에도 그대로 투영되었다. 현장 취재기자들과 PD저널리즘을 주창하는 PD들은 매우 공세적으로 천안함 사건을 바라보았으며, '천안함 언론검증위원회'에서 주도적으로 활동했다. 실제 KBS는 최문순 의원이 주도한 백령도 현장 조사에까지 기자를 보내기도 했다. 공중파 TV로서는 유일했다.

국방부 연구 용역 자료(천안함피격사건 언론 보도 분석, 2010. 10.)에 따르면, KBS 9시뉴스는 다른 방송의 메인 뉴스보다 천안함 관련 기사를 훨씬 더 많이 내보냈다(KBS 748건, MBC 505건, SBS 546건, YTN 255건). 그리고 방송 논조는 대단히 중립적이었다. 부정적 보도 비중은 SBS의 비율이 가장 높았으나(57.7%), 대신 KBS 역시 정부나 군의 대응에 대한 긍정적 보도는 거의 없었다. 오직 중립을 견지하거나 비판적 태도로 일관했다(중립 93.6%, 비판 6.4%). 또한 무엇보다 유족의 목소리를 대변하는 데 인색했으나(KBS 4.5%, SBS 7.5% YTN 9.4%), 정부 발표에 대한 의심과 의혹을 주장하는 이른바 '전문가'의 주장을 많이 보도했다(KBS 9.0%, MBC 7.5%, SBS 3.8%). 당시 경험과 전문 지식이 있는 진짜 전문가들은 합동조사단에 참가하여 필요한 군사 정보와 현장 조사 및 과학적이고 객관적인 실험 등을 통해 조사 결과 발표에 온 힘을 쏟고 있었다. 언론에 등장하여 활동한 '전문가' 중에는 해난 군사 관련 전문 지식이나 경험이 부족한 사람들도 포함되어 있었다. 이들은 천안함 조사 결과에 대해 비판적이었으며, 각기 다른 주장을 펼치고 있었다. 오히려 KBS는 이들의 주장을 비중 있게 다루었다.

KBS는 2010년 4월 7일 저녁 9시뉴스에서 15번째 뉴스 꼭지에 '다른 곳에서 숨졌다', 16번째 '제3의 부표 왜'라는 두 아이템을 연이어 보도했다. '고 한주호 준위는 함수도 함미도 아닌 다른 곳 즉 백령도 용트림 바위 앞 제3의 부표가 떠 있는 곳에서 숨졌다. 제3부표 수중에서 UDT 동지 회원들이 수색하면서 문이 달린 대형 구조물이 있는 것을 확인했으며, 해군 헬기가 길이 2m 파편을 실고 다른 곳으로 사라졌는데 의문이 제기되고 있다.'는 내용이었다.

이 보도는 기자들이 직접 현장에서 확인했으며, UDT 회원들의 육성 증언과 영상 자료까지 더해서 기사의 신뢰를 크게 높여주었다. 더구나 고 한주호 준위의 사망 위치가 함수가 아닌 다른 곳이고, 수중에 대형 구조물이 있는 것이 사실이라면, 군이나 정부의 발표는 완전한 거짓이라는 의미였다. 청와대 홍보수석실이나 국방부도 이 보도 움직임을 사전에 알지 못했다. 천안함 초기 공보 대응에서 의혹과 의문, 군 대응 미흡을 질타하는 보도가 쏟아지는 상황에서 고구마 줄기 같은 의혹 덩어리를 KBS가 그것도 9시뉴스에서 '특종'으로 보도한 것

이른바 제3부표설을 보도하는 KBS 화면

이다.

국방부는 곧바로 해명 자료를 발표했다. KBS 방송 직후, 보도 자료를 내고 "고 한주호 준위는 실종자 구조를 위해 지난 28일부터 3일간 천안함 함수 침몰 위치에서 4회 잠수했으며, 지난 30일 오후 마지막 잠수 중 사고가 발생해 즉시 미 살보함으로 이송되었다."고 밝혔다.

또 "한 준위가 제3의 장소에서 임무를 수행했다는 언론 보도는 사실이 아니며 이 사실은 같은 장소에서 함께 구조 활동을 벌인 특수전여단 최영순 소령이 확인한 내용."이라고 설명했다. 특히 "한 준위가 잠수했다며 KBS가 지적한 제3의 부표는 참조 부표로써 잠수한 바가 없다."고 덧붙였다.

제3부표 지점의 헬기 이동 등과 관련하여, 4월 8일 해군 공보실장은 "미군 헬기의 훈련으로 조사됐다."며 "독수리훈련 목적으로 파견된 미 해군 함정과 해병대 상륙함이 인양과 수색 지원을 위해 몇 가지를 훈련했는데, 쇠막대기는 군인 대용, 즉, 구조 헬기가 작전 해역으로 출동해 물에 빠진 미군을 구조하는 훈련을 하면서 잠수요원 대신 막대기를 달아 구난함으로 옮기는 훈련을 했다."고 설명했다. 또한 민군합동조사단은 6월 7일 언론 세 단체의 '천안함 관련 의문점'에 대한 설명을 통해 '당시 장면은 대청도 서남방에 위치했던 미 해군 상륙함(하퍼스페리)에서 이륙한 미군 헬기가 4월 6일 13시 30분부터 14시

30분까지 실시한 모의 환자 이송 훈련 촬영 장면이다. 헬기가 운반한 물체는 천안함 파편이 아니라 해상 인명 구조 훈련 장비였음으로 확인되었다고 답변했다. 이 답변은 7월 19일 천안함 공식 블로그인 '천안함스토리'에 같은 내용이 게재되었다.

실제 고 한주호 준위는 3월 30일 2구역의 함수 탐색을 위해 14시 34분부터 15시 5분까지 실시한 제6회차 잠수 도중 쓰러졌다. 이때 한주호 준위는 UDT와 육군특임대 10명 그리고 민간 잠수사 2명과 함께 탐색 활동을 펼쳤다. 미 살보함은 3월 30일 백령도에서 작전에 돌입한 직후 숨 돌릴 틈도 없이 7시간여 만에 잠수병에 걸려 후송된 한주호 준위를 치료해야 했다. 챔버를 가진 우리 다도해함이 진해에서 출항도 못한 시점에서 긴급 전개된 살보함은 큰 도움을 주었다. 같은 날 19시 국립해양조사원 소속 황해로호는 이른바 제3부표 부근에 조류 관측 부표를 설치하기도 했다. 4월 2일에는 사세보항을 출항한 하퍼스페리가 백령도 인근에 도착하여 구조 작전을 시작했다. 미군 하퍼스페리는 4월 6일 자체 헬기를 이용, 구조자의 의료구난이송훈련을 실시했으며, 즉시 미 해군은 홈페이지에 훈련 사실과 함께 관련 사진을 올리기도 했다. 미군 측은 우리 해군의 확인 요청에 '생소한 백령도 해역에서 비행 적응을 목적으로 훈련을 실시했다.'고 답변했다. 미군 헬기의 이송 장면은 미 해군 홈페이지를 확인했어도 간단하게 풀릴 의문이었다. KBS는 이런 기본적인 사실조차 확인하지 않았으며, 전화 취재와 자료 화면을 이용해 기사를 만들어 보도한 것이다.

한편 탐색 구조대는 함수 함미 탐색 과정은 물론 이후 부유물 탐색에서 해저 이상 반응 지점 표시, 항로 표시, 좌표 설정 등을 위해 노란

하퍼스페리에서 이륙한 미군 헬기가 인명 구조용 들것으로 의료구난이송훈련을 하고 있다. 멀리 뒤에 보이는 함정이 광양함이다.

공 모양의 참조 부표를 띄워 표시했다. 이 때문에 백령도 인근 피격 수역에는 여러 개의 부표가 설치되었다. 이른바 '제3부표'는 KBS의 보도처럼 함수 침몰 지점에 설치된 것이 아니었으며 함수 지점과는 약 400m 정도 떨어진 용트림 바위에서 가까운 지점이었다. 이 부표는 해저 이상 반응 표시를 위한 것도 아니었으며, 단순히 좌표 설정을 위해 황해로호가 설치한 조류 관측 부표 인근에 설치된 참조 부표 중 하나에 불과했다.

KBS는 UDT 동지회 회원이 함수 지점의 작업에 대해 인터뷰한 내용을 마치 제3부표지점에서 수중 작업을 한 것으로 보이도록 방송했다. 또 수중 작업 영상도 보도에서는 마치 함수 지점에서 촬영이 이루어진 것처럼 편집했지만, 실제로는 UDT의 훈련을 담은 자료 화면에 불과했다. 또 미군 하퍼스페리함과 살보함의 의료 구난 훈련 장면은 당시 백령도에 진을 치고 있던 거의 모든 기자들의 카메라에 그대로 담겼다. 그럼에도 타 방송사와는 달리 유독 KBS는 이 영상을 '해군 헬기가 파견 2개를 건져 올려 남쪽으로 사라졌으며, 이곳이 어떤 곳인지 의문이 제기되고 있다.'며 마치 엄청난 의혹이 있는 것처럼 보도했다.

해군과 UDT 동지회는 KBS 보도에 크게 반발했다. 이에 KBS는 4월 28일 아침뉴스에 반론 보도를 내보냈다. KBS 보도국 박 모 사회팀장은 2010년 5월 4일 방송통신심의위원회 9차 회의에 출석하여 "방송 내용이 어떤 많은 오해를 불러일으키고, 또 영웅으로 평가받는 분에 대해서 명예훼손도 거론되는 것에 대해서는 매우 송구스럽게 생각한다."고 말했다. 4월 17일 해군참모총장은 이를 보도한 KBS 이 모 기자 등에 대해 고소하기도 했으나, KBS 측의 유감 표명과 재발 방지 등의 약속에 따라 이를 취하하기도 했다.

그러나 이런 해명과 대응에도 불구하고 KBS의 제3부표설은 미국·이스라엘 잠수함 충돌 침몰설의 핵심 근거가 되었다. 의혹 세력은 이 보도를 인용하면서 천안함 구난 지원을 위한 미군 함정의 지원도 침몰한 자국 잠수함 희생자 인양 등을 위한 것으로 선전 선동했다. 특히 5월 24일 범민련 남측본부는 '북풍 조작 뚫고 반전 반독재 투쟁으로'라는 성명에서 '갖은 은폐와 의혹의 수많은 정황 중 용트림 바위 앞 제3부표 지점에서 사망한 한주호 준위의 죽음과 주한미군 사령관, 주한 미 대사의 동선은 '천안함과 미 핵잠수함의 충돌설'을 파다하게 일으키고 있는 제1의 의혹이다.'라고 주장하면서 '6·2지방선거에서 한나라당에 대참패를 안김과 동시에 그 여세를 몰아 거족적인 반전 반독재 투쟁으로 곧바로 달려 나가야 한다.'고 선동했다. 북한 조선중앙통신도 KBS의 이 보도를 왜곡 인용하여 '미국과 남조선이 천안호 사건 장소와 아주 가까운 곳에서 미군 잠수함이 침몰한 사건을 철저히 은폐하고 있다.'고 주장하기도 했다. 공영방송 KBS의 9시뉴스가 가장 심각한 천안함 의혹의 핵심 자양분이 되었다. 이런 사실은 국가적 대형 재난 사태 시 올바르고 공정한 방송이 어떠해야 하는지를 잘 보여주고 있다.

KBS 제3부표 보도(4. 7.)→개인 블로거의 미군 잠수함 충돌설(5. 5.)→〈자주민보〉의 미군 잠수함 침몰 주장(5. 6.)→일본 다나카 사카이 인용(5. 7.)→〈데일리서프라이즈〉 등의 인터넷 언론 확산(5월)→범민련 남측본부 성명(5. 24.)→북한 조선중앙통신 진상 공개장(6. 21.)으로 일파만파로 이어졌다. 이런 순환 과정에서 숱한 의혹이 덧붙여지고 SNS 등의 가장 뜨거운 이슈로 떠올라 무차별적으로 전파 확산되었다. 백번 양보해서 단지 사실을 확인하는 차원의 보도였다고 해도 의도하지 않은 의혹설로 발전하여 6·2선거의 정부 심판론에 악용되었고 나아가 북한의 무죄 주장의 근거가 된 셈이다.

한편 2010년 11월 17일 방송된 KBS '추적 60분'의 사례도 심각하다. 이 프로그램은 합조단 해제 이후 천안함 대응을 맡은 국방부 조사본부의 설명과 인터뷰를 교묘하게 편집하여 의혹 제기에 초점을 맞추어 방송한 것이다. 당초 국방비서관실은 이 프로그램의 보도 성향을 고려할 때, 부정적 결과가 있을 수 있다는 판단을 하고 사전에 공정한 보도 약속을 분명히 받고 신중하게 진행할 것을 지시했다.

'천안함 언론검증위원회' 소속 강 모 PD 등은 국방부 조사본부와의 사전 협조 요청 자리에서 '천안함 공격은 북한 소행이 분명하며, 공정하게 방송할 것'을 약속했다. 이에 윤덕용 단장, 윤종성 조사본부장을 비롯한 합조단 관계자들은 사전 연습까지 충실하게 준비하여 인터뷰에 응했다. 그러나 정작 방송된 것은 '추적 60분'의 의혹 주장에 도움이 되는 인터뷰 과정의 실수와 논란 부분 등 일부에 불과했다. 언론의 정도를 한참이나 넘어선 것으로, 천안함 의혹 증폭에 조사본부가 협조를 해준 꼴이었다. 국방부는 'KBS 추적 60분' 관련 다음과 같은 보도 자료를 내고 강력 항의했다.

"기존 언론 세 단체에서 주장해온 내용을 반복하여 보도한 것으로 매우 유감스러운 일임. 또한 천안함이 누구에 의해 어떻게 침몰하였느냐보다는 의혹 제기에 초점을 맞추어 보도한 것을 매우 안타깝게 생각함. KBS '추적 60분'이 인터뷰 시 '천안함은 북한의 CHT−02D어뢰 공격으로 침몰하였다.'는 것을 인정하였듯이, 공개적으로 천안함 침몰 원인을 인정하고 원인과 관계없는 부분적인 논란은 과학자나 연구자의 몫으로 돌리는 것이 바람직함."

국방부는 합조단의 인터뷰 관련 전체 동영상을 '천안함스토리' 사이트에 올려 KBS의 방송 내용과 비교할 수 있도록 했다(www. cheonan46.go.kr/111).

### 기뢰설

기뢰설은 합조단 조사 과정나 정부 대응에서 가장 마지막 순간까지 가능성으로 남아 있었다. 정부는 거듭거듭 신중할 수밖에 없었다. 그러나 합조단의 과학적 조사와 스모킹 건의 인양, 어뢰 출처 확인 자료 등으로 기뢰 가능성도 완전히 배제되었다.

기뢰설의 1차 진앙이 우리 육상조종기뢰였다면, 2차 진앙은 바로 러시아다. 기뢰설 의혹은 7월 27일 〈한겨레〉 1면의 출처 불명의 자료

를 인용한 '러시아 천안함 검토 결과' 보도로 활활 타올랐다. 자료에
는 천안함이 '함선 아래 부분이 수뢰 안테나를 건드려 폭발했거나 다
른 자국 어뢰에 폭발했을 가능성이 있다.'는 내용이 들어 있다. 여기
도널드 그레그 전 주한 미 대사는 9월 1일 〈뉴욕타임스〉 기고문과 이
후 한국 언론 등과의 인터뷰에서 '러시아 측은 천안함 침몰이 어뢰보
다는 기뢰에 의한 것일 가능성이 높다는 결론을 내렸다.'고 주장했다.
그는 '러시아가 천안함 조사결과보고서를 공개하지 않은 이유는 이명
박 대통령에게 정치적 타격을 줄 수 있어서다.'라는 말도 덧붙였다. 한
겨레의 보도와 그레그 대사의 기고 및 발언은 러시아 측이 합조단의
조사 결과를 부정하고 다른 원인으로 보고 있다는 것으로 보이게끔
만들었다. 한편 한국지진연구소 김소구 소장은 2012년 8월 12일 '천
안함 당시 폭발로 인한 지진 규모(2.04)는 대략 TNT 136㎏ 폭약량에
해당하고, 이는 해군이 설치했다가 버려둔 육상조종기뢰의 폭약량과
일치한다. 따라서 이 기뢰의 폭발로 천안함이 침몰했다.'는 주장을 발
표하기도 했다. 이런 내용들이 천안함 기뢰설의 핵심 내용들이다.

　우선 〈한겨레〉 보도에 대한 정부의 대응은 두 갈래였다. '러시아 해
군 전문가 그룹'이라는 이름을 쓰고 있는 이런 주장의 출처나 신뢰성
에 대한 대응이었다. 실제 우리 정부는 러시아 정부로부터 어떤 공식
적인 입장을 전달받지 못했다. 러시아 측도 "러시아의 천안함 조사 결
론은 어디에도 공식 발표된 적이 없다. 언론에 유포된 (천안함 보고서)
정보의 신뢰성 문제는 이를 쓴 해당 언론사의 양심의 문제."라며 공

식 부인했다[03]. 그런데 난데없는 실체 불명의 '괴문서'가 한국 언론에 보도된 것이다.

국방부는 27일 오후 〈한겨레〉 보도에 대해 반박했다. 국방부와 외교통상부는 러시아로부터 조사 결과를 통보받은 사실이 없다며 문건 자체의 신빙성에 의문을 제기했다. 즉시 민군(民軍)·국제 합동조사단의 조사 결과와 배치되는 주장이 담긴 문건이 어떻게 러시아에서 흘러나와 국내 언론이 보도했는지 조사에 착수했다. 군 당국은 괴문서 생산과 유출 등에 대한 조사를 통해 관계자를 찾아내고 필요한 조치를 취했다. 그는 영원히 군복을 벗어야 했다.

또 다른 대응은 보도와 주장에 대한 사실관계 해명이었다. 추가적인 의혹 확산 차단이 급했다. 이 보도가 나온 즉시 타 언론의 65개 뉴스 아이템이 이 보도를 인용했고, 그날 하루만 120개의 블로그에 게재되었다. SNS를 통한 확산은 말할 것도 없었다. 기사 댓글 등 네티즌들의 반응은 '정부 발표는 신뢰가 안 간다.'는 식의 비난이 92% 이상이었다. 국방부는 '러시아 조사 결과에 대한 합조단 입장'이라는 자료를 내고 조목조목 반박했다.

실제 러시아는 다국적 민군조사단에 끼지 못하다가, 6월 별도의 조사단을 꾸려 조사 활동을 벌였다. 별도 조사단 허용은 안보리 거부권을 가진 러시아가 UN에서 끝까지 반발하는 최악의 상황을 막기 위한 외교적 조치였다. 한국에 들어온 러시아 조사단은 조사 과정에서 기뢰에 특히 주목했다. 러시아는 2000년 9월 6일 자국 핵잠수함 쿠

---

03 중앙일보, 한러수교 20주년 기념 세르게이 라브로프 러시아 외무장관 인터뷰(2010. 10. 1.)

르스크호가 침몰하자 미국 또는 영국 잠수함의 충돌이나 공격에 의한 침몰로 몰아갔던 전례가 있다. 천안함 역시 미국의 모종의 정치적 의도에 의해 저질러진 것으로 믿었던 러시아의 일부는 조사단을 통해 그 증거를 찾을 수 있기를 기대했을지도 모를 일이다. 러시아 조사단은 우리 군이 과거에 설치했던 육상조종기뢰(MK-6 개량형)의 접촉 가능성과 함께 한국군이 쓰고 있는 다른 기뢰 등에 대해서도 유별난 관심을 가졌다. 또 국제사회에서 미국과 맞서고자 하는 러시아는 쿠바의 카스트로나 음모론자 웨인 매드슨 등이 주장했던 '부착식 자석기뢰' 등의 가능성도 확인하고자 했다.

그러나 러시아의 조사 결과라고 보도된 내용은 매우 실망스러운 것이었다. 사실이라면 러시아 조사단의 수준을 짐작하게 했다. 기뢰설 주장은 차치하고서라도 폭발 시간, 스크루 날개 변형과 파손, 추진축의 폐그물, 1번어뢰 부식 정도 등의 문제 제기는 충분한 설명과 자료 제공에도 불구하고 사실과 다르게 해석되어 있었다. 조사본부와의 통화에서 이런 농담이 오가기도 했다.

"그렇게 열심히 설명했는데, 왜 딴소리일까요?"

"혹시 우리 측 러시아어 통역에 문제가 있었던 거 아닙니까?"


백령도 앞 연화리에는 1977년 설치된 약 30여 발의 MK-6 개량형 기뢰가 있었지만, 1985년 도전선 절단과 컨트롤박스 제거 등으로 불능화되었다. 그리고 2008년 2개월여의 수색 끝에 남아 있던 기뢰를 찾아내 파괴했다. 따라서 기뢰 연결 전선이 그물 등에 끌려 올라와 천안함의 전류 충격에 의해 기폭이 일어났다는 가정은 성립할 수 없는 것이다.

혹여 회수하지 않았던 기뢰가 끌려 올라와 폭발했다면 천안함에 그 파편이나 화염 흔적이 있어야 한다. 그러나 천안함은 수중 비접촉식 폭발로 화염과 파편 흔적은 없다. 또 첨단 소해함 등을 동원, 해저 정밀 탐색 활동을 벌였으나, 잔여 기뢰나 부품은 발견되지 않았다. MK-6기뢰의 운용과 폐기 현황에 대한 더욱 분명한 자료가 확인되고 합조단의 과학적인 조사가 진전되면서 이 기뢰에 의한 이른바 '0.000001%의 가능성'마저 사라진 것이다.

한편, 그레그 전 대사가 '러시아 친구'로부터 들은 러시아 관련 전언은 허바드 전 주한 미 대사의 공개적 반박을 받아야 했다. 당시 그레그 대사 후임으로 코리아소사이어티(www.koreasociety.org) 회장을 맡은 허바드 대사는 '그레그 대사는 민간인으로 자신의 주장을 말할 수 있지만, 한국과 미국 정부의 판단을 반박할 근거가 있다고는 생각하지 않는다.'며 바로 반박했다. 그레그는 예전에 CIA에 근무하기도 했지만 은퇴한 지 오래되었고, 미국 내 지한파 인사들의 모임인 '코리아소사이어티'에서도 물러나 있었다. 그런 그가 천안함 발언으로 일거에 일부 의혹 세력의 주목을 받았으며, '미국파 의혹 세력'의 중심으로 부상했다. 이후에도 그는 간간히 기뢰설을 주장하며 한국 언론에 등장하기도 했다. 의혹 세력은 그가 더 많은 증거와 자료를 가지고 폭로를 해주길 기대했으나, 정보의 원천은 피델 카스트로의 그것처럼 정치적 의도를 가진 '러시아 친구의 전언' 수준을 넘지 못했다. 그레그 발언 이후 '해외 좌파' 특히 미국 내 의혹 세력의 움직임이 활발해진 것은 사실이었다. 사이버 대응 조직들은 천안함 관련 국가별 원어와 한글 홍보 자료를 활용하여 더 많이 알리는 데 더욱 애를 써야 했다.

'러시아의 해군전문가 그룹'이나 '러시아의 친구'를 인용한 보도나 주장은 있었어도, 정작 러시아의 천안함에 대한 공식적 입장은 나오지 않았다. 러시아 역시 UN 의장성명까지 나와 일단락된 상황에서 현상을 동결하는 것이 정치 경제적으로 이익이라 판단한 것이다. 대신 러시아는 한국의 입장을 의식하여 9월 10일 자국 '국영 1-TV' 취재진을 우리나라에 파견했다. 이들은 천안함 함체 등을 취재했으며, 한국 정부의 설명을 인용하는 형식을 빌어 "천안함은 북한의 어뢰에 의해 폭침되었다. 강력한 폭발파가 천안함을 두 동강 냈으며, 식당과 선실 등은 갈기갈기 쪼개졌고 폭발 당시 그곳에 있던 승조원들은 산화하였다."고 보도하기도 했다.

결국 러시아는 9월 21일 "천안함침몰사건과 관련한 러시아 조사단의 보고서는 당초 국가 지도부를 위해 내부용으로 작성된 비밀문서로 러시아 정부는 이를 한국이나 북한 어느 쪽에도 전달하지 않을 것."이라는 입장을 나타냈다. 이로써 러시아의 공식 판단과 보고서는 봉인되었다. 나아가 러시아 TV 방송 'TV-첸트르(TV-Center)'는 2012년 1월 25일 방영한 다큐멘터리 영화 '조선의 왕자 김 동지'에서 2010년 3월 발생한 천안함침몰사건과 같은 해 11월 일어난 연평도포격사건이 북한 측의 소행이라고 지적했다. 러시아 방송이 공식적으로 천안함침몰사건의 책임을 북한으로 돌린 것은 이때가 처음이었다. 그럼에도 음흉한 크렘린은 필요할 경우 천안함 사건을 자국 국익을 위해 또다른 외교적 카드로 활용할 가능성이 있다. 우리가 천안함 의혹에 빠져 이른바 '러시아 보고서'에 매달릴수록, 그 호가는 높아질 것이고 우리의 대러 협상력은 약화될 것이 명약관화하다.

한편 이런 러시아의 '현상 동결' 입장을 깨려는 시도가 2010년 6월 17일 있었다. 민주당 최문순 의원은 브누코프(Konstantin V. Vnukov) 주한 러시아 대사와의 면담 내용을 공개하면서 '천안함 침몰은 쿠르스크호 침몰 사건과 똑같다.'고 말한 것으로 일부 언론이 보도한 것이다. 쿠르스크호는 2000년 8월 노르웨이 북부 바렌츠해에서 훈련 도중 침몰해 승조원 118명이 전원 사망했다. 처음 쿠르스크호 침몰이 미군 잠수함과의 충돌 때문이라는 러시아 정부의 추정과 달리 2년 가까운 조사 끝에 잠수함 내 어뢰가 폭발한 것으로 결론이 났다. 이는 대사의 발언이 러시아가 '천안함이 내부 폭발로 침몰했다.'고 인식하는 듯한 인상을 주게 하는 것이었다. 주한 러시아대사관은 별도의 보도 자료를 발표하고 강력하게 항의했다. 다음은 보도 자료의 일부이다.

"대사의 말씀을 왜곡하는 기사가 나온 사실에 격분하며, 천안함침몰사건 원인에 대해 러시아 대사에 귀착시키는 발언은 뻔뻔스러운 거짓말이며 현실에 맞지 않다. 러시아대사관은 최문순 의원의 이런 허위적인 정보를 공개적으로 반박하며 러시아 대사에게 사과해야 할 것을 강력히 요구한다."

외국 대사가 주재국 국회의원에 대해 이처럼 강력하고 수위 높은 용어를 써서 비난한 것은 참으로 이례적이었다. 러시아대사관 입장에서는 '불순한 의도를 가지고 자신과 러시아를 정치 외교적으로 이용하려는 시도에 대해 분명하고 강력한 입장을 밝힐' 필요가 있었을 것이다.

한편, 김소구 소장의 주장에 대한 국방부의 반박은 간단하다. 김 소장은 수중에서 버블이 발생하면 한 번 수축했다가 터지는 데 걸리는 시간인 '버블 주기값'을 고려해 실험하여, 국방부 주장과 다른 결론을 얻었다고 밝혔다. 그러나 합조단은 김 박사가 수심 100m 이상에서 적용해야 될 공식을 47m 정도의 얕은 바다에 적용했다는 점에서 결론의 정확도가 떨어졌다고 보았다. 또 무엇보다 사용되는 폭약의 성분이 달랐다. 우리 군이 사용했던 육상조종기뢰는 TNT 폭약성분으로만 제조되었으나, 천안함 선체와 1번어뢰에서는 TNT, RDX, HMX가 혼합된 고성능 폭약 성분이 검출된 것이다.

김민석 국방부 대변인은 다음과 같이 덧붙였다. "천안함 피격 문제는 종합적으로 분석해서 결론을 낸 것이다. 국내외의 많은 전문가가 참여한 만큼 객관성이나 투명성이 매우 높다고 평가할 수 있다. 김 소장의 학문적 열정은 높이 평가하지만 한 가지 면만 가지고 모든 것을 판단하는 것은 무리가 있다."

실제 천안함 원인 등과 관련하여 합조단과 다른 과학적 실험 결과를 내놓은 과학자들이 있다. 그런데 실험 또는 분석 내용이 합조단의 그것과 다른 결과가 나오거나 해석의 차이가 있다고 해서 그것을 마치 정부 발표 전부가 완전히 잘못된 것인 양 주장하는 사례도 있었다. 김소구 박사의 분석 사례처럼, 일부 의혹 언론들이 그런 식으로 뻥튀기하기도 했다.

2012년 말 트위터에서 어느 유명한 시사 논객이 천안함 정부 발표가 틀렸다는 식의 황당한 소리를 계속했다. 천안함 조사 보고서나 백서를 한 번이라도 읽어보고 그런 소리를 하는지 정말 궁금했다. 그 근거가 뭐냐는 물음에 그는 김소구 박사의 주장이 실린 인터넷 언론 기사를 링크해 보내왔다. 나는 다시 글을 보냈다. "그게 님 주장 근거의 전부인가요? 정부와 합조단 결론은 그런 실험과 분석을 수백 건 실시하고, 수십 가지 증거를 가지고 종합적으로 판단한 겁니다. 아실만한 분이 그리 가벼우면 안 되지요." 그 뒤로 그는 천안함에 대해 더 이상 언급하지 않았다.

## 좌초설과 기타

천안함이 운항 도중 암초 등에 걸려 빠져나오려다 함이 갈라져 침몰했다는 주장이다. 상황 직후 제기되었던 주장이지만, 천안함 함미와 함수가 인양되면서 바로 배제되었다. 천안함 의혹설 중 가장 먼저 기각된 단순한 주장으로 긴 설명이 필요하지 않다. 이 의혹은 좌초 유발 요인을 제시하는 것이 아니라 생존자 및 사망자들의 경미한 손상, 함의 스크래치, 우현 프로펠러 휨 현상 등을 주장하며 폭발이 없었음을 주장한다. 즉 폭발이 없었으니 좌초 또는 피로 파괴라는 것이다.

그러나 천안함 항적이나 임무 구역에는 함을 좌초시킬 만한 요인이 없다. 초기에 일부에서 제기했던 '홍합여' 암초는 피격 현장에서 10km 이상 떨어져 있다. 천안함 피격 이후 해군 광양함 등 소해함 4척과 한국해양연구원 해양조사선 이어도호와 장목호 등 총 6척이 교대로 피격 원점과 천안함 항로의 해저를 샅샅이 조사했다. 여기에는 침몰한 외국 잠수함도, MK-6 개량형 기뢰도 없었다. 이들이 찾아낸 것은 천안함 잔해물과 천안함 함미로부터 250m 떨어진 지점에서 일제시대 때 건조된 침선 한 척(75×15×10m), 0.4~4m 크기의 소형 접

침몰 위치

천안함
경비 구역

수심
10~20m
20~30m
30~40m
40~50m
50~60m

| 침선 위치

촉물 29개, 인공 어초, 폐어망 등이었다. 이 침선도 해역 수심(47m)과 미상 침선의 높이(10m) 및 천안함 흘수(2.88m) 등을 고려할 때 천안함의 운항에는 전혀 문제가 되지 않았다.

국토해양부는 2008년 백령도 남서쪽과 연봉 및 홍합여 서쪽 인근 해역에 인공 어초를 설치했다. 이들 해역의 수심은 17~40m로 어초 높이 최대 5m 그리고 천안함 흘수 등을 고려할 때 역시 항해에 지장을 주지 않았다. 천안함은 피격 당일뿐만 아니라 임무 수행 중 무수히 이 인공 어초 지대를 통과했다. 결국 천안함 경비 구역 내에서 좌초 요인은 없었다. 좌초 요인이 없는 이상 좌초설은 설득력이 없다.

또한 좌초 또는 피로 파괴의 경우 선체 찢김 부위의 철판이 늘어나고 절단면이 비교적 매끈하다. 그러나 천안함은 절단면 형상이 복잡하고 철판은 밑에서 위로 구부러져 있다. 아래에서 강한 압력이 치고 올라왔음을 말해준다. 이를 두고 일부는 아래에서 잠수함이 충돌했다는 식으로 주장하고 있으나 그러기에는 침몰 지점 바다가 너무 얕다. 함 밑바닥의 스크래치는 침몰 당시 암반에 닿거나 인양용 쇠밧줄에 긁히면서 생긴 것이다. 또 함체를 인양해 바지선에 내려놓다가 거치대가 무게

| 침선 파편

를 이기지 못해 파손된 일이 있는데, 이때에도 함저가 일부 파손되기도 했다.

천안함에는 함저 앞부분에 소나돔이, 중간에는 함안정기가, 그리고 후미에는 빌지킬(Bilge keel, 선박균형장치)가 각각 달려 있다. 소나돔과 함안정기는 손상이 없었으며, 폭발 압력을 받은 빌지킬은 함체 안으로 밀려 들어가 있다. 이런 함체 손상 형상은 외부 폭발로 밖에 달리 설명할 수 없다.

수중 비접촉 폭발은 '육상에서 포탄에 직접 피격되고 그 탄이 폭발하여 파편이 튀는 것'과는 전혀 다른 특성을 가지고 있다. CHT-02D 어뢰(1번어뢰)는 충격과 폭발로 목표물을 무력화하는 육상의 포탄이나 직접 충돌식 어뢰와는 그 개념과 충격 방식이 다르다. 제2차세계대전 당시 나치 독일 해군사령관 카를 되니츠가 이끌던 U보트는 접촉식 폭발 어뢰로 연합국 함선을 공격했다. 이때 어뢰가 함정을 직접 타격하면서 승조원들 일부는 고막 손상과 파편상, 화상을 입었고 함정은 불바다가 된 후 침몰했다. 그러나 2차대전 이후에는 실전 상황

이 드물어 비접촉 어뢰의 폭발 사례는 거의 없다. 천안함은 어뢰가 함체에 직접 부딪히지 않은 비접촉 폭발로 생긴 충격파와 버블효과에 의해 두 동강 난 채 침몰했다. 천안함의 경우는 실전적 상황에서 비접촉 어뢰 공격을 받은 매우 드문 사례이다. 각국의 수중무기 개발과 대잠 체계 연구 개발자들이 주목한 것도 이 때문이다. 1번어뢰가 수중에서 폭발하면서 철로 만들어진 고정타와 축 등은 해저로 가라앉았다가 회수되었다. 어뢰의 외피는 알루미늄과 마그네슘 합금으로 만들어졌다. 어뢰가 폭발하면서 만들어진 '파편'은 주로 알루미늄 흡착물이었으며, 이 흰색 흡착물은 천안함 함체와 어뢰 잔해에 흩뿌려졌다. 수류탄이나 포탄과 같은 쇳조각 파편은 거의 없으며, 일부 있었다 해도 수중 폭발 환경을 고려할 때 천안함 함체에 박히지도 않았다.

천안함은 가스터빈실 아래 수중 3m 지점의 비접촉 폭발로 침몰했다. 따라서 피해도 U보트에 당한 함정과는 다르게 나타난다. 천안함에는 화염이나 어뢰 파편 흔적이 없다. 전선 피복, 내장재에 열손상 흔적이 생기지 않는 것을 '폭발이 없었다.'는 식으로 잘못 이해해서는 안 된다. 천안함의 전선 등은 화염에 녹지 않고 큰 힘에 의해 순간적으로 절단되었다. 또한 사망자의 시신 상태 등이 비교적 온전하다는 이유로 폭발이 없었다는 주장을 펴는 것은 그런 특성을 바로 이해하지 못하고 있기 때문이다. 절단면 부근에 있었던 승조원 6인은 버블 충격을 바로 받으면서 조류에 휩쓸렸거나 산화했다. 이들의 시신은 끝까지 수습되지 않았다. 이들은 유품 등으로 장례를 치뤄야 했으며, 산화자(散華者)로 처리되었다.

폭발이 있었는데 왜 고막 파열이 없는가라는 의문도 있었다. 실제 생존자들의 고막도 모두 이상이 없다. 폭발 충격파는 바닷물과 함체 격실을 거친 후 선체 안 공기를 통해 승조원에게 전해진다. 따라서 충격파의 대부분을 격실 선체라는 강성 구조물에 부딪혀 약화되면서 사람과 공기로 전해지는 충격파는 미미하기 때문이다.

또한 천안함의 절단면에 있던 깨지지 않은 형광등도 관심사였다. 함체가 갈라지고 함체의 일부가 떨어져 나갈 정도로 버블제트가 치고 나갔는데, 어떻게 형광등이 멀쩡할 수 있느냐는 의문이었다. SNS 등에서는 이를 '매직 형광등'으로 불렸다. 의혹론자들은 이를 천안함 발표의 허점이라며 침소봉대했다. 북한도 11월 2일 검열단 진상 공개장에서 "선체가 두 동강 난 부위에 설치되어 있는 형광등도 생생하게 존재하고 있는데 의혹만 더 키우고 있다. 이 형광등이야말로 '마술 형광등', '방탄 형광등'이므로 특허를 받아야 한다고 조소받고 있다."고 주장했다.

실제 천안함의 가스터빈 왼쪽 아래 지점부터 좌현 3.2m, 우현 9.9m 부분은 버블 압력을 직접 받은 바람에 완전히 떨어져 나갔다. 함정에서 쓰는 형광등 케이스 등은 일반 가정용에 비해 튼튼하도록 특수 제작되어 있다. 그럼에도 이 공간에 있던 형광등과 형광등 케이스는 떨어져 나가 산산조각으로 부수어졌다. 5월 13일 쌍끌이 어선은 해저에서 부서진 채 떨어져 나간 형광등 케이스를

| 천안함 조타실의 깨지지 않은 형광등

인양하기도 했다. 천안함 절단면의 '매직 형광등'도 폭발 순간 대단히 크게 흔들렸을 것이다. 그러나 격벽 등에 막혀 버블 압력을 직접 받지 않았기 때문에 깨지지 않은 것으로 보인다. 형광등 주변에 설치된 비상 조명 및 계기판, 얇은 알루미늄으로 제작된 각종 패널 등의 표면도 버블제트를 직접 받지 않은 것은 그대로 남아 있다. 특히 인양 이후 확인한 결과, 함수와 함미 내부 다른 격실의 형광등도 거의 깨지지 않았다. 이른바 '매직 형광등' 논란은 천안함 의혹의 작은 해프닝일 뿐이다.

한편 일부에서 큰 폭발이 있었는데, 왜 죽은 물고기가 발견되지 않느냐는 의문을 던지기도 한다. 폭발이 야간에 발생하여 죽은 물고기를 발견할 수 없었고, 당시 백령도 근해 지역은 비성어기(11월~익년 3월)로 물고기 떼가 없었을 가능성이 높았다. 물고기는 수중 폭발 시 지근거리 내에 있지 않는 한 충격파로 기절한 후 다시 살아날 가능성이 높았다. 설령 어뢰 폭발 직후 죽은 물고기가 있었다 해도 인근 수역으로 흩어졌거나 빠른 유속에 휩쓸려 갔을 것으로 추정된다. 백령도 근해 조류는 매 6시간 간격으로 창조류인 밀물과 낙조류인 썰물이 교차된다. 천안함 피격 3시간 후부터 조류 방향은 남에서 북으로 바뀌어 최대 3노트 속도로 NLL 북쪽으로 흘렀다. 실제 2010년 4월 초 백령도 해안에서 죽은 상괭이 한 마리가 발견되었다. 천안함 상황 원인을 밝혀줄 단서가 될 수 있을 것으로 기대를 모았으나, 조사 결과 천안함과는 무관한 것으로 밝혀졌다.

진실은 사이버공간이 아니라 현장에 있다. 국방부는 최대한 많은 사람들에게 평택 2함대에 있는 천안함의 함수와 함미를 눈으로 보여주기 위해 노력했다. 이 형광등뿐만 아니라 모든 구조물은 인양 당시 모습 그대로 전시되어 있고 누구나 볼 수 있다.

2010년 4월 백령도 해안에서 발견된 상괭이

한편 일부 인사는 '해군이 좌초라고 보고했다.'는 등의 이유를 들어 좌초설을 언급했다. 이후 좌초설과 잠수함 충돌설을 결합하여 천안함이 좌초 후 수중 물체와 충돌하여 침몰했다고 주장했다. 좌초 용어는 피격 직후 천안함 포술장 김 대위가 최초 보고를 하면서 경황이 없는 중에 쓴 단어였을 뿐이다. 실제 합참의 최초 대응은 '좌초' 보고 등에 근거하여 이루어졌다. 그렇다고 천안함이 '좌초'로 인해 침몰한 것은 아니다. 그리고 제3부표 지점 해저에는 여전히 아무것도 없다.

## 02

## 의심과 진실

### 과학자들의 실험과 주장

합동조사단의 조사 결과 발표에 대한 일부 과학자들의 반박이 있었다. '과학적으로 실험을 한 결과를 가지고' 다른 해석이나 주장을 편 인원은 한 손으로 꼽을 정도이다. 전 세계에 걸쳐 이들이 전부다. 이들은 합조단이 실시한 과학적 실험과는 다른 방식의 실험을 통해 합조단 실험 결과에 이의를 제기했다.

우선 버지니아대 이승헌 교수는 실험을 통해 이른바 흡착 물질 논란을 제기했다. 양판석, 정기영 교수도 이승헌 교수의 흡착 물질 관련 주장과 맥을 같이하고 있다. 합동조사단은 이정희 의원의 흡착 물질 시료 제출 요구에 응하면서 투명성을 보장하기 위해 제3의 기관으로

| 이승헌<br>(미국 버지니아대 고체물리학과 교수) | 2010년 6월, 흡착 물질 |
|---|---|
| 양판석<br>(캐나다 매니토바대 지질학과 교수) | 2010년 11월, 흡착 물질 |
| 정기영<br>(안동대 지구환경학과 교수) | 2010년 11월, 흡착 물질 |
| 김광섭<br>(미국 퍼듀대 화학공학박사) | 2012년 6월 합조단과 이승헌 교수<br>흡착 물질 동시 비판 |
| 김소구<br>(지진연구소장) | 2012년 8월 버블 주기 재해석을 통한<br>기뢰설 주장 |
| 김황수<br>(경성대 명예교수, 물리학) | 2014년 11월 지진파 주파수 분석으로<br>잠수함 충돌설 주장 |

하여금 합조단 전문가 입회하에 개봉 및 분석하는 조건으로 제공했다. 그러나 이런 약속은 지켜지지 않았고 캐나다의 양판석 박사는 이 시료를 넘겨받아 단독 분석을 실시하고 합조단 결과와는 다른 주장을 폈다. 또 KBS '추적 60분' 팀도 이승헌 교수 등의 주장을 뒷받침하기 위해 국내의 많은 과학자들과 접촉했다. 안동대 지구환경학과 정기영 교수가 이들의 주장에 함께했다.

실제 천안함 의혹을 제기한 과학자는 대부분 해외파들로, 국내 수많은 과학자들은 합조단의 결과에 동의하거나 이견을 내지 않았다. 민군합동조사단에 참여한 과학자들은 하나의 팀으로 우월한 인력과 실험 분석 여건에서 연구를 수행했다. 이들은 진상 조사의 모든 권한을 가지고 활동했다. 직접 현장에서 시료를 채취했으며, 다른 연관 분야의 전문가들과 협업을 통해 분석 성과를 공유했다. 또 다국적 조사단이 제공한 어뢰 조함 폭약 등의 전문 정보와 연구 결과를 활용했으며, 다양한 이론적 연구 등를 통섭했다. 특히 군 관련 기밀과 정보 사항에 대해서도 접근할 수 있었으며, 국방과학연구소(ADD), 국립과학수사연구소(NSF) 등의 첨단 실험 분석 장비와 인력을 활용했다. 또 군이 제공하는 어뢰 모형과 군용 폭약 등을 활용하여 실제 상황과 대단히 유사한 실험을 실시했다. 그러나 의혹을 제기한 해외 학자들 대부분은 백령도 현장 그리고 천안함 함체나 1번어뢰의 실물조차 보지 못한 상태였다. 또 개인적 차원의 연구실 수준에 머물러 이들의 실험 조건이나 분석 방법은 합조단의 그것과 현격한 차이를 보였다.

한편 천안함피격사건 이후 2년 3개월여가 지난 2012년 6월, 미국의 안수명(미국 버클리대 전기컴퓨터공학 박사) 씨는 자신의 추론을 근거로 북한 어뢰 공격 가능성을 부인하는 입장을 밝혔다. 지지자들에게 '잠수함 전문가'로 알려진 안 박사는 '북한 잠수정이 쏜 어뢰가 목표물을 탐지해 천안함 아래에서 터질 확률은 0.0000001% 수준으로 거의 제로에 가까우며 그런 사례가 없다.'고 주장했다. 또한 '통킹만사건이나 이라크 전쟁 관련 등 수많은 미국의 보고서들이 진실을 조작해서 사건을 일으킨 바 있다.'고 말하기도 했다.

예의 '통킹만사건' 주장이 여기서도 등장한다. 한편 SNS에서는 이런 주장을 '미국 잠수함 전문가의 의견'이라며 전파되었다. 그러나 반대쪽에서는 안 박사의 전문성이 극히 의심스러우며, 그의 주장은 천안함 의혹의 작은 부분에 매달린 지극히 개인적 의견에 불과하다고 평가했다.

'수중 폭발 실험과 상온 전기로 실험'. 합조단과 이승헌 교수의 실험 방식은 크게 달랐다. 이승헌 교수 등은 2010년 6월 흡착 물질에 대한 다른 실험과 해석으로 가장 먼저 이견을 제시했다. 그러나 이들의 주장에 대해 윤덕용 합조단장은 "재미 학자들이 두 동강 난 천안함 모습이나 백령도 피격 현장을 보지 못하고 수중 폭발의 특수성을 이해하지 못한 채 의혹을 제기하고 있다. 이승헌 교수의 알루미늄 산화 실험은 폭발 상황을 재현하지 못해 의미가 없다. 캐나다 양판석 교수의 주장은 흡착물이 폭발로 생긴 것이 아니라고 주장했는데 이 주장은 분명히 틀렸다. 이들의 주장은 과학적 논리적 근거가 없다."고 정리했다. 합조단의 이근득 박사는 "수중 폭발 후 급격한 냉각을 거쳐 비결정질의 알루미늄 산화물이 생성되었는데, 이승헌 박사의 실험은 폭발 현상과 다른 담금질 수준의 실험이므로 전혀 비교의 대상이 될 수 없다."고 평가했다.

수중 폭발 실험은 천안함 선체와 어뢰 추진체에서 채집한 흡착 물질의 성분이 무엇인지 즉 폭발로 인해 생긴 것인지를 규명하기 위한 것이었다. 실험 결과 천안함 선체와 어뢰 그리고 수중 폭발 실험에서 발견된 흡착 물질은 모두 성분이 같은, 폭발재임이 입증된 것이다.

합조단은 국방과학연구소(ADD)의 별도 공간에서 폭발 조건과 가깝게 수중 폭발 실험을 실시했다. 실제 2m×1.5m×1.5m의 강철 수조를 만들었다. 여기에 해수 4.5t을 채우고 15g의 폭약을 터트려 알루미늄 판재에 흡착된 물질을 분석했다. 폭발 당시와 비슷한 3000℃ 이상, 20만 기압 이상, 수십만 분의 1초 내 급격히 산화 조건을 충족한 것이다. 이 실험으로 나온 성분 분석의 결과는 천안함 선수와 선미 그리고 연돌, 1번어뢰 잔해에 달라붙어 있던 흡착 물질과 일치했다. 이는 어뢰와 천안함 함수와 함미, 연돌이 같은 순간에 폭발했음을 말해주는 과학적 증거였다. 즉 1번어뢰의 폭약 성분이 폭발로 인해 함수와 함미, 연돌에 동시에 흡착된 것을 증명한 것이다.

이승헌 교수도 흡착물 분석 실험을 했지만, 그의 실험 환경은 실제 상황과 비슷하지 못했다. 즉 수중이 아닌 상온에서 시험관에 알루미늄 분말을 넣고 전기로로 1,100℃의 온도로 40분 동안 서서히 가열했고(합조단은 3,000℃ 이상 순간 가열), 가열된 알루미늄을 시험관에서 철사로 꺼내 상온의 물에 2초 동안 느리게 냉각시킴으로써(합조단은 수십만 분의 1초 내 산화)화약 폭발과 비슷한 실험 환경을 만들지 못했다는 것이다. 이 때문에 합조단은 이승헌 교수의 '전기로 실험'은 합조단의 수중 폭발 실험과 완전히 다르며, 폭발 환경을 충족시키지 못해 그 결과도 신뢰할 수 없다고 보았다.

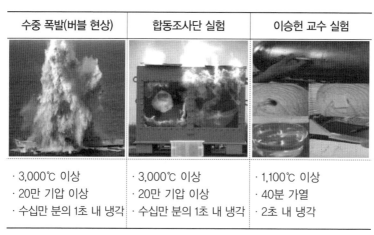

| 수중 폭발(버블 현상) | 합동조사단 실험 | 이승헌 교수 실험 |
|---|---|---|
| · 3,000℃ 이상<br>· 20만 기압 이상<br>· 수십만 분의 1초 내 냉각 | · 3,000℃ 이상<br>· 20만 기압 이상<br>· 수십만 분의 1초 내 냉각 | · 1,100℃ 이상<br>· 40분 가열<br>· 2초 내 냉각 |

▌ 합동조사단과 이승헌 교수의 실험 비교

그러나 이승헌 교수는 자신의 실험을 근거로 합조단 발표 결과에 대해 처음으로 '과학적' 의문을 제기했고 많은 주목을 받았다. 그는 코넬대 인터넷 사이트(arxiv.org)에 6월 3일 '민군합동조사단이 발표한 흡착 물질에 관한 견해' 등의 글을 올렸고 비슷한 내용을 한국 인터넷 매체에 게재했다. 이 사이트에서 이승헌 교수는 '합조단의 데이터가 손으로 그려 넣는 등으로 실험 결과가 조작되었다.'는 식으로까지 주장했다. 이후 그는 6월 16일 〈프레시안〉 등 국내 언론의 기고를 통해 '데이터에 조작이라고 할 수밖에 없는 치명적 오류가 있다.'는 등의 주장을 계속했다. 이승헌 교수는 서재정 미국 존스홉킨스대 교수(국제정치학)와 박선원 전 청와대 비서관 그리고 캐나다 양판석 교수 등과 함께 긴밀한 연계를 가지고 활동하는 것으로 파악되었다. 일부에서는 이들을 '러시아 친구의 전언'을 가지고 기뢰설을 주장한 도널드 그레그 대사 등과 함께 '해외파 의혹 5인방'으로 부르기도 했다. 그레그 대사 등은 이승헌 교수의 논문을 워싱턴의 정치 안보 분야 잡지 '넬슨 리포트'에 보내 게재해줄 것을 요청하기도 했다.

한편 서재정 교수와 이승헌 교수는 자신의 분석 결과를 UN에 보내기도 했다. 이들과 함께 활동했던 최문순 의원은 6월 18일 보도 자료를 통해 "이승헌 교수와 서재정 교수가 민군합동조사단의 흡착 물질 분석 결과에 대한 의문점을 담은 논문과 의견을 반기문 UN 사무총장에게 전달했다."고 밝혔다. 또 이들은 7월 9일 일본외국특파원협회(FCCJ) 기자실에서 120여 명의 내외신 기자들이 참석한 가운데 천안함 조사 결과를 반박하는 기자회견을 열기도 했다. 이들 해외파의 기자회견을 앞두고 열린 사전 검토 회의 결과, '합조단의 반박 자료를 기자단에게 제공하여 바른 인식을 갖도록 하는 것'으로 정리되었다. 이를 위해 주일 대사관을 비롯, 유관 기관 등이 긴밀하게 대응했다. 일본에서 서재정 교수는 합조단 조사가 발생 시각이나 어뢰 추진체 잔해 등의 의문을 밝히지 못한 것으로 평가하고 새로운 국제 조사단을 구성하여 재조사해야 한다고 주장했다. 이어 마이크를 잡은 이승헌 교수는 '합조단의 조사가 북한의 관여를 증명할 수 있는 것이 아니며, 데이터 날조가 의심되는 점이 있기에 별도로 조사가 필요하다.'고 주장했다. 다음은 기자들과의 질의응답 중 일부다.

> 질문 : 합조단 내 국제 조사단과의 접촉이 있었나?
>
> 답변 : 합조단 멤버들과는 이야기를 나눈 적이 없다.
>
> 질문 : 보통은 정부 조사 결과를 믿는 것이 일반적인데, 조작(fabrication)이라고 믿는 까닭은 무엇인가?
>
> 답변 : 학자적 양심 그리고 동북아의 평화와 안정이라는 차원에서 견해를 밝힌 것이다.
>
> 질문 : 외부 폭발이 아니라면 천안함 사태와 관련한 다른 설명은 무엇인가?
>
> 답변 : 정보가 미공개되어 있어 정확하지는 않으나, 잘못된 명령(wrong command) 또는 사고에 의한 가능성이 있다고 생각한다.

서재정 교수는 어뢰 폭발 시 버블에도 불구하고 선체가 비교적 멀쩡하며 탄약도 정돈된 상태로 남아 있어 충격파를 받은 흔적이 부족하며, 어뢰 폭발 시 발생해야 하는 파편이 발견되지 않은 점에 대해 강한 의문을 제기했다. 이런 주장에 대해 일부에서는 천안함 함체나

함 내부 현장을 보지 못한 설득력이 없는 전형적 시비라고 평가했다. 또 파편에 대해서도 합조단은 "천안함 공격 어뢰는 수중에서 폭발한 비접촉 어뢰이므로, 접촉식 어뢰 폭발 시와 같은 선체 파공이 없다. 또한 어뢰의 외부 재질이 주로 알루미늄 합금으로 제작되어 폭발 시 작은 파편은 조류에 의해 떠내려간 것으로 추정된다."고 답변했다.

또한 영국에서 발행되는 과학학술지『네이처』는 7월 8일 인터넷 영문판에 '침몰한 한국 배에 대한 논쟁'이라는 제목의 기사를 싣고 이승헌 교수의 보고서를 소개하기도 했다. 그러나 미국의 폭약 전문가 김광섭 박사는 이승헌 교수의『네이처』기고문에 다음과 같이 댓글을 달았다. 영어 교재 저자로 유명한 재미 작가 조화유 씨의 블로그 (http://blog.chosun.com/wyjoh)에 있는 글을 인용한다.

"(네이처에 실린) 이승헌의 글은 다른 학자들의 검증을 받지 않았다. 나는 이승헌이 대한민국의 대북한 정책에 반대하는 자기 소신을 밝히기 위해서일 뿐, 과학적 진실을 추구하기 위해 이 글을 썼다고는 생각하지 않는다. 그의 최근 행보를 보면 그는 자신의 정치적 견해를 뒷받침하기 위해 과학을 이용하고 있음을 잘 보여주고 있다. 그는 정치적인 동기에서 소집한 것 같은 기자회견을 하러 일본 동경에 나타나 기술적으로 (천안함 사건)과 관련이 없는 문제들을 제기했다."

실제 이승헌 교수 등의 이런 활동은 단순한 과학적 실험 영역을 넘어 '정치화'되었으며, 과도한 의도성을 보였다. 초기 일부에서는 이를 신선한 과학적 문제 제기로 받아들였으며, 합조단 실험 등에 대한 비판적 검증이 가능할 것으로 보았다. 즉 합리적 의심의 영역에서 과학적 논증이 이어진다면 합조단 조사 결과 보완에도 긍정적일 수 있었다. 그러나 시간이 갈수록 합조단 조작론으로 나아가 북한 공격 의심으로까지 이어지면서 이들의 주장에 대한 순수성을 의심하는 분위기가 확산되었다. 더구나 이들의 실험 결과를 앞세워 천안함 전면 재조사 주장의 목소리가 다시 나오기 시작하면서, 강력하고 전면적 대응으로 입장이 급선회했다. 합조단은 이승헌 교수 등의 실험에 대해 적극적으로 반박했으며, 다양한 방법으로 실험의 오류와 한계를 설명했다.

또 이승헌, 양판석, 정기영, 김소구 박사 등의 과학적 실험 결과와 주장에 대한 검증과 평가는 포항공대 사이트 '브릭(bric)'의 카페 '과학의 눈으로 바라본 천안함 사고 원인(http://bric.postech.ac.kr/scicafe/?SciCafeId=warship)' 등에서도 비교적 활발하게 이루어졌다. 이 카페에서는 양판석 박사가 직접 논쟁에 뛰어들기도 했으며, 해직 기자 등 다양한 인사들이 참여하여 '전문가 리그'를 펼치기도 했다. 과학적 전문성을 가진 수준 높은 논박이 이어졌다. 여러 '강호의 고수'들은 자신들의 신분을 드러내지 않은 채, 천안함 의혹 주장을 논리적이고 과학적으로 반박했다. 일부 의혹론자는 상당한 치명상을 입고 이곳을 떠나기도 했다.

이승헌 교수로 대표되는 과학자들의 실험 결과는 천안함 관련 분석의 작은 일부일 뿐이다. '실험의 엄밀성은 현장성을 얼마나 제대로 구현하느냐.'에 크게 영향을 받는다. 실제와 유사한 실험 결과에 더욱 신뢰가 가는 것은 당연하다. 아주 작은 부분의 결과에 대해 다른 주장이나 결과치가 있다고 천안함 조사 결과 전체가 부정될 수는 없는 것이다.

앞으로 흡착 물질과 관련한 다른 결과와 해석에 대해서는 굳이 필요하다면 합리적 자세와 과학자적 양식 하에서, 과학의 영역 내에서 얼마든지 상호 간 토론과 공동 검증도 가능하다고 본다. 그러나 과학자가 연구와 실험으로 말하지 않고 그 차원을 넘어 정치와 이념으로 경사될 경우 이는 과학을 앞세운 선동에 지나지 않을 것이다. 한편 2011년 7월 이승헌 교수가 천안함에 대해 쓴 책이 '올해의 청소년 도서'로 지정되었다가 취소되는 해프닝도 있었다. 대한출판문화협회는 해당 도서가 천안함 사건과 관련해 객관적으로 입증되지 않은 개인의 의견을 담은 것이라 청소년들에게 권장하기에는 적절치 않다는 입장을 밝혔다.

## 기자들이 검증을?

국회는 4월 28일 '천안함침몰사건 진상조사특별위원회' 구성 결의안을 통과시켰다. 6·2지방선거에 정치권이 집중하면서 특위 구성은 지연되고 있었다. 국회 특위는 기밀 자료 열람, 현장 검증, 정부 관계자 출석, 증인 참고인 심문 등 막강한 권능을 가지고 있었고 또 이를 통해 정부 조사 결과를 검증하거나 독자적인 조사 활동을 전개할 수 있었다. 그런데 5월 20일 합조단 조사 결과 발표 직후, 일부 전·현직 언론인들이 조사 결과를 검증하겠다고 나선 것이다. 그들의 권한이나 능력의 여부를 떠나 우리 사회의 전문가 집단 중에서 합조단 결과에 대해 공개적으로 반박하고 검증을 주장하고 나선 곳은 이들 진보적 언론 단체밖에 없었다. 국회 특위의 활동 결과를 기다리지 않고 안보 현안에 대해 일반 기자나 PD들이 단체를 만들어 나선 것은 대단히 이례적인 일이었다.

전국언론노동조합, 한국기자협회, 한국PD연합회 등 언론 3단체는 5월 20일 '천안함 조사 결과 검증위원회'를 구성했다. 이들은 정부 발표에 대해 의혹이 해소되지 않는 부분이 너무 많으며, 정부 결과를 검증 없이 보도하는 것은 언론의 올바른 자세가 아니라고 주장했다. '정치적 중립성을 훼손해 공정성 시비를 일으킨 합동조사단을 해체하고, 민간 중심 검증 기구를 구성해야 한다. 아울러 군 지휘 라인 전원을 수사해야 한다.'는 정치적 주장까지 이어졌다. 이들은 6월 4일 침몰 당시 TOD(열상감지장비) 화면의 존재 여부, KNTDS 기록과 다른 침몰 지점, 사고 발생 시각의 번복, 스크루와 선저의 상태 변화, 물기둥에 대한 증언 번복, 북한의 연어급 잠수정 보유 여부, 어뢰의 페인트는 타고 '1번' 표기만 남은 점 등의 의문을 제기했다.

이들의 활동에 대해 평가가 엇갈렸다. 이들 구성원들의 정치적 성향이 편향되었고, 국방 전문 기자도 아닌데 군과 무기 체계 수중 환경에 대해 얼마나 알고 있는지, 실제 검증할 능력이나 전문성이 있는지, 그리고 각각의 조직을 대표할 수 있는지에 대한 지적도 제기되었다. 따라서 소수의 편향된 언론 단체에 불과하며 굳이 대응할 필요가 없다는 평가도 있었다.

그러나 이들이 제기한 일부 정치적 주장을 빼면 언론인으로서 충분히 제기할 수 있는 합리적 의문들이며, 이들을 설득하지 못하면 어떻게 국민들에게 조사 결과를 납득시키겠는가라는 반론이 나왔다.

국민적 관심을 끌기 위해 다소간의 극단적이고 과격한 언설을 하는 것까지 굳이 문제 삼아서는 안 된다는 지적도 있었다. 다소의 논란 끝에 수용하여 적극 대응한다는 입장이 정해졌다. 공개 토론이든 설명회든 제기되는 의문 사항에 대해 성실히 답변하고 설득한다는 것이다. 아예 끝장 토론 등 선제적 대응도 주문했다.

국방비서관이 주재한 비서관실 아침 회의에서 다양한 의견이 나왔다.

"굳이 해야 합니까? 과연 설명한다고 납득할까요?", "아무리 설명해도 믿지 않으면 그만인데, 오히려 의혹만 키울 것입니다.", "아무렴 모두 다 그렇기야 하겠어요. 대부분은 알아들을 겁니다.", "맞습니다. 오히려 이번 기회를 잘 활용해야 합니다.", "어차피 일부는 끝까지 안 믿을 겁니다. 설득이 안 되는 사람들이 꼭 있습니다."

국방부는 6월 7일 이들에 대해 천안함 의문에 대한 공개 토론을 제의했다. 그러나 6월 14일 UN 안보리 설명회가 예정되면서 일정이 미뤄졌다. 그리고 공개 토론은 사건에 대한 충분한 이해가 선행된 이후에 이루어지는 것이 옳았다. 우선 언론 단체가 제기한 의문에 대한 설명과 현장 확인 등이 먼저였다. 실제 합조단은 조사 결과 발표 이후부터 '대국민 설명'으로 활동 방향을 완전히 전환하고 '정책 설명회' 형식으로 다양한 대상에게 천안함의 진실을 설명해왔다. 이 자리에서는 1번어뢰 실물을 비롯한 다양한 증거물과 합조단의 실험 분석 결과, 의혹에 대한 설명 등이 진행되었다. 특히 국방부 설명 이후 바로 평택 2함대 사령부에 전시된 천안함 함수·함미 현장 견학이 이어졌다. 이런 '천안함 진실 투어' 코스는 대단한 인기를 끌었다. 이들 언론 단체와의 대면 형식도 질의응답 위주의 설명회로 바뀌었고 그래도 의혹이 있으면 다시 토론하는 것으로 정리되었다.

6월 29일 국방부 대회의실에서 열린 공개 설명회에는 언론 단체 기자와 PD 등 22명이 참석했다. 오전 9시 반부터 2시간 동안 피격 사건 조사 결과 설명회와 질의응답, 오후에는 2함대 사령부의 천안함 선체 견학 등의 일정이었다. 이 자리에는 윤덕용 공동단장을 비롯, 윤종성 조사본부장, 문병옥 대변인과 과학수사분과 9인, 폭발유형분과 4인, 선체분과 8인, 정보분과 2인, 연합정보 T/F 2인 등 총 29인이 자리를 함께했다. 합조단의 핵심 인력은 전원 출동했다. 언론 단체 22인도 제기된 의혹이나 의문에 대해 미리 철저히 조사하고 공부를 했으며, 전문가들로부터 자문을 받았다. 천안함 진실을 향한 진검 승부가 펼쳐진 것이다.

언론보도검증위 기자들은 흡착물 성분 분석 17건, 스크루 휨 11건, 어뢰 잔해와 설계도 15건, KNTDS 좌표 등 13건, 피격 당시 물기둥 8건, TOD 방위각 등 6건, 북한 연어급 잠수정 5건, 절단면 등 함체 상태 8건 등 총 83건의 질문을 펼쳤다. 그동안 부분 부분 간헐적으로 제기되었던 발표 관련 의문이나 궁금증이 한 번에 쏟아져 나왔다. 검증위는 자신들의 주장에 대한 근거를 대기 위해 다양한 참고 자료를 만들었고 그간 합조단의 발표 등에 대한 상이점을 찾아 세세한 부분까지 확인했다. 합조단은 각 분야 전문가들이 발표와 설명을 맡아 성실히 답변했다. 특히 언론 검증이라는 자리인 만큼 작은 착오나 실수가 없도록 최선을 다했다. 다른 설명회장과는 달리 질문과 반박 등으로 열기는 매우 뜨거웠다. 특히 이들은 대단히 예리했으며 공

## 천안함피격사건 정책 설명회 주요 현황

| 일자 | 대상 | 인원(명) | 장소 | 주관 부서 |
|---|---|---|---|---|
| 5. 21. | 외신 기자 | 31 | 국방부 | 공보과 |
| 5. 25. | 국민 원로 회의 | 37 | 청와대 | 청와대 |
| 5. 26. | 국방 · 외교 · 통일정책자문위원 | 66 | | 기본정책과 |
| 5. 27. | 언론사 정치 · 사회부장 | 25 | 국방부 · 제2함대 사령부 | 공보과 |
| 5. 28. | 군 원로 | 108 | | 예비역TF |
| 5. 31. | 언론사 논 · 해설위원 | 25 | 국방부 · 제2함대 사령부 | 공보과 |
| 6. 7. | 인터넷 파워 유저 (20 ~ 30대) | 30 | 국방부 · 제2함대 사령부 | 정책홍보과 |
| 6. 9. | 지자체 4급 이상 간부 공무원 | 1,000 | 충남도청 | 합동조사단 |
| 6. 19. | 초등 교감 · 문화 예술계 | 100 | 국방부 · 제2함대 사령부 | 문화정책과 |
| 6. 29. | 언론 3단체 초청 설명회 | 22 | 국방부 · 제2함대 사령부 | 합동 조사단 |
| 7. 1. | 대학생 캠프 참여자 | 100 | 국방부 · 제2함대 사령부 | |
| 7. 8. | 트위터, 미투데이 이용자 | 50 | 국방부 · 제2함대 사령부 | 정책홍보과 |
| 7. 15. | NGO 단체 회원 | 50 | 국방부 · 제2함대 사령부 | |
| 7. 16. | 예비역 안보 강사 | 107 | 국방부 · 제2함대 사령부 | 정신전력과 |
| 7. 23. | | 80 | 국방부 · 제2함대 사령부 | |
| 8. 17. ~ 19. | 예비역 장성 | 700 | 국방부 · 제2함대 사령부 | 예비역정책과 |

세적이었다. 현직에 있는 비판적 언론인이라는 가장 까다로운 상대와 일전을 거치면서 합조단의 언론 대응과 설명 능력은 더욱 향상되었다. 또한 정리된 답변 자료는 다른 설명회 자리에서 의혹에 대한 설명 자료로 활용되었다(www.cheonan46. go.kr/41).

한편 천안함 현장에서도 질문과 답변은 계속되었다.

| 천안함을 살펴보는 미 핵항모 조지워싱턴호 승조원들

대부분 천안함 함체를 처음 본 이들은 현장 설명에도 진지하게 귀를 기울였다. 일부는 자신의 주장만 거듭하면서 현장 설명 요원들과 언쟁을 벌이기도 했다. 합조단은 공개 설명회와 함체 견학을 통해 더 이상의 의혹과 착오가 발생하지 않기를 기대했다. 그러나 검증위는 7월 2일 "합조단의 분석 오류, 사실 왜곡, 거짓 해명 등을 상당 부분 확인했다며, 합조단은 조사 주체가 아닌 조사의 대상이 되어야 하며 국정조사를 통해 조사 과정, 조사 결과 전반에 걸쳐 진상 규명이 이뤄져야 한다."고 같은 주장을 되풀이했다. 이들의 이런 주장은 그간의 행태에 비추어 이미 예상된 결과였다. 무엇을 이야기한들 재조사(국정조사) 요구라는 정치적 목표가 분명한 상황에는 그 어떤 설명도 무의미했다. 특히 나아가 주장 근거가 희박한 개인적 호기심이나 합리성이

약한 주장을 과학적으로 설명하기 위해 국민의 세금을 써가며 실험이나 시뮬레이션을 할 필요는 없었다. 또한 어떤 주장은 아예 과학적으로 분석이 가능하지 않는 사례도 있었다.

이 설명회 행사를 끝으로 이들과의 공개 토론은 열리지 않았다. 이후 이들의 활동은 많이 약화되었다. 이들 중의 일부는 진실을 바로 보고 이해하려는 합리적 태도가 있었으며, 합조단의 설명과 자료에 상당 부분 공감했기 때문이다. 그러나 국방부 현장 설명회 등의 노력에도 불구하고 남은 일부는 여전히 같은 의혹 주장을 되풀이하기도 했다.


## '전문가'들과 KAIST 교수들

'1번어뢰 추진체'는 천안함 범인을 밝히는 스모킹 건이다. 따라서 당사자인 북한은 물론 의혹 세력에게 '1번어뢰'는 반드시 탄핵해야 할 핵심 증거였다. 이들은 총공세를 펴며 집요하고도 다양하게 의혹과 조작설을 제기했다.

인터넷 매체 〈데일리서프라이즈〉는 5월 26일 북한 어뢰에 파란 매직으로 쓰인 '1번' 글씨에 대해 "우리가 쓴 것 같다."고 주장했다. 이들은 "1번이라고 쓰인 부분이 균일하지 못했으며, 녹슨 표면에 파란색 매직 글씨가 쓰인 것 같다."는 등의 의혹을 제기했다. 서재정 교수와 이승헌 교수는 6월 1일 〈한겨레〉 기고문에서 '1번 글씨와 부식 방지용 페인트가 어뢰 폭발에서 발생하는 고열에도 녹지 않은 점' 등에 대해 의문을 제기했다.

이종인 씨가 대표로 있는 '알파잠수공사'는 해군 2함대 전담 협력
사였지만, 천안함 인양 사업 수주전에서 경쟁사인 '88수중개발'에 밀
려 실패했다. 이후 이종인 씨는 5월 26일 〈민중의 소리〉와 함께 선박
스크루 조각에 파란 유성매직으로 '1번' 글씨를 쓰고 가스 용접기로
스크루를 굽는 '실험'을 했다. 스크루 조각이 달구어지자 매직 글씨는
당연히 녹아내렸다. 이런 '철판 굽기 실험'을 영상으로 공개하며, 어뢰
폭발로 고열이 발생하면 1번 글씨도 녹아 없어졌어야 한다고 주장했
다. 그는 또 7월 13일 천안함 어뢰 추진체는 물속에서 4~5년 정도 된
것이라는 주장을 폈다. 그는 어뢰 추진체에 쓰인 것과 유사한 금속을
50일 동안 인천 앞바다의 수심 8m 해저 뻘 속에 묻어놨다가 꺼내는
'실험'을 통해 이런 주장을 폈으며, 〈한겨레〉 등은 이를 크게 보도했
다.

다른 의혹 주장도 주장이지만, 특히 '해양 전문가' 이종인 씨의 '역
사적 실험'은 온라인과 SNS에서 큰 화제가 되었다. 일반적으로 과학
적 결과는 실험과 증명을 통해 과학의 언어로 표현되어야 한다. 그래
야 검증과 평가 그리고 일반화가 가능하기 때문이다. 그럼에도 〈한겨
레〉 등이 갯벌에 쇳조각을 담그고 가스 불로 쇠판을 굽는 식의 실험
을 과학적인 것으로 보아 크게 보도한 것이 오히려 이슈가 되었다. 이
런 일련의 모습들은 천안함 실험 분석의 과학성과 엄밀성을 희화화
시킨 대표적인 사례로 평가되었다. 이들은 공통적으로 '1번어뢰 조작'
주장으로 이어졌고, 1번 글씨 잉크 성분 논란과 함께 대표적인 의혹
으로 자리 잡았다. SNS 등에는 '합조단의 1번어뢰 인양 당시 바꿔치

기 등 조작이 있었다.' '인양 당시 있었던 알루미늄 호일이 사라지는 등 어뢰 추진체 모습과 이후 합조단의 발표 사진이 다르다.' 등의 의혹이 끊임없이 올라왔다. 어뢰 실물을 보지 못한 채 인터넷에 떠도는 사진들의 차이를 '조작'이라고 주장한 것이다.

북한도 이런 의혹 주장들을 놓칠 리 없었다. 이들의 주장을 대남 공세와 선전 선동에 적극 활용했다. 6월 21일 조선통신사 고발장은 이승헌 교수의 실험 주장을, 11월 2일 국방위 검열단의 '진상 공개장'에는 이승헌 교수의 주장과 이종인 씨의 '철판 부식 실험' 주장을 그대로 받아 천안함 범인이 자신들이 아님을 주장하는 데 이용했다. 북한은 이런 주장을 끌어모아 '미국과 이명박 패당이 초유의 모략극을 날조했다.'고 주장했다.

이런 의혹들에 대해 합조단은 적극적으로 대응했다. 6월 29일 언론검증위의 어뢰 추진체 사진 차이 질문에 대해, 합조단은 '호일이 아니라 알루미늄 재질의 정비구 덮개이며, 사진 각도에 따라 달리 보이는 것'이라고 설명했다. 이 역시 어뢰 실물을 보지 못하고 사진 몇 장을 비교하며 억지로 만들어낸 의혹에 불과했다.

이종인 씨 등의 어뢰 부식 기간 의혹에 대해, 부식의 정도는 해저의 산소량과 유속, 온도 등 다양한 조건에 따라 달라질 수 있음을 고려할 때 일방적 주장에 불과하다고 보았다. 1번어뢰의 동력장치는 철과 알루미늄, 스테인레스 등으로 이루어져 재질에 따라 부식 정도가 차이가 날 수 밖에 없었다. 이른바 1번 글씨는 추진후부 내부의 스테인레스강에 적혀 있어 거의 부식이 일어나지 않았다. 5월 25일 금속 재료 전문가들이 확인한 결과 어뢰추진동력장치의 철제 부분 부식 정도는 1~2개월 정도이고, 천안함 선체의 철제 부분 부식 정도와 유사하다는 의견이 나왔다. 그러나 과학적인 실험 결과를 얻기 위해 국립과학수사연구소 주관으로 한국과학기술연구원(KIST)이 분석을 시도했다. 그러나 실험은 어뢰가 물속에 잠겨 있던 시한이 50여 일로 너무 짧았고, 금속 재질이 부위별로 상이하여 부식층의 차이가 최고 6배(50㎛$^{04}$~300㎛)가 나는 등 비교가 어려워 유의미한 결과를 얻어낼 수는 없었다.

1번 글씨에 대한 과학적 의심은 '어뢰가 폭발하면 엄청난 고열이 발생하는데, 왜 유성매직으로 쓴 1번 글씨가 녹아 없어지지 않았는가?'로 모아졌다. 천안함을 공격한 어뢰는 수온 3℃의 바닷물 속에서 함체와 접촉하지 않은 비접촉성으로 폭발했다. 1번이 표기된 부분은 추진후부 안쪽에 쓰인 채로 정비구 덮개로 가려져 있었다. 이 부분은 어뢰 발사 때부터 이미 물에 잠겨 있는 상태였다. 고성능 폭약 250kg이 폭발하면 가스버블 팽창으로 1번 글씨가 쓰인 부분은 후방으로 30m~40m 뒤로 밀려나게 된다. 따라서 1번 글씨는 물론 이 글씨 아래 칠해져 있던 부식 방지용 페인트도 고열의 영향을 받지 않은 것이다. 특히 수중 비접촉 폭발로 초기 폭발 온도는 수천 도에 이르나 순식간에 버블 체적이 수천 배 팽창하면서 온도가 급격히 낮아져 열 손상이 거의 없다는 것이다. 실제 천안함 내부에는 육상 화재에서 보이는 것과 같은 화염의 흔적이 없었다. 이종인 씨처럼, 공기 중에서 가스 불로 철판은 굽는 행위는 수중 어뢰 폭발 양상과는 전혀 다른 차

---

04 마이크로미터(micro meter). 1㎛는 1/1000000m이며, 1mm의 1/1000이다.

원의 것이다. 아무런 연관이 없다. 이승헌 교수나 이종인 씨 등의 의혹 제기에 대해 합조단의 설명은 비접촉성 폭발로 발생한 화염이 1번 글씨까지 전달되지 않았다는 것이 핵심이다. 그런데 화염으로 생긴 고온 자체가 0.1초 만에 소멸된다는 과학적 분석이 나오면서 1번 글씨가 녹지 않음을 증명한 것이다.

합조단을 구원하기 위해 등판한 사람은 바로 카이스트 기계공학과 송태호 교수였다. 송 교수는 합조단이나 정부 측과는 관련이 없이 오직 자신이 전공한 분야에 대해 과학적 양심을 가지고 나서 주었다. 그는 8월 2일 '천안함 어뢰 1번 글씨 부위 온도 계산'이란 논문을 통해 '어뢰가 폭발하더라도 1번 글자가 쓰인 철판 뒷면의 온도는 단 0.1℃도 올라가지 않는다.'고 밝혔다. 그는 수중 어뢰 폭발의 물리적 설명을 덧붙였다.

① 어뢰 폭발 시 나오는 3,000℃의 화염은 단열 팽창하면서 0.1초 만에 상온까지 냉각된다.
② 이 사이에 화염은 디스크 전면 온도를 겨우 2~3℃ 올린다.
③ 1번 글씨가 쓰인 디스크 후면은 미처 열전도가 되지 않아 단 0.1℃의 온도 상승도 없다
④ 이보다 더 가혹한 조건에서도, 어뢰 추진부 어느 부분도 절대 20℃ 이상 온도가 오르지 않는다.

송 교수는 "합동조사단의 천안함 조사 결과에 의문을 제시한 일부 학자들이 1번이라는 글자가 폭발 시 고열의 화염에 타버린다고 주

장했지만 이런 주장은 엉터리 계산의 결과."라고 말했다. 그는 "열전달이 전공인 내가 계산한 결과 온도가 별로 올라가지 않는다는 합조단의 조사 결과가 맞고, 오히려 의문을 제기한 학자들이 틀린 것."이라고 강조했다. 송 교수의 분석에 대해 카이스트 기계공학과 김광준, 김양한 교수 등 23명의 교수가 그 결과를 추인했다. 그러나 천안함 의혹 해명을 위해 학자적 양심을 걸고 뛰어든 송태호 교수는 천안함 의혹론자나 특정 언론 등으로부터 거센 비난과 공격을 받아야 했다. 대한민국 과학계는 윤덕용 합조단장과 송태호 교수 등이 천안함 의혹 해소에 나선 것을 높이 평가했으며, 이들의 활약은 2010년 과학계 10대 뉴스에 이름을 올리기도 했다.

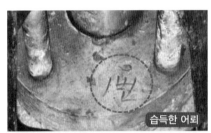
습득한 어뢰

2003년 북한 어뢰 표기

천안함 1번어뢰(위), 2003년 북한 어뢰(가운데), 연평도 방사포탄에 쓰인 숫자 ①(아래)

실제 2010년 11월 23일 북한의 연평도 포격도발 당시 122mm 방사포탄 노즐 부분에 '①'이라고 쓰인 숫자가 발견되었다. 천안함 폭침 시 사용된 북한 CHT-02D 어뢰추진동력장치에 표기된 '1번'과 표기 방법이 유사했다. 이 사실은 북한은 무기 조립 과정에서 부품을 구분하고 분류하기 위해 손으로 유성매직을 가지고 손으로 직접 글자나 숫자를 쓴다는 점을 확인해 주었다. 그동안 북한은 11월 2일 '국방위원회 검열단 진상 공개장'을 발표하면서 "우리 군수 공업 부문에서는 어떤 부속품이나 기재를 만들 때 필요한 숫자를 펜으로 쓰지 않고 새기고 있다."고 주장했다. 그러나 연평도 방사포탄은 육상에서 발사되었지만, 포탄에 쓰인 글씨도 고열에 타지 않았다는 점을 보여주었다. 의혹 세력은 "어뢰나 포탄이 폭발할 경우 그 열로 글씨가 고열에 녹아서 없어져야 한다. 그러므로 CHT-02D어뢰는 조작되었다."는 등의 주장을 해왔다. 연평도 '1번포탄'은 심지어 육상에서 발사되어도 유성매직 글씨가 녹지 않음을 보여주었다. 천안함을 쏜 어뢰의 1번 글씨 부분은 물에 잠긴 채 발사되고 폭발 직후에는 뒤로 밀려나 폭발열을 거의 받지 않는다. 이는 폭발화염이 순식간에 사라지기 때문에 수중의 어뢰 글씨가 지워지지 않는다는 또 다른 증거인 셈이다. 결국 육상 포탄에도 녹지 않은 글씨가 수중에서 녹을 리는 더더욱 없는 것이다. 천안함 어뢰 추진체에 쓰인 1번 글씨가 고열에도 녹지 않아 조작되었다는 등의 주장은 터무니없는 의혹이라는 것이 밝혀진 것이다. 또한 해저 열수분출공(熱水噴出孔, hydrothermal vent)의 직접 온도는 수백 도에 이르지만, 잠수 다이버들은 1m도 떨어지지 않은 열수공 근처에서 수중 작업을 하기도 한다. 육상의 화산 분출구라면 뜨거워서 근처에 가지도 못하지만, 수중은 30cm 정도만 벗어나도 열수의 온도가 바닷물과 비슷해진다. 이것이 물과 공기의 차이이며, 수중 환경과 육상 환경의 다른 점이다.

# '1번어뢰' 속의 조개 파편

2010년 11월 2일 오전 트위터 타임라인에는 '1번어뢰 구멍에 조개가 서식하고 있는 것이 밝혀졌으며, 이는 어뢰가 폭발과 무관하다는 사실을 말해준다.'는 글들이 연이어 올라왔다. 어느 개인 블로거가 찍은 사진 속에는 어뢰 구멍 속에 흡착 물질이 붙어 있는 조개 조각이 보였다. 이런 사실은 트위터를 타고 확산되었고 다른 블로그와 다음 아고라에도 게재되었다.

곧이어 인터넷 매체 〈데일리서프라이즈〉는 '조가비 한 마리, 천안함의 진상을 드러내다'라는 기사를 올렸다. 이들은 "어뢰가 터지기 전에 이미 그 속에 조가비가 살고 있었다면, 결국 1번어뢰는 애초부터 폭발할 수 없는 조가비 인공어초인 셈이며, 치패가 어뢰 속에 그 정도 성장하려면 산란 후 최소 5개월 이상 걸린다. 따라서 어뢰는 최소한 5개월 이상 바닷속에 있었으므로 천안함 사건과는 무관하다."고 주장했다. '천안함 언론검증위'도 11월 3일 "조개 끝부분에 백색 물질이 꽃피듯 생성되어 있다는 점에서 이 조개는 정부가 공개한 어뢰 추진체가 천안함 공격과 무관함을 강하게 보여준다."고 주장했다. 그리고 다음 날 이런 조개껍질 소식은 일부 일간지에도 보도되었다. 여기에 어뢰 스크루 구멍의 크기가 2cm로 추정됨에도 불구하고 2.5×2.5cm의 조개껍데기가 들어갔다는 보도까지 덧붙여졌다.

한 가지 의혹이 제기되면 이 의혹에 여러 다른 내용이 덧붙여져 점점 커지게 된다. '의혹의 확대 재생산과 자기 증식'은 놀라울 정도였다. 터무니없는 의혹이 더 커지기 전에 진화해야 했다. 관계기관이 따로 모여 별도의 회의를 열 사이가 아니었다. 유선상으로 필요한 협의와 조치가 시작되었다. 우선 조개 파편 조각을 확보해서 검토하고 전문가에게 자문을 구하는 조치가 필요했다. 국방부는 대단히 신속하게 움직였다. 아울러 최종 종합 결과를 기다리지 말고 사실관계가 확인되는 대로 트위터 등에서 대응해줄 것을 요청했다. 11월 3일 오후 SNS에 사실 자료가 올라가고 이런 사실들이 RT되면서 의혹 주장은 눈에 띄게 줄어들었다.

국방부는 4일 종합적인 보도 자료를 발표했다. "생물 조개가 아니라 조개껍데기로, 가장 좁은 폭이 1.8cm에 불과해 구멍 속에 들어갈 수 있는 크기이다. 어뢰 폭발 후 해저 면에 있던 조개껍데기 조각이 조류 등의 영향으로 (프로펠러) 구멍 속에 들어간 것으로 판단된다."고 밝혔다.

또 조개에 묻은 백색 물질에 대해서는 "어뢰 폭발로 조개껍데기와 흡착물이 동시에 구멍 속으로 들어가면서 붙을 수도 있고, 조개껍데기가 구멍에 들어간 이후 스크루 주변에 묻어 있는 다량의 흡착물이 조류 등의 영향으로 옮겨 붙을 수도 있다."고 설명했다. 동시에 이 자료는 천안함 공식 홈페이지인 '천안함스토리'에도 그대로 게재되었다.

그러나 의혹은 이어졌다. 1번어뢰가 가짜라는 주장과 증거 능력을 탄핵하기 위한 시도는 계속된 것이다. 조개의 원산지가 논란이었다. 일부 의혹 세력은 이 조

| 1번어뢰 스크루 구멍 2cm

| 조개껍데기 크기 1.8cm×
2.5cm×2.5cm

개가 동해안에만 서식하는 패류로, 서해에서 발견되었기 때문에 어뢰가 조작된 것이라고 주장했다. 또한 천안함 검증위는 "국방부가 증거 보전 요구를 무시한 채 일방적으로 조개를 떼어내고 백색 침전물을 부숴버렸다."며 "비상식적이고 오만한 태도."라고 비판하기도 했다. 이런 비판은 '국립과학수사연구소가 변사체를 부검하는 것을 두고 증거 인멸이라고 말하는 격'이었다. 제기된 의혹 주장의 사실을 확인하여 국민들에게 제대로 알릴 책임과 권한을 가진 국방부 조사본부는 이 조개 조각을 수거해 전문가에게 감정을 의뢰했다.

한국패류학회 회장 박영제 박사는 조개껍데기를 분석한 결과, 부서진 조개껍데기(2.5cm×2.5cm)는 비단가리비 패각 중 일부인 것으로 확인했다. 국방부의 요청에 그는 "비단가리비는 우리나라 동해, 남해, 서해 모두에 서식하는 종이며, 패각 형태로 보아 백령도 부근에서 자생하는 비단가리비 패각 중 우각에 해당하는 파편인 것 같다는 것이 한국패류학회의 공식적인 소견."이라는 답변서를 보내왔다.

천안함 피격 현장 해저에 무수히 있는 조개껍질이 어뢰 폭발로 바닷물이 뒤섞이는 과정에서 우연히 어뢰 스크루 구멍으로 들어갔고, 어뢰 추진체 위로 흩어졌던

1번어뢰에서 발견된 조개 파편(원 부분)과 우리나라 해안에 살고 있는 비단가리비를 합성한 것으로, 이 파편은 비단가리비 조각임을 보여준다.

미세한 흡착 물질들이 침전되는 과정에서 그 조개 파편 위에 얹혀진 것으로 보인다.

## '붉은멍게' 이야기

2011년 3월 24일 천안함 1주기를 며칠 앞둔 시점에서 또 다른 일이 터졌다. 이번에는 1번어뢰 추진체에서 '동해안에서만 사는 멍게가 발견되었다.'는 주장이 트위터를 통해 퍼지기 시작했다. 그리고 인터넷 언론이 받아 글을 올리고 거의 동시에 〈오마이뉴스〉가 크게 보도했다. 이 매체는 의심 물질이 비단멍게로도 불리는 붉은멍게로, 이 생물은 러시아 등지와 한국 동해의 수심 20~100m 깊이 바다에 서식하고 있으며 서해에는 서식하지 않는 종이라고 주장했다. 민주노동당 대변인은 25일 "정부가 증거로 제시한 어뢰 추진체에서 동해에만 서식하는 붉은멍게가 발견됐다는 보도가 새로 나왔다."며 "이제라도 진상을 규명하기 위해 전면 재조사를 해야 한다."고 논평했다. 또 "천안함 사건의 결정적 증거라는 1번어뢰는 의혹 제기 수준을 뛰어넘어 이미 그 증거 능력이 사실상 상실된 것이나 마찬가지."라고 주장했다.

그러나 인양된 지 1년여가 되어가는 시점에서, 어

| 무생물로 판명된 '붉은멍게 의심 물질(왼쪽)'과 붉은멍게 유생

뢰 추진체에 멍게가 말라붙어 있을 리가 없었다. 어뢰 추진체의 뒤쪽 스크루 모서리에는 지름 0.8㎜의 붉은색 생물체와 유사한 물질이 달라붙어 있었는데, 워낙 작아 돋보기로 봐야 할 정도였다. 확대 사진으로 보면 누군가의 손에 낀 '손바닥이 붉은 고무로 코팅된 목장갑'이 어뢰 홈에 걸리면서 생긴 조각일 가능성이 높았다. 그러나 확인 없이 함부로 예단해서는 안 되었다. 이를 위해서는 누구도 반박하지 못할 사실 확인과 과학적 분석이 있어야 했다. '의혹의 원점을 포격하라.'는 사이버 대응의 원칙은 여기서도 적용되었다. '유인해서 한 번에 친다.'는 병법처럼, 가장 결정적인 한방이 필요했다. 이 '멍게 의혹'은 금방 확인이 되었던 2010년 11월 조개껍질 의혹과는 사안의 성격이 달랐다. 전문 기관의 분석을 먼저 하고 결과가 나올 때가지는 일절 대응하지 않기로 했다. 국방부 조사본부는 3월 29일 '멍게'의 실체를 밝히기 위해 전문 기관에 분석을 의뢰했다. 1주일여 시간이 걸렸다. 그동안 〈오마이뉴스〉는 계속해서 멍게 양식업자의 말을 인용하여 붉은멍게가 건조되어 말라붙은 것이라고 후속 보도를 했다. 이에 대해 보수적 인터넷 신문인 〈데일리안〉은 '이 양식업자가 근거로 제시한 멍게 관련 사진의 출처에 신뢰성이 의심스럽다.'고 맞섰다. 천안함 '멍게 대전'은 SNS와 사이버공간을 뜨겁게 달구었다.

조사본부는 '붉은멍게' 시료(1mm)와 어뢰부착물질 시료(0.3mm)를 국립수산과학원에 보내 DNA 분석을 의뢰했다. 유전자 분석은 부산의 전략양식연구소가, 생태 분석은 동해의 동해수산연구소가 각각 맡아 진행했다. 4월 5일 보고된 분석 결과서에는 '의뢰물인 어뢰 부착 물질에서 생물체 종류를 확인할 수 있는 어떤 DNA 조각도 증폭·

검출되지 않았음, 어뢰 부착 물질과 붉은멍게 유생 및 어린 붉은멍게를 비교한 결과, 어뢰 부착 물질은 붉은멍게의 유생과 어린 붉은멍게가 아닌 것으로 판단됨.'으로 나와 있었다. 한마디로 멍게는커녕 생물이 아닌 무생물이라는 것이었다. 한편 동해수산연구소 이주 박사는 일부 언론이 접촉했다는 양식업자 등에 대해 의문을 나타냈다. 그는 "붉은멍게를 연구하는 학자는 국내에 나뿐인데, 일부 언론이 만났다는 양식업자는 누구인지 모르겠다."고 의아해했다.

이런 과학적 분석과 전문가의 검증 결과가 공개되자, 마침내 〈오마이뉴스〉는 6일 사과문을 게재하고 사과했다.

'붉은멍게' 보도, 사과드립니다. 천안함 1번어뢰 부착 물질 사실 검증, 소홀했습니다.'라는 제목의 사과문을 통해 국방부가 국립수산과학원 산하 동해수산연구소 등에 의뢰한 결과 부착 물질이 '생명체 조각이 아니다'라고 발표한 것을 전한 뒤 "국방부 조사 결과를 존중하기로 했으며 결과적으로 근거가 명확하지 않은 보도로 인해 독자 여러분에게 혼란을 드린 점 정중히 사과드린다."고 밝혔다.

또한 〈데일리안〉은 '양식업자 A씨'로 추정되는 한 네티즌이 "사진을 보고 붉은 물체를 붉은멍게라 했는데, 내 이야기가 상상 외로

| 〈오마이뉴스〉의 '붉은멍게 보도'에 대한 사과문

커진 부분에 대해 내 자신도 놀랐고, 국방부 관련자 분께도 정중하게 사과드린다."고 글을 게재했다고 보도했다.

한편 북한은 4월 10일 북한 선전 사이트인 '우리민족끼리'에서 "얼마 전 남조선의 신상철 전 천안호 합동조사단 조사위원이 해양 생물체에 대한 공정한 유전자 검사 등을 촉구하는 글을 발표하였다."며 신 씨의 주장을 전문 그대로 소개했다.

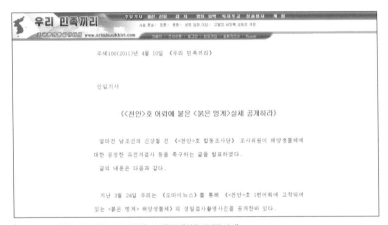

| 2011. 4. 10. '붉은멍게' 관련 주장 전문을 게재한 북한 '우리민족끼리'

이어 북한은 2011년 5월 14일 '조선민주주의인민공화국 국방위원회 검열단 3차 진상 공개장'에서 조개껍질과 붉은멍게 의혹 등을 '북 관련설이 날조극임을 스스로 확인하여준 물질적 증거'라고 주장했다.

"어뢰 추진체 내부에서 발견된 꽃 모양의 흰색 물질이 붙어 있는 조개껍질은 이것이 천안호 사건이 발생되기 훨씬 이전부터 오랜 기간 바닷물 속에 있었다는 산 증거로 되였으며 뒤이어 발견된 붉은색 물질은 조선 동해에서만 서식하는 붉은멍게라는 것이 판명되었다."

결국 1번어뢰 관련 '조개껍질과 붉은멍게' 의혹은 천안함 의혹의 경로를 잘 보여주고 있다. 블로거나 개인의 의혹 주장→트위터 확산→국내 인터넷 언론 보도→특정 일간지 보도→북한 대남 선전 매체 게재 등의 과정을 거친다. 의혹 세력은 이 사안을 합조단 발표와 정부 대응이 거짓인 것으로 선동했다. 그러나 북한은 남한의 의혹을 자신들의 무죄 증명에 활용하고 있으며, 특히 자신들의 주장에 부합하는 소재는 객관적 사실과 관계없이 대남 및 내부용 그리고 한글 사용자에 대한 선전 선동용으로 이용하고 있음을 잘 보여준다.

천안함 관계기관대책회의는 사이버 의혹 대응 원칙에 따라 정확하게 대응했다. 즉 '의혹 원점을 신속하고 정확하고 충분하게 타격하라.'는 지침을 따른 것이다. 이들 의혹은 트위터 확산 단계에서 파악되었다. 관계기관대책회의의 SNS 모니터링 체계가 잘 가동된 덕분이었다. 즉시 대응 방안이 협의되었고 각 기관들은 신속하게 움직였다. 또한 조개껍질과 붉은멍게의 존재가 과연 1번어뢰 추진체의 백령도 천안함 피격 현장 인양을 부정하는 증거가 될 수 있는가 하는 것이었다. 이것이 의혹의 원점이었다. 따라서 정확성의 원칙에 따라 즉시 제3의 기관에서 과학적 분석과 전문가의 검토를 받는 것이 중요했다. 정확한 사실관계가 확인되자 국방부는 보도 자료를 내고 기자들에게 직접 설명했다. 동시에 SNS 등에서도 적극적인 홍보와 해명이 이루어졌다. 이른바 충분성을 보장한 것이다. 과학적 분석과 전문가의 검증 결과가 공개된 지 몇 시간 만에 〈오마이뉴스〉는 사과문을 게재했다. 〈오마이뉴스〉의 사과 소식은 곧바로 SNS를 통해 확산되었다. 결국 조개 파편과 붉은멍게 대응은 온라인 의혹 대응의 모범 사례였으며,

의혹 원점을 찾아 격파하라는 지침을 충실히 이행한 성과였다. 특히 6개월여의 활동을 통해 다져진 '천안함 관계기관대책회의'의 의혹 대응 시스템이 제 위력을 발휘한 결과이기도 했다.

한편 조개껍질과 붉은멍게 의혹의 진실이 과학적으로 규명되었음에도 인터넷 기사나 블로그 등에는 여전히 의혹 주장이 그대로 남아있다. 이런 의혹 찌꺼기 등은 천안함 의혹을 처음 대하는 신참자들에 의해 다시 재활용되어 트위터 등으로 올라오는 악순환이 계속되게 된다.

'대학에 갓 들어간 A군, 천안함에 대해 알아보다 우연히 이들 '조개껍질과 붉은멍게 의혹'을 접하게 된다. 흥분한 A군은 정부 발표나 사실 확인도 없이 의혹 내용을 트위터에 올리고 의혹 기사를 링크한다. '국방부와 군을 비난하는' 트윗 글이 올라오자, 일부 트위터리안들이 무조건 재전송을 한다. 자신의 글이 많은 RT를 받아 흐뭇해진 A군은 더 재미있는 의혹을 탐닉하게 된다.'

이런 경우처럼, 트위터 등 SNS에서는 하루에도 상당한 수의 죽었던 천안함 의혹이 되살아나 돌아다닌다. 확인 대응을 해도 자고 나면 그뿐이다. 이것이 천안함 관련 의혹이 부활한 시체인 '좀비'처럼 되살아나는 양상이자 이유 중의 하나인 셈이다. 한편 좌초설과 제3부표설, 잠수함 충돌설을 포함한 다양한 의혹들은 2013년 9월에 개봉된 다큐 영화 〈천안함 프로젝트〉의 중심 소재로 돌연 되살아났다. 영화라는 매체가 특정 주장 전파의 도구로 활용될 수 있음이 한편으로 신선하고 또 긴장했지만, 시장과 여론의 평가는 냉정했다. 또 비슷한 시기에 비슷한 의혹 주장을 다룬 〈천안함 랩소디〉라는 연극이 상연되기도 했다.

천 안 함 전 쟁 실 록
# *SMOKING GUN*

# 05
## 천안함 그 후

350 360 10

01

# 천안함과
# 김정은 시대

　김정은 시대는 사실상 천안함 사태를 기점으로 개막되었다. 천안함 도발과 같은 군사모험주의는 연평도 포격도발로 절정을 이루었다. 2010년 천안함–연평도 사태는 북한의 3대 세습이라는 사상 초유의 권력 승계 과정을 거치면서 취약한 정통성과 지도력 위기를 극복하기 위한 강경노선의 산물이었다. 체제의 불안정과 불확실성을 모면하기 위해 관심을 밖으로 돌리고 강력한 리더십을 구축하려는 과정에서 발생한 것이다. 그 희생이 천안함과 연평도였던 셈이다.

　일부에서 우리의 대북 강경 정책이 북한의 도발을 불러왔다는 식의 주장을 펴고 있으나, 이는 한 면만 본 것이다. 김정은 시대가 시작되는 과정에서 북한 내부의 모순은 어떤 식으로든 밖으로 표출될 수밖에 없었다. 북한은 체제의 불확실성과 불안정성 때문에 개혁과 개방으로 나갈 수 없는 없었다. 따라서 누적된 체제적 모순 해소를 위해 군사모험주의에 경사되었고, 그 방향은 남쪽일 수밖에 없으며, 그 방식은 제한적 군사적 도발이었던 것뿐이다. 리더십 재편 과정이 군사모험주의에 기대에 이루어지는 모습은 김정일의 등장 과정, 김일성 사후, 김정일 등극 등 일련의 과정마다 반복되었다.

북한은 2009년 5월 제2차 핵실험을 실시했으며, 수시로 미사일을 발사했다. 그러나 이는 대단히 심각한 국제적 안보 현안이긴 하지만, 우리 국민들에게 던지는 충격은 오히려 천안함–연평도 사건이 더했다. 미사일 발사와 핵실험은 과거에도 있었고 특히나 당면한 직접적 피해는 없었다. 그러나 천안함 피격으로 해군 장병 46인, 그리고 이를 구조하던 한주호 준위가 희생되었다. 연평도 포격도발로 우리 해병대원 2명과 민간인 2명이 희생되고 건물 133동이 파손되었다.

대통령은 "세계에서 가장 호전적인 집단과 대치하고 있다는 현실을 잊고 있었다. 우리가 매너리즘에 빠져 있었던 것은 아닌지 현실보다는 이상에 치우쳐 국방을 다뤄온 것은 아닌지 반성해야 한다."고 말했다. 이런 지적처럼 한때 우리는 평화와 화해 협력의 환상에 치우쳐 안보와 국방을 가볍게 했던 시기가 있었다. 대북 화해가 안보보다 우위에 서고 국방과 군사는 대북 정책의 하위로 밀린 것이다. 그때가 바로 '6·15선언' 이후 한반도에 전쟁은 없다고 천명한 이른바 '6·15 시기'이다. 북한이 불바다 발언을 하고 대남 위협과 협박을 해도 설마 공격할까 하는 의구심, 도발은 정치 군사적 이익을 위한 수단일 뿐 실제 공격하지 않을 것이라는 믿음, 설령 남한을 쏘더라도 미군 기지 등에 공격할 것이며 우리 국민에게는 쏘지 않을 것이라는 환상, 한때 이런 안보 좌편향에 경사되기도 했다. 이 시기는 또한 '평화를 돈으로 바꾼다. 경제 협력을 통해 안보를 지킨다.'는 식의 경제 중심주의가 지배했다. '남북 공동 어로를 통한 NLL 관리 구상' 등이 대표적 사례였다.

천안함-연평도 사건은 우리의 안보 의식과 대비 태세를 돌아보는 기회였다. 천안함은 제 몸을 부수어 우리들에게 잊지 말아야 할 교훈을 남겼다. 북한의 실체를 바로 깨닫게 하는 실질적 계기였다. 북한은 우리가 설마 하며 대비를 소홀히 했던 허를 찌르는 방식으로 초계함을 공격했다. 또 민간인의 희생이 있을 것임을 알면서도 종심 3km에 불과한 서해 작은 섬에 50여 발 이상의 포탄을 쏘았다. 이는 안보와 협력, 평화와 전쟁은 늘 같이 있으며, 어느 하나만을 쫓다가는 나라의 안위가 흔들릴 수 있다는 엄연한 사실을 확인시켰다. 바로 개성공단이 정상적으로 돌아가더라도 북한의 포탄은 날아올 수 있는 것이다.

이런 점에서 2010년의 천안함-연평도 사건은 우리 사회의 무뎌진 안보 의식을 새롭게 벼리는 교훈이자 경종이었던 셈이다. 연평도 포격도발은 천안함 공격 범인이 누구인지를 분명히 밝혀주었다. 우리 국민들의 인식은 한층 공고해졌다. 정부의 천안함 의혹 불식 노력보다도 오히려 더 효과적이었던 셈이다. 국민 여론조사를 보면 연평도 포격사건 직후 천안함 북한 소행 응답 비율은 최고로 높다. 우리 국민들은 의혹 세력과 대남 심리전 세력의 진실을 가리고 범인을 감추려는 시도를 바로 꿰뚫어본 것이다. 특히 2008년 이후 느리게 진행되었던 '안보 바로 세우기'의 필요성을 거듭 확인시켰다. 평화 정착에서 전쟁 대비까지, 북한의 개혁 개방을 통한 안정적 체제 전환부터 급변 사태에 이르기까지 우리는 모든 가능성에 대비해야 하며, 그를 위한 준비를 착실히 해야 함을 깨닫게 한 것이다. 평화를 만들어 가는 것은 오직 평화를 지키는 확고한 원칙과 기반위에서만 가능하다. 이것이 진정한 평화를 만들고 실질적인 교류와 협력을 보장하며 통일 기반을 마련하는 가장 바르고 빠른 길인 것이다.

# 02

## 'After 천안함'

 

천안함-연평도 사태는 최고위 안보 전략과 방향을 바꾸어놓았다. 'Before 천안함'과 'After 천안함'의 가장 큰 변화는 대응 의지의 변화이다. 이는 군통수권자의 전쟁 의지에서부터 국방 안보 전략과 하위 정책 그리고 군사 정책까지 완전하고도 근본적인 전환이라 할 수 있다. 천안함 피격 당시 북한의 핵무기는 점점 개량되고 있고 비대칭 위협은 날로 심화되고 있었다. 아울러 내적 모순을 해결하는 방편으로 채택된 대남 도발과 군사모험주의는 지속되고 있는 상황이었다.

이런 상황은 우리에게 두 갈래의 길 중 하나를 선택하게 만들었다. 북한의 위협이 줄어들 것이라는 가정하에 만들어진 노무현 정부의 '국방개혁2020'을 유지할 것인가, 아니면 변화된 현실에 맞게 바꾸어야 할 것인가의 선택이었다. 이명박 정부 출범 이후 2년여 동안은 국방개혁2020의 정책 전환을 모색하는 과정이었으나, 그 과정은 느리고 더디었다. 국방 안보 정책의 방향 전환은 결코 간단하지 않다. 정치·경제·사회·문화 부문 등의 정책 사안이 '참수리급'이라면, 국방 안보 정책은 항공모함에 비유할 정도이다. 그만큼 변경이 쉽지 않다. 그러나 천안함 피격은 '2020의 대폭 수정'이라는 분명한 방향을 제시했으며, 신속한 전환을 가능하게 해주었다.

천안함 안보 위기를 선진 국방의 기회로 만들어야 했다. 이를 위한 군의 토대부터 정비되어야 했다. 우선 전시 작전 통제권 전환이 연기되었다. 천안함 피격 직후 3개월여 만에 2015년 12월까지로 연기되었다. 또한 연평도 포격도발 이후 우리 군의 교전 규칙과 작전 예규 등 대응 원칙이 능동적이고 적극적으로 수정되었다. 실제 연평도 포격도발 대응 과정에서 청와대의 첫 반응이 '확전 자제'로 보도되는 일까지 벌어졌다. 이는 최고통수권자의 보좌 과정에서 과거 시기의 '선보고 후조치', 북한이 쏜 만큼만 쏘는 비례성 원칙, 이를 통한 확전자제 등 수동적 대응 분위기가 낳은 심각한 부정적 결과였다. 최고위 안보 정책과 대북 정책이 전도되고 이런 안보 문화가 지속되면서 남긴 폐해였다.

천안함이 북한군에 피격되면서 '주적' 개념 부활도 신중하게 검토되었다. 주적 표현은 2004년 국방백서 이후부터는 '직접적이고 심각한 군사 위협' 등으로 대체되었다. 2010년 국방백서는 '천안함 연평도 공격과 같은 지속적인 도발로 우리 안보에 심각한 위협을 가하고 있는 북한 정권과 북한군은 우리의 적'이라는 표현이 쓰였다. 국방백서에 '우리의 적'을 북한군과 북한 정권으로 특정한 것은 순수한 북한 주민과는 차별성을 둔 것이었다. 이런 용어 선택은 천안함 공격 등 국지적 도발에도 불구하고 남북정상회담까지 개최될 만큼 변화된 남북 관계의 진전을 고려하여 이루어진 최고 안보 판단의 결과였다.

군 복무 기간도 조정되었다. 사병 복무 기간은 '국방개혁2020'에 따라 2014년 7월까지 육군·해병대는 24개월에서 18개월, 해군은 26개월에서 20개월, 공군은 27개월에서 21개월로 각각 단축될 예정이었다. 복무 기간 감축을 추진할 당시와는 안보 상황과 병력 자원 수급 여건이 완전히 달라졌다. 저출산 등으로 입영 장정조차 부족해졌다. 과거에는 보충역으로 편입되던 자원이 현역으로 가야 함에 따라 병역 자원의 질이 떨어지는 등 군 내에서 많은 문제를 낳았다. 국방선진화추진위원회 등은 복무기간을 24개월로 환원하는 안을 제시했다. 이에 국방부와 청와대는 ① 24개월 환원안, ② 현 상태 동결안(22~21개월안), ③ 18개월 당초안 등 3가지를 놓고 신중하게 검토했다. 24개월 환원안의 경우는 소급과 형평성의 문제가 생기고, 입대일 몇 일 차이로 복무 기간이 몇 달이 늘어나는 등의 불이익을 받는 사례도 나올 수 있었다. '현 상태 동결안'도 빠른 결심과 확정이 필요했다. 이 당시에는 입영 일자가 2주일 늦어질 때마다 실제 복무 기간은 1일씩 줄어들고 있었다. 몇 주만 더 지나면 복무 기간은 '22개월 마지노선'이 무너지고 21개월대로 접어들게 되었다. 대통령은 2안을 선택했다. 즉시 후속 조치가 이어졌고, 2010년 12월 21일 국무회의에서 21개월 안이 확정되었다. 정책 결정이 몇 주만 빨랐어도 22개월로 조정되었거나, 몇 주만 더 늦었어도 20개월로 정해질 뻔한 순간이었다.

또한 군 사기 진작을 위한 군 가산점 도입 여부가 다시 논의되었다.

이는 수년에 걸친 해묵은 국방 현안으로, 정부 정책 조정 업무를 맡은 국무총리실이 조정하지 못해 청와대로 넘어온 사안이었다. 밀어붙이는 국방비서관실과 이에 맞서는 여성가족비서관실의 공방이 이어졌다. '애들 싸움이 어른들 싸움'으로 번진다고, 천영우 외교안보수석과 진영곤 고용복지수석이 맞붙었다. 결론이 쉽지 않았다. 임태희 대통령실장이 나서서 '추진 보류 판정'을 내림으로써 과열되었던 상황은 다소 잦아들었다.

천안함 이후 미래 해군 전력 건설의 방향은 큰 굴곡을 겪었다. 대양해군(Ocean-Going Navy) 건설에만 치중하다 연안 방어에 소홀했고 결국 NLL이 뚫렸다는 비판은 준엄했다. 천안함을 잃은 해군은 물론 군 수뇌부는 대양해군론을 잠시 접어야 했다. 공식적으로 '대양해군과 첨단 군사력 건설' 용어 사용을 중단했다. FY2011 국방 예산 중 일부 대형 함정 건조 예산은 삭감되거나 우선순위에 밀려 순연되었다. 급기야 김태영 국방부 장관은 10월 22일 국회 국방위 국정감사에서 '500t급 내외의 소형 잠수함 건설을 심도 있게 검토하고 있다.'는 취지의 답변을 하기도 했다. 그러나 바다에 숫자만 늘려 소형 전력을 조밀하게 깔아두는 식의 전술은 적절하지 않았다. 소형화 연안화는 해군 건설의 방향이 아니었다. 대양해군을 지향하되 연안 방어를 더욱 강화하는 것이었다. 바다는 해상 교통로이며, 군은 이 생명선을 지켜야 한다. 이를 위해서는 먼 바다에서 지킬 힘을 가져야 하는 것이다.

대통령은 2009년 11월 16일 '국군 장병들에게 보내는 편지'를 통해 "우리 군은 G-20의장국의 군대로서 세계 평화와 대테러 등 안보 분야에 대한 국제적 기여에도 적극 나서야 한다. 이것이 바로 우리 군이 맡아야 할 몫이다. 우리 군은 세계 평화와 재건을 위한 기여를 확대할 수 있도록 모든 준비를 갖추어야 할 것이다.”고 강조했다. 해군에게도 해양 교통로 수호뿐만 아니라 세계 평화 기여라는 목표를 제시했다. 2009년 3월 3일 청해부대가 편성되면서 4500t급 문무대왕함을 파견했다. 비록 해외 파병은 KDX-2급 한 척이었지만, 실제로는 정비 수리와 이동 등으로 2.5~3척이 묶이게 된다. 그럼에도 우리 상선 보호와 국제 협력을 위해 파병하는 결단을 한 것이다. 2011년 1월 소말리아 아덴만에서 해적에게 피랍된 삼호주얼리호의 선원 전원을 구출한 '아덴만 여명 작전'은 우리 군의 위상을 크게 드높였다. 천영우 외교안보수석비서관은 잘못되면 자신이 책임을 진다는 각오로 무력 대응을 건의했고, 대통령은 고심 끝에 작전을 허가했다. 작전 효율성 증진을 위해 청해부대에 KDX 급을 한 척 더 보내자는 의견까지 나왔다. 그러나 군은 난색을 표시했다. 더 빼낼 전력이 없었던 것이다. 남방 해양 교통로 보호와 원양 작전 능력 강화, 그리고 이어도와 독도 등의 수호와 해상 자원 확보 등를 위해서는 이지스 구축함(KDX-3), 차기 잠수함(KSS-3, 3000t급) 등 더 크고 강한 해군이 필요하다. 국가 이익을 수호하고 국가 정책을 지원할 수 있는 능력을 갖추고 해상에서 상당기간 독립 작전을 할 수 있는 해군력. 이것이 대양해군이다. 한국형 대양해군 기조는 천안함 사태로 잠시 멈칫했지만, 곧 제자리를 찾았다.

## 03
# 능동적 억제와 합동성

군이 바뀌어야 했다. 두 번 다시 같은 실수를 되풀이할 수는 없었다. 강력한 전투형 군대로의 개편과 국방개혁에 발동이 다시 걸렸다. 더 미룰 수는 없었다. 국가안보총괄점검회의와 국방선진화추진위원회(위원장 이상우)가 신설되었다. 천안함 사태를 경험한 이 나라의 최고 국방 안보 전문가들의 각오는 남달랐다. 이들은 혼신을 다했고, 최고의 보고서를 만들어냈다.

이상우 위원장은 나를 만날 때마다 강조했다. "이번이 마지막 기회라는 각오로 국방개혁에 최선을 다할 것입니다. 우리는 자신이 있습니다. 우리의 제안을 청와대가 잘 추진해주시기 바랍니다."

이들이 제시한 개혁 방향과 과제는 두 가지로 요약된다. 바로 능동적 억제(proactive deterrence)와 합동성 강화였다.

국방선진화추진위원회 보고서는 능동적 억제를 다음과 같이 판단하고 있다.

| 2010년 12월 6일 국방선진화추진위원회 회의

"현존 위협과 미래 위협에 대비하기 위해서는 능동적 억제 전략을 통해 위협에 맞서며, 육해공 3군의 합동성 강화를 통해 총체적 전투력을 극대화해야 한다. 실제 핵 위협을 포함하는 북한의 비대칭 위협은 한국 국민을 심리적으로 위축시켜 정부의 대북 선택권을 제약하며, 여론을 조작하고 선거에 영향을 미쳐 국민의 정치적 선택을 왜곡시킬 수 있는 잠재력을 가진다. 이를 막기 위해서는 기존의 방어적 군사 전략에 더하여 보다 능동적인 억제 전략이 추가되어야 한다. 천안함 공격은 한국 국민이 핵을 보유한 북한과의 확전을 두려워하므로 남한 정부가 강경 대응을 하지 못할 것이라는 확신하에 저지른 도발이다."

천안함 연평도 사태를 두 번 다시 허용할 수는 없었다. 그리고 북한에게 경제적 유인 등 다양한 당근책으로 '도발을 관리'하겠다는 접근은 이미 실패로 판명되었다. 전혀 다른 새로운 접근이 필요했다.

그것이 바로 능동적 억제 전략이었다. 능동적 억제는 한마디로 강력한 응징 능력으로 상대가 도발할 생각조차 하지 못하도록 그 의지를 꺾는다는 전략 개념이다. 능동적 억제 전략에는 강력한 응징 능력과 태세의 과시, 자위권적 선제 타격 가능성 불배제, 위협의 정도와 종류에 따라 적절한 수위로 대응할 수 있는 유연한 대응 태세 등이 포함된다. 특히 국방선진화추진위원회의 김태우 박사는 능동적 억제 전략을 구체화하고 이를 구현하기 위한 '한국판 3축 체제'를 제시했다. 그는 육상의 지대지 미사일, 공중의 스텔스 전투기, 해상의 잠대지 미사일을 갖춰 3축의 응징 능력을 보유해야 하며, 이를 위해서는 능동적 억제를 위한 한미 간 협력 강화, 미사일 지침 개정 등의 과제를 제시하기도 했다.

2010년 10월부터 12월까지 청와대 안보 부문과 국방부도 새로운 면모로 일신했다. 천영우 외교안보수석과 김관진 국방부 장관이 각각 임명되었다. 수석비서관급으로 격상되어 확대 증편된 국가위기관리실장에는 안광찬 전 국가비상기획위원장이 임무를 맡았다.

김성환 외교안보수석이 외교부장관으로 가고 이어 2010년 10월 19일 천영우 외교부 제2차관이 외교안보수석비서관에 임명되었다. 정통 외교관 출신인 천영우 수석은 변화된 안보 현실을 고려하여 국방안보 분야 현실과 튼튼한 안보 그리고 국방개혁을 위한 방안을 꼼꼼히 점검했다. 당연히 국방비서관실이 매우 바빠졌다. 국방비서관실의 보고 내용과 보고 시간은 다른 비서관실의 몇 배였다. 외교 사안은 스스로 잘 알고 있었고, 통일 쪽은 악화된 남북 관계 때문에 추진할 수 있는 업무가 별로 없었다. 천 수석은 다양한 아이디어와 새로운 시각으로 국방 현안을 보고자 했다. 국방비서관실의 모든 행정관에게 국방 현안에 대한 의견을 내라고 했으며, 엄청난 검토 과제를 내주었다. 육해공해병대, 국방부와 방위사업청에서 선발된 최정예 장교와 공무원들은 국방 현안은 물론 자군의 숙원 사항도 보고했다. 그의 방문은 늘 열려 있었으며, 자주 격의 없이 토론을 벌였다. 그는 현장 방문도 열심이었다. 시간을 만들어 일선 부대와 군 연구기관, 방산 업체 등을 찾아 다녔다. 외교안보수석이 아닌 '국방수석'이라 해도 좋은 시간들이었다.

"요샌 입에서 단내가 나는데요.", "그래도 우리 군의 현안을 보고할 수 있어서 좋습니다." 등등 반응도 다양했다.

국방비서관실은 육해공군 현존 전력을 평가하고 당장 가능한 다양한 방책을 검토하고 점검했다. 수도권의 실질적 위협이 되고 있는 장사정포를 조기에 무력화하기 위한 대응책도 검토했다. 주요 국방 안보 현안 물론 군 관련 지역 갈등 사업과 같은 국방 정무적 사안에 대한 숱한 평가와 자료들이 보고되고 검토되었다. 제주 해군 기지를 제대로 건설하기 위한 여러 방안에 대한 검토도 진행되었다.

당시 대북 억지력 확보를 위한 화두는 역시 선제적 능동적 억제를 어떻게 구현할 것인가 하는 것이었다. 강력한 응징 능력 즉 길게 세게 때릴 수 있는 주먹을 가지는 방책도 보고되었다. 무기와 장비의 해외 도입과 국내 개발 방안, 국방 예산의 우선순위 조정도 깊이 검토되었다. 우리가 공격 가능한 수단이나 방책도 없는데, 확고한 전쟁 의지를 말하는 것은 오히려 공허했다. 탄도 미사일 사거리 300km 제한을 푸는 '한미 미사일 신지침' 개정이 반드시 필요했다. 북한의 핵시설과 미사일 기지 등 주요 전략 시설은 300km 너머에 위치해 있었다. 실제 우리의 장거리 미사일 개발 의지나 능력은 넘쳐나고 있지만 단 한 걸음도 나가지 못하고 있었다. 이 굴레를 푸는 것이 현실적인 '자주 국방'으로 다가서는 과정이기도 했다. 2010년 9월부터 본격적인 개정 협상이 시작되었다. 미국은 500km면 충분하다고 했지만 우리는

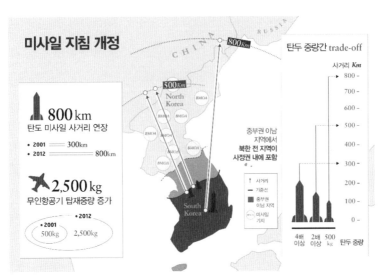

| 미사일 지침 개정

800km를 주장했다. 부산에서 나진까지 또는 제주도에서도 평양을 때릴 수 있어야 했다. 바로 우리 미사일이 한반도 전역을 커버할 수 있다는 상징성 때문이었다.

청와대 천영우 외교안보수석과 김태효 대외전략기획관은 국방부나 외교부에만 맡기지 않고 미 백악관 국가안보회의(NSC)와 직접 협상을 했다. 이명박 정부의 임기 내에 끝을 봐야 했다. 시간이 없었다. 다행히 그 어느 때보다도 한미 관계는 부드러웠다. 그리고 천안함 희생이 가져온 기회를 놓칠 수는 없었다. 김태효 기획관은 사거리 연장은 한미 동맹이 추구하는 대북 억지력 향상에도 유익한 것임을 강조하며 올인(all-in)하다시피 했다. 그는 여러 차례 미국을 방문해 협상을 벌였다. 이명박 대통령은 2012년 3월 내외신 공동 인터뷰에서 "북한 미사일이 제주도까지 날아올 수 있으니까 대칭적으로 우리도 (사거리를 늘리는 것이) 필요하다."고 강조했다. 마침내 2012년 10월 7일, 2001년 이후 11년간이나 옥죄고 있던 굴레가 상당히 풀렸다. 탄도 미사일 사거리는 1990년 180km, 2001년 300km에서 2012년 북한 전역을 타격할 수 있는 800km로 2.7배 늘어났다. 또 탄두 중량은 트레이드오프(사거리를 줄이면 탄두 중량을 늘릴 수 있는 방식)를 적용해 사실상 3배에서 4배까지 늘어났다. 300km의 탄도 미사일의 경우, 기존의 4배인 최대 2t까지 탄두 중량을 확대해 파괴력을 크게 높일 수 있게 되었다. 이로써 천안함의 희생 위에 추진된 능동적 억제 전략의 한 축을 수행한 기반이 갖춰진 것이다.

한편 2010년 12월 4일 새로 임명된 김관진 국방부장관은 이런 능동적 억제 전략을 현장에서 잘 구현했다. 그는 천안함과 연평도 사태 이후 우리 군에게 무엇이 가장 필요한지를 잘 알고 있었다. 대통령과의 면담 그리고 수석비서관들의 인사 평가에서 그는 강한 군대의 용장(勇將) 리더십을 각인시켰다. 청와대는 '야전의 주요 지휘관을 지냈으며 강한 리더십을 보여준 전형적인 무인으로 평가받고 있어 이 대통령의 합동성과 국방개혁 구상을 잘 실행할 적임자.'로 평가했다. 그는 유력했던 다른 후보들을 제치고 국방장관에 임명되었다. 모두의 예상과 관측을 깬 인사였다. 주요 언론 모두는 다른 후보의 내정을 미리 보도하는 바람에 보기 좋게 물을 먹어야 했다.

그는 취임식에서 "북한이 또다시 우리의 영토와 국민을 대상으로 군사적 도발을 감행해 온다면 즉각적이고도 강력한 대응으로 그들이 완전히 굴복할 때까지 응징해야 한다."고 밝혔다. 그는 야전을 지휘하면서 '선 조치 후 보고', '쏠까 말까 묻지 말고 현장 지휘관이 우선 대응', '도발 원점 타격', '도발 원점은 물론 지휘 세력과 지원 세력 타격' 등의 지휘 방침을 천명하고 이를 일선에 강력하게 적용했다. 이런 장관의 분명하고 강경한 지휘 방침에 대해 숱한 비판과 공격이 있었지만, 청와대는 '군은 그래야 한다. 그게 군의 바른 모습이다.'는 입장으로 그를 옹호했다.

한편 12월 1일 국방부 대변인에 〈중앙일보〉 기자로 국방부를 출입하던 김민석 씨가 임명되었다. 일부에서는 또다시 현역 육군 준장을 밀었다. 그러나 천안함 사태 당시 미흡했던 공보 대응의 경험을 미루어 이제는 언론과 군을 동시에 잘 아는 전문가가 대변인을 맡아야 한다는 주장을 폈다. 이런 의견이 청와대와 국방부 등의 공감을 얻으면서 사상 최초로 기자 출신이 대변인에 임명된 것이다. 거의 비슷한 시기에 임명된 김관진 장관과 김민석 대변인은 명콤비를 이루면서 국방사에 한 획을 그었다. 이 역시 천안함 사태가 가져온 모습 중의 하나이다.

한편, 이러한 능동적 억제 전략은 우리 군의 핵심 전략 기조로 이어지고 있다. 권력 교체 과정에서 다소의 곡절이 있었지만, 박근혜 대통령의 국방 공약에는 '선제적 억지·능동적 억제 전략을 통한 적극 방위 능력 구현'으로 발전적으로 계승되었고 구체화되었다. 또 2014년 수립된 '국방개혁 기본 계획(2014-2030)'에서도 국지 도발이나 북한 핵무기 등 WMD(대량살상무기)의 사용 징후가 확실할 경우 선제 타격이 가능한 준비를 갖추고 제2, 제3의 타격력을 확고히 구축해 북한으로 하여금 도발할 엄두를 내지 못하도록 만드는 능동적 억제, '맞춤형 억제' 전략 구상이 포함되어 있다. 이를 위해 북한 핵·미사일 위협에 대비한 킬 체인(Kill Chain)과 한국형 미사일방어체계(KAMD) 구축, 한국형 이지스구축함 KDX-3, 차세대 전투기(F-X), 항공 우주 위성 감시 능력 구비 등 첨단 전력 계획을 반영했다.

합동성 강화는 국방개혁의 또 다른 화두였다. 합동성은 전투력을 높이기 위해 총체적인 전투력 상승을 극대화하여 육해공군 전력을 효과적으로 통합 발전시키는 것으로 정의된다. 즉 육해공군이 함께 싸워 더 큰 성과를 내도록 하자는 것이다. 이를 위해서는 3군이 서로를 잘 알고 함께하려는 인식이 중요하다. 이 합동성 강화 문제는 국가안보총괄점검회의의 진단과 국방선진화추진위원회의 개혁 과제를 토대로 만들어진 '국방개혁307계획'의 핵심적 사안의 하나였다.

천안함 상황 당시 '서풍-1'이 발령되었지만, 공군은 제때 필요 요소들을 지원하지 못했다. 이 당시만 해도 공군 전투기들은 공대지 또는 공대함 전투를 수행할 대비가 되어 있지 않았다. 해군 속초함이 23시 북방으로 도주하는 물체를 잡기 위해 포격을 가하는 순간, 그제야 내륙 기지 발진한 해상초계기(P3-C)는 상황 종료 한참 뒤에야 현장에 도착했다. 해군의 가장 경험이 많고 지휘 능력이 우수한 해군참모총장은 군령권이 없어 해군의 대북 경계나 북한 잠수함정 탐지가 아니라 천안함 구조 작전만을 지휘해야 했다. 천안함 피격 직후 합동참모본부에서 근무하는 장성들은 자군 상관과 계룡대 본부에 먼저 보고하느라 정신이 없었다. 이 때문에 육해공해병대 간의 합동작전 협의와 지원을 요청하는 전화는 연결조차 쉽지 않았다.

이런 사례처럼, 합동성 발휘를 저해하는 요소는 각 군 인식 문제가 아니라 바로 군 제도와 운영에 그 뿌리가 있었다. 양병(養兵)은 육해공

3군의 독자성을 유지하되, 용병(用兵)을 함께하기 위한 다양한 과제가 도출되었다. 각 사관학교별로 따로 하던 임관식을 '국군소위 임관식'으로 바꾸어 모두 함께하는 것으로 바뀌었다. 또 2011년 6월 15일 서해 5도를 더 잘 지키기 위해 만들어진 서북도서방위사령부(서방사)에는 주축인 해병대뿐만 아니라 육해공군 장교들이 파견된 최초의 육해공합동사령부로 만들어졌다. 국방선진화추진위원회가 제시하고 청와대 외교안보수석실이 정리했던 73가지의 국방개혁 과제는 즉시 가능한 것은 바로 실행되었다. 그러나 법률 개정 없이 정부나 국방부 차원에서 가능한 합동성 강화 노력은 상당히 이루어졌지만, 그 핵심인 군제 개편에는 이르지 못했다. 군 지휘 체계인 상부 구조 개편을 둘러싼 오해와 혼선 등으로 국방개혁307계획 관련 법률은 결국 국회를 통과하지 못했기 때문이다.

실전을 넘어서는 경험은 없다. 군사 상황은 군과 국민을 더한층 단련시킨다. 천안함-연평도 사태는 군과 국민들의 안보 의지와 대북 인식을 새롭게 하고 전작권 전환 연기의 계기가 되었다. 또한 작전 예규 등의 개정과 미사일 사거리 연장으로 이어졌다. 무엇보다 군의 전략 기조가 '능동적 억제'로 전환되었고 뿌리를 내려가고 있다. 그러나 천안함이 던져준 또 다른 과제인 '합동성 강화'는 앞으로 더욱 발전시켜야 할 우리 군의 숙제로 남아 있다.

# 04

# 북한의 사과와
# 5 · 24조치의 미래

천안함을 결코 잊어서는 안 된다. 희생자는 물론 가해자도 마찬가지이다. 북한의 도발과 만행을 규탄하는 노력은 이 나라가 있는 한 우리 국민이 있는 한 계속되어야 한다. 우리가 포기하지 않으면 끝난 것이 아니다. 북한은 항상 대남 도발을 순순히 시인하지 않았다. 일정한 시간이 지난 후 스스로 필요에 따라 도발을 시인하고 사과하기도 했다. 과거 김일성과 김정일은 1·21사태와 판문점도끼만행사건, 강릉 잠수함 침투와 제2연평해전에 대해 각각 책임을 인정하고 사과와 유감을 표시했다. 그러나 1983년 아웅산 사태, 1987년 KAL 858기 등 테러 사건에는 끝내 인정하지 않고 있다. 아웅산 사태 당시 우리는 '늑대사냥'이라는 이름의 외교적 보복 조치 방안을 마련했다. 이는 다른 나라들이 북한과의 교류를 단절하거나 교류의 수준을 낮추도록 함으로써 국제적으로 고립시키려는 것이었다. 이런 '늑대사냥' 작전은 일정한 성과를 거두었다. 그러나 KAL858기 사건은 1987년 대선에 이용되고 88올림픽의 안정적 개최라는 우리의 최상위 국가 목표에 가려져 버렸다. 이런 역대 사례에서 보듯, 북한의 시인과 사과는 우리가 어떻게 하느냐에 달려 있다.

북한의 천안함 사과와 책임자 처벌은 양보할 수 없는 요구이다. 천안함 사태는 향후 북한의 비대칭 저강도 도발과 후속 대응의 모델이 될 가능성이 높다. 즉 대남 도발을 벌이고 우리 조사 결과에 대해 '자작극'임을 주장하며 진실을 부정하고 이후 검열단 파견, 무자비한 보복 등을 내세우며 방어하는 한편 대남 심리전으로 남남 갈등을 조성하는 방식으로 정형화하는 것이다. 이런 패턴은 2011년 '농협 해킹 사건' 등 일련의 대남 사이버 공격 사태, 2014년 발생한 '북한 무인항공기 사태'와 '미국 영화사 소니픽처스 해킹 사태' 등에서 그대로 이어지고 있다. 따라서 천안함 도발에 대해 분명한 매듭을 짓고 나가지 못할 경우, 유사한 사태는 언제든 재발할 수 있다.

천안함 도발에 대한 사과의 내용과 주체는 분명해야 한다. 과거 북한의 시인 사례를 보면, 최고 지도자의 '통 큰 시인과 사과' 또는 '하부 기관을 통한 유감 표명' 등으로 나눌 수 있다. 1·21사태와 도끼만행 사건은 당시 김일성이 직접적으로 사과와 유감을 표명했고, 강릉 잠수함 침투와 제2연평해전은 외무부 등 하부 기관의 유감 표명이 있었다. 천안함에 대해 북한이 취해야 할 책임 있는 조치의 첫걸음이 바로 '공격 시인과 사과'이다. 나아가 '공격 책임자 처벌' 요구도 고려할 수 있다.

지난 이명박 정부 기간 동안 남북은 북한의 천안함 사과 관련 문안을 가지고 여러 차례 협의를 진행해왔다. 그때마다 북한은 '천안함 폭침이 자신들과는 관계가 없으며, 책임이 없다는 전제하에 유감의 뜻을 전할 수 있다', '우리가 한 것이 아니지만, 남쪽 군인이 사망한 데 대해서는 유감이다.'는 정도의 입장을 제시해왔다. 이에 대해 천영우 외교안보수석비서관은 "분명한 공격 책임 인정 등이 없는 유감 표명은 우리가 받아들일 수 없었다."고 회고하기도 했다. 그러나 접촉이 거듭되면서 북한의 천안함 도발에 대한 사과와 유감의 정도를 가지고 협의가 진행되었다. 회담 과정에서 북한의 도발은 기정사실화되었고 북측도 부정하지 않았다. 우리가 천안함 폭침에 대한 사과와 재발 방지를 강력히 요구하자, 쌀 50만t 지원이라는 대가를 요구하기도 했다[01]. 또한 남북정상회담을 조건으로도 쌀 40만t, 비료 30만t 등 엄청난 지원을 요구해왔다. 이는 우리가 도저히 받아들일 수 있는 것이 아니었다. 후대에 역사가 바로 평가할 것으로 믿고 북한의 거래 제의를 거부한 것이다. 남북정상회담 성사나 천안함 도발에 대한 사과 표명에 지원 조건이 전제되어서는 안 된다. 북의 천안함 도발에 대한 진심 어린 사과나 유감 표명이 우선되어야 하며, 그런 연후에 남북 관계의 진전에 따라 대북 지원도 고려할 수 있을 것이다.

　가장 바람직한 사과 방식은 북한 최고 지도자가 직접 나서서 천안함 공격을 솔직하게 인정하고 진심으로 사과하고 재발 방지를 약속하는 것이다. '통 큰 도발'이 잘못되었음을 인정하고 '통 큰 사과'를 통해

---

01  이명박 대통령, 『대통령의 시간 2008-2013』 p355

용서를 구하는 것이다.

이런 북한의 책임 인정과 사과 등의 전제하에서 천안함 응징 수단인 5·24조치의 건설적 전향적 논의가 가능한 것이다. '선 북한의 책

| 북한의 도발과 사과 내용 | | | |
|---|---|---|---|
| 도발 사례 | 최고<br>지도자 | 방식 | 사과 내용 |
| 청와대<br>습격사건<br>('68. 1. 21.) | 김일성 | 사건 직후 유감 표명.<br>김일성, 이후락 정보부<br>장 방북('72. 5. 4.) 시 직<br>접 사과 표명 | "청와대 사건은 박 대통령께 대단<br>히 미안한 사건이었습니다. 이 사<br>건은 우리 내부의 좌경맹동분자들<br>이 한 것입니다. 그때 나는 몰랐습<br>니다. 그래서 보위부, 참모장, 정찰<br>국장 다 철직시켰습니다." |
| 판문점도끼<br>만행사건<br>('76. 8. 18.) | 김일성 | 미측의 무력시위를 포<br>함한 군사적 강경 조치<br>등에 굴복, 김일성 유감<br>표명 서한(8. 21.) | "판문점 공동경비구역에서 사고가<br>벌어진 것은 매우 유감스러운 일<br>이다. 앞으로 그러한 사고가 다시<br>재발되지 않게 하기 위한 조치들<br>이 취해져야 할 것이다." |
| 강릉잠수함<br>침투사건<br>('96. 9. 18.) | 김정일 | 일정 기간 경과 후 외<br>무부 대변인 성명(12.<br>29.)을 통해 유감 표명 | "막심한 인명 피해를 초래한 남조<br>선 강릉 해상에서의 잠수함 사건<br>에 대하여 깊은 유감을 표시한다." |
| 제2연평해전<br>('02. 6. 29.) | 김정일 | 핫라인(6. 30.) 및 장관<br>급회담 단장 명의 전통<br>문(7. 25.)을 통해 유감<br>표명 | "현지 아랫사람들의 우발적 사고<br>이며, 매우 유감스럽게 생각하고<br>다시는 이런 사고가 재발되지 않<br>도록 노력하겠다." |
| 일본인 납치<br>('77. ~ '83.) | 김정일 | 고이즈미-김정일 정상<br>회담 직접 발언(2002. 9.<br>17.) | "우리가 행방불명자라고 말해왔지<br>만, 납치입니다. 특수 기관 내 일<br>부 인사들이 영웅주의에 빠져 그<br>만…, 솔직하게 사과합니다." |

임 있는 조치 후 5·24 전향적 검토'나 '동시적 이행'은 가능할 수 있어도 그 역은 성립할 수 없는 것이다. 급할수록 돌아가라는 말이 있다. 우리가 당면한 현실적 필요에 우선하여 북한의 시인과 사과 없이 우리 스스로 응징 조치를 푸는 것은 어떤 이유로든 공격 범인인 북한에 면죄부를 주는 것으로 비칠 수 있다. 특히 북한이 아무리 도발을 하더라도 시간이 지나면 그 행위를 사면해 주는 것으로 오해될 수 있다. 또한 자체 결의안으로 북한 도발을 규탄했던 각국 의회와 정부 그리고 국제사회에도 잘못된 시그널을 줄 우려도 있다. 북한의 무죄 증명을 위해 수많은 의혹을 제기하며 변호했던 의혹 세력에게도 엉뚱한 오해와 잘못된 인식을 줄 수 있다. 이는 이른바 '수구 보수'만의 주장이 아니라 '국가 자존감'과 '나라의 존엄'을 바로 세우기 위해서도 양보할 수 없는 원칙인 셈이다.

5·24조치는 우리가 실시한 가장 강력하고 길게 이어지는 실효적 대북 조치이다. 남북 휴전 이후 숱한 북한의 도발이 자행되었다. 국민들의 분노는 하늘을 찔렀고 숱한 궐기대회 등이 열렸다. 그러나 우리가 상응하는 보복을 감행하거나 군사적 응징 등 직접적인 무력 대응은 거의 없었다. 한미 연합 전력으로 강력한 무력 응징을 시위하거나 UN 등 국제 무대에서 외교적으로 고립시키는 방법이 전부였다.

그런데 1990년대 이후 남북 관계가 진전되고 화해 협력의 계기가 만들어지면서 역설적으로 대북 압박 수단도 늘어났다. 5·24조치의 외교적 조치, 국방 군사적 대응은 지난 시기의 봉쇄 등과 크게 다르지 않다. 그러나 대북 인적 물적 교류 중단, 남북 협력 중단 등 통일부가 시행한 대북 조치는 과거에 없었던 새로운 것이었다. 그것은 바로 남북 간의 화해 협력을 우리가 먼저 나서서 중단하는 것이다. 이를 통해 북한이 저지른 도발을 응징하려고 한 것이다. 일부에서는 오히려 '북한의 고립과 압박에는 실패하고 우리의 희생이 너무 컸다.'는 식의 극단적 평가와 비판도 있다. 그럼에도 그 긍정적 측면은 부정적 측면을 압도하고도 남는다.

금강산 관광객 고 박왕자 씨 사건 이후 금강산 관광이 중단되었고, 천안함 피격에 따른 5·24조치와 북한의 8개항의 대남조치로 모든 남북 관계가 봉쇄되고 단절되었다. 이 시기를 5·24시대라고 한다면, 이름하여 '5·24시대'가 이어지고 있는 셈이다. 지난 '6·15시대'와는 극명한 대비를 이룬다. 그러나 언제까지 천안함과 5·24시대에만 머물 수는 없는 것이 현실이다. 천안함 사태는 남북 화해와 협력 그리고 통일을 향해 가는 도도한 흐름에서 발생한 도발 사건이다. 이 아픔을 딛고 평화와 통일의 더 큰 가치를 향해 나가야 한다. 이런 가치가 달성될 때 진정하고 완전한 천안함 응징이 이루어지는 것이다. 남북 관계가 화해와 협력으로 나아가고 평화와 통일로 이어져야 한다는 점에서 5·24시대는 확실히 비정상의 시기이다. 이런 5·24시대를 마감하고 새로운 남북 화해 협력의 시대를 열어야 하는 것은 당연하다. 비정상을 정상으로 바꾸어야 한다.

무엇보다 검토해야 할 것은 나아갈 방향이다. 과연 5·24조치 이후 새로운 남북 관계의 모습과 원칙은 어떤 것일까. 그것은 '5·24 이후'는 과거와 달라야 하며, 지난 6·15 시기로의 단순한 복귀여서는 안 된다는 점이다. 지난 시기의 남북 관계의 원칙과 방식, 내용으로 돌아가서는 안 된다. 새로운 시대, 새로운 관계에 걸맞는 새로운 접근이 필요한 것이다. 이른바 6·15시대와 5·24시대의 좌우 편향성을 동시에 지양해야만 하는 것이다. 6·15시대의 교류와 협력 그리고 남북 관계의 목표와 가치를 다시 살펴보아야 한다. 모든 것이 동결되었던 5·24시대는 이전 시기를 되돌아보고 새로운 시대를 열기 위한 과정으로 선용해야 하는 것이다.

5·24조치는 비록 천안함 도발이 발단이 되었지만, 그 해소는 남북 관계 진전에 좌우될 수밖에 없다. 현상적으로 천안함에 대한 북한의 책임 있는 조치에 달려 있지만, 그렇다고 그것이 5·24조치 해소의 충분조건은 아닌 것이다. 점차 남북 관계의 발전적 정상화를 바라는 요구는 거세지고 있다. 실제 5·24조치는 그 한계와 제약에도 불구하고, 나름의 충분하고도 합목적적인 성과를 거두었다. 5·24조치는 법률이나 시행령 등 법규에 의거하지 않았다. '천안함 응징을 위한 대북 제제 법률' 또는 '5·24조치 이행을 위한 특별법'이나 헌법상의 긴급 명령 등도 대통령의 특별한 조치도 가능했지만, 그런 절차를 밟지 않았다. 5·24조치의 법률적 행정적 근거는 취약했지만, 우리 국민들은 충실히 따랐고 또 이행했다. 이는 천안함을 공격한 북한에 대한 응징이라는 국가적 목표에 동의했기 때문이다.

시간이 지나면서 '남북 관계 진전'이라는 국가적 목표는 '천안함 응징'이라는 지난 시기의 목표를 압도해 나가고 있다. 앞으로 '북한의 사과와 관련자 처벌'을 달성하기 위한 5·24조치의 목표를 유지하면서도 남북 관계의 발전을 위한 조치를 동시에 취해 나가는 탄력적인 대응이 필요하다. 남북 화해와 협력의 물길이 5·24조치로 막혀 있지만, 시간이 지나면서 막힌 것을 뚫기 위한 압력은 점점 커질 것이다. 지난

5년여 동안의 시기는 천안함에 대한 우리의 탈상(脫喪)과 해원(解寃) 과정임과 동시에 남북 관계 진전을 위한 기대와 염원을 축적하는 기간이었다. 우리 국민과 공동체에서 이 둘의 교차 관계가 역전이 되는 과정을 보아가면서, 자연스럽게 물이 흐르듯, 남북 관계를 풀어 나가면 되는 것이다.

또한 5·24조치는 '정부의 조치'일 뿐이다. 따라서 이의 완화 또는 해제의 경우에도 굳이 이를 드러내고 '해제를 한다, 안 한다.'는 식의 명시적인 언급을 할 필요가 없다고 본다. 남북 관계의 진전에 따라 법령이 정한 절차에 따라 대북 교류 협력 사항을 이행하면 되는 것이다. 이는 대북 원칙은 고수하되, 우리 내부의 남남 갈등을 최소화하고 정무적 부담을 덜 수 있는 방안인 셈이다.

5·24조치의 완화 과정은 여러 방안이 있을 수 있다. 남북의 '행동 대 행동' 원칙에 따라 시인과 해제를 동시에 이행하는 것이 가장 바람직할 것이다. 그러나 북한의 태도와 남북 관계의 진전을 고려하면서 교류 협력 등의 조치를 우선적으로 고려하되, 영토와 주권 사항은 가장 나중으로 미루는 단계적 탄력적 방안도 검토할 수 있는 것이다. 즉 대북 지원, 교류와 협력을 우선하되, 북한 선박의 제주해협 운항 허용 등은 뒤로 미루는 것이다. 대북 협력을 위해 중·러·미·일·UN·EU 등이 참여하는 다자 협력 프로젝트를 확대하고, 5·24조치의 예외적 적용을 통해 제재의 형식은 유지하되 내용적으로는 실질 협력을 확대하는 것도 한 방안이다. 또 일회성의 작은 규모부터 시작해서 정례적 대규모 교류 협력으로 확대하는 점증적 접근도 고려해야 할 것이다.

북한도 남북 관계 진전에 동의한다면, 천안함에 대한 책임 있는 조치를 취해야 한다. 엄연한 사실을 부인하고 발뺌만 할 것이 아니라, 현실을 직시하고 '통 큰 결단'을 내릴 필요가 있다. 이런 결단성 있는 과감한 조치는 북한 체제 특성상 최고 지도자만이 할 수 있을 것이다. 북한은 일본인 납치 문제에 대해 끝까지 부인하거나, 납치 문제는 존재하지 않는다고 회피해왔다. 그러나 일본의 끈질긴 요구에 2002년 김정일 위원장이 일본인 납치 문제를 공식적으로 인정하고 사과하기도 했다. 이는 일본이 '북한으로 하여금 사과할 수 있는 여건을 조성'하는 데 힘을 기울인 결과이기도 하다. 북한이 천안함 도발을 시인하고 사과할 수 있게 만드는 것은 한편으로 우리가 풀어가야 할 과제인 셈이다. 또한 천안함 범인이 북한임을 부정하고 의혹 주장을 통해 북한을 변호하는 목소리가 커지는 것은 북한 스스로를 위해서나 남북 관계 진전을 위해서도 결코 바람직하지 않다. 북한은 궁지에 몰릴 때마다 우리 내부의 의혹 주장에 기대에 스스로를 방어해왔다. 이제 그런 보호막을 거두어야 한다.

## 천안함의 가해자와 희생자 모두를 기억해야

'천안함 관련 모든 기록을 남겨라.'

이는 천안함 사태 대응 과정에서 나온 대통령의 지시 사항 중의 하나이다. 청와대는 천안함 관련 조사 기록을 잘 남기도록 했고 그 결과를 공개했다. 온라인에서 공개했고 책자로도 만들었다. 2010년 9월 다국적 민군합동조사단의 조사 결과를 담은 '천안함피격사건 합동조사보고서'에 이어 2011년 3월 정부의 대응을 담은 『천안함피격사건 백서』도 발간하였다. 한편 이 책은 정부 공식 차원이 아닌 개인적 차원의 자료로 발간되었다. 각종 자료와 나의 경험 등을 기본으로 많은 분들의 도움과 자문을 받았다.

이 책은 크게 천안함 사태의 전개와 정부의 대응, 천안함 의혹의 원점과 북한의 대남 사이버심리전 양상 등 3개 분야로 나뉘어 있다. 정부 대응은 『천안함피격사건 백서』의 내용을 더욱 구체화하고 배경과 후일담 그리고 백서에 담지 못했던 이야기들을 밝혔다. 천안함 대응에 있어 청와대의 움직임과 인식 등을 이해하는 데 도움이 될 것이다.

천안함 의혹은 그 원점을 파헤쳤다. 의혹의 근거가 무엇인지, 누가 만들고 어떻게 퍼졌는지를 추적했다. 우리 사회의 누가 어떻게 의혹 주장을 만들고 전파시켰는지를 알아보았다. 그리고 숱한 의혹의 갈래와 가닥을 잡아 정리하고, 각각의 주장에 대한 허구성과 오류 등을 낱낱이 밝혔다. 또한 북한이 어떻게 의혹 세력의 주장을 활용했는지, 남한의 의혹 주장이 어떻게 북한을 도왔는지를 찾아보았다.

천안함 사이버전 부분은 북한이 수행한 천안함 관련 대남 사이버 심리전의 실상을 공개하고, 그 피해와 여파를 분석했다. 천안함 사태는 남북이 처음으로 맞붙은 SNS를 활용한 사이버심리전이었다. 이를 위해 각 기관들은 어떻게 대응했는지, 그리고 왜 청와대가 직접 나서야 했는지를 구체적으로 밝혔다.

### 천안함 대응의 특징

천안함 사태의 정부 대응 부분은 『천안함피격사건 백서』의 내용을 더욱 구체화한 것으로, 주로 청와대의 대응을 중심으로 정리했다. 천안함 사태를 맞아 청와대는 컨트롤타워로서 전면에 나서서 정부 대응을 이끌었다. 군 통수권자인 대통령의 결심을 보좌하고 지시 사항을 실행했다. 국가의 모든 자원과 역량을 총동원하여 위기관리와 사후 대응에 나섰으며, 안보적 위기를 또다른 기회로 만들기 위해 노력했다. 이 책은 국방비서관실을 중심으로 청와대가 어떻게 움직였는지를 기록했다. 천안함 백서의 공식 기록에 더해 정책 결정 과정은 물론 숨은 이야기까지 비교적 상세하게 기술했다.

첫째, 천안함 위기관리는 국가총력전이었다. 민관군의 모든 자원과 역량이 총동원되었다. 또한 많은 나라의 지원과 협력도 있었다. 피격 직후 생존자 구조와 탐색을 위해 해군과 해경은 물론 쌍끌이 등 민간 어선과 관공선까지 함께했다. 구조 요청을 받은 모든 기관은 단 1초의 망설임도 없이 현장으로 출동했다. 동료를 구해야 하는 해군은 모든 가용한 자산을 총동원했다. 대북 경계 전력을 제외한 모든 자산이 백령도에 투입되었다. 특수 임무를 수행하는 해군 UDT와 SSU 그리고 민간과 경찰 소방의 모든 잠수 요원이 구조와 탐색, 인양에 나섰다.

유족들은 한없는 슬픔 속에서도 외부 불순 세력에 흔들리지 않고 군인가족으로서의 의연함과 성숙함을 지켰다. 특히 생존자 구조를 위해 헌신한 한주호 준위의 사망 직후 유족들은 '생존자 수색 포기, 인양으로 전환'이라는 참으로 힘들지만 '아름다운 결단'을 통해 추가적인 희생을 막았다. 그리고 애국심의 나라였다. 국민들은 천안함 용사들을 애도하고 추모했으며, 자발적으로 성금을 내어 유족과 생존자들을 도왔다.

우방국의 지원도 큰 힘이 되었다. '함께 갑시다'는 한미 동맹의 구호는 안보 위기에서 더욱 빛났다. 미 7함대는 구축함 2척과 구조함 1척, 상륙함 1척 그리고 잠수요원을 보내 경계와 탐색 그리고 구조와 인양을 도왔다. 우리 군에 부족했던 챔버와 의료 헬기 등을 지원했으며 또 공중·해상·수중 등 전방위 대북 경계 임무를 수행했다.

천안함 조사를 위한 합조단 활동에도 미군은 해난 전문가를 파견했으며 폭발, 함정, 정보 등 다양한 분야의 자료와 분석 모델을 제공했다. 영국과 호주 그리고 UN사 중립국감독위원회 중립국인 스웨덴도 해난 선박 전문가 등을 보내왔다. 이들은 천안함 조사 전 과정에 함께했으며, 합동조사단의 결론에 동의했다. 이들의 참여는 합조단의 국제적 신뢰와 객관성을 높이는 데 크게 기여했다. 또 UN안보리를 설득하고 국제사회에서 우리가 천안함 외교에 성과를 거두는 데 도움을 주었다.

둘째, 청와대가 전면에 나섰다는 점이다. 천안함은 최전방에서 발생한 국가 안보 위기관리 사안이었다. 2008년 광우병 촛불 위기와 2008~2009년 글로벌 경제 위기가 있었다. 이런 전대미문의 위기들을 잘 수습하자 곧 2010년 천안함 안보 위기가 도래한 것이다. 안보 위기 수습에는 청와대 외교안보수석실과 정무수석실이 공동으로 대응했다. 각 수석실의 고유 업무가 있음에도 불구하고 '청와대 천안함 대책회의'라는 별도의 T/F를 구성하고 유기적 협력 체계를 구축했다. 이는 역시 전례가 없는 일이었다. 국방 안보 사안이었지만, 국가급 위기로 그리고 정권의 안위까지 위협하는 사안으로 확대된 데 따른 것이었다. 항상 국정 현안의 리베로 역할을 맡아온 정무 라인이었지만, 천안함 사태 대응에서도 대국민 신뢰와 소통 증진에 기여했다.

셋째, 전반적으로 천안함 대응은 여러 한계에도 불구하고 성공적이었다. 무엇보다 북한의 소행임을 명명백백하게 밝혀낸 것이다. 합조단은 피격 현장에서 1번어뢰 추진체를 인양했으며, 정보 분석을 통해 북한 수출용 카탈로그에서 이 추진체가 북한산 CHT-02D어뢰임을 확인했다. 또한 각종 영상 자료 등을 통해 어뢰를 쏜 북한 연어급 잠수정을 최초로 확인한 것이다. 북한은 이 어뢰가 자신들의 것이 아니라고 주장했지만, 객관적인 증거 앞에서 변명의 여지가 없었다. 김정은을 위한 '통 큰 도발의 꼬리'가 잡히면서 북한의 만행은 다시 세계인들의 뇌리에 깊이 새겨졌다. 만약 스모킹 건을 찾는 데 실패했다면, 천안함의 진실은 미궁으로 빠져들 가능성도 배제할 수 없었다. 피격 원인과 범인을 밝히지 못하는 것, 이것이 가장 우려했던 시나리오였다. 그 경우 대한민국과 정부의 국내외적 부담은 참으로 감당하기 어려웠을지도 모른다.

넷째, 대북 응징 조치인 5·24조치는 실효성 있고 일관되게 추진되었다. 그 성과나 효력 등에 대한 일부의 비판에도 불구하고, 우리의 대북 조치가 이렇게 오래 제대로 실행된 경우는 없었다. 남북은 화해와 협력으로 나아가야 하지만, 상대가 신뢰를 저버릴 경우 그에 대한 제제는 반드시 필요하다. 이는 일방적으로 신뢰를 깨는 행위가 재발되는 것을 막기 위한 필수적인 조치인 것이다. 5·24조치는 우리가 할 수 있는 모든 수단과 방책을 활용하여 우리의 주도로 이루어진 강력한 응징 행위였다. 북한은 이에 강력 반발했지만, 수용해야만 했다. 이로써 남북 관계는 휴지기를 가지면서 지난 시기의 편향된 대북 정책을 되돌아보고 새롭고 정상적인 남북 관계로 그려나갈 기회를 가지게 되었다.

이런 긍정적 측면에도 불구하고, 천안함 반쪽 결의안 채택 등 야당 및 국회와의 소통 부족, 천안함 의혹의 조기 해소와 대북 사이버심리전 우세 확보 미흡 그리고 천안함 총력 외교에도 불구하고 UN의 '의

장성명' 채택, 중국과 러시아의 '북한 감싸기' 제어 실패 등은 전반적인 한계로 지적되어야 한다. 이들 각각의 요인은 상호 긴밀히 연동되어 있다. 하나가 다른 하나의 원인이고 반대로 그 원인이 또 다른 요인의 결과인 것이다. 이런 전반적 한계는 곧 천안함 관련 국론을 하나로 모으지 못한 데에 가장 큰 원인이 있다. 여러 원인이 있지만, 근본적인 것은 바로 안보적 사안에 대해 이념적으로 갈려 있는 정치의 문제인 것이다.

**의혹 원점**

천안함 의혹의 가장 큰 특징은 근거와 실체가 없다는 것이다. 대부분 수중 환경과 육상 환경, 직접 폭발과 간접 폭발 등의 차이와 이해 부족, 군사 관련 정보 부족에 따른 추측과 억측, 구글어스 등 상용 자료를 활용하는 데 따른 측정 오차와 편차, 다양한 자료를 짜깁기한 '소설적 상상력' 등에서 유래한다. 초기 대응의 미흡함으로 의혹이 번성했고, 그 기세를 꺾지 못한 면이 있다. 밭이 한번 묵은 다음에 나중에 다시 곡식을 갈려 하면 몇 곱절 힘이 든다. 이처럼 무성해진 숱한 의혹과 가설들이 난무하고 서로 뒤엉켜 구분하기도 쉽지 않다.

합조단의 발표에 맞서는 여러 가설을 정리하고 그 근원이 어디인지, 근거가 무엇인지 의혹의 원점이 어디인지를 체계적으로 밝혀둘 필요가 있었다. 이 책은 이런 의혹을 분류와 갈래를 지어 구분하고 그 뿌리까지 파들어 가 확인했다.

천안함피격사건은 다국적 민군합동조사단에 의해 과학적이고 객관적인 조사를 실시했으며, 결정적 증거를 발견했다. 북한의 소행임을 확인하고 증명했다. 그러나 여전히 숱한 의혹이 붙어 있다. 천안함을 공격한 범인이 북한 잠수함정이 아니라는 의혹 주장은 여러 가지이다.

① 한미 자작극설, ② 미군 특수부대 '네이비실(Navy SEAL)' 소행설, ③ 미군 잠수함 충돌설, ④ 이스라엘 잠수함 충돌설, ⑤ 기뢰설, ⑥ 좌초설 등으로 대단히 다양하다. 그러나 국내외를 막론하고 의혹 주장과 그 주장자를 찾아내어 밝힌 결과를 보면 이들 주장의 근거는 하나같이 '러시아 친구나 일본 언론인의 전언', '국제 언론 보도' 등에 의존한 것으로 출처가 불분명하거나 객관적 근거는 없다. 의혹 제기자 역시 미국 의혹론자 '웨인 매드슨', 일본 전직 언론인 '다나카 사카이', 쿠바의 '피델 카스트로' 등 국제적 저명도나 신뢰도가 높지 않은 인물들이다. 그마나 우리에게 익숙한 '도널드 그레그' 전 주한 미대사의 의혹 근거도 '러시아 친구의 전언'이 전부다. 그는 자신의 주장 근거를 구체적으로 밝히지 않았다. 놀랍게도 정말 그렇다. 조사해 볼수록, 근거가 희박함에 오히려 놀랄 지경이다. 의혹론자들은 한때 군 내부의 '양심선언', '중대 사실 폭로 예정' 등을 언급하며 관심을 유도했지만, 천안함 제대 장병이나 관련 현역 군인, 정부 관계자 등 누구도 정부 발표와 다른 주장을 하지 않았다. 지금까지 단 한 사람도 없다. 국내외 과학계도 마찬가지이다.

일부 세력이 만들어낸 천안함 의혹의 종류는 부족함이 없었다. 하지만 부족하지 않은 것은 오직 그 의혹 숫자뿐이었다. 그러나 그들이 내세운 증거와 객관적 사실은 눈을 씻고 봐도 없었다.

한편 나름의 '과학 실험' 결과를 가지고 합조단의 조사 결과를 반박한 경우가 있었다. 모두 대여섯 손가락 안에 꼽을 정도의 극소수였다. 전 세계에서 이런 규모가 전부다. 초기 해외파 이승헌 교수나 양판석 교수 등의 지적은 신선했으며 나름 의미가 있는 것으로 보였다. 그러나 이들의 실험은 제한된 실험 여건에서 실시된 것으로 그 실험의 정밀성과 엄밀성은 합조단의 그것에 비해 매우 미흡했다. 이후 이들은 정치적 주장을 앞세웠다. 다른 어느 미국의 과학자는 '이승헌 교수의 실험은 정치적 견해를 뒷받침하기 위해 과학을 이용하고 있다.'고 비판하기도 했다. 합조단은 이들 실험 결과의 한계와 오류를 정확하게 지적하고 일일이 반박했다. 이들 과학자들의 다른 실험 결과와 해석도 합조단이나 다른 국내 전문가의 실험과 분석에 의해 배격되었다. 또한 이들 과학자의 분석과 주장은 천안함 원인이 아닌 일부분의 문제 제기에 그쳤다. 이들 실험의 다른 결과가 합조단의 전체 결론을 부인하지 못한다. 한계가 있는 실험의 다른 해석과 결과에 지나지 않는다. 흡착 물질 등을 둘러싼 실험 결과 논란은 필요하다면 전문가들의 학술적 전문적 영역에서 검증하면 되는 수준이다.

### 천안함의 정치화

그럼 터무니없는 의혹 주장에 왜 우리 사회가 이토록 미혹되었을까?

바로 '천안함의 정치화, 이념화 현상'이 가장 큰 원인이다. 즉 정치권과 국민들이 천안함의 진실을 정치적 입장에 따라 인식했다는 점이다. 즉 야권은 정부 발표를 신뢰하지 않았으며, 천안함 재조사 등을 요구했다. 6·2지방선거는 정치화 현상을 가속화시켰다. 야당은 정부 여당이 천안함을 선거에 활용하고 있다고 보았으며, 따라서 선거 승리를 위해서는 정부 발표를 비토(veto)해야만 했다.

야권 내부의 합리적인 목소리는 실종되었으며, 선거용의 강경 주장이 난무했다. 국회에서 통과된 천안함 대북 규탄 결의안은 반쪽짜리에 불과했다. 미국과 EU 등 다른 나라와 기구의 온전한 결의안에 비해 참으로 부끄러운 일이었다. 이런 정치적 환경 속에서 천안함 관련 '값싼' 주장과 의혹은 번성했으며 끝도 없이 뻗어나갔다. 천안함의 비밀 비공개 정보를 얻을 수 있었던 일부 국회의원들의 의혹 주장과 전파는 그 효과를 더욱 증폭시켰다. '합리적 의문과 검증'이라는 미명하에 일부 단체와 인사, 일부 언론은 조직적이고 체계적으로 의혹을 주장하고 전파했다. 이런 환경에서 북한의 천안함 관련 사이버심리전이 전개되었고 상당한 영향을 미쳤다. 의혹의 생산 유포 실행 등에 이르는 거대한 '천안함 의혹 생태계'가 만들어졌다. 의혹은 사이버공간에서 더욱 기승을 부렸으며, 그 연결망은 우리 국민과 재외교민은 물론 한글을 아는 동포와 외국인 등으로 세계 각국에 걸쳐 있었다.

이런 환경과 결과는 곧 우리 국민의 30% 정도는 천안함 공격이 북한 소행이 아니라고 믿는 결과를 낳는 데 가장 큰 요인이 되었다. 합조단과 정부의 노력에도 불구하고 천안함 진실은 정치적 입장과 비슷해져갔다. 보수(30%), 중도(40%), 진보(30%)의 이념 스펙트럼에서, 북한 소행은 70% 인정(보수+중도) 30% 불인정(진보), 정부 천안함 대응 지지 30%(보수) 반대 70(중도+진보)로 동조화된 것이다. 북한 소행임을 인정하지 않고 정부의 대응도 잘못되었다고 보는 30%는 더 이상 천안함의 진실이 수용될 여지가 없는 것이다. 이렇게 공고화된 천안함 인식은 개인의 정치 의식과 더불어 신념과 가치관으로 굳어져버린 것이다. 천안함 피격 이후 22차례 실시된 여론조사(2010. 4. 8.~2013. 3. 29.)를 보면, 정부 발표 신뢰도는 초기에 30% 수준에 머물렀으나 연평도 포격사건 이후 70%대로 올라섰다. 또 '북한 소행'이라는 인식은 피격 직후부터 70% 내외에 머물고 있다. 연평도 포격도발 직후 북한 소행 비율이 84%로 정점을 찍었지만, 역시 '70 : 30의 법칙'으로 수렴되는 경향을 보이고 있다.

결국 우리 국민의 30%는 정부 발표를 신뢰하지 않고 있으며, '북한이 범인이 아니다.'라고 믿고 있다. 이것은 엄연한 현실이다.


### '비과학'의 발호

'비과학'의 발호도 하나의 특징이다. 합조단은 천안함의 원인을 밝히고 범인을 찾아내기 위해 만들어졌다. 그 대부분은 증거를 찾아 분석하고 현상을 해석하고 가설을 검증해 나가는 과학의 영역이다. 여기에 각국의 수중 전력과 당일 북한 잠수함 동향, 침투 경로 등은 연합정보분과가 중심이 된 정보의 영역이다. 정보의 영역은 군사적 보안과 기밀 사항들이 많아 정보의 제한이 있을 수밖에 없다. 그러나 과학의 영역은 거의 모두가 공개되었다. 천안함 합동조사 보고서가 그것이다. 천안함 조사 결과에 대해 우리 과학계는 동의 내지 관망의 자세였다. 수중과 폭발 그리고 함정과 군사 등을 잘 아는 최고의 전문가들이 수행한 조사 결과였기 때문이다. 그러나 '수중에서 어뢰 폭발로

1번 글씨가 왜 녹지 않았는가?'에 대한 논란과 의혹 주장이 나오자, 합조단의 지원 요청에 따라 카이스트 송태호 교수는 녹지 않는 이유를 과학적으로 밝혔고 동료 교수 23명이 분석 결과를 추인하기도 했다. 이에 일부 방송 프로그램과 단체들은 합조단의 조사 결과를 반박해줄 국내 전문가를 백방으로 찾았지만, 결국 광물학을 전공한 교수가 수중 폭발 흡착물 분석과 해석을 맡기도 했다.

국내 과학자나 전문가들이 합조단 조사 결과에 대해 과학계의 이의가 나오지 않자, 일부에서는 특정 인사의 일방적 주장에 매달리기 시작했다. 어뢰 추진체의 글씨가 녹는지 실험한다고 가스 불로 철판을 달구고, 어뢰 부식 정도를 측정한다고 갯벌 속에 철판을 묻는 등의 '실험' 결과가 일부 언론에 의해 과학의 이름으로 보도되었다. 이런 희화화된 실험의 결과가 곧 합조단의 발표를 반박하는 과학적 분석인 양 알려졌다. 또한 초기 합조단 회의에 단 1회만 참석한 인사가 합조단원의 타이틀을 달고 좌초나 잠수함 충돌설 등 각종 의혹을 제기하기도 했다.

비전문가와 '정치적 과학자'들의 발호 이면에는 한국 과학기술계의 고질적 보신주의와 개인주의도 한몫했다. '비판할 가치'조차 없어 무시하는 것과 우리 일이 아니라고 오불관언하는 자세는 엄연히 다른 것이다. 과학은 객관성, 보편성, 합리성을 근거로 한다. 누가 언제, 어디서, 어떻게 보더라도 과학적 결론은 달라지지 않는다. 정교한 경험적 관찰과 논리 체계가 과학의 그런 특성을 보장해 준다. 정치적 이

넘이나 종교적 신념과 달리 과학이 누구에게나 막강한 설득력을 갖는 것도 그런 이유 때문이다. 그러나 우리 과학계는 사회적 논란이 있는 사안에 대해서는 뒤로 물러났고, 나서야 할 때 나서지 않았다. 2008년 광우병 파동 당시에도 그랬고, 천안함 의혹에서도 같은 모습을 보였다. 정부의 과학기술 예산 프로젝트를 따서 실험실에 파묻히는 것만이 과학계의 책무가 아니다. '사회 갈등에 대한 과학적 접근을 통한 적극적 참여'는 우리 과학기술계가 당면한 과제 중의 하나이다. 과학기술계 내에서도 심각한 자성의 목소리가 나오는 것은 당연한 일이다.

### 대남 사이버심리전

천안함 사태는 남북이 SNS를 통해 전개한 사이버심리전의 첫 전투였다. 2010년 초는 SNS의 확산기였다. 가입자는 폭증했으며 SNS는 새로운 소통의 총아로 부상했다. 천안함 이슈와 6·2지방선거는 SNS의 폭발적 확산에 크게 기여했다. 동시에 정부 및 공공기관도 SNS 대응에 나서기 시작했다. SNS의 확산과 천안함 대응 등을 계기로 청와대는 '사이버 대변인'을 신설했으며, 정부 각 부처는 SNS 계정을 열기 시작했다.

한편 북한은 2000년대 초반 공개적 홈페이지를 구축하는 등 인터넷을 시작했다. 이때 남북 인터넷 협력의 가능성이 엿보이기도 했으나, 2004년 이후 대남 선전 선동 수단으로 전환시켰다. 다시 2010년 국내에서 트위터 페이스북 등 SNS가 활성화되자, 북한은 이를 놓치지 않았다. 2010년 8월 공개 SNS 계정 '우리민족(@uriminzok)'을 열었다. 인터넷 홈페이지 '우리민족끼리(www.uriminzokkiri.com)'와 이 SNS 계정을 연동시켜 천안함 관련 선전 선동 주장을 내보냈다. 그리고 수많은 비공개 SNS 계정을 통해 자신들이 범인이 아님을 변명하고 한미가 자작극을 벌이고 있다고 선전했다. 또한 국내에 등록된 인터넷 신문 〈자주민보〉는 북한의 주장에 동조하여 각종 의혹을 주장했다. 특히 이들은 미군 잠수함 충돌설을 거듭 주장했다. 북한의 천안함 관련 성명과 주장은 국내 기관 단체 홈페이지나 포털 사이트에 원문 그대로 실리기도 했다. 이런 주장은 다시 트위터 등 SNS를 타고 급속히 전파되었다.

천안함 의혹이 확산되면서 청와대도 별도 T/F를 만들어 대응에 나섰다. 그러나 국가의 모든 역량을 모아 통일적으로 대응할 필요가 있었다. 6월 28일 국방부, 국가정보원, 국군기무사령부, 국군사이버사령부, 경찰청 등이 참여하는 '천안함 관련 관계기관 회의'가 구성되었고 여기서 천안함 관련 사이버전을 총괄 지휘했다. 우리에게는 대북 국방 안보 관련 사이버전을 총괄적으로 전개할 컨트롤타워가 정해지지 않았고 이 기관들을 하나로 묶을 법령이 아직 마련되어 있지 않았다. 이것이 국가 안보의 최종 최상위 책임을 져야 할 청와대 내에 대응 기구가 설치되어야만 했던 이유이기도 하다. 각 기관과 조직은 최선을 다했으며 헌신적으로 일했다. 군 내부와 민간인에 대해 해당 기관들이 적법 절차에 따라 의혹 사이트를 차단하고 의혹 주장을 삭제했다. 또 관련 법률에 따라 의혹 제기자와 전파자를 찾아 처벌했다. 동시에 천안함의 진실을 알리고 의혹 주장의 허구성을 파헤쳤다. 특히 전 군을 대상으로 천안함 관련 특별 정신 교육을 실시하는 등 사이버 의혹이 군 내부로 전염되고 장병들의 정신 전력이 약화되는 것을 차단하기 위해 노력했다.

북한은 남한에서 제기된 천안함 의혹을 가지고 자신들을 방어했다. 우리 정부는 북한이 범인이라고 특정하고 UN안보리에 '기소'를 했다. 범인으로 지목된 북한은 격렬하게 반발했다.

북한의 기본 대응은 날조극 주장, 검열단 파견, 무자비한 보복 위협 등의 3가지 방향이었다. 천안함 범인에 대한 북한의 주장은 한미의 날조극이라는 것이었다. 북한은 스스로의 알리바이를 내세우지 않았다. 북한은 자신들이 아닌 이유를 설명하는 대신 우리 정부 발표에 대한 의혹 주장으로 맞선 것이다. 대부분의 방어 논리는 남한 내에서 제기되었던 의혹을 활용했다. 북한은 진상 공개장 등 여러 차례 천안함 반박문을 발표했지만, 그 99%는 우리 의혹의 재탕이었다. 또한 제3국의 신뢰성 낮은 보도나 실명을 밝히지 못하는 주장 등을 무죄 주장의 근거로 제시했다. 해외 공관에 나가 있는 북한 외교관들이 천안함 의혹 주장을 수집한 결과물이었을 것이다. 북한은 이런 주장까지 모두 끌어모아 한미 자작극의 근거로 삼았다.

북한의 고유한 주장은 바로 '강철합금 어뢰'였다. 북한은 2010년 11월 2일 자신들은 알루미늄합금이 아닌 강철합금 재료로 만든 '주체식 어뢰'를 쓴다고 주장한 것이다. 그러나 금방 거짓이 드러났다. 1번 어뢰 추진체의 성분을 분석한 결과, 어뢰 프로펠러의 성분은 알루미늄-규소합금(Al 86%, Si 14%)이었다. 또한 북한이 수출용으로 전 세계에 뿌린 CHT-02D어뢰 소개 자료에는 '어뢰의 외피는 알루미늄-마그네슘 고강도 합금'으로 명시되어 있었다.

또한 1번어뢰를 쏘았던 '연어급 130t짜리 잠수정은 없다.'고 주장했다. 이 역시 금방 거짓임이 드러났다. 다른 군사용 첩보 위성이 찍은 것은 제시할 필요도 없이, 상업용 민간 위성인 구글어스 영상에 이 잠수정이 그대로 찍혀 있었다. 2004년 6월 5일 구글 영상에는 평양시 낙랑구역 평양조선소 앞마당에서 대동강 진수를 위해 대기 중인 연어급 잠수정을 선명하게 찍혀 있다. 북한은 어뢰 성분이나 연어급 잠수정 등 자신들의 주장에 대한 우리의 반박에 대해 여전히 입을 다물고 있다. 가타부타 단 한마디 말도 하지 않은 채 침묵하고 있다.

천안함 사태에 대한 북한의 대응 방식은 향후 비대칭 저강도 도발과 후속 대응의 표준이 되고 있다. 즉 대남 또는 국제적 도발을 벌이고 그 결과에 대해 '자작극'임을 주장하며 자신들이 범인임을 부정하고 이후 검열단 파견 또는 공동 조사, 무자비한 보복 등을 내세우며 방어하는 것이다. 동시에 사이버심리전으로 의혹을 증폭시키고 갈등을 조장하는 방식으로 정형화하는 것이다. 이런 대응 패턴은 2011년 농협 해킹 사건 등 일련의 대남 사이버 공격 사태, 2014년 발생한 '북한 무인항공기 사태'와 '미국 영화사 소니픽처스 해킹 사태'에서도 그대로 이어지고 있다.

천안함 사태는 사이버전의 역량 강화가 얼마나 절실한지를 보여주었다. 사이버심리전을 올바로 대응하지 못하면 우리 공동체 구성원의 안보 의지는 약화된다. 군인들에게는 안보관, 대적관 등 무형 전력의 약화로, 민간에게는 '위기 회피 문약(文弱)'과 '숭무 정신 약화'의 모습으로 나타난다. 실제 6·2지방선거 이후 북한의 대남 위협이 급증하자 군에 자식과 애인을 보낸 국민들 사이에서 전쟁 위기론이 퍼지고 동요하는 모습이 보이기도 했다. 실제 일부 사이트와 SNS에서는 '군입대 늦추는 법, 애인 휴가 나오게 하는 법' 등의 게시물이 오르기도 했다. 이는 사이버심리전의 효과를 보여주는 생생한 증거이다.

또한 사이버전자전의 사이버 테러는 인터넷망의 물리적 마비와 그로 인한 정보 흐름을 제약한다. 북한이 개발하고 있는 것으로 알려진 EMP(Electromagnetic Pulse·전자기파)탄은 IT 인프라 자체를 파괴할 수도 있다. 천안함 사태를 전후로 일어난 남북 간의 해킹과 디도스와 바이러스 공격의 피해는 상상을 초월했다. 북한의 사이버 공격으로 우리 은행 전산망 등 국가기관망이 마비되는 피해를 당했다. 반대로 우리의 공격으로 북한 인터넷 사이트 '우리민족끼리'의 화면이 반김정일 내용으로 바뀌기도 했다.

앞으로 사이버전의 양상은 우리 사회 모든 부문에 더욱 복잡하고 신속하며, 더욱 강력하고 광범위하게 영향을 미칠 것이다.

북한은 오래전부터 이에 대한 준비를 해오고 있다. 북한은 천안함 사태를 전후로 사이버심리전과 사이버전자전의 다양한 공격을 계획에 맞춰 순차적으로 시도했다. 그리고 이에 대한 우리의 대응 능력을 시험했다. 이런 경험은 북한의 대남 사이버전의 유용한 자산으로 활용될 것이다. 사이버전은 천안함 피격이나 연평도 포격 도발과 같이 그 양상이 눈에 보이지 않는다. 또한 사람이 죽거나 다치지 않는다. 따라서 그 심각성이 덜하게 느껴진다. 그러나 해킹으로 빼낸 한 장의

문서가 국민과 정부를 갈라놓고 정권과 나라를 위기에 빠뜨리는 사태가 올 수도 있는 것이다. 대통령은 영토와 국민 그리고 헌법을 지켜야 하지만, 이젠 사이버공간도 지켜내야만 하는 것이다. 사이버전 분야 역시 아직까지는 북한이 우위에 있는 것이 사실이다. 우리 군의 '능동적 억제 전략'은 사이버전에서도 적용되고 발전되어야 한다. 북한이 사이버전 도발을 할 생각조차 하지 못하도록 우리의 대응 능력을 압도적으로 키워야 한다. 이것이 천안함 사태가 남긴 교훈 중의 하나이다.

### '패잔병' 아니다.

'버어니어 캘리퍼스'(Venier Calipers)라고 있다. 1/20mm까지 잴 수 있는 정밀 측정 도구이다. 이 기기는 어미자와 아들자가 있어 어미자로 큰 단위인 mm를 먼저 재고, 다시 어미자와 작은 자를 이용 1/20mm의 작은 단위까지 측정하는 원리이다. 어미자와 아들자의 조합으로 더 정밀하고 더 적확한 측정이 가능하다.

천안함 도발의 배경과 원인을 정확하게 인식하기 위해서는 좋은 측정자를 찾아야 한다. 바로 '버어니어 캘리퍼스'의 어미자와 아들자를 활용하여 측정하면 천안함의 정밀도는 대단히 높아진다. 어미자는 바로 20년 주기의 후계 세습과 이 과정의 군사모험주의 경향이다. 아들자는 서해에서 일어났던 남북해전이다. 이 두 잣대를 연결하면, 천안함은 '김정은 후계 세습을 위한 강력한 대남 군사적 도발'+'대청해전 보복 공격'으로 측정이 되는 것이다.

먼저 김정은 후계 안정화를 위한 군사모험주의 노선이다. 천안함은 북한의 체제 안정화와 후계 세습을 위한 제물 중의 하나였다. 마치 성인 인증을 받듯, 김정은이 최고지도자로서의 대담성과 자격을 알릴 절차였다. 두 번째 아들자 잣대는 바로 남북 해군이 맞붙은 서해교전이다. 북한은 2009년 대청해전의 패배를 설욕하기 위해 절치부심하고 있었다. 대청해전의 보복을 위해 서해에서 도발을 준비했다. 그 불운한 제물이 NLL 최북단에서 경계 임무를 수행하던 천안함이었다.

천안함 피격을 '남북 분단의 아픔'이니 '민족사적 비극'이니 하는 가치중립적 표현으로 포장할 수 없다. 그것은 원인 제공자가 누구인지를 흐리게 하여 사태의 본질을 가리는 것이기 때문이다. 또 이명박 정부의 대북 강경 정책이 천안함 연평도 도발을 불러왔다는 주장도 있다. 우리가 화해와 협력의 손을 내밀었다면 북한은 도발하지 않았을 것이라는 주장이다. 천안함은 내적 모순을 외부로 돌리기 위한 수단일 뿐, 우리의 대응과는 별 상관이 없다. 설령 우리가 '햇볕정책'을 지속했어도 북한은 다른 트집을 잡아 도발을 감행했을 것이기 때문이다.

천안함은 패잔병이 아니다. 임무 중 행적이나 승조원들의 활동 등을 종합해볼 때 그들의 잘못을 찾을 수 없다. 그들은 상부의 임무 지시와 작전 예규에 따라 충실하게 임무를 수행했다. 함장은 피격 충격으로 잠시 쓰러졌지만 곧바로 수습하고, 지휘관으로서 인명 구조 등 필요한 조치를 취했으며, 맨 마지막에 천안함에서 내려 구조선에 올랐다. 승조원들은 함장을 따랐고 함 내 특이 사항은 전혀 없었다. 함장 이하 장병들은 군인으로서 맡은 바 임무를 잘 수행했으며 부끄럽거나 비난받을 일을 하지 않았다. 수중 탐지 임무를 맡은 승조원들은 어뢰가 오는 소리를 듣지 못했다고 증언했다. 듣지 못한 이들의 잘못이 아니다. 들을 수도 없었을 뿐만 아니라 들었어도 이미 피할 수 없었다. 그들이 가진 탐지 및 대응 장비로는 수중 어뢰를 막기에는 제한이 있었던 것이다.

천안함 피격 직전 군의 대비 태세에는 몇 가지 아쉬운 점이 있으나, 그렇다고 패잔병으로만 몰아세울 일은 아니다. 연평해전 이후 강도 높은 경계 태세가 지속되면서 장병들의 피로가 누적되었고 군 지휘부는 이를 완화하는 조치를 취했다. 아울러 잠수함 도발 가능성을 검토하고 일부 대비 조치는 취했지만, 설마 실행할지에 대해서는 확신하지 못했다. 북한의 수중 전력 증강에 대비한 우리의 대잠 능력 확충이 이루어졌어야 했다. 결국 경계는 뚫렸고 상상할 수 없는 피해를 입었다. 천안함은 미리 들어와 잠복하고 있던 잠수정의 어뢰 공격으로 침몰당했다. 북한의 도발 의지와 통 큰 기획 그리고 잠수정을 활용한 수중 공격 등 비대칭 도발의 공격 우세에 당한 것이다.

그러나 더욱 중요한 것은 도발한 북한에 대한 분명한 인식과 대응이다. 우리 사회의 일부는 북한 도발을 믿지 않고 도발을 막지 못한 군과 천안함에 대해 가혹할 정도의 비난과 쏟아냈다. 어느 유명 인사는 천안함과 군에 대해 '패잔병'이라 일갈했다. 이 한마디는 천안함 장병들과 해군, 국군 전체에 비수로 꽂혔다. 상당히 오랜 기간 지워지지 않을 선명한 낙인으로 남았다. 또한 어느 국회의원은 북한 잠수정이 천안함을 공격한 것은 '골프에서 홀인원이 한 다섯 번쯤 연속으로 난 것 같은 우연의 연속이 나지 않으면 안 되는 것.'이라는 식으로 비꼬기도 했다. 그러나 정작 도발을 자행한 북한에 대한 비판에는 입을 다물었다. 합조단의 조사 결과 발표에도 불구하고 '북한이 했다는 증거가 없다. 정부 발표를 하나도 믿지 못하겠다.'는 식으로 북한의 소행은 짐짓 모른 체했다. 그러면서 나라와 정부 그리고 군에 대해서는 비난으로 일관했다. 군 대비 태세는 '오류보다는 한계가 더 큰 요인이다.'는 설명은 '패잔병들의 변명'으로 몰아쳤다. 이것이 우리 사회 일부의 모습이었다.

천안함은 이제 영원히 사라졌다. PCC-772 함명은 더 이상 없을 것이다. 종교계 일부에서 다른 신형 건조함에 이 함명을 다시 쓰자는 이야기도 있었으나 공감을 얻지 못했다. 전사자들은 영원히 우리들 속에 남았다. 이들을 패잔병으로 기억할 수는 없다. 이들은 영토와 국민을 지키기 위해 NLL 임무 수행 중 기습을 당해 격침되고 희생된 군함과 전사자들일 뿐이다. 우리는 그렇게 기억해야 한다.

**천안함 5년**

천안함 피격 이후 5년. 이 기간은 일종의 탈상의 과정이었다.

49제, 1년, 3년 등의 시간 매듭에 맞춰 아픔과 기억을 정리하고 받아들이며 일상으로 돌아오는 시기, 천안함에서 벗어나는 과정인 셈이다. 유족이나 생존 장병은 물론 사회 군과 국가 역시 모두 그렇다. 신원(伸冤), 추모, 별리, 망각 등의 시간을 보냈다. 5년의 매듭은 천안함이 남긴 국가적 사회적 과제를 정리하고 정상으로 돌아오는 계기이다.

그동안 많은 일과 변화가 있었다. 전국 각지에는 천안함 46용사들과 고 한주호 준위를 기념하고 추모하는 기념물이 만들어졌다. 매년 추모식과 기념행사가 열린다. 기념공원이 조성되고 있고, 천안함재단도 활동 중이다. 군과 정부는 천안함이 남긴 과제와 교훈을 발전시키고 있다. 서해 대비 태세가 확 바뀌었고 전력 증강도 계획대로 가고 있다. 무엇보다 도발할 생각조차 하지 못하도록 하는 '능동적 억제' 전략은 최고 지침으로 굳건히 자리를 잡았다.

5주기에 맞춰 남은 숙제도 마무리할 때이다. 그것은 천안함을 공격한 북한에 대한 규탄 인식, 천안함 의혹의 정리, 5·24조치의 전향적 검토 등이다. 이 세 가지는 하나의 묶음으로 진행되어야 한다. 5·25조치의 극복은 천안함 범인에 대한 하나된 국민적 인식 속에서 가능하다.

천안함이 남긴 5·24 대북 조치는 충분히 제 역할을 해냈다. 5년 탈상을 계기로 시대의 요구에 맞게 바뀌어야 한다. 남북 관계는 늘 굴곡이 있지만, 화해와 협력의 방향으로 나아갔다. 천안함 사태는 이 흐름에 던져진 커다란 바위이다. 화해 협력의 물이 차면 바위를 타고 넘게 된다. 이런 자연스런 흐름을 더 이상 애써 막을 필요는 없는 것이다. '5·24의 정신, 천안함 정신'은 '도발에 대한 단호한 응징'이다. 이런 '천안함 정신'은 앞으로 외교안보정책 추진이나 남북 관계에서 굽은 것을 바로잡는 올바른 기준이 될 것이다. 남북 교류와 협력 과정에서 당초 겨냥한 대로 방향을 찾아주는 좌표이며 쉬는 것과 흐트러짐을 막는 소금의 노릇을 할 것이다. 따라서 천안함의 희생을 극복하고 열어가는 남북 화해 협력의 길은 그 이전의 그것과 결코 같을 수 없는 것이다.

　또한 천안함 의혹도 이제 막을 내릴 때이다. 천안함 진실과 범인은 오래전에 밝혀졌다. 합리적 의심이라는 미명을 앞세운 검증과 재조사 주장은 이제 거둘 때가 되었다. 굳이 대남 사이버심리전에 호응하거나 북한을 변호해줄 이유는 없다. 이는 북한 스스로를 위해서나 남북 관계 진전을 위해서도 결코 바람직하지 않다. 정파적 정략적 시각에서 벗어나는 성숙한 자세가 필요하다. 천안함 의혹의 확산 배경은 바로 천안함 인식의 정치화 현상이었다. 그 중심에 정치권과 야당이 있다. 정부의 무능과 실책에 대한 견제와 북한 소행이라는 천안함 진실은 구분해서 대응해야 한다. 내부의 극단적 주장에 휘둘리거나 극소수 의혹 세력 주장의 그늘이나 보호막이 되어서는 안 된다. 안보 논란에서 자유로울 때 국민의 신뢰와 지지는 높아질 것이다. 범인인 북한에 대해 모두가 한목소리를 내는 것이 무엇보다 중요하다. 천안함 공격을 북한 전쟁 범죄와 도발 목록에 올리는 데 더 이상 이견이 있어서는 안된다. 이런 전제 위에 우리는 '천안함'을 진정 극복하고 더 큰 가치로 승화시킬 수 있다. 나아가 이것이 튼튼한 안보 위에서 남북 관계를 정상화하고 교류 협력을 확대하는 지름길이기도 한 것이다.

스모킹 건

스모킹 건

스모킹 건

| 사진 출처 |

### 청와대 대통령실 홈페이지(2010)

53쪽 천안함 제2차 외교안보장관회의 132쪽 광양함으로 이동하는 대통령 일행 189쪽 천안함 희생 장병 라디오 인터넷 특별 연설 217쪽 전군지휘관회의 224쪽 국가안보총괄점검회의 433쪽 시몬 페레스 대통령 503쪽 국방선진화추진위원회 회의

### 청와대 대통령실 홈페이지(2013)

506쪽 미사일지침 개정

### 국방부

230쪽 CHD-02D어뢰 형상, 설계도면, 어뢰 추진체 242쪽 연어급 잠수정이 있는 평양조선소, 평양에서 찍은 연어급 잠수정 334쪽 경인아라뱃길을 이용한 천안함 함체 운송 검토 395쪽 북한 포스터 481쪽 어뢰 구멍 크기, 조개껍데기 크기 482쪽 비단가리비 483쪽 붉은멍게 의심 물질

### 천안함 민군합동조사단

113쪽 천안함 함수 탐색 결과 115쪽 천안함 함미 탐색 결과 143쪽 피격 해역 해저 입체 영상 440쪽 하퍼스페리에서 이륙한 미군 헬기 452쪽 침선 위치 457쪽 백령도 해안의 상쾡이

### 천안함피격사건 백서

212쪽 함미 침몰 해역과 함수 표류 구간 정밀 탐색 구역 462쪽 합동조사단과 이승헌 교수 실험 478쪽 천안함 1번어뢰, 2003년 북한 어뢰, 연평도 방사포탄의 글씨

### 천안함피격사건 합동조사결과보고서

240쪽 북한 잠수정 어뢰 발사 상황 241쪽 피격 위치 조류 방향과 잠수정 공격 대기 지점

### 천안함스토리(www.cheonan46.go.kr)

315쪽 천안함 보고서와 만화 336쪽 천안함 추모 상징 이미지 455쪽 천안함 조타실 형광등

**구글어스**

40쪽 한미연합훈련 수역 244쪽 평양조선소 전경 245쪽 남포 기지의 잠수함정들

**연합뉴스**

94쪽 용트림전망대를 차지한 취재진 110쪽 성인봉함 121쪽 살보함 123쪽 하퍼스페리함 124쪽 커티스윌버 131쪽 미 살보함 감압챔버 140쪽 광양함 145쪽 독도함 147쪽 백령도 연안으로 이동하는 함미 182쪽 태극기에 덮여 운구되는 천안함 희생자 243쪽 이란 가디르급 잠수함 274쪽 불 밝힌 김포 애기봉 크리스마스트리 340쪽 주한 미 해군사령부가 세운 천안함 추모비 453쪽 침선 파편 472쪽 천안함을 살펴보는 미 핵항모 조지워싱턴호 승조원들

**인터넷 자료**

96쪽 경인방송 화면 233쪽 'PT-97W' 설계도와 어뢰 추진체 248쪽 원산 강다리 공군기지 보도한 〈월스트리트저널〉 383쪽 북한 조선복권합영회사의 글 389쪽 북한 트위터 '우리민족' 390쪽 북한 사이트 '우리민족끼리' 404쪽 천안함 관련 트윗 글 424쪽 'RT America'에 출연한 웨인 매드슨 428쪽 수리 중인 그린빌호 438쪽 제3부표설을 보도하는 KBS 485쪽 〈오마이뉴스〉 붉은멍게 보도 관련 사과문 486쪽 붉은멍게 주장을 보도한 '우리민족끼리'

**저자**

190쪽 중소기업 대표가 보낸 편지 325쪽 천안함피격사건 백서 339쪽 새로 바뀐 천안함 전사자 묘역 표지석 368쪽 네이버 트렌드 분석 결과

---

사진 출처

천안함 전쟁 실록

# 스모킹 건

글 | 이종헌

초판 1쇄 발행 | 2015년 3월 10일

펴낸이 | 신난향
편집위원 | 박영배
펴낸곳 | (주)맥스교육(맥스미디어)
출판등록 | 2011년 08월 17일(제321-2011-000157호)
주소 | 서울특별시 서초구 논현로 83 삼호물산빌딩 A동 4층
전화 | 02-589-5133(대표전화)    팩스 | 02-589-5088
홈페이지 | www.maksmedia.co.kr

편집이사 | 이성주
기획 · 편집 | 이수연
디자인 | 이경미 김세은
영업 · 마케팅 | 홍동화 이일권 박해수
경영지원팀 | 장주열
인쇄 | 삼보아트

ISBN 979-11-5571-322-8  03300
정가 25,000원